이스라엘 역사

김영진 지음

이레서원

이스라엘 역사
김영진 지음

초판 1쇄 발행 2006. 12. 12
초판 5쇄 발행 2020. 9. 15

발행처 　도서출판 이레서원
발행인 　문영이
출판신고 　2005년 9월 13일 제2015-000099호

기획, 마케팅 　김정태
편집 　송혜숙, 오수현
총무 　곽현자

경기도 고양시 일산동구 백석로71번길 46, 1층 1호
전화 02)402-3238, 406-3273 / 팩스 02)401-3387
E-mail: jireh@changjisa.com
Website: jireh.kr facebook.com/jirehpub

값은 표지에 있습니다.

ISBN 978-89-7435-388-1　03230

글 저작권 ©2006 김영진

* 신 저작권법에 의하여 한국 내에서 보호받는 저작물이므로 저작권자의 서면 허락 없이
이 책의 어떠한 부분이라도 전자적인 혹은 기계적인 형태나 방법을 포함하여
그 어떤 형태로든 무단전재와 무단복제 하는 것을 금합니다.

이스라엘 역사

김영진 지음

이레서원

들어가는 말

「이스라엘 역사」는 주전 2000년경부터 332년까지 약 1700여 년간의 이스라엘 역사를 구약성서의 사건을 중심으로 기술하였다. 따라서 엄밀하게 말하면 고대 이스라엘 역사는 구약시대의 이스라엘 역사이다. 본 책은 성서역사를 기술하는 것은 아니지만 그러나 성서의 내용을 무시하지도 않았다. 왜냐하면 성서는 이스라엘 역사의 중요한 자료이기 때문이다. 뿐만 아니라 성서 밖의 많은 기록 문헌과 고고학 발굴 결과 알려진 유적과 유물을 함께 해석하면서 고대 이스라엘의 역사를 재구성하였다. 따라서 각 장을 시작하면서 주변 국제 정세에 대한 탐구를 빼놓지 않았다.

사료의 역사적 가치를 평가하는데 있어서는 최소주의자들의 입장을 따랐다. 따라서 기록으로 존재하는 것의 역사성을 중요하게 여겼다. 그러나 소위 역사적 암흑시대에 대해서는 어쩔 수 없이 추론적 재구성을 할 수밖에 없었다. 고대 이스라엘 역사에서 이에 해당하는 시대는 사사시대와 사마리아 멸망 후 북 왕국의 정치적 위치에 관한 것 그리고 바벨론 강제 이주 시대 때 팔레스틴의 역사가 이에 해당한다.

필자는 고대 이스라엘 역사를 크게 두 시대로 나누었다. 신화적인 시대와 역사적인 시대이다. 신화적인 시대란 역사성보다는 후대에 역사적 의미를 전달하기 위하여 기록된 신학적으로 해석된 시대이고, 역사적 시대란 비교적 객관적인 역사를 재구성할 수 있는 시대를 말한다. 이러한 역사 이해는 다른 이스라엘 역사학자와 필자와의 큰 차이점이다.

「이스라엘 역사」는 총 7부 20장으로 구성되어있다. 주전 2000년대부터 주전 332년 알렉산더 대왕의 침략으로 페르시아 제국의 팔레스틴에 대한 통치가 끝날 때까지의 역사를 크게 다섯 시대로 나누었다. 프로토 히스토리, 왕국시대, 분열왕국시대, 유다왕국시대 그리고 강제이주 및 귀환시대로 나누었다. 그리고 이스라엘 역사 연구에 있어서 직면하는 여러 가지 연대기적 문제를 다루었고, 또한 고대 이스라엘의 환경에 대하여 논하였다.

본 책에서 사용된 이스라엘 왕의 연대는 히브리대학교 명예교수인 이스라엘 에프알 교수의 연대를 사용하였고, 아시리아 왕의 연대는 브링크만의 연대를 사용하였음을 밝힌다.

「이스라엘 역사」가 출판되기까지 보이게 보이지 않게 도움의 손길을 준 많은 분들이 있다. 먼저 이스라엘 역사의 새로운 눈을 뜨게 하고, 17년 전 이스라엘 역사학을 공부하기 위해 이스라엘에 갔을 때 갖추어지지 않은 한국 학생에게 친절과 학문적 엄격성을 가르쳐주신 히브리대학교의 에프알 교수님과 2005년 12월 타계하신 아시리아학의 거목이신 故 타르모르 교수님께 감사드린다. 그 외에도 본인의 졸고를 읽어주고 교정해 주고 또 색인을 만들어 준 조황기 목사님, 신우철, 정명섭, 정지은 조교에게 고마움을 전한다. 끝으로 출판해주신 이레서원 대표 김완섭 목사님, 전문가의 식견을 갖고 책을 편집 출간해 주신 편집국장 윤상문 목사님 그리고 편집부 직원들에게 감사드린다.

2006년 12월에 연세 신학관에서
김 영 진

Contents

들어가는 말 ⋯ **04**

약어표 ⋯ **08**

주전 2000년도 고대 근동 연대표 ⋯ **12**

고대 이스라엘 연대표 ⋯ **16**

고고학 연대표 ⋯ **17**

제1부 역사학의 제 문제
- 이스라엘 역사의 연대기적 문제 ⋯ **21**
- 고대 근동과 이스라엘의 연대 기술방식 ⋯ **31**
- 이스라엘 역사의 시·공간적 배경 ⋯ **47**

제2부 이스라엘의 환경
- 이스라엘의 지리 ⋯ **61**
- 이스라엘의 산업 ⋯ **76**

제3부 프로토 히스토리
- 주전 2000년대의 가나안 ⋯ **99**
- 족장시대의 역사 ⋯ **115**
- 출애굽의 역사 ⋯ **131**
- 가나안 정착 ⋯ **152**
- 사사시대의 역사 ⋯ **167**

제4부 왕국시대
- 통일왕국시대 … **183**
- 다윗 솔로몬 시대 … **200**

제5부 분열왕국시대
- 분열왕국시대의 특징 … **233**
- 분열왕국시대의 역사 자료 … **237**
- 두 왕국시대 … **248**
- 두 왕국의 경쟁시대 … **257**
- 남북화해시대 … **270**
- 재연된 갈등의 시대 … **286**
- 사마리아의 멸망 … **307**

제6부 유다왕국시대
- 유다왕국과 히스기야 … **329**
- 유다왕국의 멸망 … **344**

제7부 강제이주 및 귀환시대
- 바벨론 강제이주시대 … **371**
- 귀환시대와 페르시아 제국 … **390**

참고문헌 / 성구색인 / 주제색인 / 인명색인

약어표

ABD	*Anchor Bible Dictionary*, 6 Vols, New York, 1992
ABL	R. F. Harper, *Assyrian and Babylonian Letters*, London and Chicago, 1892-1914
ADD	C. H. W. Johns, *Assyrian Deeds and Documents*. Cambridge, 1898-1923.
Ahituv	S. Ahituv, *Handbook of Ancient Hebrew Inscriptions From the Period of the First Commonwealth and the Beginning of the Second Commonwealth (Hebrew, Philistine, Edomite, Moabite, Ammonite and the Bileam Inscription)*, Jerusalem, 1992
ANET	J. B. Pritchard (ed.), *Ancient Near Eastern Texts Relating to the Old Testament*, 3rd Edition, Princeton, 1969
Arad	Y. Aharoni, *Arad Inscriptions*, Jerusalem, 1981
ARAB	D. D. Luckenbill, Ancient Records of Assyria and Babylonia, 2 Vols, 1926-1927
Avigad	N. Avigad, *Hebrew Bullae from the Time of Jeremiah: Remnants of a Burnt Archive*, Jerusalem, 1986
BA	*Biblical Archaeologist*, Philadelphia
BAR	*Biblical Archaeology Review*. Washington, DC
BASOR	*Bulletin of the American Schools of Oriental Research*, Philadelphia
BZ	*Biblische Zeitschrift*, Paderborn
BZAW	Beiheft zur Zeitschrift für die alttestamentliche Wissenschaft
CAD	*The Assyrian Dictionary of the Oriental Institute of the University of Chicago*, Chicago: The Oriental Institute
CAH	*The Cambridge Ancient History*, Cambridge
CBQ	*Catholic Biblical Quarterly*, Washington, DC
CS I, II, III	W. W. Hallo and K.L. Younger, Jr. eds., *The Context of Scripture Volume I: Canonical Compositions from the Biblical World; Volume II: Monumental Inscriptions from the Biblical World; Volume III: Archival Documents from the Biblical World*, Leiden: E · J Brill, 1995, 2000, 2002.
CT	Cuneiform Texts from Babylonian Tablets in the British Museum
DN	Divine Name

DCH	D. J. A. Clines (ed.), *The Dictionary of Classical Hebrew*, Sheffield: Sheffield Academic Press, 1993
EA	El-Amarna Tablets cited from J. A. Knudtzon, O. Weber and E. Ebeling, Die El-Amaran Tafeln, Leipzig, 1915; A. F. Rainey, *El Amarna Tablets 359-379: Supplement to J.A. Knudtzon, Die El-Amarna Tafeln*, Neukirchen, 1970
EI	*Eretz Israel*, Jerusalem
Enc.Miqr	(אנציקלופדיה מקראית *Encyclopaedia Biblica*), Jerusalem, 1950-1988 (Hebrew)
HALOT	L. Koehler and W. Baumgartner, *The Hebrew and Aramaic Lexicon of the Old Testament I, II*, Leiden, 1994-5
GN	Geographical Name
GPA	J.N. Postgate, *The Governor's Palace Archive*, London, 1973
HSS	*Harvard Semitic Studies*, Atlanta, GA
IEJ	*Israel Exploration Journal*, Jerusalem
IOS	*Israel Oriental Studies*, Tel-Aviv
JAOS	*Journal of the American Oriental Society*, New Haven, CT
JBL	*Journal of Biblical Literature*, Atlanta, GA
JCS	*Journal of Cuneiform Studies*, New Haven
JNES	*Journal of Near Eastern Studies*, Chicago
JSOT	*Journal for the Study of the Old Testament*, Sheffield
Judaica	*Encyclopedia Judaica, 17 Vols*, Jerusalem, 1971
KAI	H. Donner and W. Röllig, *Kanaanäische und aramäische Inscriften*, 3 Vols, Wiesbaden, 1962
KS	A. Alt, *Kleine Schriften zur Geschichte des Volkes Israel*, 3 Vols, München, 1953
LXX	Septuagint
NAB	*The New American Bible*, New York, 1970
NEAEHL	*The New Encyclopedia of Archaeological Excavations in the Holy Land*, 4 Vols, Jerusalem, 1994
NJB	*The New Jerusalem Bible*, New York, 1985
NKJV	*The Holy Bible, New King James Version*, New York, 1982
NL	Nimrud Letters

NRSV	*The Holy Bible, New Revised Standard Version*, Oxford, 1989
PEQ	*Palestine Exploration Quarterly*, London
PN	Personal Name
RB	*Revue Biblique*, Paris
REB	*The Revised English Bible*, Oxford, 1989
RIMA 1	A. K. Grayson, *Assyrian Rulers of the Third and Second Millennia BC (To 1115 BC), The Royal Inscriptions of Mesopotamia, Assyrian Periods,* Toronto: University of Toronto Press, 1987
RIMA 2	A. K. Grayson, *Assyrian Rulers of the Early First Millennium BC I (1114-859 BC), The Royal Inscriptions of Mesopotamia, Assyrian Periods,* Toronto: University of Toronto Press, 1991
RIMA 3	A. K. Grayson, *Assyrian Rulers of the Early First Millennium BC II (858-745 BC), The Royal Inscriptions of Mesopotamia, Assyrian Periods,* Toronto: University of Toronto Press, 1996
RN	Royal Name
SAA I	S. Parpola, *The Correspondence of Sargon II, Part I: Letters from Assyria and the West, State Archives of Assyria I*, Helsinki, 1987
SAA II	S. Parpola, and K. Watanabe, *Neo-Assyrian Treaties and Loyalty Oaths, Helsinki:* Helsinki University Press, 1988
SAA IV	I. Starr, *Queries to the Sungod: Divination and Politics in Sargonid Assyria, State Archives of Assyria IV,* Helsinki, 1990
SAA V	G. B. Lanfranchi and S. Parpola, *The Correspondence of Sargon II, Part II: Letters from the Northern and Northeastern Provinces, State Archives of Assyria V,* Helsinki, 1990
SAA VI	T. Kwasman and S. Parpola, *Legal Transactions of the Royal Court of Nineveh, Part I: Tiglath-Pileser III through Esarhaddon, State Archives of Assyria VI,* Helsinki, 1991
SAA VII	F. M. Fales and J.N. Postgate, *Imperial Administrative Records, Part I: Palace and Temple Administration, Helsinki:* Helsinki University Press, 1992
SAA VIII	H. Hunger, *Astrological Reports to Assyrian Kings,* Helsinki: Helsinki University Press, 1992
SAA X	S. Parpola, *Letters from Assyrian and Babylonian Scholars,* State

	Archives of Assyria X, Helsinki, 1993
SAA XI	F.M. Fales and J.N. Postgate, *Imperial Administrative Records, Part II: Provincial and Military Administration, State Archives of Assyria XI*, Helsinki, 1995
SAA XII	L. Kataja and R. Whiting, *Grants, Decrees and Gifts of the Neo-Assyrian Period*, Helsinki: Helsinki University Press, 1995
SAA XIII	S. W. Cole and P. Machinist, *Letters from Priests to the Kings Esarhaddon and Assurbanipal*, Helsinki: Helsinki University Press, 1998
SAA XVIII	F. Reynolds, *The Babylonian Correspondence of Esarhaddon*, Helsinki: Helsinki University Press, 2003
SAAS	*State Archives of Assyria Studies*, Helsinki
SAAS IV	S. W. Cole, *Nippur in Late Assyrian Times c. 755-612 BC*, Helsinki, 1995
Samaria	J. W. Crowfort, K.M. Kenyon and E.L. Sukenik, *The Buildings at Samaria*, London, 1942
SJB	*Tanakh - The Holy Scriptures*, The Standard Jewish Bible for the English speaking world, Philadelphia, 1988
SO	Samaria Ostraca
UT	C.H. Gordon, *Ugarit Text*, Rome, 1965
VAS	*Vorderasiatische Schriftdekmäler*
VAT	Tablets in the Collections of the Staatliche Museen, Berlin
VT	*Vetus Testamentum*, Leiden
WO	*Die Welt des Orients,*
YOS	*Yale Oriental Series, Babylonian Texts*
ZA	*Zeitschrift für Assyriologie*, Leipzig
ZAW	*Zeitschrift für die alttestamentliche Wissenschaft*, Berlin
ZDMG	*Zeitschrift der Deutschen Morgenländischen Gesellschaft*, Wiesbden
ZDPV	*Zeitschrift des Deutschen Palästina-Vereins*, Wiesbaden

⊙ 주전 2000년대 고대 근동 연대표

이집트 *이집트의 연대표는 학자에 따라 차이가 있음

중왕국

제12왕조

아메네헤트 1세(Amenemhet)	주전 1991-1962
센보스레트 1세(Senwosret)	주전 1971-1926
아메네헤트 2세	주전 1929-1892
센보스레트 2세	주전 1897-1878
센보스레트 3세	주전 1878-1841
아메네헤트 3세	주전 1844-1797
아메네헤트 4세	주전 1799-1787
네푸르소벡(Nefrusobek)	주전 1787-1783

신왕국

제18왕조

아호모세(Ahmoses)	주전 1550-1525
아멘호텝 1세(Amenhotep)	주전 1525-1504
투트모세 1세(Tuthmoses)	주전 1504-1492
투트모세 2세	주전 1492-1479
하첩수트(Hatshepsut)	주전 1473-1458
투트모세 3세	주전 1479-1425
아멘호텝 2세	주전 1427-1401
투트모세 4세	주전 1401-1391
아멘호텝 3세	주전 1391-1353
아멘호텝 4세	주전 1353-1335
스멘하카레(Smenkhakare)	주전 1335-1333
투탄하문(Tutankhamun)	주전 1333-1323
아야(Aja)	주전 1323-1319
호렘헵(Horemheb)	주전 1319-1307

제19왕조

람세스 1세(Ramses)	주전 1307-1306
세티 1세(Seti)	주전 1306-1290
람세스 2세	주전 1290-1224
메르넵타(Merneptah)	주전 1224-1214

제20왕조

람세스 3세	주전 1194-1163
람세스 4세	주전 1163-1156
람세스 5세	주전 1156-1151
람세스 6세	주전 1151-1143
람세스 7세	주전 1143-1136
람세스 8세	주전 1136-1131
람세스 9세	주전 1131-1112
람세스 10세	주전 1112-1100
람세스 11세	주전 1100-1070

메소포타미아

아시리아

나람-신(Naram-Sin)	주전 2213-2176
⋮	
에리슘(Erishum)	
삼사-아다드 1세(Shamshi-Adad)	주전 1808-1776
이쉬메-다간(Ishme-Dagan)	주전 1775-?
⋮	
앗수르-우발리트 1세(Aššur-uballit)	주전 1363-1328
엔릴-니라리 1세(Enlil-nirari)	주전 1327-1318
아릭-덴-일리(Arik-den-ili)	주전 1317-1306
아다드-니라리 1세(Adad-nirari)	주전 1305-1274
살만에셀 1세(Shalmaneser)	주전 1273-1244
투쿨티-니누르타 1세(Tukulti-Ninurta)	주전 1243-1207
앗수르-나단-아플리(Aššur-nadin-apli)	주전 1206-1203
앗수르-니라리 3세(Aššur-nirari)	주전 1202-1197
엔릴-쿠두리-우쭈루(Enlil-kudurri-uṣur)	주전 1196-1192
니누르타-아필-에쿠르(Ninurta-apil-Ekur)	주전 1191-1179
앗수르-단 1세(Aššur-dan)	주전 1178-1133
무타킬-누스쿠(Mutakkil-Nusku)	
앗수르-레샤-이쉬 1세(Aššur-resha-ishi)	주전 1132-1115
디글랏빌레셀 1세(Tiglath-pileser)	주전 1114-1076
아샤리드-아필-에쿠르(Asharid-apil-Ekur)	주전 1075-1074
앗수르-벨-칼라(Aššur-bel-kalra)	주전 1073-1056
에리바-아다드 2세(Eriba-Adad)	주전 1055-1054
삼사-아다드 4세	주전 1053-1050
⋮	

아시리아 제국

앗수르나찌르팔 1세(Aššurnaṣirpal)	주전 1049-1031
살만에셀 2세	주전 1030-1019
앗수르-니라리 4세	주전 1018-1013
앗수르-라비 2세(Aššur-rabi)	주전 1012-972
앗수르-레샤-이쉬 2세(Aššur-resha-Ishi)	주전 971-967
다글랏빌레셀 2세	주전 966-935
앗수르-단 2세	주전 934-912
아다드-니라리 2세	주전 911-891
투쿨티-니누르타 2세	주전 890-884
앗수르나찌르팔 2세	주전 883-859
살만에셀 3세	주전 859-824
삼시-아다드 5세	주전 823-811
아다드-니라리 3세	주전 810-783
살만에셀 4세	주전 782-773
앗수르-단 2세	주전 772-755
앗수르-니라리 5세	주전 754-745
다글랏빌레셀 3세	주전 745-727
살만에셀 5세	주전 727-722
사르곤 2세	주전 722-705
산헤립(Sennacherib)	주전 705-681
에살핫돈(Esarhaddon)	주전 680-669
앗수르바니팔(Aššurbanipal)	주전 668-627
앗수르-에틸-일라니(Aššur-etil-ilani)	주전 627-623
신-샤르-이쉬쿤(Sin-sar-ishkun)	주전 622-612
앗수르-우발리트 2세	주전 611-?

바벨론

수무아붐(Sumuabum)	주전 1894-1881
수무라엘(Sumulael)	주전 1880-1845
사비움(Sabium)	주전 1844-1831
아필-신(Apil-Sin)	주전 1830-1813
신-무발리트(Sin-muballit)	주전 1812-1793
함무라비(Hammurabi)	주전 1792-1750

삼수일루나(Samsuiluna)	주전 1749-1712
아비-에슈(Abi-eshuh)	주전 1711-1684
암미디타나(Ammiditana)	주전 1683-1647
암미사두카(Ammisaduqa)	주전 1646-1626
삼수디타나(Samsuditana)	주전 1625-1595
⋮	
카다쉬만-엔릴 1세(Kadashman-Enlil)	주전 1374?-1360
부르나부리아쉬 3세(Burnaburiash)	주전 1359-1333
카라-하다쉬(Kara-hardash)	주전 1333
나자-부가쉬(Nazi-Bugash)	주전 1333
쿠리갈주 2세(Kurigalzu)	주전 1332-1308
나자-마루타쉬(Nazi-Maruttash)	주전 1307-1282
카다쉬만-투르구(Kadashman-Turgu)	주전 1281-1264
카다쉬만-엔릴 2세(Kadashman-Enlil)	주전 1263-1255
쿠두르-엔릴(Kudur-Enlil)	주전 1254-1246
샤가라크티-슈리아쉬(Shagarakti-Shuriash)	주전 1245-1233
카쉬틸리아슈 4세(Kashtiliashu)	주전 1232-1225
엔릴-나딘-슈미(Enlil-nadin-shumi)	주전 1224
카다쉬만-하르베 2세(Kadashman-Harbe)	주전 1223
아다드-슈마-이디나(Adad-shuma-iddina)	
아다드-슘마-우쭈르(Adad-shuma-uṣur)	주전 1216-1187
멜리-시파크(Meli-Shipak)	주전 1186-1172
마르둑-아플라-이디나 1세(Marduk-apla-iddna)	주전 1171-1159
자바바-슈마-이디나(Zababa-shuma-iddna)	주전 1158
엔릴-나딘-아히(Enlil-nadin-ahi)	주전 1157-1155
⋮	

바벨론 제국

나보폴라사르(Nabopolassar)	주전 625-605
느부갓네살(Nebuchadrezzar)	주전 605-562
에윌므로닥(Evil-Merodach)	주전 561-560
네르글리살(Neriglissar)	주전 559-556
라바쉬-마르둑(Labashi-Marduk)	주전 556(3개월)
나보니두스(Nabonidus)	주전 555-539

페르시아 제국

테이스페스(Teispes)	대략 주전 650-620	다리우스 1세(Darius)	주전 522-486
고레스 1세(Cyrus)	대략 주전 620-590	크세르크세스(Xerxes)	주전 486-465
캄비세스 1세(Cambyses)	대략 주전 590-559	아르닥사스다 1세(Artaxerxes)	주전 465-424/3
고레스 2세	주전 538-530	다리우스 2세	주전 423-405
캄비세스 2세	주전 529-522	아르닥사스다 2세	주전 405-359
바르디아(Bardiya)	주전 522(6개월)	아르닥사스다 3세	주전 359-338
느부갓네살 3세	주전 522(2개월)	아르닥사스다 4세	주전 338-336
느부갓네살 4세	주전 522(3개월)	다리우스 3세	주전 336-330

⊙ 고대 이스라엘 연대표

통일왕국

사울	주전 11세기 말
다윗	주전 1004-965
솔로몬	주전 967-965(섭) 주전 965-928

유다 왕국

르호보암	주전 928-911
아비얌	주전 911-908
아사	주전 908-867
여호사밧	주전 870-867(섭) 주전 867-846
여호람	주전 851-846(섭) 주전 846-843
아하시야	주전 843-842
(아달랴)	주전 842-836
요아스	주전 836-798
아마샤	주전 798-769
아사랴	주전 785-769
요담	주전 758-743

이스라엘 왕국

여로보암 왕조	여로보암	주전 928-907
	나답	주전 907-906
바아사 왕조	바아사	주전 906-883
	엘라	주전 883-882
오므리 왕조	오므리	주전 882-871
	아합	주전 873-871(섭) 주전 871-852
	아하시야	주전 852-851
	여호람	주전 851-842
예후 왕조	예후	주전 842-814
	여호아하스	주전 817-814(섭) 주전 814-800
(섭)=섭정	요아스	주전 800-784

아하스	주전 743-733(섭)		여로보암	주전 789-784(섭)	
	주전 733-727			주전 789-748	
히스기야	주전 727-698		스가랴	주전 748/7	
므낫세	주전 698-642		살룸	주전 748/7	
아몬	주전 641-640				
요시야	주전 639-609	므나헴 왕조	므나헴	주전 747-737	
여호아하스	주전 609		브가히야	주전 737-735	
여호야김	주전 608-598		베가	주전 735-733	
여호야긴	주전 597		호세아	주전 733-724	
시드기야	주전 596-586				

⊙ 고고학 연대표

신석기 토기 이전시대 A	주전 8300-7300
신석기 토기 이전시대 B	주전 7300-6000/5800
신석기 토기시대	주전 6000/5800-5000/4800
금석병용기 전기시대	주전 5000/4800-4200
금석병용기 중기·후기시대	주전 4200-3200/3100
초기 청동기 1	주전 3200/3100-2950/2900
초기 청동기 2	주전 2950/2900-2700/2650
초기 청동기 3	주전 2700/2650-2350
초기 청동기 4	주전 2350-2200
중기 청동기	주전 2200-2000
중기 청동기 2 A	주전 2000-1750 족장시대
중기 청동기 2 B	주전 1750-1600/1550
후기 청동기 1	주전 1600/1550-1400 이집트 입국 및 이집트 체류시기
후기 청동기 2	주전 1400-1300
후기 청동기 3	주전 1300-1200/1150 출애굽시대
철기시대 1	주전 1200/1150-1000 사사시대
철기시대 2 A	주전 1000-800
철기시대 2 B	주전 800-700 왕국시대 / 아시리아 제국
철기시대 3 A	주전 700-586 바벨론 제국
철기시대 3 B	주전 586-520 페르시아 제국

제1부
역사학의 제 문제

◈ 이스라엘 역사의 연대기적 문제
◈ 고대 근동과 이스라엘의 연대기 술방식
◈ 이스라엘 역사의 시·공간적 배경

이스라엘 역사

구약성서에서 사용하는 연대기의 특징 때문에 이스라엘 역사를 정확하게
재구성하는 일은 어렵다.

이스라엘 역사의 연대기적 문제

이스라엘 역사 연구에 있어서 가장 큰 문제는 정확한 연대기chronology를 재구성하는 것이다. 역사에 있어서 연대기는 정확한 역사적 지식을 얻기 위해 필요한 기초 자료로 인식되어왔다.[1] 그러나 구약성서에 기록된 연대기는 정확한 역사적 사실을 제공하기에는 여러 가지 문제점을 가지고 있다. 이러한 문제는 구약성서에서 사용하는 연대기의 특징 때문이다.

구약성서 연대기의 특징

구약성서에 기록된 연대기는 다음 몇 가지 특징을 가지고 있다.
첫째, 왕의 연대를 표시할 때 유다의 왕과 이스라엘의 왕 사이에 비교 연

---

1) E. R. Thiele, *The Mysterious Numbers of the Hebrew Kings*, New Revised Edition, Grand Rapids, 1983, p. 1.

대를 제시한다. 즉 유다 왕의 연대를 기록할 때에는 같은 시대 이스라엘 왕의 즉위 연대와 비교하는 방식을 채택하고 있다. 예를 들면 열왕기상 15:9에 "이스라엘의 여로보암 왕 제20년에 아사가 유다 왕이 되어"와 같이 유다 왕 아사의 연대를 표시하기 위하여 당시 북왕국의 왕이었던 여로보암의 연대와 비교하였다 왕상 15:9 참고. 뿐만 아니라 북이스라엘 왕의 연대를 표시할 때는 유다 왕의 연대와 비교한다. 열왕기상 15:25에 의하면 "유다의 아사왕 둘째 해에 여로보암의 아들 나답이 이스라엘 왕이 되어 2년 동안 이스라엘을 다스리니라"고 기록하고 있다. 이러한 비교 연대는 구약성서 연대 표시의 가장 큰 특징 가운데 하나이다.

둘째, 북이스라엘 왕과는 달리 유다 왕의 경우 즉위 당시 왕의 나이를 제시하는 경우가 많다 왕상 14:21, 22:41-42; 왕하 8:16, 11:21 등. 열왕기하 8:16-17에 "이스라엘 왕 아합의 아들 요람 제5년에 유다 왕 여호사밧이 유다의 왕이었을 때 유다의 왕 여호사밧의 아들 여호람이 왕이 되니라 여호람이 왕이 될 때에 나이가 32세라 예루살렘에서 8년 동안 통치하니라"고 기록하고 있다. 즉 여호람이 32세에 왕이 되어 8년간 다스렸다고 기록하고 있다. 그러나 북왕국의 왕에 대해서는 통치 연한만 제시하였다 왕상 15:23, 33 참고.

셋째, 역사적 사건을 기록하면서 '왕의 통치 몇 년에 발생한 사건'이라는 방식으로 기록하고 있다. 히스기야 왕 시대의 역사를 기록할 때도 '히스기야 왕 X년에'라는 관용구로 역사를 서술하고 있다.

열왕기하 12:6에 "요아스 왕 제23년에 이르도록 제사장들이 성전의 파손한 데를 수리하지 아니하였는지라." 즉 성전 수리가 요아스 왕 23년까지 이루어지지 않았음을 기록하고 있다. 또한 열왕기하 22:3-6에 의하면 "요시야 왕 열여덟째 해에 왕이 므슬람의 손자…." 즉 요시야 왕 18년에 성전 수리 공사를 하였다는 기록이다. 이러한 기록은 역대기 사가의 기록에서도

왕 이름	즉위 나이	통치 기간	성서 구절
다윗		40년	왕상 2:10-11
솔로몬		40년	왕상 11:42
르호보암	41세	17년	왕상 14:21
아비암		3년	왕상 15:1
아사		41년	왕상 15:9
여호사밧	35세	25년	왕상 22:41-42
여호람	32세	8년	왕하 8:16-17
아하시야	22세	1년	왕하 8:26
아달랴		(6년)	왕하 11:1-3
요아스	7세	40년	왕하 11:21-12:1
아마샤	25세	29년	왕하 14:1-2
아사랴	16세	52년	왕하 14:16-15:1
요담	25세	16년	왕하 15:7, 13
아하스	20세	16년	왕하 16:1-2
히스기야	25세	29년	왕하 18:1-2
므낫세	12세	55년	왕하 21:1
아몬	20세	2년	왕하 21:19
요시야	8세	31년	왕하 22:1-2
여호아하스	23세	3달	왕하 23:31
여호야김	25세	11년	왕하 23:36
여호야긴	18세	3달	왕하 24:8
시드기야	21세	11년	왕하 24:18

찾아볼 수 있다. 역대하 16:1에 의하면 "아사 왕 36년에 이스라엘 왕 바아사가 유다를 치러 올라와서 라마를 건축하여…"라는 기록으로 역사적 사건이 '왕 즉위 몇 년에 생겨난 일'이라는 방식으로 역사를 기록하고 있다.

뿐만 아니라 주변 국가와의 관계를 기록할 때도 '무슨 왕 몇 년에 무슨 일이 있었다'라는 방식으로 기록하고 있다. 열왕기상 14:25에서 시삭의 침략은 르호보암 왕 제5년에 발생하였다고 기록하고 있다 왕하 15:19, 16:7-9 참고. 또한 아시리아 Assyria 왕 산헤립 Sennacherib, 주전 705-681이 유다를 침략한 사건을 기록함에 있어서 열왕기하 18:13은 "히스기야 왕 제14년에 아시리아 왕 산헤립이 올라와 유다의 모든 견고한 성읍들을 쳐서 점령하매"라고 기록하고 있다.

넷째, 역사적 사건을 기록하면서 성서 기자는 '이 사건은 어떤 사건이 있은 지 몇 년 후에 생긴 일이다'라고 기록하고 있다. 열왕기하 14:17은 "이스라엘 왕 여호아하스의 아들 요아스가 죽은 후에도 유다 왕 요아스의 아들 아마샤가 15년을 생존하였더라"라고 기록하고 있다. 열왕기상 6장의 솔로몬 성전 건축의 시작에 대해서도 "이스라엘 자손이 애굽 땅에서 나온 지 480년이요 솔로몬이 이스라엘 왕이 된 지 4년 10월에 솔로몬이 여호와를 위하여 전 건축하기를 시작하였더라"고 기록하였다.

마지막으로 열왕기에 기록된 신명기 사가의 역사를 살펴보면 신명기 사가는 자신들의 역사를 기록하는 데 있어서 일정한 양식을 사용하고 있다. 특히 유다 왕의 업적을 기록하는 것에는 다음의 형식을 취하였다.

항목	내용	성서 구절
통치 개요	즉위 당시 나이, 통치 기간, 어머니 이름	"므낫세가 왕이 될 때에 나이가 12세라 예루살렘에서 55년간을 다스리니라 그의 어머니의 이름은 헵시바더라"(왕하 21:1).
종교적인 평가	여호와 보시기에	"므낫세가 여호와 보시기에 악을 행하여 여호와께서 이스라엘 자손 앞에서 쫓아내신 이방 사람의 가증한 일을 따라서…"(왕하 21:2).
업적	정치 군사적 업적	(왕하 21:3-16)
기록	업적에 관한 다른 기록 언급	"므낫세의 남은 사적과 그가 행한 모든 일과 범한 죄는 유다 왕 역대지략에 기록되지 아니하였느냐"(왕하 21:17).
계승	선왕(先王)의 죽음과 계승	"므낫세가 그의 조상들과 함께 자매 그의 궁궐 동산 곧 웃사의 동산에 장사되고 그의 아들 아몬이 대신하여 왕이 되니라"(왕하 21:18).

그러나 북이스라엘 왕에 관한 내용을 기록할 때는 위의 형식을 채택하지 않았다.

구약성서 연대기의 문제점

구약성서의 연대기 기록은 다음과 같은 문제점을 가지고 있다. 구약성서의 기록은 특히 왕에 관한 기록에서 시간적 흐름의 모순이 발견되는 경우가 많다. 예를 들어 열왕기상 15:8에서는 아사를 아비얌의 아들로 기록하고 있다. 그러나 열왕기상 5:10에 의하면 아사는 아비얌과 형제관계가 된다. 왜냐하면 열왕기상 15:2에 아비얌의 어머니는 아사의 어머니인 압살롬의 딸 마아가로 나오기 때문이다. 이처럼 구약성서에는 시간적인 선후관계를 결정하기 어려운 구절이 많다. 이러한 연대기적 문제의 양상은 다음과 같다.

첫째, 성서 내적 연대 기록 사이의 모순이다. 열왕기하 8:25에 의하면 아하시야는 요람 왕 제12년에 즉위하였으나 열왕기하 9:29에서는 요람 왕 11년에 즉위하였다. 또한 이스라엘 왕 오므리가 유다 왕 아사 제31년에 즉위하였으며, 12년간 통치하였다고 기록하고 있다^{왕상 16:23}. 만약 이 기록이 맞다면 오므리의 통치는 41년간 통치한 아사 왕 다음에 끝났을 것이다. 그런데 열왕기상 16:28-29에 의하면 오므리가 죽고 그 아들 아합이 왕이 된 것은 아사 왕 제38년이라고 기록하고 있다. 만약 열왕기상 16장의 기록이 맞다면 오므리의 통치기간은 12년이 아니라 7년이다.

남유다			북이스라엘		
왕 이름	기간	성서 구절	왕 이름	기간	성서 구절
르호보암	17년	왕상 14:21	여로보암	22년	왕상 14:20
아비야	3년	왕상 15:1-2	나답	2년	왕상 15:25
아사	41년	왕상 15:9-10	바아사	24년	왕상 15:33
여호사밧	25년	왕상 22:42	엘라	2년	왕상 16:8
여호람	8년	왕하 8:16-17	시므리	7일	왕상 16:15
아하시야	1년	왕하 8:26	오므리	12년	왕상 16:23
			아합	22년	왕상 16:29
			아하시야	2년	왕상 22:51
			요람(=여호람)	12년	왕하 3:1(8:25-26)
합계	95년		합계	98년 7일	

둘째, 유다와 이스라엘 왕의 통치기간의 합이 서로 다르다. 구약성서에 기록된 유다 왕의 통치기간의 합과 이스라엘 왕의 통치기간의 합이 서로 다르다. 예를 들면 분열왕국시대 유다의 르호보암부터 아하시야까지와, 이스라엘의 여로보암부터 요람까지의 각 왕의 통치기간의 합은 서로 달리 나타난다. 여로보암과 르호보암이 즉위한 해가 똑같고, 또한 이스라엘 왕 요람과 유다 왕 아하시야의 죽은 해도 똑같다. 열왕기하 3:1에 "아합의 아들 여호람요람, 왕하 8:24이 사마리아에서 이스라엘 왕이 되어 12년을 치리하니라"고 기록되어 있다. 그런데 열왕기하 8:25-26에는 "아합의 아들 요람 12년에 유다 왕 여호람의 아들 아하시야가 왕이 되어 1년을 다스렸다"고 기록하고 있다. 따라서 유다와 이스라엘의 비교 연대에 의하면 유다 왕 아하시야와 이스라엘 왕 요람은 서로 같은 시대다. 그런데 이때까지 두 왕국의 통치연대를 비교하면 서로 차이가 난다. 르호보암 시대부터 아하시야 시대까지 유다 왕의 통치 햇수의 합은 95년이지만 같은 기간 여로보암 시대부터 여호람까지의 북이스라엘 왕의 통치 햇수는 98년 7일이다. 서로 다른 연대

측정법이 있었거나 성서의 비교 연대가 정확하지 않음을 알 수 있다.

셋째, 구약성서의 역사 기록과 주변 국가의 연대기가 서로 불일치한다. 아시리아의 역사 기록으로 연대를 정확히 알 수 있는 산헤립의 예루살렘 침공에 대한 기록을 비교하면 구약성서의 연대 기록과 차이가 있음을 알 수 있다. 구약성서가 제공하는 이 시대의 연대는 다음과 같다.

사 건	성서 구절	연도
히스기야 왕 제4년 곧 이스라엘의 왕 엘라의 아들 호세아 제7년에 아시리아의 왕 역사 기록이 사마리아로 올라와서 에워쌌더라	왕하 18:9	주전 723년
히스기야 왕 제6년이요 이스라엘 왕 호세아의 제9년에 사마리아가 함락되매	왕하 18:10	주전 721년
히스기야 왕 제6년이요 이스라엘 왕 호세아의 제9년에 사마리아가 함락되매	왕하 18:10	주전 721년
히스기야 왕 제14년에 아시리아의 왕 산헤립이 올라와서 유다 모든 견고한 성읍들을 쳐서 점령하매	왕하 18:13	주전 701년

그런데 산헤립의 비문에 의하면 산헤립의 예루살렘 침략은 주전 701년에 있었다. 구약성서를 바탕으로 추정한 히스기야 제14년은 주전 714년으로 산헤립이 왕이 되기 전이다. 산헤립은 주전 705년에 왕이 되었기 때문이다.

넷째, 가장 어려운 문제점 가운데 하나는 이스라엘과 유다가 어떤 유형의 월력月曆을 사용하였는가 하는 점이다. 고대 근동에는 두 가지 종류의 월력이 있었다. 가을에서 시작하여 가을로 끝나는 '티슈리-티슈리' Tshuri-Tshuri 형과 메소포타미아처럼 봄에 시작하여 봄으로 끝나는 '니산-니산' Nisan-Nisan 형 달력이 있다. 그런데 고대 이스라엘이 어떤 종류의 월력을 사용하였는지 정확히 알 수 없다. 구약성서에 기록된 월력은 음력陰曆이다. 월력은 농사와 밀접한 관련을 맺고 있는데 이러한 사실은 게젤Gezer에서 발견된 농사력에서 알 수 있다. 구약성서를 읽다보면 대부분 달의 이름이 '몇 월' 하는 식으로 표기되어 있다. 즉 민수기 29:1에 의하면 "7월에 초막절을 지키라"고 되어 있다. 그런데 이 7월은 현대인이 사용하는 월력의 7월이 아니라 일곱째 달을 의미한다.

포로기 이후 바벨론의 영향으로 구체적인 달의 이름이 등장할 때까지 고대 이스라엘은 '몇 째 달'이라는 방식으로 월력을 표시하였다. 그러나 바벨론 포로의 영향으로 포로기 이후 성서 문학에 바벨론식 달 이름이 등장하였다. 예를 들어 스가랴 1:7의 "스밧 월"이란 바로 열한 번째 바벨론의 달 이름에서 유래된 것이다. 이러한 예는 스가랴 7:1의 "기스래 월"아홉 번째 달, 에스더 3:13의 "아다르 월"열두 번째 달 등에서 찾아볼 수 있다.

오늘날 달력	구약의 달력	현대 이스라엘 달력	메소포타미아 달력
3월	첫째 달 (정월)	ניסן	니산 (Nisannu) 월
4월	둘째 달	אייר	아야르 (Ayāru) 월
5월	셋째 달	סיוון	시마누 (Simānu) 월
6월	넷째 달	תמוז	타무즈 (Tamūzu) 월
7월	다섯째 달	אב	아부 (Abū) 월
8월	여섯째 달	אלול	엘룰 (Elūl) 월
9월	일곱째 달	תשרי	타슈리투 (Tašrītu) 월
10월	여덟째 달	מרחשוון	아라흐삼누 (Araḫsamnu) 반
11월	아홉째 달	כסלו	키슬리무 (Kislīmu) 월
12월	열째 달	טבת	테베투 (Ṭebētu) 월
1월	열한째 달	שבט	샤바투 (Šabāṭu) 월
2월	열두째 달	אדר	아다르 (Addāru) 월

고대 근동에서는 태음력과 태양력 사이의 11일간의 차이를 해결하기 위하여 윤달을 첨가하였다. 일반적으로 윤달은 '엘룰 월'여섯 번째 달과 '아다르 월'일곱 번째 달에 첨가된다. 아시리아 제국에서 윤달은 오늘날과 같이 일정한 기간마다 첨가되는 것이 아니라 왕이 천체 관측자들과 상의하여 엘룰 월이나 아다르 월에 한 달을 더 첨가하였다. 이렇게 윤달로 첨가된 달은 '제2엘룰 월' 혹은 '제2아다르 월'이라고 불렸다. 그러나 구약성서의 기록에는 이스라엘 백성들이 윤달을 지켰다는 기록은 없지만 윤달을 지켰다는 것을 생각하게 하는 구절들이 있다.[2]

현대 유대인들은 티슈리 월일곱 번째 달 1일을 신년으로 지키고 있지만 구약성서시대에 어느 시기를 한 해의 시작으로 정했는지 정확히 알 수 없다. 일반적으로 학자들 사이에는 '니산 월' 1일이 신년 초하루라고 주장하는 사람도 있다. 하지만 어떤 이들은 '티슈리 월' 1일을 신년 초하루라고 주장하기도 한다. 어떤 학자들은 원래 신년 초하루가 '니산 월' 1일이었다가 후에 '티슈리 월' 1일로 바뀌었다고 주장하며, 그 반대의 주장도 있다. 그러나 메소포타미아의 신년은 '니산 월' 1일이었다. 이처럼 한 해의 시작점을 정확히 알지 못하기 때문에 연대를 재구성할 때 어려움을 겪는다.

이스라엘 역사서나 구약성서와 관련된 책을 읽을 때 요시야 종교개혁의 연대를 622/1년이라고 표기한다. 이것은 요시야 종교개혁이 몇째 달에 일어났는지 알 수 없기 때문이다. 고대 이스라엘의 신년이 '니산 월'부터 시작하든 아니면 '티슈리 월'부터 시작하든 관계없이 오늘날 그레고리안 역으로 바꿀 때 두 해에 걸쳐 일어났을 가능성이 있기 때문이다. 따라서 이스라엘 역사학에 있어서 622/1년과 622-1년은 엄격한 차이가 있다. 즉 전자

---

2) 김영진, "여로보암의 종교개혁과 윤달(왕상 12:31-33)," 「구약논단」 6 (1990), pp. 79-90을 참고하시오.

는 앞에서 서술한 바와 같이 언제 정확히 일어났는지 알 수 없음을 나타내지만 후자의 622-1은 622년과 621년 2년간에 거쳐 일어났다는 것을 뜻한다.

다섯째, 또한 고대 이스라엘에서 왕의 통치 연도를 언제부터 계산했는가 하는 문제이다. 즉 즉위한 날로부터 즉위 1년을 계산하는지 아니면 즉위한 후 첫 신년축제를 지난 다음부터 즉위 1년을 계산하는지가 문제이다. 참고적으로 메소포타미아는 즉위한 날부터 첫 신년축제까지를 즉위해(accession-year; "즉위년" שנת מלכתו -렘 52:31, "즉위한 원년" שנת מלכתו - 왕하 25:27; rāši šarrūti라고 부르는 유년 칭원법을 사용하였다.[3]

여섯째, 구약성서에는 섭정의 경우가 등장한다. 그러나 언제부터 섭정이 시작되었는지 기록하고 있지 않기 때문에 연대 계산에 어려움이 많다. 유다의 여호사밧, 아사랴, 요담, 므낫세 그리고 이스라엘의 여로보암 2세의 경우는 섭정이 통치 연한에 포함된 경우이고, 유다의 여호람, 아하스는 섭정기간이 통치 연한에 포함되지 않은 경우이다.

이상과 같은 특징을 가진 구약성서의 기록을 통하여 고대 이스라엘 역사의 정확한 연대를 추정하는 것은 매우 어렵다. 따라서 연구하는 학자 사이에 연대 차이가 나타나는 것은 당연하다.

---

3) 김영진, "역사 용어의 바른 이해," 「원문성경연구」 5 (1999), pp. 106-115.

고대 근동과 이스라엘의 연대 기술 방식

연대는 사료가 정확한 역사 지식을 제공하기 위하여 필요한 가장 중요한 요소이다.[4] 따라서 고대 근동뿐만 아니라 이스라엘 사가들은 나름대로 연대를 기록하는 방식을 채택하고 있다.[5] 고대 이스라엘 사가들은 고대 근동, 특히 메소포타미아의 연대 기록 방식을 채용하여 사용하고 있었다.[6] 신명기 사가는 나름대로 독특한 연대 기술 방식을 채택했기 때문에 특정 사사나 특정 왕의 통치기간에 대한 표시가 연대기적 자료로써 믿을 만한 기록인가를 결정하기가 매우 어렵다.[7]

---

4) E. R. Thiele, *The Mysterious Numbers of The Hebrew Kings*, pp. 35-36.
5) M. Cogan, "Chronology," *Anchor Bible Dictionary I*, New York, 1992, pp. 1002-1011.
6) 이에 대한 자세한 논의는 김영진, 「이스라엘 역사 서설」, 광주, 2001, pp 50-52를 참고하시오. 신명기 사가가 채택하고 있는 연대 기술방식은 다음과 같다. 첫째, 분열왕국시대의 왕의 연대를 표시할 때 유다의 왕과 이스라엘 왕의 비교 연대를 제시한다. 유다 왕의 연대를 기록할 때 같은 시대 이스라엘 왕의 즉위 연대와 비교하는 것이다. 둘째, 유다 왕의 경우 즉위 당시 왕의 나이를 제시하는 경우가 많다. 셋째, 역사적 사건을 기록하면서 '왕의 통치 몇 년에 발생한 사건' 이라는 식으로 기록하고 있다. 넷째, 역사적 사건을 기록하면서 성서 기자는 '이 사건은 어떤 사건이 있은 지 몇 년 후에 생긴 일이다' 라는 식으로 기록하고 있다(왕하 14:17). 다섯째, 열왕기에 기록된 신명기 사가의 역사를 살펴보면 신명기 사가는 자신들의 역사를 기록하는 데 있어서 일정한 양식을 사용하고 있다.
7) M. Cogan, *I Kings*, New York, 2000, pp. 100-101.

고대 이스라엘의 연대 기록 방식

고대 이스라엘의 연대 기록 방식은 구약성서에 세 가지 방식으로 나타난다. 즉 공시연대共時年代, Synchronistic Chronology와 상대연대相對年代, Relative Chronology와 일반적인 연대 표시이다. 공시연대는 이스라엘 고대 이스라엘 역사 기록의 독특한 방법 가운데 하나로 열왕기서와 역대기서에서 주로 사용되며, 상대연대는 고대 근동 세계에 가장 널리 알려진 방법으로 에스겔과 역대기서에 주로 나타난다.[8]

공시연대

공시연대는 어떤 사건의 연대를 표시할 때 동시대의 다른 사건과 비교하여 연대를 기록하는 방법이다. 특히 공시연대 방법은 유다 왕국과 이스라엘 왕국의 왕의 즉위를 표시할 때 많이 사용한다.[9] 즉 유다 왕국이나 이스라엘 왕국의 왕이 즉위한 사건을 기록 할 때, 그 연대를 당시 이스라엘이나 유다 왕의 연도와 비교하여 기록하는 방법이다.

이 경우에는 למלך-A ב-B בשנת-N מלך-C על-יהודה B의 아들 A가 왕으로 있은 지 N년에 C가 유다를 다스렸다 라는 표현을 사용한다왕상 15:1, 9, 33, 16:8 등. 예를 들면 아비얌의 즉위에 대하여 "느밧의 아들 여로보암 왕 열여덟째 해에 아비얌이

---

8) 구약성서에 나타난 연대기 기록 방법에 대해서는 E. R. Thiele, *The Mysterious Numbers of the Hebrew Kings: A Reconstruction of the Chronology of the Kingdoms of Israel and Judah*와 H. Tadmor, "The Chronology of the First Temple Period: A Presentation and Evaluation of the Sources," *World History of Jewish Peoples* 4/1, eds. A. Malamat and I. Eph'al, Jerusalem, 1979, pp. 44-60, 318-320; W. H. Barnes, *Studies in the Chronology of the Divided Monarchy of Israel*, Atlanta, 1991.

9) J. H. Hayes and P. K. Hooker, *A New Chronology for the Kings of Israel and Judah and Its Implications for Biblical History and Literature*, Atlanta, 1988, pp. 10-11. 그러나 이러한 상대연대는 이스라엘과 유다 왕의 연대기를 재구성할 때 문제점이 된다.

유다 왕이 되고"와 같이 당시 이스라엘 왕이었던 여로보암1세의 통치 연도와 비교하는 것이다 왕상 15:1. 이스라엘 왕 엘라의 즉위에 대해서도 "유다의 아사 왕 제26년에 바아사의 아들 엘라가 디르사 Tirzah에서 이스라엘의 왕이 되어 2년 동안 그 왕위에 있으니라"왕상 16:8고 유다의 아사 왕의 연대와 비교하여 기록하고 있다. 주의할 점은 구약성서의 기록을 통하여 신명기 사가와 역대기 사가가 공시연대 방식으로 고대 이스라엘의 연대기를 재구성했다는 점이다.

그러나 가끔 비교하는 두 연대가 성서 내에서뿐만 아니라 성서 밖에서도 큰 문제를 일으키는 경우가 있다. 아시리아의 역사 기록을 통하여 연대를 정확히 알 수 있는 산헤립의 예루살렘 침공에 대한 기록을 비교하면 구약성서의 연대 기록과의 차이를 볼 수 있다. 열왕기하 18:1을 보면 이스라엘 왕 호세아 3년에 아하스의 아들 히스기야가 왕이 되었다. 그런데 열왕기하 17:1에는 유다 왕 아하스 12년에 엘라의 아들 호세아가 사마리아에서 이스라엘 왕이 되어 9년을 치리하였다고 기록되어 있다. 이 두 기록을 비교해볼 때 호세아가 즉위한 해는 주전 731/0년 722/1+9이며 히스기야의 즉위한 해는 주전 728/7년이다. 그런데 열왕기하 18:13에 의하면 히스기야 제14년에 아시리아의 왕 산헤립이 유다를 침략하였다. 위의 연대를 기준으로 산정할 때 산헤립의 유다 침공 연대가 주전 714/3년이 된다. 그런데 아시리아 제국의 연대기에 의하면 산헤립은 주전 705년에 왕으로 즉위하였다. 따라서 성서의 상대연대를 근거로 추정하면 산헤립의 침공은 산헤립이 아직 아시리아 제국의 왕이 되기 전에 있었던 일이 되므로 문제점이 발생한다.

뿐만 아니라 구약성서 내부에서도 연대 기록의 모순이 발견된다. 열왕기하 8:25에 아하시야는 요람 왕 제12년에 즉위한 것으로 기록되어 있으나 열왕기하 9:29에서는 요람 왕 제11년에 즉위하였다고 기록하고 있다. 또한 예로 이스라엘 왕 오므리의 즉위한 해가 유다 왕 아사 제31년이며 12년 간 통치하였다고 나온다 왕상 16:23. 만약 이 기록이 맞다면 오므리의 통치는 41년간 통치한 아사 왕 다음에 끝났을 것이다. 그런데 열왕기상 16:28-29 에는 오므리가 죽고 그 아들 아합이 왕이 된 것이 아사 왕 제38년이라고 기록하고 있다. 만약 열왕기상 16장의 기록이 맞다면 오므리의 통치기간은 12년이 아니라 7년이 된다.

상대연대

상대연대는 고대에 가장 간단하면서도 널리 알려진 방법 가운데 하나이다.[10] 이것은 역사적 사건을 기록하면서 중요한 사건을 기점으로 '몇 년 후에 생긴 일이다' 라는 식으로 기록하는 방식이다. 열왕기상 6장의 솔로몬의 성전 건축의 시작을 기록할 때에도 "이스라엘 자손이 애굽 땅에서 나온 지 480년이요"라고 출애굽 사건을 기준으로 그 연대를 기록하였다. 신명기 사가의 관점에서 출애굽 사건은 이스라엘 백성 누구나 다 알고 있는 중요한 사건이라고 생각했기 때문이다. 뿐만 아니라 에스겔서에서는 예언을 기록하면서 여호야긴이 포로로 잡혀간 그 시점부터 연수를 계산하여 기록하였다. 예를 들어 에스겔 1:1의 "서른째 해 넷째 달 초닷새에 내가 그발 강가 사로잡힌 자 중에 있을 때에"는 여호야긴이 포로로 잡혀간 해인 주전 598/7년부터 30년이 지난 해라는 뜻이다. 따라서 에스겔 1:1의 역사적 배경은 주전 568/7년이 된다. 역사를 기록함에 있어서 누구나 다 아는 큰 사건을 중심으로 연대를 재구성하는 것이다. 이러한 상대연대 방식을 통하여 구약성서 사가에게 있어서, 특히 포로기 혹은 포로기 이후 사가에 있어서

---

10) E. J. Bickerman, *Chronology of the Ancient World*, London, 1980, p. 62.

출애굽과 바벨론 포로 사건이 이스라엘 백성들에게 중요한 사건이었음을 보여준다.[11] 상대연대의 사용은 예언서에서도 발견된다. 아모스 1:1에서 아모스의 활동 시점을 표기할 때 "여로보암의 시대 지진 전 2년"이라고 표시하며 당시 있었던 지진 사건을 중심으로 연대를 표시하였다.

일반적인 연대 표시법

구약성서에서는 일반적으로 어떤 사건의 발생을 'RN-왕 N-년'이라고 표현한다. 히브리어 본문에서는 세 가지의 다양한 방식을 사용하고 있다. 열왕기상 14:25의 시삭의 침략은 "르호보암 왕 제5년에 발생하였다"고 기록하고 있다 왕하 15:19, 16:7-9 참고. 열왕기하 12:6(7)에 의하면 "요아스 왕 23년에 이르도록 제사장들이 오히려 전의 퇴락한 데를 수리하지 아니하였는지라." 즉 성전 수리가 요아스 왕 23년까지 이루어지지 않았음을 기록하고 있다. 또한 열왕기하 22:3-6에는 "요시야 왕 18년에 왕이 므슬람의 손자…." 요시야 왕 18년에 성전 수리 공사를 하였다고 기록하고 있다. 열왕기하 18:13에 의하면 "히스기야 왕 제14년에"에 산헤립이 유다를 침공하였다고 기록한다. 어떤 경우에는 왕의 이름대신 인칭 접미사를 붙여 사용하는 경우도 있다. 유다 왕 여호야긴이 느부갓네살 Nebuchadrezzar, 주전 605-562에게 항복하여 잡혀갔을 때를 "그바벨론 왕의 통치 여덟째 해이라"고 기록하였다 왕하 24:12. 이러한 표현은 열왕기하 25:1뿐만 아니라 시드기야 왕 제9년에 느부갓네살이 예루살렘에 쳐들어왔을 때를 표시할 때도 "그의 통치 제9년" 이라는 표현을 사용하였다.

---

11) 신명기 사가의 마지막 편집 연대가 주전 6세기 후반이며 에스겔서는 바벨론 포로기 때 편집되었다고 주장한다. M. Greenberg, *Ezekiel 1-20*, New York, 1983. pp. 12-17; M. Weinfeld, *Deuteronomy and Deuteronomistic Schools*, Oxford, 1972. pp. 1-9, esp. 7.

마찬가지로 에스라 1:1에서 이스라엘 백성들이 바벨론 포로에서 놓임을 받는 사건이 "고레스 원년"에 발생했다고 기록하고 있다.

히브리어	한 글	참 고
שנה N למלך RN	RN 왕 제 N년에	왕상 14:25, 왕하 18:14
ויהי בשנה N למלך RN	RN 왕 제 N년	왕하 12:6(7), 18:9, 22:3
בשנת למלכו N	그의 통치 N년	왕하 24:12

그런데 בשנת למלכו 처럼 '비슈나트'בשנה와 '레말코' למלכו 사이에 숫자, 즉 연대가 기록되어 있지 않는 경우가 있다. 열왕기하 25:27의 에윌므로닥Evil-Merodach, 주전 561-560의 통치 연대를 표현하는데 있어서 '비슈나트 말코' בשנת מלכו 라는 표현을 사용하였다. 또한 열왕기하 25:27과 평행구인 예레미야 52:31에서는 '비슈나트 말쿠토' בשנת מלכותו 라는 표현을 사용하고 있다. 이 두 구절을 문자적으로 해석하면 '그가 통치할 때'와 '그가 다스릴 때'이다. 이 두 구절을 어떻게 이해해야 하는가? 왜 연대를 기록하지 않았을까? 뿐만 아니라 에스라 1:1의 "고레스 원년"בשנת אחת לכורש과 '비슈나트 말코' 나 '비슈나트 말쿠토' 와의 차이가 무엇인가? 우리말로 옮기는데 있어서도 '즉위한 원년'과 '원년'의 차이는 무엇인가 등 여러 문제점이 제기된다.

앞에서 살펴보았듯이 아시리아 제국이 유년칭호법을 사용했다는 사실은 메소포타미아의 영향 아래 있었던 고대 이스라엘도 이와 같은 유년칭호법을 채택했을 가능성이 크다. 그러나 고대 이스라엘의 왕의 통치 연도를 계산하는 방법에 대하여 학자들은 유년칭원법踰年稱元法, Accessional Year 혹은 Postdating System과 유월 즉위칭원법踰月稱元法 혹은 卽位稱元法, Non-Accessional Year 혹은 Antedating System 가운데 어느 한 방법을 채택하였을 것으로 본다.[12] 유월칭원법이란 즉위한 날부터 그해 마지막 날까지를 즉위 1년으로 계산하는 방식이다. 그러나 유월칭원법을 채택하게 될 경우 한 해가 여러 번 계산되는 경우가 있다. 예를 들면 열왕기상 16:15-20에 의하면 시므리가 유다 왕 아사 27년에 이스라엘 왕이 되어 7일 동안 통치하였다. 그 후에 다시 오므리가 이스라엘 왕이 되었다. 만약 유월칭원법으로 계산하면 아사 왕 27년을 이스라엘에서는 엘라와 시므리와 오므리의 통치 연도로 계산할 수 있다. 따라서 많은 학자들은 고대 이스라엘은 유년칭원법을 사용했을 것으로 본다. 일부 학자들은 처음 고대 이스라엘은 유월칭원법을 사용하다 아시리아 제국의 영향으로 유년칭원법으로 바뀌었다고 주장한다.[13]

고대 이스라엘에서 왕의 연대를 계산할 때 유년칭원법을 채택하고 있음을 보여주는 결정적인 단서는 '비슈나트 말쿠토'라는 표현이 구약성서에 사용되고 있다는 점이다. 구약성서에 기록된 '비슈나트 말코'나 '비슈나트 말쿠토'는 아카드어, '라쉬 샤루티' rašī šar^m ti에 해당하는 히브리어 표현이다. 특히 '비슈나트 말쿠토'는 문자적으로 '라쉬 샤루티'와 잘 일치한다. 이는 신명기 사가가 열왕기하 25:27을 기록할 때 다른 곳과 달리 숫자를 기록하지 않는 것은 고대 근동의 왕의 연대를 계산하는 방법을 정확히 알고 있었기 때문이다. '비슈나트 말쿠토'라는 표현은 '그의 즉위한 해'라는 의미의 아카드어를 히브리어로 옮겨 적은 것이다.

구약성서에서 '비슈나트 말코'나 '비슈나트 말쿠토'라는 표현이 등장하

---

12) M. Cogan, "Chronology," pp. 1002-1011. 전문 용어를 우리말로 옮기는데 있어서 한국사에서 유년칭원법과 유월(즉위)칭원법이라는 용어를 사용하기 때문에 한국사에서 사용하는 용어를 그대로 사용한다. E. R. Thiele (한정건 역), 「히브리왕들의 연대기」, 서울, 1990, p. 56; 민병하, "칭원법," 「한국 민족문화 대백과 사전」, 제22권, 1991, p. 814.

13) H. Tadmor, "The Chronology of the First Temple Period," pp. 44-60. 틸레는 그의 저서에서 이스라엘은 처음에는 유월칭원법을 사용하였으나 후에 유년칭원법으로 바뀌었으며, 유다 왕국 초기에는 유년칭원법을 사용하다가 이스라엘과 우호관계를 맺음으로써 이스라엘의 유월칭원법을 채택하였다가 후에 다시 유년칭원법으로 돌아갔다는 복잡한 이론을 제시한다. 그러나 이러한 틸레의 주장을 뒷받침할 기록 문서를 찾아볼 수 없다.

는 기록은 모두 메소포타미아의 왕들에 관한 기록에만 등장한다. 열왕기하 25:27은 바벨론 왕 에윌므로닥에 관한 기록이기 때문에 메소포타미아의 연대측정법을 채택하였음을 쉽게 알 수 있다. 이와 함께 '비슈나트 아하트 레코레쉬' בשנת אחת לכורש, "고레스 왕 원년", 스 1:1라는 표현은 '비슈나트 말코' בשנת מלכו 나 '비슈나트 말쿠토' בשנת מלכותו 가 통치 원년을 나타내는 표현이 아님을 나타내 준다. 그렇다면 '비슈나트 말코' 나 '비슈나트 말쿠토' 그리고 '비슈나트 아 하트 레코레쉬'를 어떻게 번역해야 정확한 번역인가? 이 표현들 사이의 차 이점은 무엇인가를 살펴보기로 한다.

'비슈나트 말코' 나 '비슈나트 말쿠토' 그리고 '비슈나트 아하트 레코레 쉬'의 정확한 우리말 번역을 위해서 한국사에서 이와 같은 제도가 있는가 를 살펴보기로 한다. 한국사에서도 왕의 칭원법, 즉 왕이 왕위를 계승할 때 계승한 그 해를 전(前) 왕의 해라고 했는가 아니면 새 왕의 해라고 했는가에 관한 두 가지 방법이 있었다. 고려 시대에는 유월칭원법을 사용하여 새 왕 이 즉위한 그 해 그 다음 달부터 원년으로 계산하였다.[14]

신명기 사가의 연대 기술 방식

신명기 사가의 역사 기록 가운데 사사시대와 왕국시대의 통치 연대에 대 한 독특한 기술 방식을 발견할 수 있다. 즉 사사기와 열왕기에 역사를 기술

---

14) 민병하, "칭원법," p. 814. 그러나 새로운 왕이 즉위한 그 달부터 원년을 계산 하는 방식을 훙월칭원법(薨月 稱元法)이라고 한다. 고려나 조선시대에서는 유년칭원법을 사용하여 새 왕의 즉위년에도 그대로 전왕(前王) 의 연호(年號)를 그대로 사용하였다. 그러나 조선 왕조 가운데 태조와 세조와 중종과 같이 반란을 일으킨 왕 은 유월칭원법을 사용하였다. 한국사에서도 유년칭원법을 사용할 때 원년 이전의 기간을 일반적으로 '즉위 년'이라 부르고 그 다음해를 '원년'이라고 부른다.

하는 방식의 공통점을 발견할 수 있다.

사사시대의 연대 기술

사무엘서부터 열왕기서에서는 처음 세 왕인 사울, 다윗, 솔로몬의 즉위에 대해서 특히 통치 연한에 대한 정확한 기록을 찾아볼 수 없다. 그런데 신명기 사가는 사울의 통치 연한을 기술하지 않으면서도 다윗과 솔로몬의 통치 연한을 각각 40년으로 기록하고 있다. 다윗과 솔로몬의 통치 연한 40년은 실제적으로 이들이 통치한 햇수로 볼 수 없다. 사가의 관점에서 초기 불확실한 시대의 통치자 연한 표시법에 의하여 40년을 제시하였다. 이러한 신명기 사가의 전통은 사사들의 행적을 기록하는 데서도 나타난다. 처음의 네 사사인 옷니엘, 에훗, 드보라, 기드온의 경우 이들이 사사가 된 후 40년 혹은 80년 동안 그 땅이 평화하였다고 기록하고 있다. 이것은 이들이 실제로 활동하였던 시기가 정확히 40년 혹은 80년이라는 의미가 아니라 오랫동안 그 땅이 평화하였다는 것을 보여주는 것으로 다윗과 솔로몬의 통치 연한 40년과 같은 의미로 이해할 수 있다.

그러나 신명기 사가는 다른 사사들의 활동 연한을 묘사하는 데 있어서 열왕기에 나타나는 다른 왕들의 통치를 묘사하는 것과 유사한 방식을 사용하고 있다. 사사기 10:1-2에 묘사된 돌라에 관한 기록을 살펴보면 다음과 같다.

"아비멜렉의 뒤를 이어서 잇사갈 사람 도도의 손자 부아의 아들 돌라가 일어나서 이스라엘을 구원하니라 그가 에브라임 산지 사밀에 거주하면서 이스라엘의 사사가 된 지 23년 만에 죽으매 사밀에 장사되었더라. 그 후에 길르앗 사람 야일이 일어나서 22년 동안 이스라엘의 사사가 되니라. 그에게 아들 30명이 있어 어린 나귀 30을 탔고 성읍 30을 가졌는데 그 성읍들은 길르앗 땅에 있고 오늘까지 하봇야일이라 부르더라 야일이 죽으매 가몬에 장사되었더라" 삿 10:1-5.

사사에 관한 기록과 열왕기서에 기록된 이스라엘 왕의 행적에 관한 기록과 비교하면 유사점을 발견할 수 있다. 열왕기상 22:41-50에 기록된 여호사밧의 기록을 살펴보면 다음과 같다.

"이스라엘의 아합 왕 제4년에 아사의 아들 여호사밧이 유다의 왕이 되니… 예루살렘에서 25년 동안 다스리니라…. 여호사밧이 그의 조상들과 함께 자매 그의 조상 다윗 성에 그의 조상들과 함께 장사되고 그의 아들 여호람이 대신하여 왕이 되니라" 왕상 22:41-50.

위의 두 종류의 기록을 비교해보면 사사에 관한 기록도 이스라엘 왕에 관한 기록과 마찬가지로 사사의 인적사항으로 출신 지역을 밝히고, 통치 연한을 기록하고 있다. 또한 사사가 죽은 후 장사된 장소도 언급하고 있다.

특히 기드온의 경우 사사기 8:29-35에서 그의 행적 이외에 개인적인 사항과 죽음에 관하여 묘사하는 부분은 다윗이나 솔로몬의 죽음을 기록하는 것과 유사한 방식을 취하고 있다. 솔로몬의 경우 열왕기상 11:41-43에서 솔로몬이 통치한 날수가 40년임을 밝히고, 그가 다윗 성에 장사되었음을 기록하고 있다. 마찬가지로 기드온도 나이가 많아 죽으매 오브라에 있는 그의 아버지 요아스의 묘실에 장사되었다고 기록하고 있다. 따라서 신명기 사가가 사사들의 통치 행적을 기록하는 방식은 열왕기서에 기록된 왕들의 행적을 기록하는 방식과 유사한 것을 알 수 있다.

사사들의 행적		이스라엘 왕들의 행적
옷니엘, 에훗, 드보라, 기드온	이상적인 단계 (제1단계)	사울, 다윗, 솔로몬 요아스
돌라, 야일, 입다, 입산, 엘론, 압돈, 삼손	실질적인 단계 (제2단계)	분열왕국시대의 왕들

이스라엘 왕의 연대 기술

신명기 사가가 이스라엘 왕의 통치 연한을 기술하는 방식은 소위 통일왕국시대의 왕인 다윗과 솔로몬의 통치기간을 묘사하는 데 있어서 40년이라는 연대를 사용하고 있다.

"다윗이 이스라엘 왕이 된 지 40년이라 헤브론에서 7년을 치리하였고 예루살렘에서 33년을 치리하였더라"왕상 2:11.

"솔로몬이 예루살렘에서 온 이스라엘을 다스린 날 수가 40년이라"왕상 11:42.

다윗의 통치 연대를 40년으로 기록한 것뿐만 아니라 헤브론Hebron에서의 통치를 7년으로 기록한 것은 신명기 사가가 다윗의 통치를 이상적인 연대로 기록한 것이다. 이러한 사실은 다윗이 헤브론에서 통치한 연대에 대하여 7년 혹은 7년 반 등 두 가지로 기록하고 있기 때문에 신명기 사가가 의도적으로 7년이라는 연대를 사용한 것으로 이해할 수 있다.

이러한 상황에서 통치 연한을 나타내는 숫자인 40이 실제의 통치 연한이라기보다는 상징적인 숫자라고 이해한다면 어떤 의미에서 40이라는 숫자를 사용했는가가 의문이다.

이스라엘 역사 가운데 다른 왕들의 통치 연대를 살펴보면 다윗이나 솔로몬처럼 40의 배수로 되는 또 다른 경우를 발견할 수 있다. 요아스의 통치 연한이 40년이다.

"예후의 7년에 요아스가 위에 올라 예루살렘에서 40년을 치리하니라 그 모친의 이름은 시비아라 브엘세바 사람이더라"왕하 12:1.

그런데 요아스는 여러 면에서 다윗, 솔로몬과 유사한 점이 있다.[15] 요아스 왕은 아달랴에 의해 끊어졌던 유다왕국의 왕위를 지속시킨 왕이다. 신

---

15) 이에 대해서는 김영진, "신명기사가의 역사 기록 방식," 「한국기독교신학논총」 31 (2004), pp. 9-29, esp. 20-23을 참고하시오.

왕 이름	통치기간	성서 구절
다윗	40년	왕상 2:10-11
솔로몬	40년	왕상 11:42
르호보암	17년	왕상 14:21
아비얌	3년	왕상 15:1
아사	41년	왕상 15:9
여호사밧	25년	왕상 22:41-42
여호람	8년	왕하 8:16-17
아하시야	1년	왕하 9:29
아달랴	6년	왕하 11:1-3
요아스	40년	왕하 11:21-12:1
아마샤	29년	왕하 14:1-2
아사랴	52년	왕하 14:16-15:1
요담	16년	왕하 15:7, 13
아하스	16년	왕하 16:1-2
히스기야	29년	왕하 18:1-2
므낫세	55년	왕하 21:1
아몬	2년	왕하 21:19
요시야	31년	왕하 22:1-2
여호아하스	3달	왕하 23:31
여호야김	11년	왕하 23:36
여호야긴	3달	왕하 24:8
시드기야	11년	왕하 24:18

명기 사가의 기록에 따르면 요아스가 선대찮를 이은 왕이라고 기록하고 있지만 요아스 시대를 기록한 방식은 이러한 사실에 의구심을 갖게 한다. 다윗 시대에 처음 왕위에 올랐을 때의 기록을 보면 계약 체결의 방식이 발견되기 때문이다. 신명기 사가는 40년을 이상적인 왕의 통치 연한으로 생각하였다. 따라서 열왕기상 6:1에 의하면 이스라엘 백성이 출애굽 한 후 480년 만에 성전을 건축하였다는 것은 신명기 사가의 숫자 40에 대한 생

각을 분명하게 보여준다.[16]

이상의 연구를 통하여 신명기 사가는 이스라엘 역사를 서술할 때 신학적 입장에서 이상적으로 묘사하거나 혹은 사실성을 입증할 수 없는 시대의 왕의 통치에 대하여 40이라는 상징적인 숫자를 사용한 것이며, 이러한 사실은 사사시대에 대한 것이나 왕국시대의 이상적인 시대를 묘사할 때 40 혹은 40의 배수를 사용하여 그 시대가 완전한 통치가 이루어졌음을 밝히고 있다.

고대 이스라엘은 연대를 기록할 때 고대 근동의 연대 기술 방식의 일부를 채택하였지만 신학적인 입장에서 역사를 기술할 때 연대 기록 방식은 자신들의 입장에 따라 신학적인 연대를 사용하기도 하였다. 특히 신명기 사가는 이상적인 지도자에 대해서는 상징적인 숫자 40 혹은 그의 배수를 사용하여 그의 통치시대가 완전한 시대였음을 강조하였다.

아시리아의 연대 기록 방식[17]

아시리아의 왕실비문은 다양한 방식으로 연대를 기록하였다. 지금까지 알려진 연대 기술 방식은 크게 세 가지로 나눌 수 있다. 에포님eponym, 기루girrû와 팔루palû, 유년칭원법이다.

에포님eponym

아시리아 제국은 왕실비문을 기록할 때 주전 910년부터 612년까지는 에

---

16) 열왕기상 6:1의 "이스라엘 자손이 애굽 땅에서 나온 지 480년이요"라는 표현에서 480년이라는 숫자는 정확한 숫자가 아니라 12지파와 40년을 결합한 인위적인 숫자이다. M. Cogan, *ibid.*, p. 236.
17) 김영진, "아시리아 제국의 역사 기록," 「서양고대사연구」 12 (2003), pp. 1-23, esp. 19-23.

포님이라는 독특한 연대 기술 방식을 사용하였다. 에포님은 리무 limmu라는 관직을 가진 사람의 이름을 특정 해의 이름으로 사용하는 방식이다. 에포님 연대에는 리무 관직을 가진 사람의 이름과 그의 관직명 그리고 그 해에 있었던 중요한 사건이 간략하게 기록되어 있다.[18] 예를 들면 주전 743년에 해당하는 에포님의 리무 관리의 이름은 디글랏빌레셀 3세 Tiglath-pileser Ⅲ, 주전 745-727, 왕하 15:19, 16:10의 '불' 왕이고, 그의 직책은 아시리아의 왕이며, 그가 즉위하던 해에 아르파드 Arpad와 우라르투 Urartu를 물리쳤다고 기록되어 있다.

주전 743년부터 612년까지의 아시리아의 에포님은 다음과 같다.

연도	리 무	관직명	사 건
743년	디글랏빌레셀	아시리아의 왕	아르파드와 우라르투를 격파함
742년	나부-다이이나니(Nabûda''nanni)	군대장관	아르파드로
741년	벨-하란-벨루-우수르 (Bel-arran-belu-uṣur)	Palace Herald	아르파드로, 3년 걸림
740년	나부-에테라니(Nabû-eteranni)	Chief Butler	아르파드로
739년	신-타크라크	Chamberlain	울루바(Ulluba)로 성채를 빼앗음
738년	아다드-벨루-카아인 (Adad-belu-ka''in)	총독	쿨라니(Kullani)를 정복함
737년	벨-에무라니(Bel-emuranni)	Rasappa의 총독	메디아(Media)로
736년	니누르타-일라야(Ninurta-ilaya)	Nisibin의 총독	날산의 어귀로(to the foot of Mt. Nal)
735년	앗수르-샬리만니 (Aššur-shallimanni)	Arrapha의 총독	우라르투로
734년	벨-단(Bel-dan)	Kalah의 총독	블레셋으로
733년	앗수르-다이나니 (Aššur-da''inanni)	Mazamua의 총독	다마스쿠스로
732년	나부-벨루-우쭈루 (Nabû-belu-uṣur)	Simme의 총독	다마스쿠스로
731년	네르갈-우발리트(Nergal-uballit)	Aḥi-zuḥina의 총독	샤피아(Shapiya)로
730년	벨-루-다리(Bel-lu-dari)	Tille의 총독	in the land
729년	리푸르-일루(Liphur-ilu) (the king took the hands of Bel)	Habruri의 총독	왕이 벨(마르둑)의 손을 가짐
728년	두르-앗수르(Dur-Aššur)	Tussan의 총독	힐[…]로 왕이 벨의 손을 가짐
…			

18) A. Millard, *The Eponym of the Assyrian Empire 910-612 BC*, SAAS II, Helsinki, 1994.

690년	나부-케누-우쭈루	사마리아의 총독	
...			
679년	이사-아다드-아네누	므깃도의 총독	
...			
645년	나부-샤르-아헤슈	사마리아의 총독	

기루girrû와 팔루palû

에포님 외에도 연대를 기록하는 또 다른 방법은 기루라는 방식이다. 기루방식은 산헤립 왕 때만 나타나며, 산헤립 시대의 사가들은 산헤립 왕이 치렀던 전쟁을 기준으로 제위기간 중에 일어난 일을 기록한 것과 같은 방식이다. 따라서 기루는 통치 연대와 일치하는 것은 아니다. 즉 기루가 통치 1년을 의미하는 것이 아니라 첫 번째 전쟁이라는 뜻이다. 이 경우 역사 재구성에 있어서 어려움이 많다. 왜냐하면 언제 전쟁이 일어났는지 알 수 없기 때문이다.

반면에 사르곤 2세Sargon Ⅱ, 주전 722-705나 디글랏빌레셀 3세의 경우에는 통치기간을 표현할 때, 팔루라고 불리는 독특한 방법을 채택했다. 팔루는 기루와 달리 통치 연한을 나타낸다. 따라서 팔루는 곧 통치 1년과 같다.

아시리아 제국에서 기루와 팔루의 사용에 있어서 어떤 규정이 있었던 것은 아니다. 시대에 따라 서기관에 의하여 독특하게 사용되었다.

라쉬 샤루티rāši šarrūti 혹은 슈라트 샤르티야Surrât šarrūtija 유년칭원법

에포님이나 기루 혹은 팔루를 무엇을 사용하든 상관없이 언제부터를 통치의 시작으로 계산할 것인지가 매우 어려운 문제이다. 즉, 왕의 즉위 연대를 표시하는데 있어서 왕의 즉위 날로부터 처음 맞이하는 신년축제까지를 왕의 즉위 연대에 포함하지 않고 이 기간을 다른 이름으로 표현하는 것이다. 이러한 이유는 왕의 즉위한 날로부터 처음 신년축제 전까지의 기간은 이미 전 왕의 즉위 마지막 해에 포함되기 때문이다. 이처럼 왕이 즉위해서 처음 신년축제를 맞이하기 전까지의 기간을 아카드어로 라쉬 샤루티$^{rāši\ šarrū}$ ^{ti} 혹은 슈라트 샤르티야 $^{šurrât\ šarrūtija}$라고 부른다. 즉 '즉위년' 혹은 '즉위한 해' 라는 뜻이다. 즉위한 해는 왕의 연대를 계산할 때 포함되지 않는다. 그리고 즉위한 해를 지나 처음 맞이하는 니산 월$_{정월}$ 1일부터 즉위 1년으로 계산한다. 이러한 연대 계산법은 아시리아 제국의 왕의 비문에서 쉽게 찾아볼 수 있다. 주전 853년 혹은 주전 852년에 기록된 것으로 추정되는 살만에셀 3세의 쿠르흐에서 발견된 단면 비문$^{Kurkh\ Monolith}$에는 살만에셀 3세의 즉위한 해와 즉위 1년을 구별하여 기록하고 있다: "내가 고귀하게 왕좌에 오른 후인 즉위년과 즉위 1년에" *ina rēš šarrūtija ina mahrê palēja ša ina kussê šarrūti rabîš ūšibu*; "in my accession year and in my first regnal year, after I nobly ascended the royal throne". [19)] 또한 에살하돈의 비문에 의하면 "내가 왕좌에 앉은 때인 즉위년과 즉위 1년에" *ina rēš šarrūtija ina mahrê palēja ša ina kussē šarrūti rabîš ūšîbu* "at the beginning of my reign, in my first regnal year, when I took my seat in all majesty upon the royal throne" 라고 기록하고 있다.[20)]

이러한 기록을 통하여 아시리아 제국에서 왕의 연대 계산법은 유년칭원법이 사용되었음을 알 수 있다.

---

19) *RIMA* 3, p. 14 i 14; *CAD* 8/2, p. 123.
20) Esarh. 16 Ep. 12:9-11. 이러한 표현은 산헤립의 비문에서도 찾아볼 수 있다. *OIP* 2, p. 56:5.

이스라엘 역사의 시공간적 배경

이스라엘 역사의 시간적 배경

이스라엘 역사의 시간적 범위를 결정하는 것은 매우 중요하다. 특히 고대사의 경우, 어떤 민족의 왕국 역사의 출발점을 언제로 보느냐는 철저하게 필자의 역사적 입장에 달려 있기 때문이다. 오늘날 이스라엘 역사의 출발점을 결정하는 것은 성서의 사건을 중심으로 생각할 것인가 아니면 객관적인 역사를 재구성할 수 있는 시점을 생각할 것인가에 따라 달라진다.

사료적인 측면에서 성서와 성서 밖의 기록이 일치하기 시작하는 것은 주전 923년경에 있었던 이집트의 시삭 왕이 예루살렘과 이스라엘을 공격한 사건부터이다. 이 사건은 구약성서에도 기록되어 있을 뿐만 아니라 테베^{Thebe}의 메디네트 하부$^{Medinet\ Habu}$에 있는 아몬 신전의 벽에도 기록되어 있다.

이러한 사료적인 관점에서 생각할 때 이스라엘 고대사는 주전 10세기 말부터 가능하다. 그 이후로 성서의 사건 및 성서 밖의 사건이 일치하는 여러 예를 발견할 수 있다. 이러한 사건들은 고대 이스라엘 역사 연구에 있어서 연대를 결정하는데 중요한 역할을 한다. 그러나 기록 문헌이 없을지라도 물질 문명적인 측면에서 이스라엘의 객관적인 역사를 주전 1200년경부터 재구성할 수 있다고 생각하는 학자들도 있다. 즉 이스라엘이 가나안에 정착할 당시 새로운 물질 문명이 가나안에 등장했는데 이를 이스라엘의 가나안 정착과 연결시키는 것이다.

그런데 모든 역사에는 역사 단계 이전의 신화적, 신학적 단계가 있다. 이 단계의 역사는 사실성이나 역사성보다는 주로 이념이나 사상 혹은 신학을 전달하는 단계이다. 이때에는 발생된 사건으로서 역사보다는 기록자의 의도에 따라 역사가 기술되는 경우가 많다. 이스라엘 역사에도 이런 단계가 있다. 역사적으로 재구성할 수 있는 시대 이전 시대는 모두 이러한 신화 · 신학적 역사시대에 해당한다.

고대 이스라엘 역사를 구약성서의 주제별로 나누면 대체로 족장시대, 애굽 체류 및 출애굽시대, 정착 및 사사시대, 통일왕국시대, 분열왕국시대, 포로 및 귀환시대 등으로 나눌 수 있다. 이 가운데 역사성이 있는 시대는 분열왕국시대부터이고, 그 이전 단계는 모두 신화 · 신학적 역사시대이다. 그 가운데서 통일왕국시대는 과도기적 성격이 짙다. 따라서 역사성이 있으면서도 신학적 성격이 강한 시대이다. 이처럼 신화적인 단계를 역사에 포함했을 때 이스라엘 역사는 족장시대인 중기 청동기시대부터 시작된다. 즉 주전 2000년경부터 시작된다.

역사의 종착점은 구약성서가 다루는 시대까지로 한정한다. 그런데 구약성서의 사건과 세계사의 사건을 함께 생각할 때에는 주전 332년 마케도니아의 알렉산더 대왕이 가나안을 점령할 때까지를 고대 이스라엘 역사에서 다룬다. 따라서 이스라엘 역사는 주전 2000년경부터 주전 332년까지 약 1700년간의 시대이다.

이스라엘 역사의 공간적 배경

지리적 환경은 사람이 살아가는 데 중요한 영향을 미친다. 특히 자연을 극복할 능력이 없었던 고대에는 지리적 환경이 특정 지역의 역사에 중요한 역할을 하였다. 따라서 특정 지역의 역사를 이해하기 위해서는 그들이 처한 지리적 환경에 대한 이해가 필수적이다. 특히 특수한 지리적 배경을 가진 지역일수록 자연 환경을 이해하는 것은 그 지역의 역사, 문화, 사회 등을 이해하는 데 불가결한 요소이다. 구약성서에서 흔히 접할 수 있는 "브엘세바에서부터 단까지"대상 21:2 혹은 "단에서부터 브엘세바까지"삼하 24:2라는 표현은 고대 이스라엘이 처한 지리적인 환경을 잘 나타내주고 있다. 브엘세바Beersheba와 단Dan은 인간이 자연적인 조건에 의하여 거주할 수 있는 최남북단의 도시이다. 브엘세바는 인간이 거주하는데 필요한 최소한의 강수량인 200mm선이 지나는 도시이며, 단은 북쪽의 헬몬 산Mt. Hermon 때문에 더 이상 영토를 북쪽으로 확장할 수 없는 최북단의 도시이다. 뿐만 아니라 지질학적인 환경과 기후는 이스라엘의 토양과 밀접한 관련이 있으며, 이것은 곧 농사와 주거에 직접적인 영향을 끼쳤다. 이것은 궁극적으로 고대 이스라엘의 문화, 풍습, 심지어는 종교에까지 영향을 미쳤다.

이스라엘은 지리적인 관점에서 볼 때 위도 30도에서 33도 사이에 위치하며 대체로 지중해성 기후지역과 사막지역으로 구성되어 있다. 지정학적인 관점에서 볼 때 서쪽으로 지중해, 동쪽으로 아라비아 사막으로 둘러싸여 있기 때문에 고대 이집트와 메소포타미아를 연결하는 교량적 역할을 하였다. 따라서 주전 3000년경부터 있어 왔던 이집트-메소포타미아 간 여러 교역에 교량적인 역할을 담당하였다. 이러한 두 문명의 발상지를 연결하는 교량적인 역할을 한 고대 이스라엘은 자연스럽게 두 지역으로부터 정치, 문화, 종교적 영향을 많이 받을 수밖에 없었다. 아시리아 제국의 디글랏빌레셀 3세, 살만에셀 5세 Shalmaneser V, 주전 727-722, 왕하 17:3, 18:9, 사르곤 2세 사 20:1, 산헤립 왕하 18:13; 사 36:1; 대하 32:2, 에살핫돈 Esarhaddon, 주전 680-669, 왕하 19:37; 사 37:38; 스 4:2, 앗수르바니팔 Aššurbanipal, 주전 668-627, 에 4:10, 바벨론 제국의 느부갓네살 왕하 24:1; 25:1; 느 7:6 등 그리고 페르시아 제국의 캄비세스 2세 Cambyses II, 주전 529-522가 주전 525년 이집트를 정복할 때도 고대 이스라엘 영토를 통과해야만 했고, 때로는 가나안을 전진 기지로 사용하였다. 뿐만 아니라 반대로 이집트의 왕들이 시리아 지역이나 메소포타미아로 진출하기 위해서는 반드시 이스라엘을 통과해야만 했다. 그래서 주전 2000년대 이집트 기록에서 고대 이스라엘 혹은 가나안이나 여기에 속한 도시들에 관한 언급이 많은 것을 발견할 수 있다. 아흐모세 1세 Ahmoses I, 주전 1550-1523의 비문에서는 이집트가 시내반도와 팔레스틴 남쪽지역, 그리고 시리아 북쪽지역에서 힉소스 족과 싸웠음을 기록하고 있다.[21] 또한 16차례 가나안과 시리아 지역으로 원정했던 투트모세 3세 Thutmoses III, 주전 1479-1425도 항상 고대 이스라엘의 해변 길을 통과하였다. 특히 투트모세 3세의 첫 번째 전쟁인 므깃도 전투 때 주전 1468년경에도 이집트에서부터 므깃도까지 지중해 해변의 길을 따라 북상하였고,[22] 람세스 2세 Ramses II, 주전 1290-1224가 가데쉬 Kadesh에서 전쟁할 때에도 이 길을 이용

---

21) Y. Aharoni, *The Land of the Bible: A Historical Geography*, Philadelphia, 1979, p. 152.
22) *ANET*, pp. 234-241.
23) A. Gardiner Sir, *The Kadesh Inscriptions of Ramesse II*, Oxford: Griffith Institute Ashemolean Museum, 1960; *ANET*, 255-258; ARE §§ 294-351.

하였다.[23] 이집트의 느고 2세(Necho Ⅱ, 주전 610-595)가 유다의 왕 요시야와 므깃도에서 전투를 벌일 때도 이 길을 이용하여 북진하였음을 알 수 있다(왕하 23:29). 이러한 일련의 역사적 사실은 교량적 위치에 처한 이스라엘이 외부로부터 많은 영향을 받을 수밖에 없는 지리적인 환경을 가지고 있었음을 말해준다.

고대 근동의 역사적 배경 속에 위치한 이스라엘은 그 처한 지정학적인 위치에 따라 그 역할을 달리하였다. 아시리아-바벨론 시대에는 이들의 세력이 이집트까지 확장하지 못했기 때문에 아시리아-바벨론 제국의 변방에 위치하였다. 그러나 페르시아 캄비세스 이후 페르시아 제국이 이집트를 제국의 일부로 합병함으로써 이스라엘은 제국의 일부가 되었고, 이스라엘은 제국의 이집트 침략을 위한 전진 기지의 역할을 하였다. 이러한 역사적인 상황은 주변 고대 근동의 역사적 상황이 변화함에 따라 이스라엘의 역할이 달라지는 것을 보여준다.

이러한 국제 교역의 길목에 위치한 이스라엘을 배경으로 형성된 구약성서를 이해하기 위해서는 지리적 환경의 이해와 더 나아가서 지리적 환경이 고대 이스라엘의 역사에 어떤 영향을 주었으며, 어떤 사상적 흐름의 영향을 받았는가를 이해하는 것이 중요하다. 이러한 영향이 구약성서의 종교, 문화, 사상, 역사적 배경이 되었기 때문이다. 따라서 구약성서의 배경이 된 고대 이스라엘의 자연적, 지리적 환경을 이해하는 것은 구약성서와 이스라엘 역사 연구의 출발점이다.

이스라엘의 지명[24]

구약성서에는 약 475개의 지명이 등장하지만 이 가운데 그 지명을 알 수 있는 곳은 단지 262곳 55%이며, 아직도 213곳 45%의 지명은 정확하게 어디인지 알 수 없다. 지명의 위치를 알 수 있는 곳 가운데 158여 개인 약 60%가 고대의 지명을 그대로 사용하고 있다. 특히 지명 가운데 그 위치를 알기 어려운 곳은 구약성서의 같은 지명이 전혀 다른 배경 속에서 등장하는 경우이다.

고대 이스라엘 정착지에 대한 이해를 위하여 무엇보다도 정착 조건과 지명의 특징 그리고 성서의 지명을 확인하는 방법 등을 이해할 필요가 있다.

정착의 조건

고대 지역에 사람들이 오랫동안 거주하려면 거주에 필요한 다음의 네 가지 요건이 충족되어야만 했다. 이 네 요소는 이스라엘의 거주지만이 아니라 인류 문명이 발생한 모든 곳에 적용되는 원칙이다.

전략적 요인

고대 정착지는 무엇보다 군사적인 측면에서 방어에 유리해야 한다. 따라서 비교적 높은 곳에 사람이 거주하게 된다. 따라서 이스라엘의 지명 가운데 텔Tell이라는 단어가 지명 앞에 붙는 것은 바로 사람들이 거주하면서 점차적으로 높은 지형으로 바뀐 곳이다. 이런 지명의 예는 텔 여리고 Tell Jericho, 텔 므깃도 Tell Megiddo, 텔 브엘세바 Tell Beersheba 등에서 찾아볼 수 있다.

---

24) 김영진, 「이스라엘 역사 서설」, 광주, 2002, pp. 141-145의 내용을 수정 보완하여 게재하였다.

물 공급

사람이 정착하기 위해 무엇보다도 중요한 것은 물의 공급이 용이해야 한다. 이러한 사실은 고대 인류 문명의 발상지가 모두 강가라는 사실이 잘 말해준다. 그러나 물의 공급이 용이한 곳은 언제나 전략상의 문제점을 가지고 있다. 즉 전략적으로 용이한 곳은 언제나 높은 곳에 위치하지만 물이 흘러나오는 우물은 언제나 낮은 곳에 위치하기 때문이다. 이러한 보안상의 문제를 해결하기 위하여 철기시대 이스라엘 사람들은 물을 텔 가운데로 끌어들이는 수로나 물 공급시설을 만들었다. 이러한 흔적은 예루살렘Jerusalem, 기브온Gibeon, 므깃도Megiddo, 게젤, 하솔Hazor, 아라드Arad, 브엘세바 등지에서 발견할 수 있다.

대로

대로들은 항상 국가의 역사와 경제에 있어서 중요한 역할을 감당했다. 특히 국제적인 도로들은 더욱 그러했다. 그러므로 중요한 도시들은 주요 이동로와 중요한 연결로를 따라 세워졌고, 번영했다. 우리는 특별히 해안 길을 따라 이어져 있는 정착지들을 볼 수 있다. 이스르엘 평원에서 샤론 평원까지 이르는 모든 길의 입구에 고대 정착지가 있었다. 예를 들면, 욕느암Jokneam, 텔 아부 주레이크Tell Abu Zureiq, 텔 아부 슈셰Tell Abu Shusheh, 므깃도, 다아낙Taanach 등이 있다. 그러나 이렇게 대로 곁에 세워진 도시들은 전쟁의 위협에서 자유로울 수 없었다. 따라서 주전 701년 아시리아의 산헤립이 예루살렘을 공격할 때 라기스Lachish에서 예루살렘으로 진입하는 길목에 있는 도시들이 모두 침략에서 피할 수 없었다미 1:8-16.

경작할 수 있는 땅

도시 경제는 농업에 의존하고 있었기 때문에, 비옥한 땅과 가깝다는 것은 도시의 위치를 결정하는데 주요한 요인이 되었다. 농경지에 접근하기가 가능한 한 용이해야 했다.

이상의 네 가지 요건이 충족되어 질 때 고대인들은 특정 지역에 정착할 수 있었으며, 구약성서에 등장하는 거주지들도 이 네 가지 요소를 충족시킨다.

고대 지명의 원칙

사람이 어떤 특정 지역에 거주하면서 그 지역 이름을 어떻게 붙였는가? 고대 이스라엘은 지명을 붙이는 데 원칙이 있었기 때문에 각 지역의 이름은 문화·사회·종교적 정보를 가지고 있다. 고대 이스라엘의 지명은 대부분 다음과 같은 범주로 나눌 수 있다.

신명(神名)을 사용

구약성서의 지명 가운데 집을 뜻하는 '벧' בית 혹은 '베이트' 로 시작하는 지명은 대부분 그 지역의 신전과 밀접한 관계를 맺고 있다. 그리고 '벧' 다음에 나오는 것이 신명이거나 혹은 신의 특성을 나타내는 말이다. 즉 벧엘 Beth-el, 창 12:8, 28:19, 벧-다곤 Beth-Dagon, 수 15:41, 벧-호론 Beth-horon, 수 10:10, 벧-세메스 Beth-Shemesh, 삼상 6:9 등이 그 예이다.

또한 신의 이름이나 신의 속성이나 특성만 기록되어 있고, '벧' 이 생략된 경우가 있다. 여리고 Jericho, 민 22:1; 수 2:1, 아나돗 Anathoth, 수 21:18; 삼하 23:27, 아스다롯 Ashtaroth, 신 1:4; 수 9:10; 삿 2:13; 왕하 23:13 등이 그 예이다. 그러나 구약성서에 여호와יהוה 와 결합된 지명은 찾아볼 수 없다.

구약성서에는 바알ᵇᵃᵃˡ 신의 이름과 결합된 경우도 있다. 예를 들면 바알-갓 Baal-god, 수 11:17, 바알-헤르몬 Baal-hermon, 삿 3:3, 바알-브올 Baal-peor, 호 9:10 등이다.

이스라엘의 수도였던 예루살렘은 도시라는 뜻의 '이르'와 여부스 족의 신이었던 '살렘'의 이름이 포함되어 예루살렘 이르살렘이 되었다. 이러한 사실은 예루살렘이 여부스 족의 도시였다는 사실에서 잘 알 수 있다.

사람이나 부족의 이름을 사용

구약성서의 몇몇 지명은 사람이나 부족의 이름을 사용하였다. 이러한 지명으로는 벧-하난 Beth-hanan, 왕상 4:9, 이스마벳, 아나냐 Ananiah, 느 11:32, 벧-벨렛 Beth-pelet, 수 15:27, 벧-레헴 Bethlehem, 수 19:15, 브네브락 Bene-berak, 수 19:45, 힌놈의 아들의 골짜기 수 15:8 등이다.

지역의 특성을 설명하는 경우

구약성서의 지명 가운데 주변 환경의 특징을 설명해주는 지명이 있다. 예를 들면, 게바 Geba, 수 18:24, 기브아 Gibeah, 수 15:57, 기브온 수 9:3 그리고 깁브돈 Gibbethon, 수 19:44; 왕상 16:15 등은 주변 환경이 언덕 지역임을 말해준다. 또한 라마 Ramah, 수 18:25는 고원지대를 뜻한다. 따라서 구약성서에는 각기 다른 곳인 라마가 적어도 4회 이상 등장한다 베냐민 지파의 라마, 수 18:25; 납달리 지파의 라마, 수 19:29; 에브라임 지파의 라마, 삼상 1:19; 시므온 지파의 라마, 수 19:8 등. 이런 경우 기브온, 기브아 그리고 게바가 고유명사로서 지명인지 아니면 특정 지역의 지형적 특징을 나타내는 표현인지 구별하기 어렵다. 미스바 Mizpah, 삿 20:1의 히브리어 의미는 '전망'이다. 주변을 내다볼 수 있는 지역을 뜻한다. 또한 셀라 Sela, 수 19:28; 왕하 14:7는 바위지대를 뜻하며, 벧-에멕 Beth-emek, 수 19:27은 산 사이의 평야에 위치한 지역을 뜻한다.

지역의 토양이나 특산물에 의한 지명

토양의 특징을 설명해주는 지명의 경우 돕 Tob, 사 11:3; 에서 유래됨과 사빌 Shaphir, 미 1:11, 그리고 나아마 Naamah, 수 15:41 등은 토양이 기름진 것을 뜻한다. 헤벨 Hepher, 수 12:17은 '비옥한 지역' 이라는 뜻이다.

벧-학게렘 Beth-haccerem, 렘 6:1은 포도 생산과 관련 있는 지역이다. 또한 농사와 관련된 시설을 의미하는 지명도 발견된다. 또한 지역의 물과 관련된 지명이 있다. 엔 엔게디, 삼상 23:29이나 브엘 브엘세바로 시작하는 곳은 샘과 관련이 있는 곳이다.

지역에 위치한 특수한 건물에 의한 지명

미그달 Migdal은 망대를 뜻하고, 게데르 Geder는 담을 뜻하는데, 이에서 파생된 지명이 그데라 Gederah, 수 15:36와 그돌 Gedor, 대상 12:7 그리고 그데로다임 Gederothaim, 수 15:36 등이다.

요새의 구조물과 관련된 지명 가운데 사아라임 Shaaraim, 삼상 17:52은 '문들' 이란 뜻이며, 르홉 Rehob, 민 13:21은 '거리' 라는 뜻이다. 지명 가운데 하살 Hazar로 시작하는 곳은 모두 그 지역에 있는 왕궁이나 공공건물의 마당이나 뜰에서 유래되었다 하살수알, Hazar-shual, 수 15:28.

동물의 이름에서 유래된 지명

아얄론 Aijalon, 수 19:42은 수양 ram에서 유래된 지명이고, 곱 Gob, 삼하 21:19은 동물이 잠자는 동굴을 뜻한다. 하살-수심 대상 4:31은 말과 관련된 지명이다. 벧-에글라임은 송아지와 관련된 지역이다. 하살-수알 느 11: 27은 여우와 관련된 지명이다.

식물의 이름에서 유래된 지명

벧-답부아 Beth-Tappuah, 수 15:53는 사과나무와 관련되며, 림몬 Rimon은 석류 수 15:32, 다말 Tamar, 겔 47:19은 종려나무, 아납 Anab, 수 11:21은 포도와 밀접한 관련을 맺고 있다.

이상에서처럼 구약성서에 등장하는 지명은 일정한 원칙이 적용되며, 그 이름을 통하여 지명의 특징을 어느 정도 알 수 있다.

제2부
이스라엘의 환경

◈ 이스라엘의 지리
◈ 이스라엘의 산업

이스라엘 역사

현대 이스라엘은 불과 21,946Km²이지만 남북으로 500Km 길게 뻗어 있기 때문에 다양한 지형적인 특징을 가지고 있다. 따라서 어떤 이들은 이스라엘을 '지질학의 소박물관'이라고 부른다.

이스라엘의 지리

현대 이스라엘의 자연 환경과 고대 가나안의 자연 환경이 크게 다르지 않기 때문에 현대 이스라엘의 지형을 살피는 것이 곧 고대 가나안의 지형적 특징을 이해하는 지름길이다. 현대 이스라엘은 불과 21,946km²이지만 남북으로 500km 길게 뻗어 있기 때문에 다양한 지형적인 특징을 가지고 있다. 따라서 어떤 이들은 이스라엘을 '지질학의 소박물관'이라고 부른다.[25]

이스라엘 국토는 중앙 산악지대를 중심으로 지중해 쪽은 완만한 경사를 이루지만 요단 강 계곡 쪽으로는 급한 경사를 이룬다. 따라서 지중해 쪽으로는 충적토가 발달하여 비옥한 지역과 평야지대를 이루지만 요단 강 계곡 쪽으로는 급격한 절벽을 이룬다. 이러한 지형적 특징은 농사와 주거에 영향을 미쳐 대부분의 구약시대 도시들은 중앙 산악지대와 서쪽의 지중해 해안지역에 집중되어 있었다.

---

25) 현대 이스라엘에 관한 모든 통계 자료는 *The Middle East and North Africa 1994*, (40th edition), London, 1994, pp. 479-531을 참고하시오.

이스라엘의 지형

이스라엘 영토는 지형적인 특징에 의해 남북으로 다섯 지대를 나눌 수 있다. 동에서 서쪽으로 ① 해안 평야지대, ② 중앙 산악지대, ③ 요단 계곡 지대, ④ 요단 동편지역 트랜스요르단 지역, ⑤ 네겝 Negev 지역 등이다.[26)]

해안 평야지대

해안 평야지대는 악고 Acco에서 가자 Gaza까지 지중해변을 따라 형성된 평야지역을 말한다. 전체 270여km의 해안선을 따라 북쪽에서부터 악고에서 갈멜 산 Mt. Carmel까지의 악고 평야 The Plain of Acco, 갈멜 산에서 야르콘 강 Yarqon River까지의 샤론 평야 The Plain of Sharon 그리고 야르콘 강에서 가자까지의 블레셋 평야 The Philistine Coast Plain로 세분화할 수 있다. 해안 평야지대는 북쪽지역의 폭이 약 10km 미만이지만 남쪽으로 갈수록 그 폭이 넓어져 약 30km까지 된다. 이 해안 평야지대는 지중해성 기후를 띠어 포도, 올리브, 밀, 포도 등 지중해성 과실을 재배하기에 적합하다.

해안 평야지대는 이집트와 메소포타미아를 연결하는 중요한 교통로 역할을 하였다. 따라서 주전 2000년대 이집트가 히타이트나 메소포타미아 지역으로 북진할 때, 반대로 주전 1000년대 아시리아, 바벨론, 페르시아 제국이 이집트를 공격할 때 반드시 이스라엘 해안지역을 통과하였으며, 해안 평야지대에 위치한 도시들이 중요한 역할을 하였다. 해안 평야지대에 형성되어 있는 쿠르카르 kurkar라는 단단한 토양은 중앙 산악지대로부터 흘러내린 강물이 지중해로 흘러 들어가는 것을 막아 샤론 평야 부근에 늪지대를

---

26) 김영진, 「이스라엘 역사 서설」, pp. 113-122를 수정 · 보완하였다.

만들었다. 이러한 습지가 육상 이동의 장애가 되어 지중해 해안을 따라 형성되던 도로는 이 근처에서 내륙으로 방향을 바꾸었다. 해안 평야지대에는 많은 항구가 발달하지 못했지만 악고 평야에 위치한 악고는 가나안에서 가장 중요한 항구 역할을 하였다. 샤론 평야에 위치한 돌Dor은 해양민족 가운데 체커Tjker들이 정착했던 항구도시였다. 또한 욥바Joppa는 성서시대부터 항구로 사용되었던 곳임을 알 수 있다. 솔로몬이 성전을 건축할 당시 레바논에서 건축 자재를 수송할 때 중요한 항구로 사용되었고 대하 2:16, 요나가 다시스로 도망할 때도 욥바 항에서 출발하였다 욘 1:3. 또한 블레셋 평야에 위치한 가자는 이집트가 가나안을 통치할 때 행정의 중심지 역할을 하였으며, 아시리아 디글랏빌레셀은 가자에 무역항을 개설하였다. 이 외에도 아스글론Ashkelon과 아스돗Ashdod 등이 블레셋 평야에 위치한 항구들이었다.

해안 평야지대, 특히 블레셋 평야지역에서 동쪽으로 이동하면 해발 200-300m의 낮은 지역을 만나는데 이곳을 쉐펠라Shephelah라고 부른다.[27] 이 지역에서는 주로 감람나무와 뽕나무가 재배되었다 대상 27:28; 왕상 10:27.

쉐펠라 지역은 블레셋 사람들이 내륙으로 세력을 확장할 때 유다와 많은 전쟁을 했던 지역이다. 벧세메스, 라기스, 갓Gath, 에글론Eglon 등이 쉐펠라에 위치한 주요 도시이다. 뿐만 아니라 이집트나 아시리아 세력이 예루살렘을 정복할 때도 대체로 해안 평야지대를 따라 남하하였다가 쉐펠라 지역을 통하여 예루살렘으로 진격하였다. 따라서 미가 1:8-16에 언급된 도시 가운데 가드Gath, 사빌, 벧-에셀Beth-Ezel, 마롯Maroth, 라기스, 마레샤Mareshah, 가드모레셋Moresheth-gath, 아둘람Adullam 등이 쉐펠라에 위치한 도시들이다.

사사기 13-16장에 언급된 삼손의 주된 활동 무대인 소라Zorah, 삿 13:2; 삼손의 고

---

27) 쉐펠라(השפלה)는 '낮은 구릉 지역' 이라는 뜻의 히브리어 단어로 신명기 1:7에서 "평지"로 번역되었다.

향, 딤나Timnah, 삿 14:1; 블레셋 여인을 얻는 곳, 가사 삿 16:1; 삼손이 기생집으로 들어간 곳, 소렉 골짜기 Wadi Sorek, 삿 16:4; 들릴라의 고향 등은 모두 쉐펠라 지역과 해안 평야지역에 있는 도시들이다.

중앙 산악지대

중앙 산악지대는 헤브론에서부터 이스르엘 평야Plain of Jezreel까지의 해발 500-700mm의 산악지대로서 남쪽으로부터 드빌Debir, 드고아Tekoa, 벧술 Beth-Zur, 베들레헴Bethlehem, 예루살렘, 미스바, 기브온, 벧엘, 아이Ai, 세겜 Shechem, 도단Dothan, 디르사 그리고 사마리아 등이 위치해 있는 주요한 도시들이다. 중앙 산악지대는 다시 유대 산악지대와 에브라임 산악지대, 그리고 갈릴리 호수 근처의 갈릴리 산악지대로 나뉜다. 중앙 산악지대에서 가장 높은 곳은 벧엘 근처의 제벨 아수르Jebel Asur; 성서의 바알 하솔로 1015.6m이며, 세겜 근처의 에발 산Mt. Ebal은 936.7m, 그리심 산Mt. Gerizim은 880.5m에 이른다. 중앙 산악지대의 토양은 주로 석회암 층이며, 석회암이 좀더 풍화된 테라로사terra rossa와 백운석으로 덮여 있다.

중앙 산악지대의 강수량은 북쪽으로 갈수록 강수량이 증가한다. 왜냐하면 중앙 산악지대의 북쪽지역이 남쪽지역에 비하여 낮아 지중해에서 많은 비구름이 몰려오기 때문이다. 강수량이 풍부한 중앙 산악지대에서는 주로 올리브를 재배한다.

중앙 산악지대는 구약성서 시대 역사의 장으로써 매우 중요한 곳이다. 이곳의 예루살렘과 사마리아는 남북 왕조의 수도 역할을 하였으며, 헤브론과 베들레헴은 다윗 왕의 초기 역사와 관련하여 중요한 위치를 차지하고 있다. 또한 벧엘은 법궤와 관련하여 중요한 위치였으며, 북왕국 시대에는 성소이기도 하였다.

중앙 산악지대와 갈릴리 산악지대 중간에 북서쪽에서 남동쪽으로 뻗어 있는 이스르엘 평원은 이스라엘 최대의 곡창지역이다. 이곳은 강수량이 풍부하고, 토양이 비옥한 테라로사이기 때문에 많은 농작물을 재배한다. 따라서 이곳을 점령하기 위하여 많은 전쟁이 발생하였으며, 이스르엘 평야에 위치한 중요한 도시인 므깃도에 그 흔적이 남아 있다. 여선지자 드보라와 발락이 하솔의 장군 시스라를 물리쳤고 삿 4:1-24, 기드온이 미디안과 전쟁하여 승리하였고 삿 6:33-7:23, 사울이 전사한 곳이며 삼상 31:1-7, 요시야 왕이 이집트의 바로, 느고 2세와 싸우다 전사한 곳이 모두 이스르엘 평야와 그 주변 지역이다.

요단 강 계곡지대

요단 강 계곡지대는 시리아의 안티레바논 산맥 Mt. Anti-Lebanon 으로부터 아프리카의 모잠비크까지 약 6,300km에 뻗어 있는 단층의 일부 지역으로 요단 강을 중심으로 헤르몬 산 Mt. Hermon 에서부터 사해까지의 단층 지역을 일컫는다. 이곳은 해수면보다 낮은 지역으로 갈릴리 호수 근처는 -210m, 여리고는 -250m 그리고 사해는 -400m이다. 이 지역의 기후는 아열대성 기후로 연간 약 400mm가량의 비가 내려 농작물이 재배되고 있다.

여러 가지 자연 조건이 우수하기 때문에 이곳에는 오래 전부터 주거가 시작되었다. 특히 여리고는 인류 최초의 성곽 도시였으며 주전 8000, 벧산과 펠라 Pellah 는 주거가 시작된 이래 한 번도 끊이지 않고 사람이 살아왔다.

네겝 지역

네겝 지역은 브엘세바 남쪽의 연 강수량이 200mm 미만인 모래와 자갈로 이루어진 황무지지역을 가리킨다.[28] 이러한 자연 조건으로 이곳에는 사람들이 거주하기가 어렵다. 따라서 이곳에는 많은 야생 동물들이 서식하고 있다. 네겝에 대한 언급이 구약성서에 많이 등장하지 않는 이유는 바로 이러한 지리적 환경을 반영하기 때문이다.

구약성서에서 네겝 지역은 시므온 지파에게 주어졌으며, 시므온 지파의 남쪽에는 갈렙 족과 아말렉 족들이 거주하고 있었다. 특히 네겝의 북쪽지역은 유다가 멸망하기 직전인 주전 6세기경에 에돔Edom에 의하여 정복되었다.[29]

요단 동편지역

요단 동편지역은 요단 강 동쪽의 요단 강 서쪽지역과 평행을 이루는 지역을 의미한다. 요단 동편지역은 요단 강을 중심으로 내륙으로 갈수록 산악지역을 형성하고 있다. 따라서 요단 동편지역은 서쪽에서 동쪽으로 요단 계곡지역, 산악지역 그리고 사막지역으로 나눌 수 있다.

그러나 일반적으로 요단 동편지역은 동서로 흐르는 강에 의해 크게 세 부분으로 구분할 수 있다. 얍복 강Jabbok River, 신 2:37 이북의 길르앗 지방, 얍복 강에서 아르논 강Arnon River, 신 2:24까지의 암몬-모압 지역, 그리고 아르논 강 이남의 에돔이다. 길르앗 지역은 높은 고산지로서 옛날부터 발삼 향료

---

[28] '네겝(נגב)이라는 말은 두 가지 의미를 가지고 있다. 첫째는 '남쪽(의)'이라는 뜻이고, 둘째는 '황무지' 혹은 '마른 땅'(the dry land)이라는 의미를 가지고 있다. BDB, p. 616; E. Klein, A Comprehensive Etymological Dictionary of the Hebrew Language for Readers of English, Jerusalem, 1987, p. 402.

[29] 아라드와 호르바트 우자(Horvat Uza, 성서의 기나)에서 발견된 오스트라카는 에돔의 유다 침공의 긴박한 상황을 잘 담고 있다. 특히 우자에서는 에돔어로 기록된 오스트라카도 발견되었다. 이러한 사실은 네겝 지역에 대한 고고학 발굴의 결과 많은 에돔의 신상들이 발견되었으며, 성서 본문상으로도 이러한 사실을 추측할 수 있다. 즉 창세기 36장에 나타난 에서의 족보에서 많은 이름들이 유다 지파의 남쪽 부족들의 이름과 같음을 통하여 잘 알 수 있다. C. Westmann, Genesis 12-36, Minneapolis, 1981, pp. 558-569; J. R. Bartlett, Edom and the Edomites, Journal for the Study of the Old Testament Supplement 77, Sheffield, 1989를 참고할 것.

재배와 삼림이 우거져 있었다. 비교적 기름진 토양과 풍부한 강우량 연 500-700mm 때문에 길르앗 지역은 북이스라엘 왕국과 아람 다메섹의 주요한 목표가 되어 두 나라 사이에서 많은 전쟁이 일어났다 참고 왕상 20장, 22:1 이하. 반면에 암몬-모압 지역은 해발 800-1000m 지역으로서 교통의 중심지였다. 에돔 지역은 산악지대 1000-1700m로 평균 1200m 이상이 된다. 가장 높은 곳은 제벨 룸 Jebel Rumm 으로 해발 1,754m에 달한다. 에돔 지역의 이러한 지형적인 이유로 이들은 기회만 있으면 유다의 남쪽으로 세력 확장을 꾀하였다.

지형적인 특징을 통하여 성서시대 이스라엘 주거지역을 추정할 수 있으며, 이것은 곧 구약성서를 이해하는 중요한 지리적 배경을 제시한다.

이스라엘의 토양

이스라엘 토양은 크게 석회암, 현무암, 누비아 사암 Nubian Sandstone 등으로 구성되어 있다. 그러나 부분적으로 특징적인 토양을 이루며, 이에 맞는 농업이 발달하였다.

화강암은 매우 단단하고 풍화 침식에 저항력이 강하여 산악과 구릉지대를 이루었다. 따라서 나무가 잘 자라지 못했다. 한편 석회암은 성벽과 건축재료로 많이 사용되어 오늘날 예루살렘 건축에 사용되는 돌의 대부분이 이 석회암이다.

현무암은 요단 강 동편지역의 바산 고원과 갈릴리 호수 근처에서 볼 수 있는데 현무암이 풍화한 황갈색의 토양은 점성이 강해 비옥한 농경지를 이루었다.

누비아 사암은 요르단 동편지역에 많이 나타나며 석회암처럼 단단하고 풍화 침식에 강하여 높은 산지를 이루었다. 사암지대의 특징은 빗물이 잘 스며들지 않아 상시천을 이루는 것이다.

몇 가지 특징적인 토양 가운데 석회암이 변하여 형성된 테라로사 토양은 짙은 붉은색을 띠며, 매우 비옥하여 여러 가지 농작물이 재배되고 있다. 이 테라로사 지역은 이스르엘 평야지대와 요단 강 동편의 중앙지대이다. 또한 바람의 영향으로 충적토가 쌓여 비옥한 토양을 가지고 있는 곳도 있다. 주로 이스르엘 평야지대와 해안 평야지대가 바로 대표적인 충적토지대이다. 이곳의 비옥한 토양에서도 많은 농작물이 재배되고 있다. 또 하나의 특징적인 토양은 바람에 의하여 사막에서 날라온 미세한 토양이 쌓인 황토색의 로이스 loess 토양이다. 이 로이스 토양은 주로 네겝 북쪽지역에 형성되며 물만 공급되면 비옥한 농토로 변할 수 있는 좋은 토질의 땅이다.

요단 강 동편지역의 주된 토양은 두껍고, 단단한 모래 토양인 누비아 사토 沙土이다. 붉은색 때문에 요단 동편의 남쪽지역을 에돔(אדם은 '붉음'이라는 뜻이다)이라고 부른다.

고대 이스라엘의 도로[30]

고대 이스라엘은 지정학적인 이유로 남북간 도로망이 발달하였다. 이들 도로망은 크게 국제적인 대로와 지역과 지역을 연결하는 간선 도로로 나누

---

30) Y. Aharoni, *The Land of the Bible: A Historical Geography*, Philadelphia, 1979, pp. 43-63. 그러나 이 시대의 도로란 로마 시대의 도로와 같이 포장된 길이 아니라 '주로 많이 이용하던 路面이 정비된 길'을 뜻한다.

어볼 수 있다.

국제적인 길에는 '해변 길' the way of the Sea 혹은 via Maris과 '왕의 대로' King's HighWay가 있으며, 간선 도로로는 헤브론-예루살렘-사마리아 노선과 벧산-여리고 노선이 중요하며 그 외에도 짧은 노선들이 발달하여 교통망을 구축하였다.

국제 도로

해변 길

지중해 변을 끼고 발달한 해변 길[31]은 주전 2000년대부터 이집트와 메소포타미아를 연결하며 군사적, 상업적으로 중요한 역할을 하였다. 따라서 주전 15-13세기에 빈번히 발생하였던 이집트 바로들의 가나안 원정 때에도 모두 이 길을 이용하였다. 뿐만 아니라 주전 8세기경부터 있었던 아시리아 제국의 왕들이 가나안과 이집트를 정복할 때에도 이 해변 길을 이용하였다.

구약성서에서도 해변 길이 이용된 예를 찾아볼 수 있다. 아브라함의 가족이 갈대아 Chaldean 우르 Ur에서 하란 Harran을 거쳐 가나안으로 이동한 경로는 바로 이 해변 길의 북쪽 부분을 이용한 것이다 창 11:30. 요셉이 길르앗에서 유향과 몰약을 싣고 애굽으로 가던 상인에게 팔렸는데 이 상인들도 해변 길의 한 부분을 이용한 것이다 창 37:5. 출애굽을 할 당시 이스라엘 사람들이 이용했던 블레셋인의 길은 이집트와 연결되는 부분인 해변 길을 지칭한 것

---

31) via Maris라는 이름은 로마시대 때에 붙여진 이름이며, 성서에서는 해변 길로 기록되어 있다(사 9:1). 그러나 레이니(A. Rainey Rainey)는 이사야 9장의 해변 길은 갈릴리 호수 주변을 지칭하는 것이지 via Maris 전체를 나타내는 것이 아니라고 주장하면서 via Maris와 성서의 해변 길을 동일시하는 것을 반대한다.

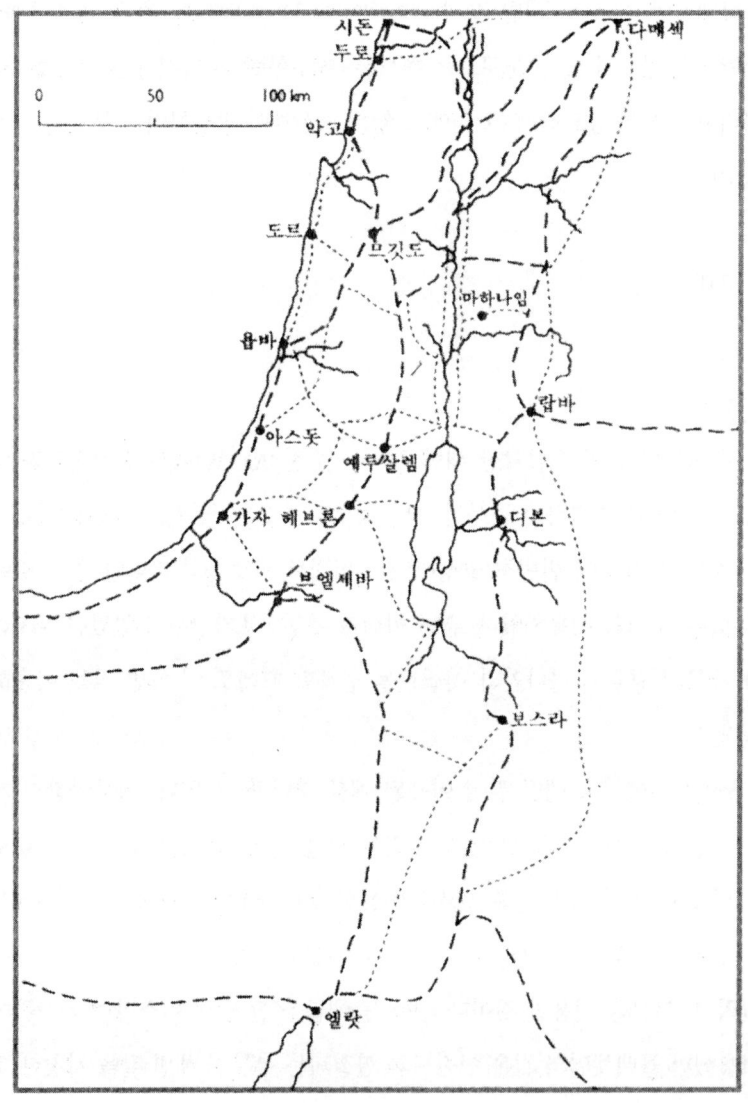

| 고대 이스라엘 도로망 |

이다 출 13:17. 뿐만 아니라 해변 길은 이사야 9:1에서 언급되고 있는데 본문 내용에 의하면 이는 북쪽 부분, 즉 갈릴리 호수 부분을 지칭한 것이다. 이처럼 구약성서에서는 비록 해변 길의 전체, 이집트에서 메소포타미아까지 전체를 사용한 성서의 인물은 아마도 아브라함 혼자일 것이다 창 11:31, 12:4, 12:10. 그러나 고대 근동의 기록에는 해변 길을 이용한 많은 기록이 있다. 애굽의 바로들의 역사 기록과 메소포타미아의 왕들의 역사 기록 등에서 많은 예를 찾아볼 수 있다. 특히 이들 왕 가운데 애굽을 공격하거나 혹은 메소포타미아 지역을 공격한 경력이 있는 왕의 기록에서 쉽게 발견할 수 있다.

왕의 대로 King's Highway

왕의 대로는 요단 동편을 남북으로 가로지르는 길로 다메섹과 아라비아 사막지역을 잇는 중요한 교통수단이다. 따라서 아람은 이곳의 주도권을 쥐기 위하여 노력하였음을 알 수 있다 왕하 10:33, 16:6.

왕의 대로는 구약성서에도 여러 번 언급되고 있다. 먼저 창세기 14장의 북방 네 왕의 침략도 이 왕의 대로를 통하여 이루어졌다 창 14장. 또 이스라엘이 출애굽 할 당시 지났던 길의 일부이기도 하다 민 20:17 이하, 21:22. 스바의 여왕 역시 왕의 대로의 일부를 통하여 솔로몬에게 왔다 왕하 10:1 이하. 이 사건을 통하여 왕의 대로가 아라비아의 향료를 수입, 수출하는 주요 도로였음을 짐작할 수 있다.

왕의 대로가 아시리아의 문서에 나타나는지는 아직까지 불분명하다. 그러나 일부 학자의 견해대로 호세아 10:14의 살만을 살만에셀 3세 Shalmaneser Ⅲ. 주전 859-824라고 할 때, 살만에셀 3세는 요단 동편까지 진출하였으며, 분명히 왕의 대로의 북쪽 부분을 이용하였을 것이다.[32]

지방 도로

국제 도로 외에도 여러 지방 도로들이 발달하였다. 이러한 지방 도로들은 내륙을 잇거나 두 개의 국제 도로를 연결하는 기능을 담당하였다. 여러 개의 지방 도로 가운데 브엘세바-헤브론-예루살렘-세겜을 잇는 중앙 산악 도로가 중요한 역할을 담당했다. 이 도로는 내륙의 남북을 연결하는 기능을 하였다. 이 도로는 북쪽 세겜에서 두 갈래로 갈라져 하나는 북동쪽의 디르사로 향하고, 또 다른 하나는 북서쪽 도단으로 향한다. 이 지방 도로가 사용된 여러 사례들을 구약성서에서 발견할 수 있다. 창세기 37장에 의하면 야곱의 아들들이 양을 치면서 헤브론에서 세겜까지 이동한 것을 읽을 수 있다 창 37:14. 바로 야곱의 아들들이 이 헤브론에서 중앙 산악 도로를 따라 세겜 지역을 지나 도단까지 이동하였다. 또한 창세기 22장에서 아브라함이 이삭을 데리고 브엘세바를 출발하여 3일 길을 걸어 모리아 산까지 도착할 때도 이 길을 이용하였다.

이러한 도로 주변에는 많은 중요 도시가 발달하였다. 대표적인 도시로는 베들레헴, 예루살렘, 벧엘 등지이다. 또 하나의 중요한 남북을 잇는 도로는 요단 강변을 따라 생겨난 길이다. 남쪽의 여리고로부터 벧산까지의 길이다. 사무엘하 18:23의 들 길이 바로 이 길을 가리킨다.

---

32) 살만에셀 3세가 요단 동편까지 언제 진출하였는가 하는 문제에 대하여서는 아스투르(M. Astour)의 논문을 통하여 알 수 있다. 그에 의하면 살만에셀 18년(주전 841년)에 요단 동편까지 진출하였다고 주장한다. M. Astour, "841 B. C.: The First Assyrian Invasion of Israel," JAOS 91 (1971), pp. 383-389.

이스라엘의 기후[33]

이스라엘은 남북으로 약 500km 길게 뻗어 있기 때문에 다양한 자연적인 특징을 가지고 있다. 기후적인 면에 있어서도 여러 가지 특징을 나타내고 있기는 하지만 일반적으로 '지중해성 기후' 라고 말할 수 있다.

이스라엘의 기후는 크게 건기와 우기로 나눌 수 있다. 건기는 대체로 5월부터 10월까지 약 6개월 정도이다. 건기는 강우량이 전혀 없으며, 낮에는 고온 건조하며 32-38℃ 밤에는 추워 일교차가 크다. 반대로 우기는 주로 10월부터 다음 해 5월까지 약 6개월간이다. 우기에는 1년 강우량의 80% 이상이 쏟아지며 특히 1-2월에 집중된다. 비가 올 때는 대체로 강한 바람을 동반하여 활동에 많은 지장을 초래한다.

강우량은 북쪽지역으로 갈수록 그 양이 많아진다. 바다에 오랫동안 머물러 수분을 많이 포함한 북서풍이 갈릴리 주변으로 불고, 이집트에서 불어오는 건조한 바람이 남쪽으로 불기 때문이다.[34] 연 강수량 분포를 보면 에일랏 Eilat 30mm, 가자 250mm, 예루살렘 560mm, 나사렛 Nazareth 640mm 등이다. 사람이 살 수 있는 한계 강우량인 연 강수량 200mm 선은 브엘세바 남쪽지역이 해당된다. 따라서 브엘세바 북쪽지역에 사람이 많이 거주하며, 브엘세바 남쪽에 관한 기록이 구약성서와 신약성서에 거의 언급되지 않은 것은 이러한 자연 현상을 반영한 것이라 할 수 있다. 이스라엘의 영토

---

33) Taha M. F., Harb S. A., Nagib M. K., and Tantawy A. H., "The Climate of the Near East," in *Climates of Southern and Western Asia*, (World Survey of Climatology volume 9). K. Takahashi and H. Arakawa eds., Amsterdam-Oxford-New York, 1981.
34) 이집트에서 부는 바람은 바다를 통과하는 거리가 짧기 때문에 수분이 적어 비를 조금 뿌린다. 따라서 갈릴리 호수 주변은 연 강수량이 1,000mm 이상이 되며, 이스르엘 평원 역시 풍부한 강수량으로 이스라엘 최대 곡창지대로 꼽히고 있다.

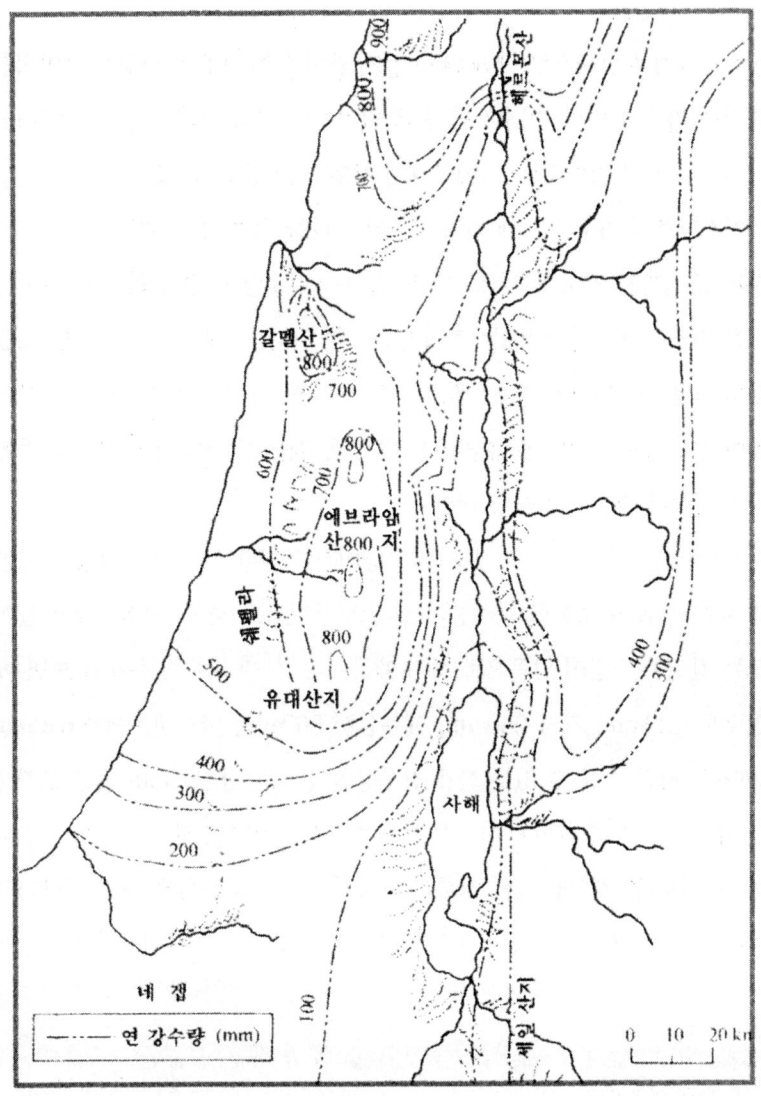

| 이스라엘의 강우도 |

를 개괄적으로 나타낼 때 최남단의 도시로 브엘세바가 언급되는 것은 바로 이러한 자연 환경을 나타내는 것이다.

이른 비는 우기 초인 11월경에 내리는데 늦을 때에는 12월까지 연장되기도 한다. 늦은 비는 봄비라고 하며 농작물의 작황과 결실을 잘되게 하며 곡식을 증산시키는 데 필요하다. 따라서 이것을 단비라고도 한다. 성서에 기록된 두 종류의 비는 계절의 변화를 알리는 것으로 이스라엘의 기후적인 특징을 나타낸다.

강설은 매우 드무나 상부 갈릴리 지역은 거의 매년 눈이 내린다. 따라서 구약성서에서 눈에 관한 기록은 매우 적고 눈 오는 날 구덩이에서 사자를 잡았다는 기록이 있다.삼하 23:20

이스라엘 기후의 또 한 가지 특색은 이슬이 많이 내린다는 것이다. 이것은 현격한 일교차에서 생기는 현상이다. 이슬이 많은 지역은 일 년에 250일간 내리며네겝 북서부지역, 중앙 산악지대도 150-180일간 이슬이 내린다. 이러한 이슬은 농작물 재배에 대단히 중요하다. 따라서 구약성서에서는 일반적으로 이슬을 축복으로 묘사한다.창 27:28; 신 33:28; 수 8:12 등

이스라엘의 농업

이스라엘의 기후와 토양 등 자연 환경은 이스라엘의 농업에도 영향을 미친다. 따라서 이스라엘에서는 주로 지중해성 과일이 재배되고 있다. 성서시대에는 주로 포도, 올리브, 밀, 보리, 대추야자, 석류, 무화과 등이 재배되고, 양, 염소, 소, 말들이 사육되었다.

이스라엘의 산업

특정 지역의 산업은 지리적 환경 특히 지형이나 기후에 큰 영향을 받는다. 이스라엘의 산업도 마찬가지로 환경의 영향을 받아왔다. 고대 이스라엘의 산업은 다양하지만 현재까지 우리에게 알려진 산업은 기록 문서에 남아 있거나 또는 고고학적 발굴을 통해서만 알 수 있다.

이스라엘의 농업

농사는 기후 및 토양 그리고 지형과 밀접한 관계를 맺고 있다. 고대 이스라엘은 지중해성 기후에 적당한 농업이 발달하였다. 고대 이스라엘의 농업은 지중해성 식물과 일부는 산악성 식물, 일부는 사막성 식물이 주류를 이루었다.[35] 고대 이스라엘에서는 밀과 보리와 포도와 무화과와 석류와 감람나무 등이 재배되었다 신 8:8. 이스라엘의 농사는 이집트나 메소포타미아와 달리 자연 강수량에 의존하였다 신 11:10-11.

고고학적으로 시리아-팔레스틴 지역에서 농업이 시작된 것은 주전 4000년 금석병용기시대부터이다. 이집트 제6왕조 왕이었던 페피 Pepi, 주전 2354-2310년경 시대의 상부 이집트 관리였던 웨니 Weni의 묘비에 기록된 그의 전기에 의하면[36] 가나안 지역에 무화과와 포도를 재배하는 농업이 있었다. 또한 주전 20세기 것으로 추정되는 산에하트 두루마리 Sanehat scroll에 의하면 팔레스틴 지역을 여행했던 이집트 관리들의 보고서에 팔레스틴의 남쪽지역에서 농사를 짓고 가축을 길렀다고 한다. 하비루 Hapiru에 관한 기록에 의하면 이들은 어떤 한 곳에 정착하는 사람들이 아니었지만 그러나 일부 목초지를 점령하여 그곳에 씨를 뿌리고 경작하였음이 기록되어 있다. 주전 1478년 투트모세가 므깃도 전쟁에서 거둔 승리를 묘사하는 아몬 신전의 벽화 그림에는 투트모세가 므깃도에서 식물을 옮기는 것이 새겨져 있다.

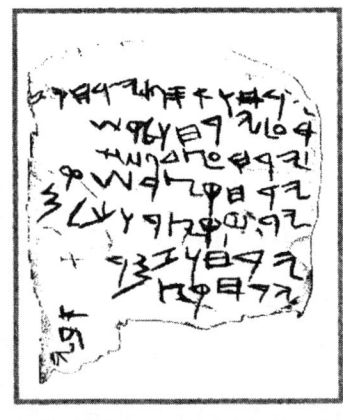

| 게젤 달력(Gezer Calendar) | 게젤 달력은 이스라엘의 1년 농사 주기를 기록한 고대 히브리어 달력이다.

고대 이스라엘 사람들은 주기적으로 농사를 지었다. 이러한 사실은 게젤 달력 Gezer Calendar을 통해서도 알 수 있다. 게젤 달력에는 고대 이스라엘의

---

35) 고대 근동지역에는 다섯 종류의 식생 분포가 있다. (1) 지중해성 식물(Mountain vegetation) (2) 스텝성 식물(Steppe vegetation) (3) 산악성 식물(Mountain vegetation), (4) 강 주변에서 성장하는 식물(Riverline vegetation) (5) 사막성 식물(Desert vegetation)이다. W.B. Fisher, *The Middle East*, London, 1963, pp. 80-84. 이스라엘을 포함하여 비옥한 초생달 지역에 식물군이 잘 자라는 이점에 대하여 다이아몬드(Diamond)는 다음의 세 이유를 제시한다. (1) 겨울철이 온난 다습하며, 여름이 길고 무덥고 건조한 지중해성 기후 때문이다. (2) 야생조상이 이미 풍부하고 생산성이 매우 높기 때문이다. (3) 자웅동주형 재꽃가루받이 즉, 자화수분 하는 식물의 비율이 높기 때문이다. J. Diamond(김진준 역), *Guns, Germs, and Steel*, New York, 1997, 「총, 균, 쇠」, 서울, 1998. pp. 202-207.

36) *ANET*, pp. 227-228.

연중 농사 주기가 기록되어 있다. 또한 이스라엘 사람들은 주변 나라에서 농기구를 도입하였다. 이러한 사실은 소 모는 막대기의 사용에서 알 수 있다 삼 3:31. 사무엘상 13:19-22에 의하면 초기 이스라엘 사람들은 철을 가공하는 기술을 블레셋 사람들에게서 배웠다.

고대 이스라엘의 농사는 단순히 농민 차원에서 이루어진 것이 아니라 왕실의 국가적인 차원에서 실시되었다. 다윗 왕 시대에 밭가는 농부를 거느리는 관리가 있었으며, 포도원을 담당하는 관리와 감람나무와 뽕나무 등 유다에서 생산되는 농업 생산품을 담당하는 관리가 있었다 대상 27:26-28. 또한 솔로몬 시대에는 왕실의 식물을 관장하는 관리가 임명되었다 왕상 4:7. 웃시야 왕은 유다의 왕 가운데 농사를 좋아하는 왕으로 기록되어 있다 대하 26:10.

이사야 28:23-29에서는 하나님의 모략을 농사를 잘 짓는 기술에 비유하여 설명하기도 하고, 이사야 32:20에서는 씨를 뿌리고 소와 나귀를 모는 것을 복으로 묘사하고 있다.

나봇의 포도원 이야기는 북이스라엘의 농업 여건이 더 뛰어났음을 보여준다 왕상 21장. 에스겔 27장에 의하면 이스라엘과 유다는 두로 Tyre에 민닛 Minnith 밀과 과자와 꿀과 기름과 유향을 수출하였음을 기록하고 있다 17절. [37)]

이스라엘을 대표하는 농사 가운데 하나는 포도 재배와 이를 통한 포도주 생산이다. 포도는 주로 7-8월에 수확하며 따라서 여름 과실로 표현되기도 한다. 고대 이스라엘에서 포도는 주로 포도주를 만드는 데 사용하였다.

이스라엘에서 오래 전부터 포도를 생산했다는 사실은 학자들의 연구 결과 이미 널리 알려져 있다. 주전 3000년대에 여리고와 아라드에서 포도 재

---

37) 민닛은 아마도 요단 동편에 있는 지명으로 보인다. 따라서 민닛 밀이란 민닛 지역에서 생산되는 밀이란 뜻이다. 또한 과자라고 번역된 히브리어 פנג은 그것이 정확히 무엇을 의미하는지 알기 어렵다.

배의 흔적이 발견되었을 뿐만 아니라 이스라엘 최초의 농사력인 게젤 달력에도 포도 재배에 관한 기록이 있다 본문에는 '여름 과일'로 기록되어 있음.

기브온에서는 포도주 공장이 발견되었다. 프리처드 Prichard에 의하면 이곳에서 생산되는 포도주의 양이 약 9만 4,500리터이며 약 63개의 포도주 저장고에 보관되었을 것이라고 한다.

종려나무는 가나안 지역에서 많이 재배되는 나무 가운데 하나이다. 종려나무 가지의 길이는 긴 것이 약 3미터까지 이르며 여기에 큰 잎들이 달려 있다. 향기로운 하얀 색 꽃을 맺으며 대추야자라 불리는 열매를 맺는다. 대추야자는 대체로 8월 말-9월 초에 수확한다. 그 후 종려나무 가지로 초막을 짓는다.

추수를 마친 종려나무는 각 부분별로 다양하게 사용되었다. 먼저 레위기 23:40에 의하면 종려나무 잎은 초막절 장막절 첫날에 사용되는 네 종류의 나무 가운데 하나로 기록되어 있다. 또한 종려나무의 잎은 솔로몬 성전 장식의 소재로 사용되었다 왕상 6:32. 종려나무의 줄기는 주로 담을 만들거나 기타 건축자재로 사용되었고 경우에 따라서는 땔감으로도 사용되었다. 느헤미야 8:15에 감람나무 가지와 들감람나무 가지, 화석류나무 가지, 종려나무 가지와 기타 무성한 나뭇가지를 가져다가 초막을 지으라고 기록되어 있다. 따라서 초막절은 종려나무 열매 수확과 밀접한 관계가 있음을 알 수 있다.

열매의 60% 이상이 당분인 대추야자는 기본적인 식량으로 사용되었을 뿐만 아니라 꿀을 만드는데도 사용되었다. 구약성서의 꿀이라고 기록된 부분 가운데 49군데는 대추야자 꿀을 의미한다.

철기시대 주전 1200-586에 아라드나 브엘세바 지역에서 종려나무를 재배한 흔적이 고고학적으로 발견되었다. 구약성서에서는 여리고를 '종려나무의 성읍' עיר התמר 이라 부른다 신 34:3; 삿 1:16, 3:13; 대하 28:15.

감람나무 잎은 평화를 상징한다.창 8:11. 감람나무는 이스라엘에서 널리 재배되는 농산물 가운데 하나였다. 나이가 먹음에 따라 나무 줄기가 계속 두꺼워져 나무 둘레가 약 6m에 달하기도 한다. 감람나무는 여름에 꽃이 피기 시작하여 10월경 첫 비가 내릴 때쯤 수확한다. 열매를 맺은 후 감람나무는 감람나무 파리의 공격을 받아 열매가 떨어지기도 한다. 감람나무 열매에는 기름이 많이 함유되어 있으며 따지 않고 그대로 두면 검은색으로 변한다.

감람나무는 아름답고 단단하기 때문에 작은 장신구나 물건을 만드는데 많이 사용되었다. 또한 오래된 나무는 가구를 만드는데도 사용되었을 뿐만 아니라 성전을 짓는데도 사용되었다. 열왕기상 6:31에 따르면 내소로 들어가는 곳에는 감람나무로 문을 만들었다.

무화과나무도 포도나 감람나무 그리고 종려나무와 함께 가나안 땅에서 많이 재배하는 농산물 가운데 하나로 기록되어 있다. 무화과를 나타내는 히브리어는 매우 다양하다. 일반적으로 '트에나' תְּאֵנָה는 무화과나무를 지칭하고, '트에님' 민 13:23은 무화과 열매를 가리킨다. 이사야 28:4의 '비쿠라' בִּכּוּרָה, 사 28:4는 6월경에 처음 익은 열매를 의미하고 '파가' פַּג, 애 2:13는 초봄에 익은 푸른색 열매를 의미한다. 또한 '듭헬라' דְּבֵלָה, 삼상 30:12는 무화과 으깬 것을 말한다.

무화과나무는 유월절 이후 싹이 나기 시작하며 6월에 열매를 맺기 시작하고 붉은 색으로 변하며 완전히 익으면 짙은 보랏빛으로 변한다. 무화과나무는 키가 작으나 잎이 넓고 무성하다.

고대 이스라엘 사람들은 무화과나무 열매를 식량으로 사용하였으며, 특히 열매 반죽은 의약품으로도 사용하였다. 열왕기하 20:7에 따르면 이사야가 무화과 반죽을 히스기야의 상처에 붙여서 병을 고쳤다고 기록하고 있다사 38:21.

석류는 모세가 가나안 땅으로 보낸 정탐꾼들이 가나안의 풍요로움을 나타내는 징표로 가져온 과일 가운데 하나이다. 봄에 붉은 꽃을 피우며 모양이 매우 장식적이고 냄새도 특이하다. 열매는 단단하며 붉은색을 띠고 있다. 열매 속에는 많은 씨가 들어 있다. 석류의 주스는 종종 포도주와 섞어서 마시기도 했다 아 8:2. 열매의 씨는 촌충을 제거하는 약으로도 쓰였다. 석류는 이집트와 가나안 지역에서 많이 재배되었다.

석류가 철기시대 이스라엘 지역에서 재배되었다는 증거는 고고학적으로도 증명된다. 텔 키리 Tell Qiri와 텔 할리프 Tell Halif에서 석류의 잔재가 발견되었다. 또한 제사장들이 가지고 다니던 규에 끼우는 높이 43㎝ 크기의 석류 모양의 상아 장식이 예루살렘에서 발견되었다. 이 석류 모양의 상아 장식은 주전 8세기의 것으로 추정된다.

이스라엘에는 다양한 종류의 밀이 재배되었으나 일반적으로 두 종류로 나누어 설명할 수 있다. 히브리어 히타 חטה는 경질밀 Triticum durum과 빵을 만드는 밀 Triticum vulgare이 그것인데 이 모두를 지칭하는 단어이다. 밀은 고대 이스라엘에서는 없어서는 안 될 중요한 곡식 가운데 하나였다. 밀을 경작하기 위해서는 잘 경작된 양질의 토양이 필요하였다.

보리와 마찬가지로 밀은 겨울이 시작되면서 뿌리기 시작한다. 그렇지만 보리보다 성장 속도가 더디다. 따라서 보리를 추수한 후 두 달 정도 후에 밀을 수확했다.

밀을 뜻하는 히브리어 '히타' 와 함께 등장하는 단어는 '쿠세메트' כסמת다. 우리말로 '밀' emmer wheat, Triticum dicoccum로 번역되어 있다 출 9:32. 쿠세메트는 이스라엘에서 매우 오래 전부터 재배되었으며, 식물학자들은 이 쌀보리를 모든 밀의 조상으로 생각하고 있다. 구약성경에 쿠세메트 밀에 관한 언급을 찾아볼 수 있다. 이사야 28:25에 의하면 농부들이 뿌리는 곡식 가운데 이 밀이 포함되어 있었으며, 에스겔이 390일 동안 먹을 빵을 만들기 위하여 혼합하였던 곡식 가운데에도 이 밀이 포함되어 있었다 겔 4:9. 쿠세메트의 맛은 밀의 맛과 거의 흡사하며, 성장은 일반 밀과 같은 속도로 성장한다.

보리는 가나안 땅에서 가장 먼저 익는 농산물로 강수량이 적거나 척박한 땅에서도 잘 자라는 농산물이다. 보리는 히브리어로 '스오라' שׂעֹרָה 라고 부른다. 구약성서 시대에 보리빵은 주된 식량 가운데 하나였다. 구약시대에 보리가 널리 재배되었다는 사실은 땅의 가치를 평가할 때 보리 생산을 기준으로 삼았기 때문이다. 그러나 후기에는 주로 동물에게 보리를 먹였고, 사람들은 밀을 먹었다 왕상 4:28. 보리는 제물로 드려지는 예가 드문데 단지 아내의 외도를 의심했다가 그것이 사실 무근으로 밝혀졌을 때 드리는, 의심의 소제 때에 제물로 바쳤다 민 5:11-15. 보리는 빵을 만들 뿐만 아니라 맥주를 만들기도 하는데 고고학적인 발굴 결과 엔게디 Engedi 나 유대 광야지역에서 보리를 재배했음을 알 수 있는 흔적이 발견되었다.

고대 이스라엘의 산업

고대 이스라엘의 산업은 매우 단순했다. 농산물을 가공하여 제품을 생산하는 것과 보석류와 섬유를 가공하는 것이었다. 이스라엘에서 농산물을 가공 생산하는 것의 가장 대표적인 것이 올리브기름과 포도주 생산이다. 성서 기록 이외에 고고학 발굴 결과 이스라엘 지역에서 많은 올리브기름 생산 공장을 발견하였다.

올리브기름을 생산하는 시설은 북쪽지역과 남쪽지역 사이에 차이가 있었다. 북쪽지역의 시설은 원형 돌판과 윗부분를 움직이는 맷돌로 구성되어 있었다. 따라서 올리브를 이곳에서 부서뜨린 후 움푹한 그릇에 담아 둥근 돌 위에 올려놓고, 그릇 안의 짓이겨진 올리브를 무거운 돌로 누르면 기름이 흘러 한 곳에 모이는 방식을 사용했다.[38] 그러나 남쪽지역 유다, 쉐펠라, 그리고 에브라임 일부 지역의 올리브기름 생산 방식은 약간 달랐다. 올리브를 돌 그릇 안에서 으깬 후 무거운 돌이 달린 나뭇대를 으깬 올리브가 담긴 그릇 위에 놓으면 기름이 통으로 흘러 들어갔다. 주전 7세기 에글론의 올리브 생산 산업은 매우 발달하였다. 에글론에서는 115개의 올리브기름 생산 틀을 포함한 다양한 용기들이 발견되었다. 뿐만 아니라 에그론 주변의 텔 베이트 미르심 Tell Beit Mirsim에서 6개, 벧세메스 Beth Shemesh에서 12개 그리고 게셀에서 7개의 올리브기름 생산 시설이 발견되었다.[39] 이곳에서 생산된 기름의 양이 지역 소비량을 초과했기 때문에 수출하였음을 알 수 있다.

감람나무에서 생산된 올리브기름은 다양한 용도로 사용되었다. 첫째, 성전에 필요한 기름으로 생산되었다 특히 소제 때 기름이 필요하다, 레 2장. 둘째, 왕이나 제사장을 기름 부을 때도 이 기름을 사용했다 사 9:8-9; 왕하 9:3. 셋째, 상처를 치료하는 의약품으로도 사용되었다 눅 10:34. 넷째, 이스라엘은 고온 건조하기 때문에 피부를 보호하기 위한 화장품으로 사용되었다 신 28:40. 다섯째, 식용으로도 사용하였다 레 2장. 여섯째, 불을 밝히는 기름으로 사용되었다 삼상 3:3 참고. 구약성서에 기록된 기름은 모두 올리브기름을 뜻한다.

최근 고고학 연구 결과 에글론을 중심으로 한 블레셋의 해안지역은 올리브기름을 생산 수출하는 중요한 지역으로 알려졌다. 에글론에서 발견된 올

---

38) A. Mazar, *Archaeology of the Land of the Bible*, p. 489.
39) S. Gitin, "The Neo-Assyrian Empire and Its Western Periphery: The Levant, with a Focus on Philistine Ekron," S. Parpola and R.M. Whiting eds., *Assyria 1995*, Helsinki, 1997, pp. 77-103; idem, "Tel Miqne-Ekron: A Type-Site for the Inner Coastal Plain in the Iron Age II Period," S. Gitin and W. G. Dever eds., *Recent Excavations in Israel: Studies in Iron Age Archaeology*, Winona Lake, IN, 1989, pp. 23-58.

리브기름 생산 공장이 이를 단적으로 말해준다.

포도주는 각종 축제나 종교적인 제의 때 마셔야 하는 것으로 이스라엘 사람들의 삶과 밀접한 관련을 맺고 있다. 특히 민수기 15:1-10의 전제 Libation Offerings 규정에도 번제로 바쳐지는 동물의 종류에 따라 각기 다른 양의 포도주가 드려지는 것을 볼 수 있다. 뿐만 아니라 탈무드의 규정에 따르면 유월절 때 유대인들은 네 잔의 포도주를 마시게 되어 있다.[40]

고대 근동에서 가장 좋은 포도주 가운데 하나는 헬본 포도주였다 겔 27:18. 즉 헬본 다메섹 북쪽 18km에 위치한 헬본 Helbon 지역에서 생산된 포도주가 최상의 포도주였다.

시편 57-59편과 같이 "알다스헷" al tasheth, 문자적인 뜻은 '부수지 말라' 이다에 맞춘 노래가 등장하는데 '알다스헷'으로 시작하는 노래는 포도 수확기에 부르던 노래로 추정된다. 또한 시편 8, 81, 84편의 "깃딤에 맞춘 노래"라는 표제어가 붙은 시편이 있는데 '깃딤' gittith으로 시작하는 노래는 고대 이스라엘 사람들이 포도주를 만들기 위해 포도를 발로 밟으면서 부르던 노래였다. 이처럼 고대 이스라엘 사람들에게 있어서 포도 농사와 포도주를 만드는 일은 그들의 일상 가운데 하나였다. 올리브기름이나 포도주를 만들 때 가장 필요한 것은 올리브를 짜는 프레스 Press이다.

구약성서 시대의 향수와 향유는 성전에서 분향하거나 시신 처리와 제사를 위해 사용하였다. 즉 장례용과 약용과 화장품 등으로 다양하게 사용하였다.

구약성서 시대의 향료 원산지는 주로 길르앗 지방과 아라비아 지역이었

---

40) 유월절에 포도주는 ① 유월절 식사 시 ② 할렐(Hallel, 찬양)을 시작하면서 "구원을 축복하며"를 외치며 두 번째 잔을 마시며 ③ 식사 후 감사기도 시 세 번째 잔을 마시고 ④ 마지막으로 할렐을 마칠 때 네 번째 잔을 마신다. N. Martola, "Passover Haggadah," J. Neusner, A. J. Avery-Peck and W. S. Green eds., *The Encyclopaedia of Judaism III*, Leiden, 2000, pp. 1052-1062.

다. 고대 시대의 향품은 가루나 연고, 액체나 기름의 형태로 만들어졌다. 향품은 주로 식물의 꽃과 수액과 송진과 식물기름 그리고 짐승의 기름에서 추출한 것이었다.

초기의 향품 제조 방법은 식물의 꽃이나 줄기를 천에 넣고 짜서 사용하였으나 주전 10세기부터 올리브와 같은 식물성기름을 추출하는 기술이 발달하기 시작하였다. 새로 발달한 향유 제조법은 동물성기름을 두른 두 개의 나무판 사이로 쟈스민이나 장미 꽃잎들을 집어넣고 하루 지난 다음에 다시 꽃잎을 갈아주는 식으로 일주일 정도 반복하면 꽃향이 베어든 포마드 pomade 형태의 향유가 생산되었다. 또 다른 향유 제조법은 포도주나 물을 섞은 올리브기름에 방향 재료를 잘게 썰어 넣고 65℃ 정도로 중탕을 하여 고운체로 쳐서 용기에 담으면 향기로운 향유가 되었다.

이렇게 제조된 향유는 그 값이 매우 비싸 소량으로 거래되었으며 이 향유를 담는 아름다운 토기들이 만들어졌다. 향수나 연고 등을 위한 병들은 차가운 온도를 유지하기 위하여 주로 단단한 돌이나 앨러배스터 alabaster 나 파이앙스 faience 등으로 만들었다. 가나안 지역에서는 서양 배 모양의 향수병이 개발되었다. 또 키프로스 Cyprus 에서는 양귀비 모양의 향수병이 만들어졌다. 초기 유리 향수병은 코어 core 형식의 유리병이 주를 이루었다. 고고학적으로 엔게디 지역에서 향수 제조 시설로 추정되는 곳이 발견되었다.

고대 이스라엘에서는 유가공업도 발전하였다. 그러나 신선한 우유를 마시기보다는 치즈나 응유 ḥēmʾāh, ḥemʾāh, 엉긴 젖, 창 18:8로 만들어 먹었다. 일반적으로 많이 먹었던 우유는 염소의 젖 잠 27:27이었으며, 가끔은 가축의 젖을 먹기도 했다 신 32:14. 우유는 대체로 가죽 주머니에 보관하였으며 삿 4:19, 손님에게 우유를 대접하였다 창 18:8; 삿 5:25. 고대 이스라엘 사람들에게는 우유를 먹을 때, 한 가지 금기 사항이 있었는데 그것은 염소 새끼를 그 어미의 젖에 삶아서

는 안 된다는 것이었다.출 23:19; 신 14:21.[41)]

이스라엘 사람들이 우유로 치즈를 만들어 먹었던 것은 고고학적인 발굴 결과 알게 된 것이지만 그들이 반유목민이었다는 사실에서 쉽게 알 수 있다. 이미 금석병용기시대 주전 4300-3300부터 우유에서 치즈를 만드는 우유교반기 churn가 브엘세바에서 발견되었다.[42)]

고대 이스라엘의 금속 가공산업은 대체로 여섯 종류의 금속 금, 은, 동, 철, 주석, 납을 가공하였다. 구약성서는 이스라엘의 금속 가공에 대해서 자세한 언급은 없지만 금이나 은의 제련에 관한 언급은 많이 등장한다 왕상 7:46; 사 48:10; 잠 27:21 등. 이러한 금속 가공은 전문 기술자에 의하여 이루어졌다. 창세기 4:22의 두발가인이 동철로 기계를 만드는 자라는 표현이 이것을 말해준다. 출애굽기 31:3-5은 금, 은, 동, 철을 제련하여 제품을 만드는데 특별한 기술이 필요함을 말하고 있다. 금속을 제련하여 제품을 만드는 과정은 금속의 종류에 따라 차이가 있다.

청동 가공산업이 이스라엘에 소개된 것은 금석병용기시대부터이다. 고대 이스라엘에서는 동 자체만을 사용하는 경우보다 동에 주석을 섞은 청동을 주로 사용하였다. 고대 이스라엘에는 다른 금속과 달리 동 산지가 있었다. 파이난 Faynan, 성서의 푸논, 민 33:42, 페트라 Petra 남서쪽 13km 지점에 위치한 와디 아부 쿠샤이바 Wadi Abu Khushayba 그리고 팀나-아므람 Timna-Amram 지역에 있었다. 그 외 고대 근동의 주요한 동 산지는 키프로스, 이집트 그리고 스페인 지역이다. 그러나 초기 금석병용기시대의 구리 제품은 시리아-팔레스틴 지역에서 생산된 것을 사용한 것이 아니라 러시아와 터키 국경에

---

41) 로스는 염소 새끼를 그 어미의 젖으로 삶지 말라는 규정은 아마도 가나안 사람들이 지켰던 제의였기 때문에 금했을 것이라고 주장한다. J. F. Ross, "Milk," *IDB* 3, pp. 379-340.
42) A. Mazar, *Archaeology of the Land of the Bible*, p. 69.

위치한 아르메니아 산지에서 생산된 구리를 수입하여 사용하였다.[43]

구리를 처음 사용할 때는 도끼나 철퇴의 머리 부분 등을 만들었다. 그러나 청동시대로 접어들면서 구리는 다양한 용도로 사용되었다. 청동기시대인 주전 3000년대에 구리는 여전히 귀한 것이었기 때문에 무기류를 만드는데 사용하지 못하였다. 그러나 초기 청동기 제4기 혹은 중기 청동기 제1기인 주전 2300-2000년에 구리로 만든 무기류가 등장하였다. 특히 이 시기에 갈릴리 지역에서 처음 청동이 등장하였다. 이것은 시리아의 영향이었을 것이라고 추정할 수 있다.[44]

많은 청동 제품들이 성전, 특히 성막에서 사용되었다 출26-36장. 뿐만 아니라 많은 무기류가 청동으로 만들어졌다. 따라서 오늘날 청동으로 만들어진 안경형의 도끼, 오리 부리형 도끼, 구멍 긴 도끼, 낫칼, 청동 화살촉 등이 발견된다. 철기시대로 접어든 후에도 청동은 지속적으로 사용되었다.[45]

철기는 블레셋 사람들을 통하여 가나안에 소개되었다는 지금까지의 학설은 그렇게 믿을 만한 것이 못 된다. 왜냐하면 블레셋 사람들의 이주 이전부터 가나안 지역에서는 철로 만든 기구들이 발견되었기 때문이다.[46] 지금까지의 고고학 발굴 결과, 가나안에서 철로 만든 칼이나 부삽이나 곡괭이 그리고 화살촉이나 창촉과 같은 무기 등이 발견되었다.

구약성서는 철기의 사용에 대하여 자주 언급하고 있다. 이것은 전쟁무기를 만들 때 필요한 주요 재료로 언급되어진다. 철기류의 도구는 성전을 짓는 데 사용되지 못했을 뿐만 아니라 왕상6:7 제단을 만드는 데 철기의 사용이 금지되었다 출20:25. 가나안의 철산지는 주로 요단 동편지역이었다.

---

43) A. Mazar, *Archaeology of the Land of the Bible*, p. 73.
44) A. Mazar, *Archaeology of the Land of the Bible*, p. 165.
45) A. Mazar, *Archaeology of the Land of the Bible*, pp. 359-360.
46) A. Mazar, *Archaeology of the Land of the Bible*, p. 360.

은으로 만들어진 유물은 중기 청동기시대부터 발견된다. 초기 청동기 제 4기 혹은 중기 청동기 제1기주전 2300/2250-2000에 속하는 은으로 만든 받침 달린 잔 goblet이 중앙 산악지대에 위치한 아인 샤미야 'Ain Samiya에서 발굴되었다.47) 중기 청동기 제2기 BC시대주전 1800/1750-1550부터 은은 금이나 청동과 함께 신상을 만드는 재료로 사용되었다.48) 뿐만 아니라 은으로 만든 머리핀이나 장식구가 발견되었다.

고대 이스라엘에서 값을 지불할 때 가장 많이 사용하는 것은 은이며, 때로는 보석류로도 사용되었다. 또한 성전에 필요한 용기를 만드는데도 사용되었다. 고대 이스라엘의 은은 다시스 Tarshish와 오빌 Ophir 등에서 수입되었고 솔로몬 시대에는 다른 금속과 함께 다시스와 아라비아 왕상 9:14에서 수입되었다.

은은 값을 치를 때 무게를 달아 계산하였다. 구약성서에 나타난 세겔은 모두 은의 무게를 나타낸다. 은 1세겔은 약 11.3그램이다. 이러한 은은 페르시아 시대에 동전의 재료로 사용되었다. 은 세공산업의 발전은 고대 이스라엘에서 은으로 용기를 만들어 사용하면서부터였다. 특히 은제품 용기는 성전에서 많이 사용되었다.

금은 중기 청동기 제2기 BC시대 주전 1800/1750-1550부터 사용되기 시작하였다. 이 시대에 속하는 금박으로 된 여성 신상이 게셀에서 발견되었다. 또한 금으로 된 메달 pendant이나 밴드가 텔 엘 아줄 Tell el-Ajjul에서 발견되었다. 구약성서에 나타난 금의 산지는 오빌, 이집트, 수단 남동쪽에 위치한 하윌라 Havilah 등이다. 이러한 사실은 열왕기상 9:28과 텔-카실레 Tell Qasille에서 발

---

47) A. Mazar, *Archaeology of the Land of the Bible*, pp. 167-168.
48) A. Mazar, *Archaeology of the Land of the Bible*, p. 221.

견된 오스트라카 ostraca에 새겨진 '오빌의 금' 이라는 표현에서 구약성서 시대 때 오빌이 금의 산지였음을 말해준다.

고대 이스라엘 사람들은 전통적으로 금을 일곱 가지 종류로 나누었다. 좋은 금 창 2:12, 오빌의 금 왕상 10:11, 정금 fine gold, 왕상 10:18[49], 쳐서 늘인 금 왕상 10:17, 정금 pure gold, 왕상 6:20[50], 그리고 바르와임 금 대하 3:6[51]이다.

금을 세공하는 방법에는 두 가지가 있다. 첫째는 금을 해머로 쳐서 얇게 펴는 기술 출 39:3과 둘째는 금을 녹여서 주조하는 기술이다 출 25:12. 금은 녹이는 절차를 거쳐 순도를 높일 수 있다.

이 외에도 납이 사용되었다. 납은 소아시아나 시리아 지역에서 생산되는 금속으로 부피에 비하여 무거운 금속이었다. 따라서 그물을 쉽게 가라앉히기 위해 납을 사용한다. 납의 이러한 성격은 출애굽기 15:10의 표현에서도 은유적으로 나타난다.

고대 이스라엘의 직물산업에서 주재료는 양의 털과 아마였다. 직물을 직조하기 위한 돌이나 뼈로 만드는 나선형 방추와 진흙으로 만든 베틀 등이 발견되었고 방추는 주로 돌, 상아, 뼈, 흙 혹은 주석 등으로 만든 것이 발견되었다. 양털은 방직업자의 1차 재료였다 레 13:47; 신 22:11. 깎고, 씻고, 손질하고, 염색해서 실을 잣는 것이다 사 19:9. 고대 이스라엘 사람들의 직조 방식은 수평 베틀기와 추방식 베틀기였는데 수평 베틀기는 제2성전시대의 문학에서도 찾아볼 수 있다. 그러나 추방식 베틀기는 청동기시대 이후 주전 16세기부터 보급되었다.

직물은 쿤틸네트 아주루드 Kuntillet Ajrud에서 발견되었으며, 적색과 푸른색

---

49) 정금 가운데 fine gold는 '빛이 반짝이는 금' 이라는 뜻이다.
50) 정금 가운데 pure gold는 '순도가 높은 금' 을 뜻한다.
51) 바르와임이란 소의 피와 같은 '붉은색을 띤 금' 이라는 뜻을 갖기도 하지만 바르와임을 산지(産地) 명으로 생각하는 경우도 있다.

으로 채색되어 있었다. 여리고 무덤에서는 청동기시대에 속하는 탄화된 직물조각이 발견되었다. 북쪽의 나하리야^{Naharyah}에서는 주전 16세기로 소급되는 천 조각이 발견되었다.

또한 직물산업과 밀접한 관련이 있는 것은 염색산업이다. 성서에서는 자주색, 남색, 청색 등 채색 옷감에 대한 묘사가 등장한다. 따라서 전문 염색 없이 발전하였음을 알 수 있다.[52]

이스라엘 사람들의 주된 용기는 토기로 만들었기 때문에 토기산업이 발달하였다. 이스라엘에서 토기 생산은 신석기시대부터 활발하게 행해졌다. 토기는 주로 수작업으로 만들었다. 초기의 토기는 건조시켜 수분의 함량을 15% 미만으로 만들어 사용하였다. 그러나 시간이 흐름에 따라 토기에 다양한 모양과 색채를 넣기 시작하면서 토기를 두 번 건조시켜 수분을 3% 내로 유지하였고, 후에는 섭씨 450-950℃에서 구웠다. 토기는 주로 요리하는데 레 6:21나 액체를 담는데 민 5:17, 그리고 두루마리를 보관하는데 렘 32:14 사용하였다.

고대 이스라엘 백성들은 중앙 산악지대에서 많이 발견되는 큰 저장용 토기인 '피토이'^{pithoi}를 만들어 사용하였다.[53] 이 토기는 기름이나 포도주와 같이 액체를 담을 수 있는 작은 용기도 있고, 요리용 그릇도 있다. 대체로 채색된 토기가 많이 발견되지는 않지만, 몇몇 장소에서 채색된 토기가 발견되기도 한다.

채색된 아구리$^{collard\ rim}$ '피토이' 토기는 팔레스틴의 중앙 산악지대와 요

---

52) 올브라이트(Albright)는 텔 베이트 미르심에서 주전 7세기에 속하는 냉염색 공장을 발견하였다고 주장하였으나 지금은 이 시설을 올리브기름을 짜는 틀로 해석한다. A. Mazar, *Archaeology of the Land of the Bible*, pp. 489-490.
53) A. Mazar, *Archaeology of the Land of the Bible*, p. 346.

단 강 계곡지대 등 이스르엘 평야지대에서 헤브론까지의 지역에서 많이 발견된다. 이 토기의 크기는 약 1.2m정도 된다. 이 외에도 이스라엘 정착민들은 자신들의 특징적인 토기 전통을 가지고 있다기보다는 필요한 토기를 주변의 거주민들로부터 빌려서 썼다.

이스라엘 사람들이 토기를 많이 사용하였다는 것은 수많은 오스트라카의 발견을 통하여 알 수 있다. 특히 라-멜렉 למלך 이 새겨진 항아리 손잡이를 분석해보면 유다에 토기를 생산하여 공급하는 중앙 토기 제작소가 있었음이 분명하다. 역대상 4:23에서는 토기장이에 대해 말하고 있다. 이러한 다양한 토기의 발견은 이스라엘에서 토기산업이 매우 발달하였음을 말해준다.

고대 이스라엘의 군수산업

고대 이스라엘의 역사는 다른 나라와 마찬가지로 전쟁사라고 정의할 수 있다. 구약성서와 성서 밖의 여러 기록을 통하여 이스라엘 민족이 많은 전쟁을 치렀음을 알 수 있다. 이러한 기록과 고고학적 발굴들은 고대 이스라엘 민족이 사용하였던 무기류나 이들이 사용했던 전술 등에 대하여 자세한 자료를 제시하고 있다. 어느 시대나 마찬가지로 군수산업의 발전이 민간산업의 발전보다 앞선다.

구약성서에 등장하는 무기류는 그 재질별로 돌, 구리, 청동, 철제 무기로 분류된다. 기능별로는 던지는 투척무기, 치고 찌르는 타격무기, 이동무기, 방어무기 등으로 분류된다. 석기시대의 무기는 주로 돌로 만든 석퇴나 도끼, 돌칼 등이 주를 이뤘다. 청동시대에는 구리에 5-10%의 주석을 섞은 합

금 청동으로 무기를 제조하여 효율적이고 전문적인 무기들을 만들어냈다.

던지는 투척무기에는 가장 원시적인 돌팔매와 던지는 창 단창 그리고 활 등이 있다. 치고 찌르는 타격 무기에는 곤봉, 칼, 찌르는 장창, 그리고 적의 성벽을 무너뜨리는 공성퇴 등이 있다. 비교적 후대에 발전된 전차는 대표적인 이동무기로 화력과 기동력을 동시에 갖춘 무기이다. 방어무기에는 방패와 투구와 갑옷 등이 있다.

전쟁 무기의 발달은 축성술의 변화를 초래하였다. 이스라엘은 전통적으로 케이스메이트 casemate 성벽으로, 성벽이 나오고 들어가는 형식 offsets and insets을 취했다. 그러나 공성퇴의 발달 및 기타 다양한 성벽 공격의 기술이 발달함에 따라 성벽의 두께가 2-7m 정도나 되는 소위 견고한 성벽 solid wall 의 형태를 취하기 시작했다. 이러한 견고한 성벽이 발견되는 대표적인 지역은 예루살렘과 라기스이다.[54] 예루살렘 성벽의 두께는 7m나 되고 라기스의 경우에는 6m나 된다. 이스라엘 고고학자인 이갈 야딘 Y. Yadin은 이스라엘의 성벽이 케이스메이트 성벽에서 견고한 성벽의 형태를 갖게 된 것은 아시리아 제국의 공성퇴와 성을 포위하는 기술 때문이라고 주장한다.[55]

역대하 32장에 의하면 히스기야 시대 때 예루살렘 성을 보수하였다. 이 경우도 히스기야는 성벽을 두텁게 쌓았고, 높이 쌓았다. 히스기야는 당시 널리 알려졌던 축성법에 의하여 성을 보수하였던 것이다.

전쟁과 관련하여 다양한 건축 기술이 발달하였다. 특히, 성 가운데 가장

---

54) 견고한 성벽의 형태를 취하는 지역은 단, 하솔, 텔 킨로트(Tell Kinrot), 므깃도, 욕느암, 텔 엘-파라(Tell el-Farah), 게젤, 키르베트 마르야마, 예루살렘, 라기스, 텔 엔-나쯔베(Tell en-Nasbeh), 라마트 라헬(Ramat Rachel), 팀나(Timna), 드빌, 브엘세바, 그리고 텔 이라(Tell 'Ira) 등이다. A. Mazar, *Archaeology of the Land of the Bible*, p. 465.

55) Y. Yadin, "The Archaeological Sources for the Period of the Monarchy," *World History of the Jewish People* 4/2, Jerusalem, pp. 187-235.

취약한 부분인 성문은 공격술과 공격 무기의 발달과 비례하여 튼튼하게 쌓는 방법이 고안되었다. 고대 이스라엘 지역에서 대표적으로 사용하던 방법은 성문에 작은 방을 만드는 형식의 성문 chamber gate 을 짓는 것이었다. 왕국이 형성되기 이전 시대인 후기 청동기시대의 성문들은 네 개의 방 four chamber gate 으로 구성되었는데 철기시대로 접어들면서 대부분의 성문은 여섯 개의 방 six chamber gate 으로 바뀌었다. 게젤, 므깃도, 하솔, 브엘세바 등 철기시대의 성문이 발견된 지역은 대부분의 성문이 여섯 개의 방으로 되어 있다. 뿐만 아니라 성문을 상대적으로 강하게 만들기 위하여 언덕의 경사면에 외문을 설치하고 언덕의 정상에 내문을 설치하여 다양한 공격에 대비하였다.

또한 전쟁과 관련된 건축술 가운데 독특한 것은 성 밖의 수원水源에서 성 안으로 끌어들이는 급수 시설 water supply system 을 들 수 있다. 이 급수 시설은 대부분 성 안에서 성 밖으로 터널을 파 물이 흘러 들어오게 하거나 혹은 물을 길으러 내려가는 방식을 취하고 있다. 이러한 지하 구조물을 건축하였다는 것은 당시 이스라엘의 건축술이 얼마나 뛰어났는가를 단적으로 보여주는 예이다.

장 소	구조물	시 기	참고문헌
예루살렘 워렌 쉐프트 (Warren shaft)	계단이 있는 터널과 수평 터널 그리고 수직갱으로 구성되어 있다	주전 10-9세기	C. Wilson and Ch. Warren, pp. 248-255[56]
실로암 터널	물을 공급하는 수로 터널 (길이: 120m)		Levant 8:82-95;[57] BA 44: 161-170[58]
히스기야 터널	터널 (길이: 533m)	히스기야 시대	왕하 20:20
기브온	계단식 터널, 급식 터널, 나선형 계단, 그리고 물을 저장하는 방	철기시대	Pritchard: 1-13[59]
게젤	터널 (깊이: 7m, 길이: 45m)		BAR 6/2:18;[60] NEAEHL 2: 503
브엘세바	배수, 물 공급 시설	II	NEAEHL 1:171
아라드	수로		Mazar: 483[61]
가데쉬 바네아 (Kadesh Barnea)	야외 도수관 (導水管, Open aqueduct)		Kadesh Barnea, p.XI;[62] 물저장고(cistern)로 흘러 들어가는 도관(導管)과 물저장고(용량 180㎥)
므깃도	수로 및 계단 (깊이: 35m, 길이: 80m)	IVA	R.S. Lamon;[63] NEAEHL 3: 1022
하솔	내려가는 경사로 및 계단식 터널(길이: 25 m, 깊이: 11m)	VIII	Yadin (1972)[64]
이블암(Ibleam)	지하 터널		Mazar: 478[65]

행정 중심지에서 기둥이 있는 건물이 발견되었다. 이 건물의 기능에 대해서는 학자들의 많은 이견이 있지만 대체로 저장 창고로 여기고 있다.

고대 이스라엘의 주거지는 건물의 형식에 기둥이 있다. 이 기둥의 높이는 대체로 1-1.5m 정도 된다. 집의 가운데는 야외 마당 open court이 있다. 이런 형식의 더 발전된 형태가 소위 '네 칸 집' four room house이다. 네 칸 집의 규모는 대체로 10×12m 정도 된다. 네 칸 집은 텔 마소스 Tell Masos, 이즈베트 사르타 Izbet Sartah, 텔 카실레 등에서 발견될 뿐 아니라 예루살렘과 사마리아 주변에서도 많이 발견된다.

성서시대 건축물은 몇 가지 특징을 가지고 있다. 모든 공공건물은 다듬은 돌을 사용하였다ashlar masonry. 뿐만 아니라 기둥머리의 경우 원시 아이올리스 기둥머리 proto-Aeolic capital 형식을 취하며 건물 벽의 상부는 들쑥날쑥한 형식을 취하였다.[66]

---

56) C. Wilson and Ch. Warren, *The Discovery of Jerusalem*, London, 1871, pp. 248-255.
57) D. Ussishkin, "The Original Length of the Siloam Tunnel in Jerusalem," *Levant 8* (1976), pp. 82-95.
58) Y. Shiloh, "The City of David Archaeological Project: The Third Season - 1980," *BA* 44 (1980), pp. 161-170.
59) J. B. Pritchard, *The Water System of Gibeon*, Pennsylvania, 1961, pp. 1-13.
60) D. Cole, "How Water Tunnels Worked," *BAR* 6/2 (1980), pp. 8-29.
61) A. Mazar, *Archaeology of the Land of the Bible 10,000-586 B. C. E.*, p. 483.
62) R. Cohen, *Kadesh Barnea: A Fortress from the Time of the Judean Kingdom*, Jerusalem, 1983, p. XI.
63) R. S. Lamon, *The Megiddo Water System*, Chicago, 1935.
64) Y. Yadin, *Hazor: The Head of All Those Kingdom*, The Schweich Lectures, London, 1972, pp. 172-178.
65) A. Mazar, *Archaeology of the Land of the Bible*, p. 478.
66) Proto Aeolic Capital은 므깃도, 사마리아, 하솔, 예루살렘 라마트 라헬 등에서 발견되었다. A. Mazar, *Archaeology of the Land of the Bible*, p. 474.

제3부
프로토 히스토리

◈ 주전 2000년대의 가나안
◈ 족장시대의 역사
◈ 출애굽의 역사
◈ 가나안 정착
◈ 사사시대의 역사

이스라엘 역사

프로토 히스토리는 이념적, 신학적 관점에서 기록된 역사로서 어떤 특정 민족의 역사를 이해하기 위해서는 프로토 히스토리에 대한 이해가 필요하다.

주전 2000년대의 가나안

프로토 히스토리 proto-history는 실제 역사가 아니다. 즉 이 시대는 역사적 사건을 바탕으로 재구성되는 시기가 아니라 사가의 사관에 의하여 기록된 역사이다. 따라서 모든 민족의 프로토 히스토리는 이념적, 신학적 관점에서 기록된 역사로서 어떤 특정 민족의 역사를 이해하기 위해서 매우 중요한 시기이다.

중기 청동기시대(MB II A, 2000-1800/1750)	족장시대
중기 청동기시대(MB II B, 1800/1750-1550)	입애굽시대
후기 청동기시대(1550-1400)	애굽 체류시대
후기 청동기시대(1400-1200)	출애굽시대

고대 이스라엘 역사에 있어서 프로토 히스토리는 이스라엘 사람들이 가나안의 특정 지역에서 정치 집단화한 주전 1000년 이전의 역사를 가리킨다. 이 시기는 역사성을 입증할 수 있기보다는 신학적 역사라고 정의할 수

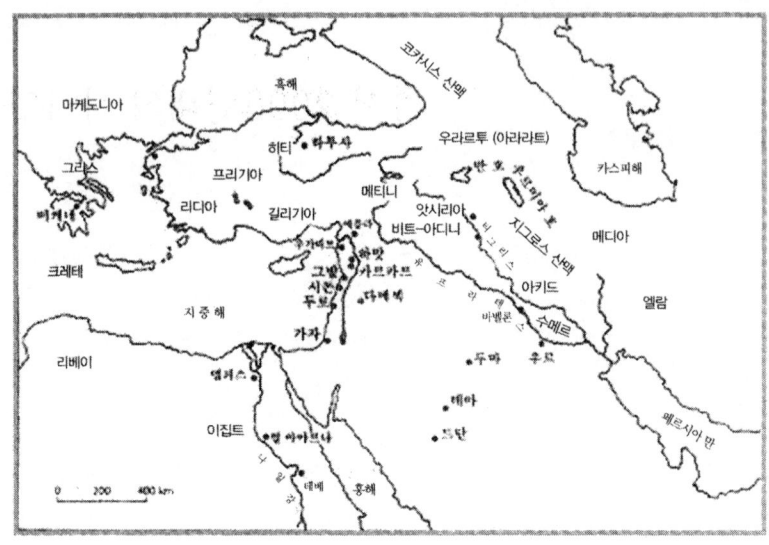

| 고대 근동 지도 |

있다. 특히 이 시대를 기록하고 있는 구약성서의 기록상의 특성 때문에 초기 이스라엘 역사를 연구하는데 있어서 이스라엘이 정착한 가나안의 주전 2000년대의 정치적 상황에 대한 이해가 필요하다.

이 시기는 고고학적인 시대 구분에 의하면 중기 청동기시대 주전 1550까지와 후기 청동기시대 주전 1550-1200에 속한다. 그리고 구약성서의 사건을 중심으로 시대를 구분한다면 원역사, 족장사 그리고 입入애굽 및 출出애굽시대를 포함한다.

주전 3000-2000년대는 비록 이스라엘 백성들이 가나안의 역사의 무대에 본격적으로 등장하지는 않지만 구약성서의 역사적 배경이 되며, 특히 2000년대 후반은 이스라엘 형성의 배경이 된다.

주전 3000-2000년대 초기에 가나안에는 사람들이 살면서 그 나름대로의 역사를 형성하고 있었으며, 이 시기에는 이집트 세력이 가나안에 많은

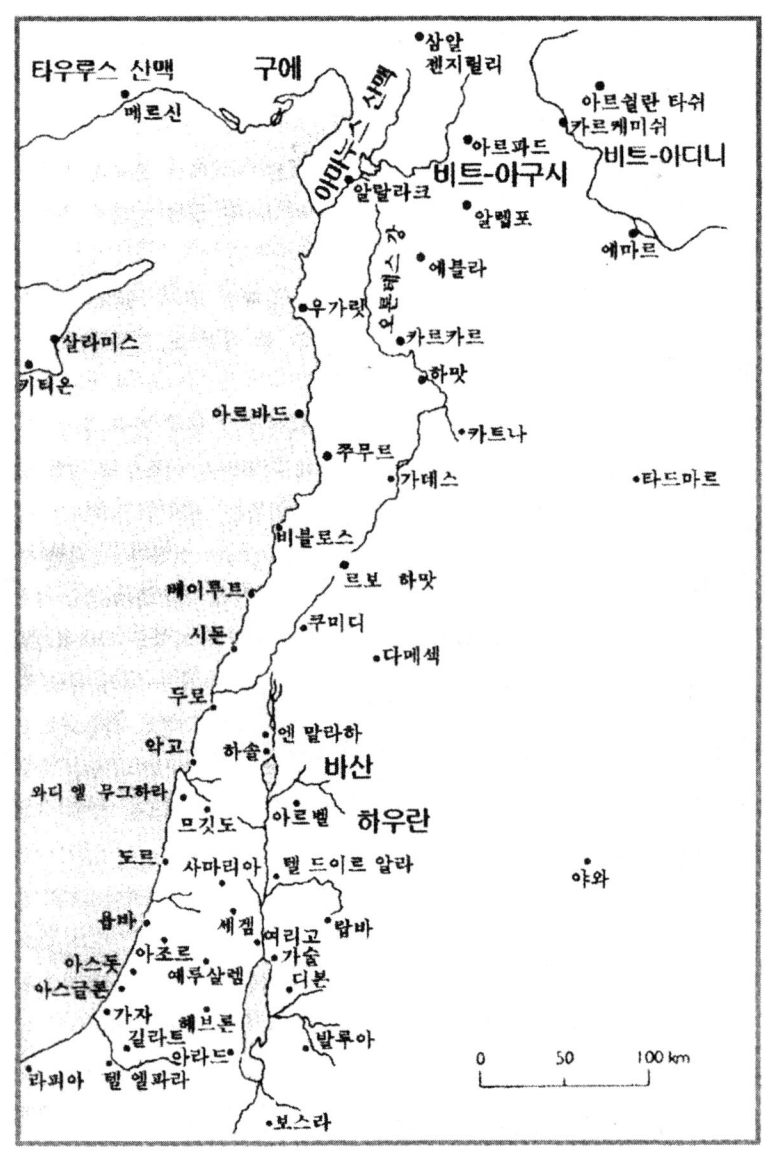

| 고대 이스라엘과 시리아 |

영향을 미치던 때이다. 따라서 이집트의 역사 기록이 가나안에 살았던 사람들의 종교, 문화, 사회적 생활상을 밝혀준다. 뿐만 아니라 가나안과 그 주변 지역에서 기록된 여러 자료들도 가나안의 역사와 문화를 이해하는 데 좋은 자료가 된다.

이집트와 가나안

주전 3000-2000년대 이집트의 역사는 크게 고왕국 Old Kingdom, 중왕국 Middle Kingdom과 신왕국 New Kingdom으로 구별된다. 특히 역사 기록에 등장하는 시기는 고왕국 제6왕조 주전 24세기 후반부터이다.[67] 그러나 역사적 가치 면에서 중요한 왕의 비문이 본격적으로 발견되기 시작한 것은 주전 15세기 이후 신왕국의 제18-19왕조 때부터이다.

주전 2000년대 가나안 지역을 통치하고 있던 이집트의 기록과 이집트가 가나안의 주변 국가들로부터 받은 여러 서신들은 주전 2000년대 가나안의 정치, 경제, 문화, 종교를 알 수 있는 자료를 제공한다. 가나안에 대하여 기록하고 있는 이집트의 역사 자료들은 개인적인 전기, 역사 비문, 왕의 인장 그리고 벽화 등 그 종류가 다양하다.

고왕국 제6왕조의 왕 웨니 Weni, 주전 2323-2275의 묘비에 기록된 그의 전기는 다음과 같다. 이집트 군대가 다섯 차례 이집트 동쪽지역, 가나안을 공격하여 승리하고 돌아왔고 웨니는 반란을 진압하기 위하여 다시 가나안으로 향

---

67) 이집트 연대는 아직 통일된 연대가 없다. 제6왕조에 대해서 Cambridge Ancient History에서 2345-2218년으로 추정하고 있다.

하였다. 이들은 배로 갈멜 산 근처에 도착한 후 악고 평야 쪽으로 상륙하여 이스르엘 평야 쪽으로 공격하였다. 웨니의 군대가 이스르엘 평야를 공격한 흔적은 므깃도 제16층의 파괴층에 남아 있다.[68]

중왕국시대 이집트의 가나안에 대한 간섭이 전 시대에 비하여 빈번하여 졌다. 센-우저르트 1세 Sen-Usert I, 주전 1971-1928 때 기록된 시누헤 Sinuhe 이야기는 다섯 장의 파피루스와 17개의 토기 조각에 기록된 것으로[69] 주전 20세기경 가나안에 거주하였던 인종, 인구 및 사회 경제상에 관한 자료를 제공한다. 이 이야기에서 가나안을 레테누 Retenu라고 불렀다. 시누헤는 이집트 왕이 죽었다는 소식을 접하고 암미-엔시 Ammi-ensi의 설득으로 이집트에 반대하여 귀국하지 않고 레테누에 남게 된다. 암미-엔시의 군대장관이 된 시누헤는 가축, 소, 올리브 등 풍부한 재산을 소유하며 어딘지 확실히 알 수 없는 야 Ya'a에 살았다. 그러나 가나안에서 부를 얻은 시누헤는 이집트로 돌아가서 죽기를 원하였고 이집트 바로의 초청을 받아 고향에서 죽는다. 이 이야기를 통하여 당시 레테누 지역에 작은 국가나 도시국가들이 있었음을 알 수 있다.

이집트 제12왕조의 왕인 센-우저르트 2세 Sen-Usert II, 주전 1890년경 혹 크놈호텝 3세라고도 불림의 묘가 베니 하산 Beni Hasan에서 발견되었다. 이 무덤 벽화에 37명의 아시아 금속 세공인들이 눈 화장 stibium을 하고 입사 Ibsha라는 전형적인 셈족의 이름을 가진 사람의 인도하에 이집트로 내려가는 그림이 그려져 있다.[70] 이것을 베니 하산의 벽화라고 부르는데 이를 통하여 당시 이집트와

---

68) G. Ahlström, *The History of Ancient Palestine from the Paleolithic Period to Alexander's Conquest*, JSOT 146, Sheffield, 1993, p. 132.
69) *ANET*, p. 18.
70) Y. Aharoni, *The Land of the Bible*, p. 146; J.B. Pritchard, *The Time Atlas of the Bible*, p. 37; *ANET*, p. 249; *ANEP*, p. 2 #2.

가나안의 교역을 추측할 수 있을 뿐만 아니라 당시 가나안에 거주했던 사람들의 문화생활을 엿볼 수 있다. 즉, 가나안 사람들이 수염을 기르고 있었으며, 당시 남자들은 천으로 짠 킬트 kilt를 입고 샌들을 신었다. 그리고 낫 모양의 칼, 활, 오리 부리 모양의 도끼, 창 등으로 무장하였다. 여자의 경우에는 채색 수가 놓인 가운 tunic을 걸쳤고 신을 신었다. 이때부터 이미 수금을 연주하였고, 나귀는 물건을 나르는데 사용되었음을 알 수 있다.

제12왕조 센-우저르트 3세 Sen-usert Ⅲ 시대의 이집트의 관리였던 후-세벡 Khu-Sebek의 비문이 아비도스 Abydos에서 발견되었다.[71] 이 비문 속에서 "그의 위엄이 세겜까지 미치었고… 세겜이 레테누와 함께 멸망하였다"라는 구절이 기록되어 있다. 이 기록을 통하여 가나안의 세겜이 당시 이집트에 의해 정복당하였음을 알 수 있다.

그 외에도 제12왕조에 속하는 왕들의 인장이 여리고에서 발견되었는데 이를 통하여 가나안 내의 상업교류가 있었음을 짐작할 수 있다.[72] 이 외에도 팔레스틴 남쪽의 여러 지역에서 인장들이 발견되었다. 그 지역은 게셀, 텔 에츠-짜피 Tell es-Safi, 텔 에드-두베일 Tell ed-Duweir, 텔 엘-아줄 Tell el-Ajjul, 텔 나길라 Tell Nagila, 텔 엠메 Tell Jemme, 텔 베이트-미르심, 텔 할리프 Tell Halif, 텔 엘-파라 Tell el-Fara'ah, 암만 Amman, 시크모나 Shiqmona, 텔 엘-암르 Tell el-Amr 등이다.

중왕국 제12왕조시대의 이집트의 적들을 저주하는 내용이 신상과 항아리에 기록된 것이 발견되었다.[73] 이를 저주 문서 Execration Texts라고 부르는데 그 가운데 아시아의 왕들에 대한 저주의 내용이 발견되기도 했다. 이러한

---

71) *ANET*, p. 230.
72) B. Mazar, "Canaan on the Threshold of the Age of the Patriarchs," *EI* 3 (1957), pp. 18-31 (Hebrew).

저주 문서를 통하여 주전 20-18세기 동안 가나안 지역의 사회 변화를 짐작할 수 있다. 첫째는 많은 지역에 걸쳐서 정착이 진행되었으며,[74] 둘째는 사회체제가 유목생활에서 정착생활로 변화되었다는 점이 정치제도에 있어서는 3-4명의 족장 중심의 통치체제에서 1명의 지도자에 의한 통치로 변화하였다. 뿐만 아니라 이 저주 문서를 통하여 카트나 Qatna, 여리고, 므깃도, 우가릿 Ugarit 등 여러 가나안의 도시들이 당시 이집트와 친선관계에 있었음을 추정할 수 있다. 그리고 므깃도에는 이집트의 관리인 투트-호텝 Thut-hotep이 거주하고 있었음을 알 수 있다.[75] 투트-호텝의 상이 므깃도에서 발견되었다.[76]

저주 문서에 기록된 통치자들의 이름에는 대체로 하두 Haddu, 신 Sin, 얌 Yam, 말리크 Malik, 일루 Ilu, 림 Lim, 함무 Hammu, 하우론 Hauron, 발리흐 Balih, 샴슈 Shamshu, 야파 Yapa, 아부 Abu, 라비 Lawi, 아후 Ahu 등 많은 메소포타미아의 신 이름이 등장한다. 따라서 당시 시리아 팔레스틴 지역에 메소포타미아 신이 유행하였음을 짐작할 수 있다. 뿐만 아니라 저주 문서의 이름에는 바

---

73) *ANET*, pp. 328-329. 저주 문서는 발견된 장소에 따라 세 부류로 나눌 수 있다. 첫째는 주전 20-19세기경의 것으로 테베(Thebes)에서 289개의 기록이 발견되었다. 이 기록 속에 나타나는 당시 가나안 부족들의 중심지는 예루살렘, 르호브, 아쉬켈론, 그리고 야르뭇이고 이들 도시에는 적게는 2명에서부터 많게는 4명까지의 통치자들이 있었음이 기록되어 있다. 이 저주 문서 속에 언급된 당시 가나안의 도시는 스불론, 예루살렘, 아쉬켈론, 세겜, 펠라, 아펙(Aphek), 하솔, 아쉬타롯트, 두로, 라이스 그리고 벧세메쉬 등 19곳이다. 둘째 부류에 속하는 저주문서는 사카라(Saqqara)에서 발견된 것으로 가나안 지명 64곳이 등장하며, 대체로 한 명의 지도자에 의하여 통치되었다. 지리적인 분포는 첫째 부류보다 광범위하여 팔레스틴, 요단 강 동편지역(Shutu), 레바논의 해안지역 그리고 구스(Cush)까지 포함한다. 셋째 부류는 누비아의 미르기사(Mirgissa)에서 발견된 175개의 기록들이다. 구문론적으로는 첫째와 비슷하여 같은 시대(주전 20-19세기)로 추정된다.
74) 그러나 알스트룀(Ahlström)은 아하로니가 주장하는 것처럼 저주 문서가 당시 시리아와 팔레스틴의 사회가 여러 명의 부족의 지도자들에 의하여 통치되던 부족 사회가 한 명의 지도자에 의하여 통치되는 사회로 정착되었음을 보여준다는 데 대하여 회의적이다. G. W. Ahlström *The History of Ancient Palestine from the Palaeolithich Period to Alexander's Conques*, p. 171. W. F. Albright, "The Egyptian Empire in Asia in the Twenty First Century BCE," *JPOP* 8 (1928). pp. 250-251.
75) 이 사실은 위에서 살펴본 것과 같이 투트-호텝의 상이 발견된 것에서도 알 수 있다.
76) Y. Aharoni, *The Land of the Bible*, p. 147.

알 Ba'al 의 이름이 등장하지 않는다는 것은 바알이 이 당시에는 고유명사가 아니라 일반적인 신을 나타내는 것이었음을 알 수 있다.[77]

이집트 신왕국시대 이집트의 가나안에 대한 정치적 간섭은 그 어느 시대보다 극심하였다. 특히 이집트의 가나안과 히타이트 그리고 메소포타미아 지역에 대한 관심과 반대로 메소포타미아와 히타이트의 가나안에 대한 관심으로 인하여 가나안은 국제정치의 중요한 무대가 되었다.

이집트 신왕국의 아흐모세 1세 비문에 의하면 그는 힉소스 족을 이집트로부터 쫓아냈으며, 시내반도와 팔레스틴의 남쪽지역 텔 엘-파라 Tell el-Fara'ah, 그리고 시리아 북쪽지역 나하린 Naharin에서 힉소스 족과 싸웠음을 알 수 있다.[78]

일반적으로 제15, 16, 17왕조 시대를 2차 중간기 the Second Intermediate Period 혹은 힉소스 시대라고 부르는데 아흐모세는 그의 통치 10년에 힉소스의 통치를 끝내고 힉소스를 이집트에서 쫓아냈을 뿐만 아니라 이들을 쫓아 가나안과 시리아로 원정을 나갔다. 그는 사루헨 Sharuhen에 성채를 건설하였고 페니키아 해변의 펜후 Fenkhu와 자히 Djahi까지 원정을 나갔다. 따라서 그는 신왕국 New Kingdom을 열었고, 이집트가 다시 시리아-팔레스틴 지역을 통치하는 기틀을 마련하였다.

투트모세 3세는 16차례 가나안과 시리아 지역으로 출정하였다.[79] 특히 그의 첫 번째 전쟁 때 주전 1468 그는 므깃도에서 저항하는 가나안의 왕들을 격퇴하였다. 이것은 곧 그의 세력이 므깃도까지 미쳤음을 보여주는 것이다. 이 첫 번째 전쟁에 관한 내용은 이집트 상류에서 발견된 아르만트 비석

---

77) 아마도 바알은 하다드(Hadad)의 다른 형태인 것 같다. 주전 1730년경 바알은 이집트의 태풍의 신인 셋(Seth)과 동일시되었다. J. Zandee, "Seth als Sturmgott," ZÄS 90 (1963), pp. 144-156.
78) Y. Aharoni, *The Land of the Bible*, p. 152; *ANET*, pp. 233-234.
79) *ANET*, pp. 234-241.

Armant stela과 카르낙 Karnak 신전의 벽에 기록된 비문을 통하여 알 수 있다. 이 전쟁은 미타니 Mittani 왕국의 사주를 받은 카데스와 므깃도를 중심으로 한 가나안-시리아의 반란을 진압하기 위한 것이었다. 투트모세 3세의 기록에 의하면 약 100여 개의 도시가 이 반란에 가담하였다.

투트모세 3세의 기록은 군사적인 측면에서 중요한 자료를 제공해준다. 이 기록에 의하면 이집트 군대가 가자에서부터 야함 Yaham까지 약 120km의 거리를 12일에 걸쳐 이동했다고 한다. 하루 평균 약 10km 정도의 행군 속도로 이동했음을 알 수 있다. 특히 므깃도에서의 이 전쟁은 전술의 발전을 엿볼 수 있는 중요한 자료이다. 야함에 도착한 이집트 군대가 므깃도로 가는 길에는 세 가능성이 있었다. 첫째는 북쪽의 제프티 Djefti를 통과하여 욕느암을 거쳐 므깃도로 가는 것이고, 둘째는 갈멜 산의 남쪽을 따라 이스르엘 평원의 다아낙을 통하여 므깃도로 가는 것이다. 마지막 가능성은 아루나 Aruna를 통과하는 것으로 가장 길이 짧다. 그러나 이 길은 협소하여 이집트 군대가 통과하기 어려운 길이었다. 그런데 이집트의 바로는 바로 이 길을 통과하여 므깃도의 연합군을 무찔렀다. 이러한 승리를 얻을 수 있었던 가장 중요한 요인은 정확한 정보 수집이었다. 따라서 이 전쟁은 고대 전쟁 가운데서 정보의 중요성을 말해주는 첫 번째 자료이다. 이집트의 승리는 이 반란에 가담한 가나안-시리아 도시국가들에게 이집트의 우위를 알리는 계기가 되었다.

그의 첫 전쟁이 있은 지 8년 후에 투트모세는 다시 오론테스 Orontes 강가에 있던 카데스를 정복하였다. 카데스는 미타니의 도움을 입어 이집트에 대한 반란의 주도적 역할을 하였다. 이 정복의 목적은 카데스가 아니라 미타니 왕국을 정복하는 것이었으며, 3년 후 투트모세는 유프라테스 강까지 진출하였다.

가나안의 다아낙에서는 투트모세 3세의 말기나 혹은 아멘호텝 2세 Amenhotep II, 주전 1427-1401 초기의 것으로 추정되는 4개의 서신과 9개의 명단 등 행정적인 문서 등 13개의 아카드어 석판이 발견되었다.[80] 이 문서는 바로가 이 지역의 관리에게 보낸 것이며, 특히 2개의 서신은 당시 다아낙의 통치자인 탈바슐 Talwashur에게 보낸 것이다. 이 명단에는 80명의 이름이 기록되어 있으며, 그 가운데 62%가 서셈어이며, 18%는 후리 족이나 아나톨리아의 이름이다. 이 명단의 기능에 대해서는 군인 명단 혹은 세금 납부자 명단 등 다양하게 추정되고 있다.[81] 서신 가운데 하나는 나중에 아멘호텝 2세가 된 아만하트파 Amanhatpa에게서 온 것도 있다. 아만하트파는 당시 투트모세 3세의 섭정이었다.

가나안의 므깃도의 제8지층 주전 1450-1350에서 길가메쉬 서사시의 일부분이 발견되었는데 이것은 아카드어 문학의 영향이 고대 근동의 넓은 지역에까지 미쳤으며, 가나안에서도 아카드어를 사용하였음을 말해준다. 이러한 사실은 아마르나 서신 Amarna Letters; 텔 엘-아마르나 문서에서도 잘 나타난다. 이 길가메쉬 서사시는 므깃도에 있는 서기관 학교에서 학생들의 교재로 사용된 것으로 보인다.

주전 15-14세기 가나안의 정치적 상황을 가장 잘 나타내는 역사 자료로 아마르나 서신이 있다. 아마르나 서신이란 텔 엘-아마르나 Tell el-Amarna에서 발견된 약 382개의 서신으로써,[82] 주전 15-14세기경 가나안 도시국가의 왕들이 이집트의 바로 아멘호텝 3세와 4세에게 보낸 외교문서의 성격을 띠고 있

---

80) W. F. Albright, "A Prince of Taanach in the Fiftheenth Century B. C." *BASOR* 94 (1944), pp. 12-27; A. F. Rainey, "Verbal Usages in Taanach Texts," *IOS* 7 (1977), pp. 33-64; Y. Aharoni, *The Land of the Bible*, p. 169.
81) B. Mazar, "The Taanach Tablets," *Qoves Klausner*, Tel-Aviv, 1937, pp. 44-66 (Hebrew).

다. 이 당시 이집트와 미타니 왕국이 서로 평화관계를 지속하였기 때문에 이집트의 바로가 더 이상 가나안에 대한 군사적 출동을 할 필요가 없었다. 따라서 이 시기에 가나안의 많은 도시국가들이 자신들의 세력을 확장하였으며, 특히 하피루 Hapiru의 등장은 당시 세력 균형에 상당한 영향을 미쳤다.

아마르나 서신은 다른 이집트 문서와 달리 당시 가나안 내륙지방에 대한 기록과 쉐펠라 지역과 중앙 산악지대의 도시국가들의 활동에 관한 기록을 담고 있다. 아마르나 문서에는 여호수아 15:45-47, 17:11, 사사기 1:27처럼 가나안 지역이 여러 지역으로 나뉘어져 있고, 이들은 모두 왕에 의하여 통치되며, 어떤 한 지역이 그 지역의 중심 도시와 그 도시를 중심으로 한 주변 도시로 구성되어 있다는 점이 구약성서의 가나안과 비슷하다. 또한 여호수아 10-11장에 있는 가나안 왕들의 연합의 모습을 아마르나 문서에서도 쉽게 볼 수 있다 EA 366.

그러나 구약성서와 관련하여 여리고, 아이, 야르무트 Jarmuth, 헤브론, 브엘세바, 아라드 등의 중요 도시가 언급되지 않았다는 점이 다르다. 뿐만 아니라 구약성서에서는 당시 가나안의 중심적인 역할을 예루살렘이 한 것으로 기록되어 있으나, 아마르나 문서에서는 예루살렘의 역할이 크지 않은 것으로 묘사된다.

카르낙에 있는 세티 1세 Seti I, 주전 1306-1290의 비문과 그의 가나안 지역 명단을 통하여 당시의 가나안의 상황을 알 수 있다.[83] 특히 벧산에서 발견된 세

---

82) *ANET*, pp. 483-490; M. Greenberg, *The Hab/pir*, New Heaven, 1955; J. A. Knudtzon, *Die El Amarna Tafeln*, AOAT 8, Kevelaer and Neukirchen Vluyn., 1978; W. L. Moran, *The Amaran Letters*, Eisenbrauns, 1987 (Eng. 1990); N. Na'aman, "Amarna Letters," *ABD I*, p. 174-181; A. F. Rainey, *El Amarna Tablets 359-379, Supplement to J. A. Knudtzon, Die El Amarna Tafeln*, AOAT 8, Kevelaer and Neukirchen Vluyn, 1970.

83) *ANET*, pp. 254-255.

티 1세의 비문은 그가 당시 가나안 북쪽지역에 영향력을 행사했음을 나타내고 있다.

람세스 2세의 비문은 베이루트 Beirut와 비블로스 Byblos 사이에 있는 나흐르 엘-칼브 Nahr el-Kalb에서 3개의 비문이 발견되었다.[84] 여기에는 람세스 2세가 두 번에 걸쳐 가데쉬에서의 전쟁을 승리로 이끌었음을 기록하고 있다.

또한 벧산에서 람세스 2세 9년에 세워진 비문이 발견되었다. 람세스 2세의 비문 속에서 처음으로 에돔의 이름이 등장하며, 모압의 도시인 디본 Dibon이 또한 이 기록에 등장한다.

주전 13세기 메르넵타 Merneptah, 주전 1224-1214 시대에는 에게 해 쪽에서 이동한 많은 해양민족들이 등장하였다. 메르넵타 통치 5년에 메레예 Mereye 의 통치자인 레부 Rebu의 영도 아래 리비아 Libyans 연합군이 이집트를 공격하였다.[85]

테베의 신전 메르넵타의 시체를 보관하는 신전에서 발견된 이스라엘 비문 현재 카이로 박물관 보관 중의 주된 내용은 메르넵타가 리비아 사람을 무찌른 것을 기념하는 것이다.[86] 문학적인 형식에 있어서는 람세스 2세의 가데쉬 전쟁과 평행을 이룬다. 이스라엘 비문도 같은 사건에 대해 두 가지 내용을 기록하고 있다. 산문적인 형식은 비교적 사실적인 내용을 담고 있고, 시적인 형

---

84) A. Gardiner Sir, *The Kadesh Inscriptions of Ramses I*, Oxford, 1960; *ARE* §§ 294-351; *ANET*, pp. 255-258.
85) *ARE III*, §§ 569-617; RID. Barnett, "The Sea Peoples," *CAH IV/2*, pp. 360-369; N. K. Sandars, *The Sea Peoples*, London, 1978, pp. 105-115, 198-201. 이집트에 대항하는 리비아 연합군에는 다음과 같은 민족들의 이름이 등장하는 데 몇몇 해양민족이 등장한다: 에크베쉬(Ekwesh[ˀ-K-wˀ-šˀ]), 테레쉬(Teresh[Tw-rw-šˀi]), 루카(Luka[Rw-kw]), 쉐르덴(Sherden[šˀ-rˀ-d-n), 쉐켈레쉬(Shekelesh[š-k-rw-šˀ]) 등이다. 그런데 이들을 "모든 지역에서 온 북쪽 사람들"이라고 부르고 있다.
86) *ARE* III, §§ 602-617; *ANET*, pp. 376-378; L. E. Stager, "Merenptah, Israel and Sea Peoples: New Light on an Old Relief," *EI* 18 (1985), pp. 56-64.

식은 과장법을 사용하였다.[87] 내용의 양에 있어서는 산문적인 기록보다는 시적인 기록이 더 간결하다.

마지막 12줄로 된 찬양 부분에서는 메르넵타의 가나안 원정을 기록하고 있다.[88] 여기에 처음으로 이스라엘 Israel[ʹ-s-r-ʹ-r]이라는 용어가 등장한다. 이외에도 팔레스틴을 지칭하는 아홉 개의 활에 대하여 노래하는데 팔레스틴과 관계된 몇 개의 지명이 나온다. 여기에 등장하는 도시들은 테헤누 Tjehenu, 하티 Hatti, 가나안 Pekanan[Pʹ-kʹ-nʹ-nʹ], 아스글론, 게셀, 여노암 Yenoam, 이스라엘, 홀 Khor 등이다. 이 가운데 몇 지역에 대해서는 저주의 노래가 기록되어 있다.

"왕자들은 굴복하여 말하기를 '평화!' 아홉 개의 활 가운데 하나도 그의 머리를 들지 못한다: 테헤누는 정복당하고, 하티는 평화하며, 가나안은 모든 고통에 사로잡히고, 아스글론은 빼내어지고, 게셀은 체포되고, 여노암은 아무 것도 존재하지 않고 이스라엘은 황폐하여 씨가 말랐고, 홀은 이집트에 대하여 무방비상태이며, 모든 방랑하는 자는 상부 이집트와 하부 이집트의 왕, 바네르-메람문 Banere-meramun, 레 Re와 같이 매일의 삶이 주어진 레의 아들, 마아트 Maʹat의 기쁨인 메르넵타에 의하여 정복당하였다."

람세스 3세 Ramses Ⅲ, 주전 1194-1163 시대에는 블레셋 사람이 처음으로 기록에 등장한다.[89] 기록에 의하면 해양족들은 북쪽의 바다 가운데 섬에서 온 것

---

87) M. Lichtheim, *Ancient Egyptian Literature II*, pp. 73.
88) 많은 학자들은 메르넵타의 팔레스틴 원정은 리비아 연합군의 공격이 있기 전에 있었다고 주장한다. 즉 메르넵타 5년 이전에 먼저 팔레스틴 지역을 공격하였다는 것이다. 그것은 메르넵타 5년에 기록한 아마다 비문 (Amada stela)에서 메르넵타에 "게셀을 정복한 자"라는 수식어를 사용하기 때문이다. 그리고 여호수아 15:9의 "넵도아 샘물"을 므넵다와 관련시키기도 한다. 그것은 아나스타시 파피루스 Ⅲ에서 므넵다의 샘에 관하여 언급하고 있기 때문이다. 그러나 알스트룀은 이 므넵다의 샘은 호루스의 길에 있는 성채와 우물을 나타내는 것이라고 주장한다. G. W. Ahlström, *The History of Ancient Palestine from the Palaeolithic Period to Alexander's Conquest*, pp. 283, note 5.
89) *ANET*, pp. 262-263.

으로 기록되어 있다. 람세스 3세는 이들과 벌인 해전에서 승리해 이들을 몰아냈다. 특히 블레셋 사람들과의 전쟁을 담은 벽화에는 블레셋 사람의 전사들이 깃 모양의 머리 장식을 하고 있다.

테베의 메디네트 하부의 신전 벽에 기록되어 있는 벽화와 하리스 파피루스Papyrus Harris를 보면 람세스 8년에 그는 나일 지역으로 들어오는 해양족을 맞아 이들의 유입을 차단하였다. 메디네트 하부의 벽화에는 여섯 민족이 등장하고 하리스 파피루스에는 여덟 민족 이상이 등장한다.

비문의 첫 부분은 람세스 3세를 찬양하는 내용과 람세스의 연설이 기록되어 있다. 이어서 시리아 북부지역을 침략한 적에 관하여 기록하고 있다. 시리아 북부지역을 공격한 일군의 집단들은 하티Hatti[Ht´], 코디 Kode[Kdy], 갈그미스 Carchemish, 아르바드 Arvad[´-r´-!w], 그리고 알라시야 Alashiya[´-r´-s´]를 정복하였다. 이 지역을 정복한 일군의 집단들은 펠레세트 Peleset[Prstw], 체커 Tjeker[T3krw], 쉐켈레쉬 Shekelesh[š´-k-rw-š´], 다누나 Danuna[Dnynw], 쉐르덴 Sherden 그리고 웨세스Weshesh[W3ssw] 등이다. 비문은 람세스 3세의 적의 공격에 대한 준비 내용을 기록한 부분을 통해 페니키아 해변에 위치한 좌히 Djahi[90]의 강어귀에서 이들을 방어하기 위해 준비했음을 알 수 있다. 이들은 전차와 말을 사용하였다.

비문의 람세스 3세가 적을 무찌르는 내용의 무대는 나일 강 어귀이다. 따라서 페니키아 해변의 좌히에서부터 나일 강 어귀까지 무슨 일이 있었는지 정확히 알 수 없다. 그러나 적들이 육로와 해로 두 경로를 통하여 공격하였음을 알 수 있다. 나일 강 어귀에서 람세스 3세는 창으로 무장한 군인이 적들을 포위하였다고 기록하고 있다. 그 후에 람세스의 승리의 노래로 비문

---

90) 알스트룀은 '좌히'(Djahi)를 팔레스틴에 대한 다른 명칭으로 이해한다.

은 끝맺는다.

블레셋에 관한 또 다른 기록은 별관의 왼쪽 날개 정면에 새겨진 람세스 3세의 부조에서 찾을 수 있다. 여기에는 람세스와 시리아 사이의 전쟁을 기록하고 있다. 이 내용 가운데 7명의 포로에 관하여 묘사하면서 여기에 "바다의 쉐르덴"Sherden of the sea이란 표현과 "바다의 테레쉬"Teresh[Ty-w-r´-s´] of sea 란 표현을 사용하였다. 또 다른 해양족인 테레쉬가 람세스 3세 때 시리아 지역에서 활동하였음을 알 수 있다.[91]

해양족 가운데 성서의 블레셋으로 알려져 있는 펠레세트는 북쪽의 바다 가운데 섬에서 온 것으로 기록되어 있다. 람세스 3세는 이들과의 해전에서 이겨 이집트를 지켰다. 하리스 파피루스에는 다음과 같이 기록되어 있다:[92]

"나는 이집트의 모든 지경을 확장했으며, 모든 지경을 공격한 사람들을 물리쳤다. 나는 데니엔Denyen을 그들의 섬에서 죽였고, 체커와 블레셋 사람을 재로 만들었다. 쉐르덴과 바다의 웨세스는 존재하지 않게 하였고, 모든 사람들을 붙잡아 바다의 모래처럼 이집트로 데려왔다. 나는 이들을 성채에 거주시켰으며, 내 이름으로 표를 하였다. 그들의 군사적인 계급은 수십만 명으로 다양하였다. 나는 매년 곡식창고와 창고에서 이들의 옷과 식량을 공급하였다."

주전 13세기 람세스 2세 시대의 것으로 추정되는 아나스타시 파피루스 1은 당시 이집트의 가나안에 대한 지리적 정보를 가지고 있다.[93] 아나스타시 파피루스는 이집트의 서기관 호리Hori가 아메네모페트Amenemopet에게 보

---

91) *ARE IV*, § 129.
92) *ANET*, p. 262.
93) *ANET*, pp. 476-478.

낸 서신이다. 이 서신에 기록된 가장 북쪽의 도시는 쭈무르 Sumur 이며 아무르 Amurru, 페니키아, 갈릴리 지역, 그리고 요단 강 동편지역의 지리적 환경을 쉽게 알 수 있다. 특히 창세기 30:12-13에 등장하는 아셀 사람들이 이 서신에도 등장한다. 아셀 사람들의 영토는 므깃도 남쪽지역으로 추정된다. 왜냐하면 호리가 카자르디 Qazardi 므깃도를 출발하여 욥바에 도착하기 전에 만났기 때문이다.

주전 11세기경 카르낙에 있는 아몬 신전의 관리였던 웬-아몬 Wen-Amon 이 비블로스에서 백향목을 얻기 위하여 파견되었다.[94] 그의 기록에 의하면 돌 지역에 이미 체커라고 불리는 해양족이 거주하고 있었고[95] 이들의 영역은 대체로 갈멜 산 남쪽에서부터 야르콘 강까지인 것으로 보인다. 따라서 블레셋 사람들이 단순히 남쪽의 다섯 도시에만 거주한 것이 아니라 욥바를 중심으로 북쪽 지중해변에는 체커라 불리는 해양족이 있었음을 알 수 있다. 그리고 이들이 이집트의 요구를 거부하여 이집트의 가나안에 대한 영향력이 점점 약화되었음을 짐작할 수 있다. 그러나 어떤 학자들은 이 기록을 하나의 낭만적이 소설로 보기도 한다.[96]

---

94) *ANET*, pp. 25-29.
95) 체커라는 해양족의 기록을 람세스 3세의 기록, 하리스 파피루스, 골레니쉐프 파피루스 (Golenischeff papyrus) 등에서 찾아볼 수 있다.
96) G. W. Ahlström, *The History of Ancient Palestine from the Palaeolithic Period to Alexander's Conquest*, p. 305.

족장시대의 역사

족장시대는 주전 2000-1800년 사이의 시기를 의미한다. 앞에서 언급한 대로 이 시기의 시대적 배경에 대해서는 어느 정도 알 수 있지만 구약성서 창세기에 기록된 족장시대의 역사성을 입증할 수는 없다. 따라서 성서에 기록된 족장시대에 관한 이해가 필요하다.

성서에 나타난 족장시대

족장시대 혹은 족장사 Patriarchal History 는 창세기 12-50장의 이야기를 말한다. 이 기록은 여러 자료들이 혼합되었지만 이 족장사는 이야기의 주인공에 따라 아브라함 12:1-25:18, 이삭과 야곱 25:19-36장, 요셉의 이야기 37-50장 등으로 나눌 수 있다.

창세기에 등장하는 족장들의 이야기를 어떻게 이해할 것인가에 대한 학자들의 논의가 끊임없이 진행되었다. 문서설을 근거로 족장들 이야기의 역사성을 부인하고 이것이 왕정시대의 시대상을 반영할 뿐이라는 학자들이 등장하였다.[97] 반면에 일부 학자들은 고대 근동의 다른 기록과 비교하여 족장사의 역사성을 주장하였다. 이러한 문제를 해결하기 위해서는 구약성서에 기록된 족장 이야기의 역사성과 족장시대 그 자체의 역사성을 나누어 생각해야만 한다. 창세기에 기록된 족장 이야기 자체의 역사성은 입증하기 매우 어렵지만 족장시대, 즉 족장들이 살았다는 사실은 부정할 수 없다. 족장 이야기의 문화적 배경을 고대 근동의 다른 지역의 문화적 특성과 비교하여 족장시대의 역사성을 제시할 수 있다.

구약성서 본문을 기초로 족장시대의 역사성 혹은 족장 이야기의 역사성 문제를 논하기 위해서는 두 가지 문제를 언급해야 한다. 첫째는 우리에게 족장의 이야기를 전하는 족장 이야기의 성격에 관한 문제이다. 이야기 양식은 족장 이야기에 가장 많이 등장하는 문학적 양식이다. 문학 양식으로서 이야기는 신화나 전설 그리고 민담 등을 포함한다.[98] 족장 이야기는 기원을 설명하기 위한 이야기가 주를 이루며 주로 가족사를 다루고 있다. 그러나 이러한 족장 이야기는 역사적 목적을 위하여 기록한 것이 아니기 때문에 창세기 12-50장 본문을 통하여 역사적 자료를 뽑아내기 위해서는 객관적인 분석이 뒤따라야 한다.

둘째는 구약성서의 기록에 의한 족장시대의 연대가 언제인가를 살피는 일이다. 구약성서는 족장시대가 최소 몇 년간 이어졌음을 밝히고 있다. 창

---

97) 따라서 톰슨은 족장들에 대하여는 아무런 역사적 지식을 얻을 수 없으며, 오직 그들에 대한 이야기들이 이스라엘 민족 중에서 발생한 시점에 대한 것만 알 수 있을 뿐이라고 주장한다. T. L. Thompson, "The Background of the Patriarchs: A Reply to William Dever and Malcolm," JSOT 9(1978), PP. 2-43, eps.7.

98) 박종수, 「히브리 설화 연구: 한국인의 문화통전적 성서이해」, 서울, 1995.

세기 12:4에서 아브라함이 75세에 가나안으로 출발하였고 100세에 이삭을 낳다^{창 21:5}. 이삭은 60세에 야곱을 낳았고^{창 25:26} 야곱은 130세에 애굽으로 내려갔다^{창 47:9}. 따라서 창세기의 기록을 볼 때 족장사는 215년간 지속되었다²⁵⁺⁶⁰⁺¹³⁰. 그러나 이러한 연대 추정의 문제점은 창세기에 기록된 숫자를 어떻게 이해해야 하는가에 있다. 다만 창세기의 기록과 출애굽기 12:40에 이스라엘 백성들이 애굽에 430년간 있었다는 기록과 열왕기상 6:1에서 솔로몬이 출애굽 한 지 480년 만에 성전을 지었다는 기록을 통하여 족장시대의 시대적 배경을 추정할 수 있다.

족장 이야기의 문학적 특성과 역사

족장 이야기의 역사성 문제를 논하기에 앞서서 창세기 12-50장에 기록된 족장 이야기의 성격을 살펴보아야 한다. 성서의 기록은 역사적 사실을 기록하는 책이 아니라 신학적, 종교적 내용을 기록한 책이다. 이미 주지하는 바와 같이 신학 혹은 종교는 증명되어지는 이성의 영역을 넘어선다. 그러나 역사란 사실을 기초로 하거나 혹은 사료를 기초로 하기 때문에 신학적 종교적 이야기의 역사성을 논하기는 매우 어렵다.

족장 이야기의 역사성을 입증하기 위하여 올브라이트 W. F. Albright 는 족장이야기를 다음과 같이 정의하였다. '구약성서의 구전 전승의 특성상 족장 이야기 자체가 많이 왜곡되기는 했지만 그렇다고 역사성이 없는 것은 아니다. 이러한 왜곡은 종교적 전승의 어쩔 수 없는 현상이다.' 올브라이트는 족장 이야기가 주전 20-15세기부터 구전에 의하여 이스라엘의 신앙 전승으로 이어져 내려온 것으로써 그 역사성을 인정해야 한다는 입장이다.[99]

한층 더 나아가 올브라이트는 족장 이야기가 신앙 전승에 걸맞게 역사적 사실이 변질되어 족장 이야기를 문자 그대로 받아들일 수는 없지만 그렇다고 족장 이야기 전체가 비역사인 것은 아니라고 주장한다.[100] 뿐만 아니라 그는 족장 이야기의 핵심은 철저하게 역사적이라고 믿는다.[101] 즉 올브라이트는 족장 이야기가 자전적이거나 전기적인 기록은 아니며, 대부분 신학적인 메시지를 담고 있기 때문에 역사적인 기록이 아니라는 것을 인정해야만 한다고 말한다. 그러나 이 족장 이야기는 한 공동체의 과거의 경험이라는 역사적 사실에 뿌리를 둔 것이며, 특히 고대 근동의 다른 문헌들과 비교해볼 때 족장 이야기는 역사적인 근거를 가진 것이라고 주장하는 것이다.[102] 다시 말해 족장 이야기는 그 문학 특성상 역사성이 없는 것으로 보이지만 역사적 사건을 바탕으로 기록되었다는 주장이다. 이러한 주장의 문제는 역사적 사실과 왜곡을 구별하는 기준이 분명하지 않다는 점과 구전 전승이라는 사실을 증명할 수 있으며, 또한 구전되어진 내용이 무엇인가 모두 가설로 의존할 수밖에 없다는 방법론상의 문제점을 안고 있다.

밀러J. M. Miller와 헤이스J. H. Hayes는 다음의 이유로 올브라이트의 주장을 반박한다.[103] 첫째, 고대 세계에는 잃어버린 황금시대golden age에 대한 이야기가 널리 퍼져 있다. 그런데 이런 이야기는 인간이 일반적으로 이해하는 것과 판이하게 다른 관심으로 역사를 기록한다. 둘째, 구약성서의 기록은 종교적인 기록이기 때문에 인간사에 대한 하나님의 개입을 배제할 수 없

---

99) W. F. Albright, "Recent Discoveries in Bible Lands," *Supplement to Young's Analytical Concordance to the Bible*, Grand Rapids, 1955, p. 31.
100) W. F. Albright, *The Biblical Period from Abraham to Ezra*, New York, 1963, p. 5.
101) W. F. Albright, *The Archaeology of Palestine*, Baltimore, 1960, p. 237.
102) W. F. Albright, *The Archaeology of Palestine*, p. 237.
103) J. M. Miller and J. H. Hayes, *A History of Ancient Israel and Judah*, Philadelphia, 1986, pp. 58-63.

다. 셋째, 구약성서에 나타나는 모든 인류가 하나의 조상에서 기원했다는 신학적 내용을 일반 인류학에서는 이해할 수 없다. 넷째, 오경 혹은 육경 내에 중복 혹은 모순되는 내용들이 있다. 예를 들면 창세기 4:16-26의 가인의 후손 명단과 창세기 5장의 아담의 계보 사이에 내용이 불일치한다. 4:17에 에녹은 가인의 아들인데 5:18에는 야렛이 에녹을 낳았다. 뿐만 아니라 4:18에서 에녹-이랏-무후야엘-므드사엘-라멕으로 족보가 이어지지만 5:19에서는 야렛-에녹-므두셀라-라멕으로 계보가 이어진다.[104]

결과적으로 족장 이야기는 신학적 의도가 분명한 이야기로 창세기 전체가 신학적 의도에 의하여 기록되었다. 특히 이스라엘 백성과 바벨론과의 관계, 이스라엘 백성들의 바벨론 강제 이주에 대한 신학적 합리화라는 의도를 띤 책이다.[105]

족장 이야기가 분명한 신학적 의도를 가지고 기록됨으로써 그 의도에 부합된 내용만을 기록하고, 또 의도하는 내용을 부각시키려고 했음을 발견할 수 있다. 이러한 기록을 통하여 역사를 재구성하는 것은 매우 어렵고, 더욱이 족장 이야기의 역사성을 검증할 비교 자료가 없는 현실에서 족장 이야기만을 통하여 족장의 역사성을 입증하기는 매우 어렵다.

족장사의 역사성 문제

그럼에도 불구하고 많은 성서학자와 역사학자들은 족장 이야기의 역사

---

104) 이 외에도 창세기 12:10-20, 20장에서 두 번 아브라함이 아내를 누이로 속였고, 이삭도 그런 일을 한 것(창 26:1-11)도 이런 부조화에 속한다.
105) 김영진, 「토라」 (개정증보), 서울, 2004. pp. 111-112.

성을 입증하려고 노력하였고, 족장 이야기의 역사성에 관한 끊임없는 논의를 진행하였다. 족장 이야기의 역사성을 주장하는 학자들은 그들이 사용하는 자료나 방법에 따라 다음과 같이 분류할 수 있다. 첫째, 앞에서 언급한 것처럼 족장 이야기의 독특한 문학적 특징을 통하여 역사성을 입증하려는 것으로 올브라이트가 대표적이다.[106] 둘째, 고대 근동의 주변 국가에 대한 고고학적 발굴과 이에 대한 인류학적인 설명을 통하여 족장 이야기의 역사성을 주장하는 학자들이다. 그러나 문화의 수평적인 비교를 통하여 어떤 문화의 고대성을 입증하기는 매우 어려우며, 족장시대에 그럴만한 업적도 아직까지는 없다. 셋째, 족장 이야기에 기록된 족장들의 문화적 관습과 지금까지 밝혀진 고대 근동 여러 지역의 문화적 동질성을 통하여 창세기 12-50장에 묘사된 족장들의 문화가 고대 근동의 문화적 배경을 가지고 있기 때문에 그 역사성을 주장한다. 예를 들어 누지 Nuzi 문서에서 나타나는 습관과 족장의 습관을 비교하여 유사점을 발견하고 족장 이야기의 고대성을 주장하는 것이다.[107] 고대 이스라엘 역사서 대부분은 족장시대를 이러한 관점에서 다룬다. 넷째, 족장들의 이름 분석을 통하여 족장들의 이름이 아모리어의 이름에 많이 등장하기 때문에 족장 이야기의 역사성이 있다고 주장하는 학자들이다.[108] 족장사의 역사성 문제를 논하는 출발점은 역사 · 지리학의 관점 historical geography 에서 데라와 아브라함이 떠나 왔던 갈대아 우르가 어디인가 하는 질문에서부터 출발한다. 갈대아 우르 우르 카스딤 אוּר כַּשְׂדִּים 는 문자적으로는 '갈대아 사람의 우르' 라는 뜻이다. 이미 주지하는 바와 같이 갈대아는 바벨론의 왕국 이름으로 주전 609년부터 역사의 장에 등장하기 시작

---

106) 김영진, 「토라」, p. 111.
107) M. A. Morrison, "Nuzi," *ABD I*, pp. 1156-1162.
108) J. Bright, *A History of Israel*, 3rd Ed., Philadelphia, 1981, pp. 77ff; R. de Vaux, *Early History of Israel*, Philadelphia, 1978, pp. 193-200, 264.

하였다. 갈대아 우르가 어디인가에 대하여 대부분의 학자들은 울리 C. L. Woolley에 의하여 발굴된 메소포타미아 남쪽지역에 위치한 우르를 창세기의 갈대아 우르라고 주장하고, 이러한 주장은 전통적으로 가장 많은 지지를 받아왔다. 그러나 1950년대부터는 하란 북서쪽 32km 지점에 위치한 에데사 Edessa를 우르로 보고 있다.[109] 특히 라스 샴라 Ras Shamra 문서에 히타이트 왕의 상인이 우라 Ura로부터 우가릿에 와서 여름 동안 장사한 기록이 있는데, 이 내용을 토대로 창세기 11:31의 갈대아 우르는 남쪽에 있는 바벨론의 우르가 아니라 북쪽의 우라라고 주장한다.[110]

갈대아 우르가 어디인가 하는 문제와 함께 아브라함이 왜 갈대아 우르에서 가나안으로 이동하였는가 하는 질문에 대하여 많은 학자들은 아브라함을 상인으로 규정한다. 1958년 고든 C. H. Gordon은 그의 연구에서 아브라함은 목자나 혹은 반유목민이 아니라 여행을 하는 호상 豪商이라고 주장하였다.[111] 이러한 대표적인 주장이 올브라이트의 나귀 대상 가설이다. 올브라이트는 아브라함의 이동에 대하여 아브라함이 단순히 유랑하던 목자들이 아니라 무역로를 따라 이동하던 당나귀 대상이라고 주장하였다.[112] 올브라이트는 다음의 몇 가지 근거로 당나귀 대상 이론을 주장한다. 첫째, 올브라이트는 아브라함을 하피루로 여겼으며, 아/하피루 Hpiru는 당나귀 여행자, 대상을 의미하며 본래의 의미는 당나귀 여행 중 일어나는 먼지를 의미한다고 주장한다. 이것은 곧 히브리인들이 그 이름에서 이미 당나귀 대상과 깊

---

109) 에데사는 유프라테스 강을 건너는 도강 지점 근처에 위치한다. 뿐만 아니라 고든은 히타이트 기록에 등장하는 우라가 우르라고 주장하였다. C. H. Gordon, "Abraham of Ur," *Hebrew and Semitic Studies Presented to G. R. Driver*, Oxford, 1963, pp. 77-84; idem, "Abraham and the Merchants of Ura," *JNES* 17 (1958), pp. 28-31.
110) C. H. Gordon, "Abraham and the Merchants of Ura," pp. 28-31.
111) C. H. Gordon, "Abraham and the Merchants of Ura," pp. 28-31.
112) W. F. Albright, "From Abraham to Joseph," *BAR* 4 (1978), pp. 12-15.

은 관련이 있다는 것을 뜻한다고 보았다. 둘째, 창세기 23:16, 34:10, 21, 37:28, 42:34의 히브리 단어 '사하르' סחר 는 '장사하다,' '교역하다' 의 뜻으로 히브리인들이 장사와 밀접한 관계가 있음을 보여준다고 믿었다. 셋째, 족장 이야기 가운데서 아브라함이 거쳐간 도시들이 모두 상업과 밀접한 관련이 있는 도시였다는 것이다. 우르는 큰 상업도시였고, 하란 역시 중요한 대상도시였기 때문에 아브라함이 대상이었다는 주장이다. 특히 그는 창세기 14장과 23장은 부유한 대상인 아브라함이 원주민이나 그들의 지도자와 계약관계를 체결했다고 설명하지 않고서는 도저히 이해되지 않는다고 주장한다. 마지막으로 족장 이야기에 말 대신 나귀가 빈번히 언급되는 것도 이러한 사실을 입증한다고 주장하였다.

그러나 이러한 올브라이트의 주장에 대해 많은 학자들은 반론을 제기하였다. 밀러 J. M. Miller와 디버 W. G. Dever는 올브라이트의 주장을 신랄하게 비판하였다. 특히 디버는 올브라이트가 상업도시라고 주장하는 세겜, 벧엘, 헤브론, 브엘세바, 그랄 등에서 상업도시로 발전됐다는 증거를 찾기 어렵다고 주장하였다.[113] 또한 아브라함을 하피루로 간주하면서 히브리인 עברי과 하피루를 동일시하는 것에 대해 현재 학계는 반대하고 있다.[114] 하피루 Hpiru의 어근 아바르 עבר의 원래 뜻이 '먼지' 였는가 하는 것도 불분명하다는 것이다. 오히려 디버는 갈대아 우르를 메소포타미아의 서북부지역으로 이해할 때, 아브라함이 우르에서 가나안으로 이동하는 것이 중기 청동기 제2기 주전 2000/1950-1800와 일치하며, 가나안과 메소포타미아 서북부지역을 잇는 길들이 이미 존재하고 있었고, 창세기에 아브라함이 거쳐 갔던 도시인

---

113) W. G. Dever, "The Patriarchal Traditions," *Israelite and Judaean History*, London, 1977, pp. 99-101.
114) M. Greenberg, *Hab/piru*를 참고하시오, M. Weippert, *Biblica* 52 (1971), pp. 407-432.
115) W. G. Dever, "The Patriarchal Traditions," pp. 99-101.

세겜, 벧엘, 헤브론, 도단, 예루살렘 등이 이 시대에 이미 존재하였다고 주장한다.[115] 족장 이야기의 역사성을 입증하는 또 다른 방법은 고대 근동에서 발견된 주전 2000년대의 기록 문서들을 비교할 때 족장 이야기에 주전 2000년대 고대 근동의 상황이 반영되어 있기 때문에 역사성이 있다고 생각하는 것이다. 특히 족장들의 이름이 초기 아모리인들의 이름과 유사하다는 점을 근거로 족장 이야기의 역사성을 주장한다.[116] 족장의 이름 가운데 많은 이름이 히브리어 자음 '요드'· 로 시작하는데 이것은 아모리어의 미완료형 Amorite imperfective 이름으로 이러한 이름은 다윗 시대까지 나타나나 그 이후의 기록에서는 자주 나타나지 않다가 주전 7세기경 아람어 문헌에 다시 나타나기 시작한다는 것이다. 따라서 이러한 이름의 분포는 족장사가 주전 2000년대를 배경으로 기록되었다는 것을 보여준다고 주장한다. 이 주장에 대하여 톰슨은 셈어에서 언제든지 찾아볼 수 있는 이름이라고 반박하여 이러한 견해를 일축한다.[117]

또한 족장들의 유목민적 생활양식이 주전 2000년대의 문화적 배경을 반영하는 것이라는 주장이다. 족장들의 유목민적인 삶을 나타내는 전문적인 용어들이 마리 문서에서도 나타난다는 점도 유사하다.[118] 그러나 톰슨은 메소포타미아의 유목생활과 가나안의 유목생활을 무비판적으로 비교하는 것은 잘못이라고 주장한다. 두 지역의 지리적 환경이 너무 다르다는 이유

---

116) J. Bright, *A History of Israel*, 4th Edition, Louisville, 2000, pp. 77-78; R. de Vaux, *Early History of Israel*, pp. 193-194.
117) T. L. Thompson, "The Historicity of the Patriarchal Narratives: The Quest for the Historical Abraham," *BZAW* 133 (1974), pp. 67-88.
118) R. de Vaux, *Early History of Israel*, pp. 230-231; W. G. Dever, "The Patriarchal Traditions," pp. 115-116.
119) T. L. Thompson, "The Background of the Patriarchs: A Reply to William Dever and Malcolm," pp. 8-12.

를 근거로 내세웠다.[119]

뿐만 아니라 족장 이야기에 등장하는 여러 가지 사회 관습 및 법률이 고대 근동에서 발견된 주전 2000년대의 관습이나 법률과 비슷하다는 점을 들어 족장 이야기의 역사성을 주장한다. 특히 누지에서 발견된 후리 족의 생활 관습이 구약성서의 족장들의 생활양식과 비슷하기 때문에 족장들이 후리 족의 관습을 배경으로 형성되었다는 주장이 많이 받아들여졌다.[120]

누지 문서는 누지에서 약 2만 개의 토판이 발견되었는데 구약성서의 풍습을 이해하는 데 많은 도움을 준다.[121] 첫째, 부인이 아들을 낳지 못하면 대가 끊어지는 것을 막기 위하여 부인이 자기의 여종을 통하여 자식을 낳게 하는 제도가 누지에 있었다. 이것은 창세기 16장에서 사라가 하갈을 통하여 이스마엘을 얻는 것을 이해하는 데 도움을 준다. 둘째, 자식이 없을 경우에는 집안에서 키운 종 가운데 하나를 양자로 택하는 제도가 누지 문서에 나온다. 이러한 예는 창세기 15장에서 아브라함이 다메섹 사람 엘리에셀을 양자로 삼는 것과 같은 것이다. 셋째, 장자권과 관련하여 야곱이 에서에게서 장자권을 구입하였다 창 25장. 그런데 누지 문서에 의하면 양 세 마리로 장자권을 구입했다는 기록이 있다. 넷째, 상속에 있어서 장자는 다른 아들보다 두 배의 상속을 받는 것을 누지 문서를 통하여 알 수 있다. 이러한 예는 엘리사가 엘리야에게 두 배의 영감받기를 원한다고 말하는 것과 관련이 있다 왕하 2:9. 즉 엘리사의 요구는 자신이 엘리야의 상속자, 수제자가 되기를 원한다는 뜻이다. 다섯째, 야곱의 부인 라헬이 아버지를 떠나 야곱을 따라 나올 때 아버지의 드라빔을 훔쳐 숨겨 나오는 것을 읽을 수 있다.

---

120) 누지의 관습이 후리 족의 관습을 반영한다고 주장하는 것은 누지 문서에 나타난 사회생활상이 메소포타미아의 다른 지역에서 발견된 것과 차이를 나타내기 때문이다.
121) M. A. Morrison, "Nuzi," pp. 1156-1162.

누지 문서에도 이 드라빔에 관한 기록이 많이 나오는데 드라빔은 집안의 작은 신상으로 이것을 소유한 사람이 상속권과 가장권을 갖는다는 의미가 있다. 여섯째, 엘-아마르나 문서에도 하피루라는 명칭이 많이 발견된다. 누지 문서에서의 하비루는 집안의 종, 일군, 석수 등 사회적 신분이 낮은 사람을 일컫는 말이었다. 이처럼 누지 문서의 발견은 주전 2000년대의 가나안을 포함한 고대 근동의 여러 문화와 풍습을 이해하는 데 절대적으로 필요한 자료이다.

그러나 최근 학자들은 서로 다른 문화적 배경을 가진 두 사회의 문화와 관습을 단순하게 비교하는 것에 대한 비판의 목소리가 높으며, 심지어는 고대 근동지역의 문화와 족장의 문화 사이에 공통점이 없다고까지 주장한다.[122] 특히 특정지역의 관습을 통하여 다른 지역의 역사적 연대를 결정하는 것은 방법론적으로 정당하지 못할 뿐만 아니라[123] 누지 문서에서 발견된 360개의 가족법 중에서 구약성서의 족장사의 역사성을 위해 사용되는 것은 단지 6개의 법 문서에 지나지 않는다는 것이다. 따라서 이들이 누지 사회를 대표하는 법이라고 주장할 수 없다고 말한다.[124]

족장들의 시대

이상에서 족장 이야기의 역사성을 찾는 것은 불가능하다. 따라서 우리의

---

122) M. P. Maidman, "Nuzi: Portrait of an Ancient Mesopotamian Provincial Town," J. M. Sasson ed., *Civilizations of the Ancient Near East*, Volume 2, Michigan, 1995, pp. 931-947.
123) M. Selman, "The Social Environment of the Patriarchs," *TB* 27 (1976), pp. 114-136; idem, *Essays on the Patriarchal Narratives*, pp. 93-138.
124) M. P. Maidman, "Nuzi: Portrait of an Ancient Mesopotamian Provincial Town," p. 947.

관심을 '이스라엘 족장들은 언제부터 역사에 등장하였는가? 이스라엘 족장들이 살았던 시대는 언제인가?' 하는 질문과 그 대답을 찾는 데 집중해야 한다. 족장시대의 연대에 대한 다양한 주장이 있지만 다음의 세 가지로 압축할 수 있다. 첫째, 초기 청동기설 EB I, 주전 2650-2300, 둘째, 중기 청동기 전기설 MB I, 주전 2300-2000, 셋째, 중기 청동기 중후기설 MB II, 주전 2000-1550이며, 이 가운데 세 번째 주장이 가장 많이 받아들여진다.

초기 청동기설 주전 2650-2300

프리드만 D. N. Freedman은 구약성서, 특히 창세기 14장과 에블라에서 발견된 경제 문서를 근거로 족장시대를 초기 청동기시대로 추정한다. 에블라 문서 Ebla Texts란 1964년에 고대 에블라 왕국의 수도에서 발견된 주전 2250년경에 해당하는 약 1만 7,000개의 토판을 말한다.[125] 창세기 14장에는 소돔 Sodom, 고모라 Gomorrah, 아드마 Admah, 스보임 Zeboiim, 벨라 Bela 등 다섯 도시가 연합하여 쳐들어오는 기사가 있는데 이 다섯 도시의 이름이 문서에는 모두 에블라와 상거래했던 도시로 등장한다. 뿐만 아니라 예루살렘, 므깃도, 시내 산, 다메섹 등 구약성서에 등장하는 많은 가나안 지역의 지명들을 포함하고 있다. 또한 요나, 다윗, 아브라함, 이스마엘, 오바댜, 아담, 이브, 하와 등 많은 구약성서의 인명도 등장한다. 고고학적으로 사해 남동쪽에 있는 밥 에드-드라 Bab edh-Dhra에서 초기 청동기 유물이 발견되었다는 것에 근거한 것이다.[126] 따라서 에블라 문서와 고고학적 발굴의 결과 초기 청동기시대의 문화적 특징이 족장 이야기에서도 발견되기 때문에 족장의 시대

---

125) R. D. Biggs, "Elba Texts," *ABD I*, pp. 263-270.
126) D. N. Freedman, "The Real Story of the Ebla Tablets: Ebla and the Cities of the Plain," *BA* 59 (1979), pp. 143-164.

주제	성서 구절	고대 근동
양자 상속법	아브라함이 가로되 주 여호와여 무엇을 내게 주시려나이까 나는 무자하오니 나의 상속자는 이 다메섹 엘리에셀이니이다(창 15:2). 아브라함이 자기 집 모든 소유를 맡은 늙은 종에게 이르되 청컨대 네 손을 내 환도뼈 밑에 넣으라(창 24:2).	누지 문서(ANET, pp. 219-220) 그러나 누지문서에서도 양부모의 아들이 태어나면 양자는 상속권을 친아들에게 물려준다.
첩을 통한 후손 생산	사래가 아브람에게 이르되 여호와께서 내 출산을 허락하지 아니하셨으니 원하건대 내 여종에게 들어가라 내 혹 그로 말미암아 자녀를 얻을까 하노라 하매 아브람이 사래의 말을 들으니라(창 16:2).	누지 문서(ANET, p. 220) 케림-니누(Kelim-ninu)와 쉔니마(Sennima) 사이에 아들이 없을 때 케림-니누는 남편 쉔니마에게 룰루(Lullu) 지방의 여인을 얻어주었으며, 그녀에게서 얻은 자녀를 쫓아 낼 수 없다.
장자권 매매	야곱에게 이르되 내가 피곤하니 그 붉은 것을 내가 먹게 하라 한지라 그러므로 에서의 별명은 에돔이더라. 야곱이 이르되 형의 장자의 명분을 오늘 내게 팔라 에서가 이르되 내가 죽게 되었으니 이 장자의 명분이 내게 무엇이 유익하리요 야곱이 이르되 오늘 내게 맹세하라 에서가 맹세하고 장자의 명분을 야곱에게 판지라 야곱이 떡과 팥죽을 에서에게 주매 에서가 먹으며 마시고 일어나 갔으니 에서가 장자의 명분을 가볍게 여김이었더라(창 25:30-34).	누지 문서에 의하면 툽키틸라(Tupkittila)라는 사람이 동생 쿠르파자(Kurpazah)에게 양 세 마리를 주고 자신의 상속 재산인 숲을 양도하였다.
구두 축복의 효력	이삭이 심히 크게 떨며 가로되 그런즉 사냥한 고기를 내게 가져온 자가 누구냐 너 오기 전에 내가 다 먹고 그를 위하여 축복하였은즉 그가 정녕 복을 받을 것이니라(창 27:33).	누지 세계에서 구두의 축복은 통상적으로 많이 사용되었으며, 구두 축복은 시위를 떠난 화살처럼 즉시 나타나는 것이며 돌이킬 수 없는 것으로 인식되었다.
가신상	창세기 31장의 드라빔.	누지 문서의 법에 의하면 양자가 되면 재산만 상속할 뿐 아니라 가신 드라빔을 함께 소유하게 되었다.
양부의 권한	라반이 야곱에게 대답하여 이르되 딸들은 내 딸이요 자식들은 내 자식이요 양떼는 내 양떼요 네가 보는 것은 다 내 것이라 내가 오늘 내 딸들과 그들이 낳은 자식들에게 무엇을 하겠느냐(창 31:43).	누지 문서에 의하면 양부 혹은 장인이 사위 가족의 가족원과 재산에 대하여 소유권을 주장하는 것은 당연하다.
양자 축첩금지	만일 네가 내 딸을 박대하거나 내 딸들 외에 다른 아내들을 맞이하면 우리와 함께 할 사람은 없어도 보라 하나님이 나와 너 사이에 증인이 되시느니라 함이었더라(창 31:50).	누지 문서에 기록된 법에서는 양자 사위가 다른 아내를 얻는 것이 법으로 금지되어 있다.
고대의 계약 체결 의식	창세기 15:9-12에서 아브람이 3년 된 암소와 3년 된 암 염소와 3년 된 숫양을 취하여 중간을 쪼갠 것을 마주 대하여 놓았다.	고대 근동에서 흔히 찾아볼 수 있는 계약체결의 의식이다.

를 초기 청동기시대로 추정한다. 그러나 이러한 주장의 가장 큰 문제점은 프리드만이 주장하는 이 다섯 도시 가운데 소돔과 고모라를 제외한 세 도시의 지명-아드마, 스보임, 벨라-을 어떻게 읽을 것인가에 대한 학자들의 이견이 많다는 것이다. 따라서 도시 이름의 등장을 근거로 족장 이야기 특히 창세기 14장의 사건이 에블라 시대라고 주장할 수 없다.[127]

중기 청동기 전기설 주전 2300-2000

족장시대가 중기 청동기 전기시대라는 주장은 올브라이트의 학설로써 창세기 18-19장의 족장 이야기와 밥 에드-드라의 유적이 중기 청동기 초기시대에 속한다는 것에 근거한 것이며, 이 학설은 올브라이트의 나귀 대상설로 발전하였다. 즉 앞에서 설명했듯이 아브라함의 우르에서 출발한 그의 여정을 이집트까지 내려가는 대상의 행렬로 이해한 것이다.[128] 올브라이트의 가설은 글릭 N. Glueck의 네겝 지역에 대한 발굴에 의해서도 뒷받침된다. 글릭이 네겝 지역에 대한 발굴 결과, 발굴된 유물들이 중기 청동기 초기시대와 일치한다는 것이다.[129]

그러나 오늘날 올브라이트와 글릭이 생각하는 중기 청동기 제I지층이 중기 청동기 제IIA시대로 분류되기 때문에 그들의 주장은 지지될 수 없다.[130] 뿐만 아니라 올브라이트가 중기 청동기 시대의 출현과 아모리 족의 이동을 연결시켜 해석했는데 현재 이 아모리 족의 이동 가설 자체가 큰 도전을 받고 있다. 특히 톰슨이나 반 세터 van Seter는 우르 근처의 아람인들이 북쪽으

---

127) J. Bright, *A History of Israel*, p. 84.
128) W. F. Albright, *Yahweh and the Gods of Canaan*, London, 1968, pp. 56-64.
129) N. Glueck, *Rivers in the Desert*, New York, 1959, pp. 60-84, esp. 68.
130) A. Mazar, *Archaeology of the Land of the Bible*, p. 30.
131) T. L. Thompson, "The Historicity of the Patriarchal Narratives: The Quest for the Historical Abraham," pp. 67-88.

로 이동한 흔적이 없다고 주장한다.[131]

중기 청동기 중후기설 주전 2000-1550

중기 청동기 중후기설은 텔 베이트 미르심, 텔 엘 아줄, 므깃도, 세겜, 게젤 그리고 라스 엘 아인 등을 발굴한 결과를 바탕으로 주장한다. 이들 도시에서 중기 청동기 중후기에 속하는 많은 유물들이 발굴되었기 때문이다. 이 주장은 흔히 중기 청동기 제II기 MB II 설이라고도 하며, 가장 많은 지지를 받고 있는 학설이다.[132] 중기 청동기 중후기설을 주장하는 학자들 가운데 많은 이들이 '아모리 족 가설'을 주장한다.

'아모리 족 가설'이란 주전 2000년경 이집트와 메소포타미아에서 도시국가들이 멸망하였는데 이러한 혼란의 원인이 주전 2000년경에 있었던 아모리 족 amurru, 서쪽 사람들의 이동과 밀접한 관련이 있으며, 히브리 민족도 이 아모리 족의 이동 가운데 일부로 가나안에 정착하였다는 것이다. 이 이론의 근거는 첫째, 주전 2000년대란 성서의 연대와 일치한다. 열왕기상 6:1에 따르면 솔로몬이 출애굽 후 480년 만에 성전을 건축하였고, 출애굽기 12:40에는 이스라엘 사람들이 약 430년간 이집트에 체류하였다. 즉 구약성서에는 주전 19세기경 이스라엘 백성이 이집트로 내려간 것으로 기록되어 있다. 그렇다면 이들이 이집트에 체류한 기간이 힉소스가 이집트를 통치할 때와 일치한다는 것이다. 둘째, 아브라함의 이동이나 야곱의 이집트로의 이동이 주전 2000년대의 정치적 상황과 잘 들어맞는다. 셋째, 창세기의 인명, 지명이 중기 청동기 제II기시대의 문서와 일치하는 것이 많다. 예를 들어 딜바트 Dilbat에서 발견된 문서에서는 아브람과 비슷한 아브라하나

---

132) J. Bright, *A History of Israel*, p. 83. 이 학설에 의하면 족장들의 이동을 아모리인들의 대이동과 연결시킨다.

Aburahana라는 이름이 나타나며, 이집트 저주 문서에는 아부라하나 Aburahana 와 자빌란 Zabilan 등이 나타나 각각 아브람과 스블론과 비슷하다는 것이다. 또한 주전 18세기의 문서인 마리 문서에서는 데라와 비슷한 투라이 Turai, 나홀 Nahor, 사루기 Sarugi: 스룩, 벤-야민 Ben-Yamin: 베냐민, 라반 Laban, 레위 등도 나타난다.

 그러나 아모리 족 가설은 몇 가지 문제점을 가지고 있다. 첫째, 초기 청동기시대의 붕괴가 아모리 족에 의한 것이라는 주장이 모든 고고학자들에게 받아들여지지 않는다는 점이다. 둘째, 구약성서의 연대가 아모리 족 가설을 지지하는 것처럼 보이지만 창세기 15:16에 의하면 이스라엘 백성이 이집트 체류기간을 네 세대로 기록하고 있다. 구약성서의 기록이 아모리 족 가설을 충족시키기 위해서는 각 세대가 100년씩 살아야 하는 모순이 발견되는 것이다. 셋째, 이러한 이스라엘 백성의 약 600여 년간의 활동이 왜 고대 근동의 다른 기록에 등장하지 않는가 하는 점이다.

 이상에서 보는 바와 같이 족장사의 시대적 배경을 찾으려는 학자들의 노력은 아직도 완벽한 이론을 제시하지 못하고, 또 다른 문헌이나 물질 문명의 발견을 기다릴 수밖에 없다. 그러나 일시적으로 족장시대를 많은 학자들이 중기 청동기 제II기로 정한다. 그러나 이것이 아모리 족 가설까지 인정하는 것은 아니다. 결론적으로 창세기에 등장하는 족장들의 역사적 배경이 주전 2000-1550년이라는 것이다.

출애굽의 역사

출애굽은 이스라엘 신앙에서 가장 중요한 사건이다. 따라서 많은 학자들은 출애굽 사건의 역사성을 발견하기 위하여 노력하여왔다. 이 시기에 관한 고고학자들의 노력은 출애굽 연대, 출애굽 경로, 열 가지 재앙의 실체, 그리고 출애굽에 관한 성서의 기록에 등장하는 여러 가지 사건의 사실성을 입증하려고 하였다. 그러나 출애굽 사건의 역사성을 입증할 만한 성서 외적인 증거를 발견하지 못하였다. 이처럼 성서에 기록된 출애굽 이야기에서 역사성을 발견하지 못하는 이유는 출애굽 이야기를 기록하는 사람의 주된 관심이 오늘날 학자들이 역사에 대하여 갖는 관심과는 달리, 선별된 사료를 가지고 신학적 목적을 이루기 위해 이야기를 기술하는 것이었기 때문이다.[133]

---

133) N. M. Sarna, "Israel in Egypt: The Egyptian Sojourn and the Exdous," *Ancient Israel*, Revised & Expanded H. Shanks ed., Prentice Hall, 1999, pp. 33-54, esp. 35.

이스라엘의 애굽 체류

이스라엘 백성들이 어떻게 이집트에 체류하게 되었는가? 요셉의 이야기 창 36-50장에 의하면 요셉이 가나안의 극심한 가뭄을 피하기 위해 애굽으로 이주하였다고 기록하고 있다. 그러나 이집트의 기록이나 다른 기록에서 이스라엘 백성들의 이집트 입국 및 체류에 관한 자료를 제공하는 내용은 없다. 단지 구약성서의 기록을 통해서만 이스라엘의 애굽 체류를 추정할 뿐이다. 뿐만 아니라 구약성서의 이집트 체류에 관한 기록도 매우 단편적이며 제한적이다. 창세기 47:11에 "요셉이 바로의 명대로 그 아비와 형들에게 거주할 곳을 주되 애굽의 좋은 땅 람세스의 땅을 그들에게 주어 기업을 삼게 하고"라고 기록되어 있다.

그러나 역사적인 관점에서 '이스라엘 백성들이 애굽으로 들어가 성서의 기록처럼 좋은 땅을 차지할 수 있는 상황이 있었는가' 라는 질문이 제기된다. 이 질문에 대하여 많은 역사가들은 이집트의 역사적 상황과 관련하여 설명한다. 즉 야곱과 그의 가족이 애굽에 들어가 정착하는 것을 주전 18세기 힉소스 민족의 역사와 연관시켜 생각한다.

힉소스 민족은[134] 이집트의 제2차 중간기인 주전 1650-1550년 사이에 아바리스 Avaris; Tell al-Yahūdīyya, 성서의 소안 Zoan를 중심으로 나일 강 하루지역의 하부 이집트에 거주하면서 남쪽의 헤르모폴리스 Hermopolis까지 세력을 확장하며 정치 세력을 구축하였다. 베니 하산의 벽화에 기록된 아시아에서 온

---

134) 힉소스의 뜻은 '이방인의 통치자들'이란 뜻으로 히카우—호스베트(hikau-khoswet)라고 불렀다. 이들은 원래 아시아에 있는 가나안 부족들을 가리키는 단어였는데, 주전 17세기를 지나면서 이집트의 가나안 출신 군주들을 가리키는 말이 되었다. 헬레니즘 시대에 살았던 이집트 역사가인 마네토는 이 단어를 잘못 이해하여 이것이 '유목민의 왕들'을 의미한다고 생각하여 희랍어 Hyksos로 옮겼다. 김영진, 「성서와 민족」, 광주, 2003, p. 211.

상인 가운데 아비샤르Abishar를 힉소스라고 부르고 있다.[135]

힉소스에 관한 기록은 프톨레마이오스 2세 Ptolemaeos II, 주전 308-246 시대의 이집트 제사장이면서 역사가인 마네토Manetho의 기록을 요세푸스 Josephus가 재인용하면서 알려지기 시작하였다.[136] 요세푸스가 재인용한 마네토의 역사에 의하면 힉소스는 델타 지역으로 침입하여 모든 도시들을 파괴하였으며, 이집트의 중왕조를 붕괴시키고 제15왕조 주전 1670-1570를 세웠으나, 100여년 후 이집트 제18왕조의 첫 왕이었던 아흐모세에 의해 추방되어 유다 지방에서 예루살렘을 건설하였다고 기록되어 있다. 마네토의 기록에 기초하여 요세푸스는 힉소스를 이스라엘의 조상으로 이해하였다. 왜냐하면 힉소스의 이집트 등장과 창세기의 요셉 이야기와 동일시하고 출애굽기에 등장하는 요셉 후손의 추방과 힉소스의 추방을 동일시하였기 때문이다.[137] 그런데 이러한 주장을 하게 될 때 생기는 문제는 이스라엘 백성의 출애굽 연대에 영향을 준다는 것이다.[138]

어떤 경로를 통하여 이집트에 들어갔든지 역사적으로 입증하기가 매우 어렵지만 성서에서는 이들이 애굽에서 400년 혹은 480년 또는 3-4대 체류하였다고 기록하고 있다. 체류기간을 차치하고, 애굽에 체류할 동안 무슨 일이 발생하였는지도 정확하게 알 수 없다. 단지 구약성서의 몇 구절에

---

135) *ANET*, pp. 249; *ANEP*, p. 2, # 2; Y. Aharoni, *The Land of the Bible*, p. 146; J. B. Pritchard, *The Time Atlas of the Bible*, p. 37.
136) 요세푸스는 아피온의 반유대인적 비판을 반박하면서(아피온에 관한 반박: Contra Apionem) 이집트 제사장인 마네토조차도 유대인의 조상이 과거 한때 이집트의 지배자가 되었음을 강조한다고 말했다.
137) 김영진, 「성서와 민족」, p. 212.
138) 마네토와 요세푸스의 주장을 수용한 일부 학자들은 출애굽 연대를 이집트 제18왕조 때 일어난 것으로 주장하기도 하지만 그러나 그렇게 많은 학자들에 의하여 지지받지 못한다. 비록 이스라엘 백성 가운데 일부는 힉소스 사람에게서 유래되었을 가능성을 완전히 부정할 수는 없지만 힉소스와 이스라엘 백성을 동일시할 성서 혹은 성서 외적인 자료가 없다. 뿐만 아니라 야곱과 그 가족의 애굽으로 들어가는 것을 힉소스의 이집트로의 이동과 연관짓는다면, 출애굽 연대를 주전 13세기로 인정하는 것이고, 왜 힉소스가 애굽에서 쫓겨날 때 이스라엘 백성은 그대로 남아 있었는가 하는 문제가 생긴다.

서 언급되는 것이 전부이다. 창세기 47:11에 의하면 "요셉이 바로의 명대로 그 아비와 형들에게 거주할 곳을 주되 애굽의 좋은 땅 람세스의 땅을 그들에게 주어 기업을 삼게 하고"라고 기록되어 있다.[139] 이스라엘 백성들이 애굽에 체류하던 중 요셉을 모르는 왕이 등장하였다고 기록하고 있다. 출애굽기 1:8의 "요셉을 알지 못하는 새 왕이 일어나 애굽을 다스리더니"라는 기록에서 요셉을 알지 못하는 왕이 누구인가 하는 것이 또 다른 질문이다. 이러한 질문은 이스라엘이 애굽에 들어간 연도, 그리고 애굽에 체류한 기간, 출애굽의 연도 등을 종합적으로 고려하여 결정할 수 있다. 그런데 이스라엘이 애굽에 들어간 연대나 애굽에 체류한 기간, 출애굽 연대 등이 부정확하기 때문에 이 왕이 누구인지 정확하게 알 수 없다. 여러 가지 가설이 등장하기는 하지만 하나의 조건을 충족시키면 다른 조건에 문제가 생긴다.

뒤에서 다루겠지만 출애굽 연대에 대하여 주전 13세기설 주전 1250 혹은 주전 1290을 가장 많이 지지하는데 이 연대에 창세기 15:13의 400년간의 애굽 체류기간을 더하면 주전 1650년 혹은 주전 1690년 이전에 애굽에 들어갔을 것으로 추정한다. 그런데 창세기 50:22, 26에 요셉이 110세 살았다고 기록하고 있는데 요셉이 애굽으로 팔려간 때의 나이가 17세이다. 곧 요셉이 애굽에 체류하던 기간은 93년이다. 따라서 이스라엘 백성이 가나안에서 애굽으로 들어갈 때는 주전 1783년 혹은 주전 1743년보다 이른 시기여야 한다. 이러한 주장을 통해서 요셉을 모르던 왕은 힉소스 민족일 가능성이 높다. 이 사실은 출애굽기 1:9의 "이스라엘 자손이 우리보다 많고 강하도다"라는 바로의 말에서도 나타난다. 카이저 W. C. Kaiser Jr.는 이스라엘 백성이 결코 애

---

139) Y. Aharon, M. Avi-Yonah, A. F. Rainey and Z. Safrai, *The Macmillan Bible Atlas*, 3rd. Edition, Jerusalem, 1993. p. 45. 시편 78:12, 43에서는 소안(Zoan / Tanis)을 비돔과 같은 곳으로 보고 있다.

급 백성보다 많아질 수 없지만 힉소스 민족보다는 많아질 수 있다고 주장한다.[140]

그런데 문제는 출애굽기 1:11의 "감독들을 그들 위에 세우고 그들에게 무거운 짐을 지워 괴롭게 하여 그들에게 바로를 위하여 국고성 비돔과 라암셋을 건축하게 하니라"는 구절이다. 이 구절은 이집트에 거주한 이스라엘 백성들의 삶과 이들을 괴롭힌 왕이 누구인가를 알 수 있는 좋은 단서이다. 국고성 가운데 라암셋 Rameses은 람세스 왕의 이름을 딴 도시로 람세스 2세가 세운 도시인 페르 람세스 람세스의 집, pr-rmw의 축약형으로 보인다. 이 지명에 람세스라는 이집트 왕의 이름이 붙었기 때문에 이스라엘 백성들의 애굽에서의 삶이 람세스 시대와 관련이 있음을 추정할 수 있다. 오늘날 학자들은 타니스 Tanis에서 남쪽으로 19km 떨어진 칸티르 Qantir 혹은 하타나 Khatana, 또는 텔 엘 다비 Tell el Daba를 페르 람세스라고 생각한다. 비돔 Pithom은 '아툼 신의 집' house of Atum이란 뜻으로 타니스, 아바리스 Avaris, 텔 에르 레타베 Tell er-Retabeh 혹은 헬리오폴리스 Heliopolis, 텔 엘-마스후타 Tell el-Maskhuta 등 여러 곳을 비돔으로 생각한다.[141]

이처럼 이스라엘 백성들이 애굽에 체류한 것에 관한 성서 기록의 역사성을 입증하기란 매우 어렵다.

---

140) W. C. Kaiser Jr., *A History of Israel: From the Bronze Age through the Jewish Wars*, Nashville, 1998, p. 82.
141) 구약성서의 다른 사본인 70인역과 아람어로 번역된 탈굼(Targum)에서는 비돔과 람세스를 각기 다른 곳으로 주장하고 있다. 70인역에서는 On(=Heliopolis)을 비돔으로 번역하고 있으나 탈굼에서는 소안(Zoan=Tanis)를 비돔으로 본다. 뿐만 아니라 탈굼에서는 람세스를 지중해변에 있는 펠루시움(Pelusium)으로 보고 있다.

아마르나 시대와 시리아-팔레스틴

아마르나 시대란 아마르나 서신의 배경이 되는 아멘호텝 3세 Amenhotep III, 주전 1391-1353와 4세 Amenhotep IV, 주전 1353-1335 시대를 일컫는 용어이다. 엘-아마르나 문서는 1887년 카이로에서 남쪽으로 304km 떨어진 하지 칸딜 Hajji Qnadil에서 베두인 부족인 브네이 아므란 Bnei Amran에 의하여 발견되었다.[142] 학자들은 발견된 장소에 근거하여 문서를 발견한 베두인 부족의 이름을 따라 엘-아마르나라고 부르게 되었다. 이 서신은 가나안 도시국가의 왕들이 이집트의 바로 아멘호텝 3세와 4세에게 보낸 외교문서의 성격을 띠고 있다. 아마르나는 주전 14세기 중엽에 아멘호텝 4세 아메노피스 Amenophis 혹은 아크나톤 Akhenaton [143]에 의하여 세워진 수도 아메노피스 Amenophis가 있던 곳이다.[144]

엘-아마르나 문서의 내용

아멘호텝 3세와 아멘호텝 4세 사이의 약 56년간 이 기간을 흔히 '아마르나 시대'라고 부른다. 가나안의 봉신뿐만 아니라 시리아 북쪽에 있는 강력한 왕국들과 주고

---

142) *ANET*, pp. 483-490 M. Greenberg, *The Hab/piru*, 1955; J. A. Knudtzon, *Die El-Amarna Tafeln*, AOAT 8, Kevelaer and Neukirchen-Vluyn., 1978; W. L. Moran, *The Amaran Letters*, Eisenbrauns, 1987 (Eng. 1990); N. Na'aman, "Amarna Letters," *ABD I*, pp. 174-181; A. F. Rainey, *El-Amarna Tablets 359-379, Supplement to J. A. Knudtzon, Die El-Amarna Tafeln*, AOAT 8, Kevelaer and Neukirchen-Vluyn, 1970.

143) 아크나톤은 유명한 이집트의 바로로서 종교개혁을 한 왕이며 종종 '이교의 왕' 혹은 '첫 일신론자'로 알려져 있다.

144) 1887년 베두인들에 의하여 발견된 후, 1891-1892년 페트리 경(Sir F. Petrie)에 의하여 체계적으로 발굴이 이루어져 지금까지 382개의 아카드어로 기록된 토판 문서를 발견하였다. 그러나 EA 24는 후리 족의 언어로, EA 31, 32는 헷 족의 언어로 기록되었다. 이렇게 발견된 아마르나 문서는 1889-1890년 빈클러와 에벨(H. Winckler and L. Abel)에 의하여 처음 발표된 이후 여러 학자들의 수정, 보완을 거쳐 1987년 모란(W. L Moran)에 의하여 새로운 해석과 설명을 곁들인 수정 보완 출판되었다 W. Moran, *The Amarna Letters*, Baltimore, 1987 (Eng. 1992). 현재 엘-아마르나 문서는 베를린 박물관(202 혹은 203개), 카이로 박물관(49 혹은 50개), 대영 박물관(95개), 루브르 박물관(7개) 및 개인이 소장하고 있다.

받은 서신을 외교 서신이라고 할 수 있다. 그러나 엘-아마르나 문서는 그 내용에 의하여 크게 서신 350개과 기타 부분 32개으로 나눌 수 있다. 기타 부분은 주로 서기관들의 연습 기록, 단어집, 신화와 서사시에 관한 기록 등으로 구성되었다.

엘-아마르나 서신의 내용은 크게 두 부분으로 나눌 수 있다. 첫째는 바벨론 EA 1-14, 아시리아 EA 15-16, 미타니 EA 17, 19-30, 하티 EA 41-44, 아르자와 EA 31-32, 알라시아 EA 33-40 왕국 등 시리아 북부에 있던 당시의 주된 세력과의 서신 교환이다. 이들과 교환한 서신은 주로 정략결혼에 관한 내용 EA 4, 선물 교환 EA 8 등을 담고 있다. 이들 서신은 주로 'PN 1, GN 1의 왕에게, PN 2, GN 2의 왕이 말하기를'의 양식을 따르고 있다. 특히 위에 언급된 왕국들과의 서신 교환에서 상대를 호칭할 때 '나의 형제'라는 표현을 즐겨 사용하고 있다. 이러한 서신의 내용을 통하여 당시 미타니 왕국이 강력한 세력이었음을 알 수 있다. 둘째는 가나안과 시리아 북쪽에 있는 봉신국가와의 서신 교환이다. 주로 이 서신들은 미타니 왕국이 멸망한 후 작은 도시국가들이 헷 Hittite 왕국으로부터 많은 위협을 받았는데 이 위협으로부터 도와줄 것을 요청하는 내용의 서신들이 발견되었다. 특히 이 아마르나 시대의 중요한 사건은 아무르 족의 왕국이 건설된 것과 세겜의 라바유 Labayu가 세력을 확장한 사건이다. 아무르 왕국의 건설은 곧 미타니 왕국과 하티 왕국 사이의 세력 다툼이 가나안 땅에서 있었음을 의미한다. 결과적으로 아무르의 통치자들은 오론테스 강 계곡지역을 차지하였다. 세겜의 왕 라바유의 세력 확장은 가나안에 많은 영향을 끼쳤으며, 특히 벧산의 왕으로부터 많은 미움을 샀다. 뿐만 아니라 라바유는 남쪽의 게셀과 북쪽의 갓-갈멜 Gath-Carmel을 포함하는 강력한 연합체제를 구축하였다.

아마르나 시대의 가나안은 지역 통치자들의 세력 확장에 대한 욕심과 이집트의 간섭 때문에 내적으로 상당히 복잡하였다. 봉신과 나눴던 서신 교환의 주된 내용은 봉신 국가들 사이의 내분에 대한 이집트 왕의 해결을 요청하는 것, 봉신 왕들이 개인적으로 이집트 왕과의 우호관계를 지속하기 위한 것, 이집트 관리들의 명령을 잘 지키며 이들의 명령에 복종하고 있음을 보여주는 것, 이집트 왕의 원정 때 식량을 조달하는 것, 그리고 하비루나 주변 도시국가의 공격에 대한 하소연 등을 기록하고 있다. 이러한 봉신 왕의 서신들의 공통적인 특징은 봉신 왕들은 자신을 '당신의 종'이라고 부르고, 이집트의 왕을 '나의 주'라고 부르는 점에서 짐작할 수 있다.

엘-아마르나 시대의 주변 정세

아마르나 시대에 이집트와 북쪽의 미타니 왕국은 비교적 우호적인 관계를 유지하였다. 그것은 미타니 왕국의 쇠퇴에 따른 것이었다. 따라서 이집트는 팔레스틴 지역에 대한 원정을 떠날 이유가 없었다. 이것은 팔레스틴 지역에 대한 이집트의 영향력 약화를 초래하였다. 그러는 동안 팔레스틴 내부의 도시국가들과 작은 왕국들 사이에 외교적인 문제가 발생하였다.

엘-아마르나 문서와 가나안

지리적인 관점에서 보면 엘-아마르나 문서는 쉐펠라 지역과 산악지대, 그리고 요르단 계곡지역의 여러 지역을 포함했다. 그러나 길르앗이나, 요르단 남쪽지역, 그리고 네겝 지역에 있는 가나안의 도시들에 대한 언급이 없다. 대체로 이 기간 동안 가나안의 도시들은 낮은 평야지대에 위치하고 있었고 이들이 주변의 여러 지역에 대한 통치권을 가지고 있었다.

엘-아마르나 시대의 가나안은 주로 크게 세 부분으로 나누어져 있었다. 가자를 중심으로 하는 팔레스틴 지역, 쭈무르를 중심으로 하는 레바논 해안지역, 쿠미디 Kumidi를 중심으로 하는 시리아 남쪽지역이다.[145] 그러나 아미하이 마잘 A. Mazar은 가나안에 있는 도시들을 쉐펠라 지역, 산악지대, 그리고 산악지대 북부지역으로 크게 세 부분으로 나눈다.[146] 첫째, 쉐펠라 지역에서 정치적으로 중요한 도시는 게셀, 라기스, 그리고 수바르다타 왕국 the Kingdom of Shuwardata이다. 이들은 영토를 동쪽으로 확장하려고 노력하였다. 따라서 예루살렘과 마찰을 일으켰다. 이러한 예는 예루살렘의 왕이 게젤의 왕 밀키루 Milkilu 수아르다투 Suardatu를 이집트의 바로에게 고발하는 것에서 잘 알 수 있다 EA 290.[147] 둘째, 산악지대에서는 예루살렘과 세겜이 전체 지역을 관장하였다. 산악지대는 사람이 거주하기 어려움에도 불구하고 많은 도시에 사람들이 거주하였다.[148] 셋째, 산악지대 북부지역에서는 아스다롯과 하솔이 중요했다. 아스다롯의 왕은 펠라와 가리 Gari; 성서의 그술 Geshul 지역에 영향력을 행사하였다.

주전 14세기경 가나안에서 중요한 지역은 게셀, 세겜, 그리고 하솔이었다. 이 외에도 아스글론, 라기스, 갓, 예루살렘, 르홉, 므깃도, 시므온 Shimon, 악고 등인데 세겜과 하솔만이 영토를 가지고 있는 왕국이었고, 나머지는 모두 도시국가의 형태를 띠고 있었다.

---

145) W. Helch, *Die Beziehungen Ägyptens zu Vorderasien im 3. und 2. Jahrtausend v. Chr.* 2nd rev. de. Wiesbaden, pp. 248-252; R. de Vaux, "Le Pays de Canaan," *Essays in Memory of E.A. Speiser*, ed. W. W. Hallo, New Haven, pp. 23-30. 그러나 나아만(N. Na'aman)은 아마르나 시대의 가나안 지역을 크게 두 부분으로 나눈다. 즉 팔레스틴 지역과 시리아, 페니키아 해안지역이다. N. Na'aman, *The Political Disposition and Historical Development of Eretz-Israel Accroding to the Amarna Letters*, Dissertation Tel-Aviv University, 1975, pp. 166-172, 227 (Hebrew); idem, "Economic Aspects of the Egyptian Occupation of Canaan," *IEJ* 31 (1981), pp. 172-185.

146) A. Mazar, *Archaeology of the Land of the Bible* 10,000-586 B. C. E., pp. 232-241.

147) EA 290에 의하면 Milkilu와 킬투(Qiltu)의 왕(?) 수바르다타가 게젤, 김투(Gimtu), 그리고 킬투에서 군대를 거느리고 루부투(Rubutu)를 점령하였고, 이어서 예루살렘에 속해 있는 지역을 점령하였다.

148) 산악지대에 위치한 아마르나 시대의 도시로는 도단, 티르짜(Tirzah), 벧엘, 헤브론, 드빌, 기브온, 브엘롯(Beeroth) 등이다. 특히 세겜의 왕 라바유는 샤론 평야, 이스르엘 평야, 그리고 예루살렘, 게셀 지역에까지 영향력을 행사하였다.

엘-아마르나 서신을 통하여 당시 주전 14-13세기 가나안의 정치적 상황에 대한 자료를 얻을 수 있다. 이 가운데서 이집트가 당시 가나안을 관할하고 있었음을 알 수 있다. 특히 이집트는 가나안에 가자, 욥바, 울라사 Ullasa, 쭈무르, 벤산 그리고 쿠미디 등 여섯 곳에 요새를 구축하였다. 이들 여섯 요새들은 주변에 있는 경작지를 관리하였다. 이들 요새화된 도시들뿐만 아니라 예루살렘, 므깃도, 악고, 비블로스 등 중요한 지역에 주둔군을 주둔시켰다. 이들 군대 규모는 50여 명 미만에서 많이는 300여 명까지 되었다.

가나안 지역을 통치하기 위하여 이집트의 관리들이 파견되었는데 총독들은 각 지역에 한 명씩 배정되어 그 지역을 통치하였다. 이들의 명칭은 '이방을 위한 왕의 사신' Messenger of the king to every foreign land 이었다. 이들의 가장 중요한 기능은 모든 봉신으로부터 세금을 징수하는 것이었다. 뿐만 아니라 이집트 군대가 원정을 갈 때, 군사와 식량을 공급하는 역할을 하였다. 그 외에도 많은 관리들이 있었지만 이들의 기능에 대하여 자세히 알 수 없다. 이집트는 아마르나 시대에 가나안을 통치하면서 많은 정치, 경제, 군사적인 이익을 얻을 수 있었다.

아마르나 문서와 하비루 Hapiru, 수투 Sutu

아마르나 문서에 등장하는 하비루는 히브리의 기원을 하비루에서 찾는 일군의 학자들에 의하여 그 중요성이 강조되었다[149].

하비루는 주전 2000년대의 고대 근동에 널리 알려진 사회적, 정치적인 배경이 없는 사람을 일컫는 말이다. 그러나 아마르나 문서에서는 이들 하비루에 대한 새로운 관점을 갖게 한다. 하비루란 이집트 세력에 저항을 하

---

149) M. Greenberg, *The Hab/piru*, New Heaven, 1955.

는 일군의 사람들을 일컫는다. 뿐만 아니라 이들은 때로 강도 집단으로 또 때로는 용병을 하는 집단으로 기록되어 있다. 이들은 도시국가간의 분쟁에 관여하였다. 또한 EA 185-6에서는 이들이 투슐티 Tushulti에 거주하면서 후견인 역할을 하는 것도 볼 수 있다. 이들과 함께 수투 Sutu라는 집단이 등장하는데 수투는 아카드어로 방랑하는 유목민의 집단을 뜻하는 말이며 아마르나 시대에 방랑하는 유목민을 총체적으로 나타내는 용어이다. 이들은 때에 따라서 위험한 집단으로 기록되기도 한다 EA 16, 40, 297, etc.. 같은 유목민들 가운데 유프라테스 강 중류지역에서 방랑하던 유목민들을 특별히 알라마유 alamayyu라고 불렀다 EA 200.

아마르나와 해양족

아마르나 문서에 해양족의 일부인 에르덴 Erden과 루키 Lukki가 언급된다. EA 81, 122, 123 등에서 쉐르덴은 비블로스 지역의 왕실 경호원이나 용병으로 활약하였음을 기록하고 있다. EA 38에서 루키는 알라시야를 약탈하는 약탈자로 기록하고 있다. 일부 학자들은 미쉬 miši를 해양족 가운데 하나로 생각하기도 한다.[150] 아마르나 문서 EA 101, 105, 108, 110, 111, 126에 등장하는 미쉬는 대체로 바다와 관련하여 등장한다. 그러나 미쉬를 해양족의 일부로 주장하기 위해서는 많은 연구가 필요하다. 따라서 해양족들이 이미 주전 15-14세기에 팔레스틴의 지중해 해안에서 활동하였음을 짐작할 수 있다.

아마르나 문서와 구약성서

구약성서에 등장하는 왕조 이전 시대의 여러 가지 사회적 현상들을 아마

---

150) *CAD* D, p. 122에 의하면 미쉬는 아마르나 문서에만 등장하는 이집트어이다. CAD에서는 이 단어를 "군대"(troop, army)로 번역하였다. J. F. Brug, *A Literary and Archaeological Study of the Philistines*, British Archaeological Reports, International Series 265, Oxford, 1985를 참고하시오.

르나 문서에서도 찾아볼 수 있다. 아마르나 문서와 구약성서에 나타난 이스라엘 이전의 가나안의 상황과 같은 요소는 여호수아 15:45-47, 17:11; 사사기 1:27처럼 가나안 지역이 여러 지역으로 나뉘어져 있고 이들은 모두 왕에 의하여 통치되며, 어떤 한 지역은 그 지역의 중심 도시와 그 도시를 중심으로 주변 도시로 구성되어 있다는 점이다. 또한 여호수아 10-11장처럼 도시국가의 왕들의 연합을 엘-아마르나 서신에서도 볼 수 있다 EA 366.

그럼에도 불구하고 구약성서와 아마르나 문서 사이에는 여러 가지 차이점이 있다. 첫째, 구약성서에 등장하는 많은 지명이 아마르나 문서에는 나타나지 않는다는 것이다 즉 여리고, 아이, 야르무트, 헤브론, 브엘세바, 아라드 등. 여러 장소 가운데 족장들의 활동과 관련하여 중요한 헤브론이 후기 청동기 시대의 어느 기록에도 언급되지 않고 더욱이 이 시기에 헤브론에 사람이 거주하지 않았다. 또한 여호수아 10장에서 예루살렘 왕이 연합을 이끄는 등 정치적 위치가 중요하게 언급되는데 반하여 아마르나 문서에서 예루살렘 왕의 역할이 미미한 것으로 언급되어 있고 더욱이 라기스나 에글론처럼 어떤 정치적인 연합을 주도할 수 없는 것처럼 묘사되어 있다. 구약성서에는 가나안에 거주하는 많은 민족들 히위 족, 헷 족, 여부스 족, 블레셋, 페리즈 족, 길가쉬 족 등에 대한 언급이 있는데, 아마르나 문서에는 이들에 관한 언급이 전혀 없다.

이스라엘 민족의 출애굽

이스라엘 민족의 출애굽에 관한 역사성의 문제는 대체로 출애굽 연대, 즉 애굽의 어느 왕 때 출애굽 하였는가 그리고 어떤 경로를 통하여 출애굽 하였는가 하는 문제이다. 그리고 출애굽 경로와 관련하여 홍해 얌 수프, יַם סוּף 는 어디인가 등이다.

출애굽 연대

이스라엘 백성의 출애굽 연대는 앞에서 언급했듯이 요셉을 모르는 새로운 왕이 누구인가에 따라 달리 결정된다. 그러나 출애굽기 1:11의 비돔과 라암셋이라는 두 도시의 이름이 등장하는 것을 통하여 출애굽 연대를 추정할 수 있다. 따라서 많은 고고학자나 성서학자들은 이스라엘의 출애굽 연대를 주전 1270-1250년 사이로 추정하고, 가나안 정착을 주전 1230-1220년경으로 추정한다. 그럼에도 불구하고 다양한 출애굽 연대가 제시되는데 이는 학자들이 제시한 출애굽 연대는 어떤 자료를 어떻게 사용하는가에 따라서 다양하게 나올 수 있기 때문이다.

주전 16세기 학설

주전 16세기 학설은 마네토와 요세푸스의 주장처럼 힉소스의 이동과 이스라엘 조상들의 이동을 동일시하는 것이다. 즉 힉소스 왕국은 아바리스를 중심으로 애굽을 100여 년 동안 통치하였으나 애굽 제18왕조의 아흐모세가 주전 1580년경부터 힉소스를 쫓아내기 시작하였으며,[151] 애굽에서 쫓겨난 힉소스는 가나안의 사루헨 Sharuhen; Tell el-Fahr'sh에서 애굽 군대와 세 차례 전쟁을 치렀으나 결국 패하고 말았다. 아흐모세 이후 아멘호텝, 투트모세 1세 Tuthmoses I, 주전 1504-1492, 그리고 투트모세 3세도 지속적으로 힉소스를 몰아냈다. 이처럼 힉소스가 애굽에서 추방당할 때 이스라엘 백성들도 애굽에서 함께 나왔다는 주장이다.

---

151) *CS II*, pp. 5-7, esp. 5-6, *II* 8-14.

주전 15세기 학설

주전 15세기 학설은 어떤 성서 자료를 사용하느냐에 따라 두 가지로 나눌 수 있다.

① 주전 1446년 혹은 1444년 설

주전 1446년 설은 열왕기상 6:1을 기초로 연대를 추정한 것이다. 열왕기상 6:1에 솔로몬이 성전을 건축한 것이 그의 통치 제4년, 즉 출애굽 한 지 480년 만에 성전을 완성했다고 기록하고 있다. 그렇다면 솔로몬 통치 제4년이 언제인가를 결정하면 출애굽 연대를 추정할 수 있다. 이를 위하여 성서 밖의 역사적 사건과 비교하여 연대를 결정해야만 한다. 솔로몬 사후死後 르호보암 제5년에 애굽의 시삭 Shishak, 주전 945-924 왕이 이스라엘을 포함하여 팔레스틴 지역을 침략하였고, 이 사건은 구약성서뿐만 아니라 테베에 있는 아몬 신전 벽에 새겨진 시삭의 기록에도 등장한다. 일반적으로 이 사건을 주전 925년 혹은 923년경으로 추정한다. 이 연대를 근거로 솔로몬의 통치가 주전 930년 혹은 928년까지 지속된 것으로 간주한다. 왜냐하면 그는 40년간 이스라엘의 왕으로 통치하였기 때문이다. 따라서 그의 통치 4년이란 주전 966년 혹은 964년경이 된다. 그런데 솔로몬 왕의 통치 4년은 출애굽 한 지 480년 후이다. 따라서 출애굽 연대가 1446년 혹은 1444년이 된다.

그러나 이렇게 출애굽 연대를 추정하는 방법은 여러 가지 문제점을 가지고 있다. 첫째는 솔로몬의 즉위 연대를 주전 970년경으로 추정하였는데 이것이 정확하지 않다는 것이다. 또한 솔로몬 즉위 연대를 추정하는 기초인 시삭의 침략 연도를 결정하는 것도 정확하지 않다. 왜냐하면 출애굽의 연대를 결정하는 방식이 다양하기 때문이다.[152] 연대의 가장 큰 문제점은 솔로몬의 즉위에 대한 정확한 연대를 알 수 없다는 것과 구약성서에 기록된

480년이란 숫자가 얼마만큼 정확한 숫자인가 하는 점이다.

② 주전 1450-1440년 설

주전 1470년 설은 사사기 11:26을 근거로 한 주장이다. 사사기 11:26에 따르면 입다 이전 시대에 이스라엘이 헤스본 Heshbon을 중심한 요단 동편을 300년간 정복하였다고 기록하고 있다. 입다의 시대를 주전 1100년경으로 본다면 이미 1400년경에 요단 동편이 이스라엘에 정복되었다. 이러한 연대를 종합하여 출애굽 연대는 1450-1440년이고, 1400년경 출애굽 한 이스라엘이 요단을 300년간 통치하였다고 주장한다. 그러나 이러한 주장의 문제는 입다 시대를 정확하게 알 수 없다는 점이다.

성서적 연대를 근거로 빔슨 J. Bimson은 주전 1430년 이스라엘이 여리고를 공격하였으며, 40년 전인 1470년경 출애굽 하였다고 주장한다.[153]

주전 14세기 학설

주전 14세기 학설은 1930년대 여리고를 발굴한 가르스탕 J. Garstang이 여리고가 주전 14세기 초에 파괴되었다고 주장한 것을 바탕으로 출애굽이 주전 1350년경에 있었을 것으로 추정하는 학설이다. 이들은 기브온, 벧엘, 헤브론 그리고 여리고 등이 아마르나 서신에 등장하지 않는 것은 이들 네 도시가 이미 이스라엘 백성들에 의해 정복되었기 때문이라고 설명한다.[154]

---

152) 애굽 왕의 연대를 결정하는 방법은 M. B. Rowton 방법과 Wente-Van Siclen 방법 두 가지가 있으며, 둘 사이의 차이는 약 15년이다. 예를 들어 람세스 3세는 전자의 방식으로는 주전 1198-1166년까지 통치하였으나 후자의 방식으로는 1182-1151년까지 통치하였다.
153) J. J. Bimson, *Redating the Exodus and the Conquest*, Shefield, 1978, p. 222. 그러나 여리고의 파괴 흔적이 고고학적으로 확인되지 않기 때문에 받아들이기 어렵다.
154) W. H. Stiebing, *Out of the Desert: Archaeology and the Exodus / Conquest Narratives*, Buffalo, 1989, p. 42. 그러나 고고학적 발굴 결과 아마르나 시대에 이 네 도시는 이미 폐허가 되어 사람이 살지 않았다는 것으로 판명되어 이들의 주장은 받아들여지지 않는다.

주전 13세기 학설

19세기 중엽 레프시우스 R. Lepsius부터 출애굽의 연대를 람세스 2세의 통치기간이었던 주전 13세기로 보기 시작하였다. 또한 페트리 W. M. F. Petrie는 메르넵타 왕의 이스라엘 석비를 근거로 람세스 2세의 후계자인 메르넵타 시대를 출애굽 연대로 추정하고 있다. 이러한 주전 13세기 학설은 출애굽기 1:11의 비돔과 라암셋이 람세스 2세가 페르 람세스와 비돔을 건설했다는 인식에서 출발한다. 왜냐하면 이집트 왕의 역사 가운데 라암셋이란 도시를 건축한 왕은 람세스 2세 뿐이기 때문이다. 만약 출애굽기 1:11의 애굽 바로가 제19왕조의 람세스 2세라면 출애굽은 그의 통치기간 중에 일어났을 것이다. 따라서 주전 1270년 혹은 1250년을 출애굽의 연대로 제시하며, 많은 학자들이 이를 따르고 있다. 뿐만 아니라 고고학적으로 주전 13세기 가나안의 거대한 파괴의 흔적이 발견되기 때문이다.

출애굽 경로

출애굽의 연대와 함께 이스라엘 백성이 어떤 경로로 출애굽 했는가 하는 것도 쉽게 답을 찾을 수 없다. 출애굽기 12:37, 13:17-14:4과 민수기 33:5-8에 등장하는 몇 가지 지명을 근거로 경로를 추정할 뿐이다. 경로 가운데 주로 문제가 되는 부분은 애굽에서 출발하여 가데쉬 바네아 Kadesh-Barnea; Tell el-Qudeirat까지 도착하는데 어떤 경로를 사용하였는가 하는 점이다.

출애굽의 출발 장소는 대체로 라암셋, 즉 타니스나 칸티르임에 틀림없다. 두 번째 장소인 숙곳 Succoth은 나일 강에서 동쪽으로 가는 중요한 경로인 와디 투밀라트 Wadi Tumilat에 있는 테쿠 Theku, 오늘날 텔 엘-마스후타 Tell el-Maskhutah로 간주된다. 이 지역은 요셉 시대에 이스라엘 백성들이 거주했다는 고센 Goshen 지역이다. 다음 장소인 에담 Etham, 비-하히롯 Pi-Hahiroth, 믹

돌 Migdol은 정확히 알 수 없다. 홍해로 번역되는 얌-수프 yam-suf는 문자적으로 '갈대 바다' 라는 뜻이다. 갈대 바다가 어디인가 하는 문제에 대하여 학자들의 견해가 다양하며, 이 다양한 견해를 근거로 여러 가지의 출애굽 경로가 제시된다. 얌-수프의 후보지로는 전통적으로 홍해이지만 만잘레 호수 Manzaleh Lake나 시르보니스 호수 Sirbonis Lake; 북방경로설, 혹은 남쪽의 비터 호수 Bitter Lakes; 중앙경로설 근처도 유력하다.

출애굽 경로와 함께 정확히 알 수 있는 것은 이스라엘 백성들이 "블레셋 사람의 땅의 길"로 가지 않았다는 사실이다 출 13:17. '블레셋 사람의 땅의 길'은 실레 Sile; 오늘날 콴타라Qantara에서 출발하여 지중해 해안을 따라 가자에 이르는 길로 당시에 보편적으로 사용되었으나, 이곳에 이집트 군대의 요새와 병참 기지가 있었기 때문에 사용하지 못하였다.

시내 산의 정확한 위치도 알려지지 않고 있지만 전통적으로 제벨 무사 모세의 산가 시내 산으로 여겨지고 있다. 그러나 출애굽 경로를 어디로 생각하느냐에 따라 제벨 엘-할랄 Jebel al-Halal; 북방경로설, 제벨 신-비쉬르 Jebel Sinn-Bishir; 중앙경로설도 시내 산의 후보지에 속한다.

이러한 지리적 위치의 불확실성 때문에 출애굽 경로는 얌-수프와 시내 산의 위치에 따라 남방경로, 북방경로 그리고 중앙경로설이 등장하였다.

북방경로설

북방경로설은 람세스를 출발한 이스라엘 백성들이 지중해 쪽으로 이동했다는 주장이며, 북방경로가 출애굽 경로 가운데 가장 짧은 경로이다. 이 경우 갈대 바다는 포트-사이드 서쪽의 만잘레 호수이거나 혹은 시르보니스 호수가 될 것이다. 그리고 갈대 바다를 건넌 이스라엘 백성이 남쪽으로 이동하여 시내 산을 거쳐 가데쉬 바네아에 도착했을 것이다. 이 경우 시내 산은 전통적인 제벨 무사가 아니라 가데쉬 바네아 옆에 있는 제벨 엘-할랄이 된다.

중앙경로설

중앙경로설은 이스라엘 백성들이 고센 지역에서 바로 동쪽으로 이동하여 비터 호수를 건너 수에즈 해안을 따라 남하하다 다시 북동쪽, 가데쉬 바네아로 향했다는 주장이다. 이 경우 시내 산은 제벨 신-비쉬르가 된다. 중앙경로설을 따르면서도 일부의 학자들은 시내 산은 시내 반도에 있는 것이 아니라 엘랏^{Elath}으로 가는 길목에 위치한 미디안 땅이나 엘랏 동쪽의 세일 산일 것으로 추정하기도 한다 창 14:6; 민 3:37; 신 33:2. 이러한 주장은 호렙 산과 바란 광야가 미디안 땅에 있기 때문이다 출 3:1, 4:27; 왕상 11:17-18.

남방경로설

전통적인 출애굽 경로이다. 갈대 바다인 수에즈만을 건너 남하하여 제벨 무사를 거쳐 다시 북상하여 가데쉬 바네아로 향했다는 주장이다.

출애굽의 규모

이집트에서 탈출한 이스라엘 민족의 인구조사 출 12:37, 30,11-16, 38:24-31; 민 1:1-47, 26:1-51에 관한 기록이 오경에 몇 차례 기록되어 있다. 인구조사 결과 장정 약 60만 명이라고 기록하고 있다. 이처럼 성서의 여러 책에서 일관성 있는 결과를 기록하고 있다는 것은 일면 동일한 문헌을 바탕으로 기록했기 때문이라고 추정한다. 그러나 좀 더 자세히 살펴보면 이 숫자가 어떤 방법으로 산출되었는지, 언제 처음으로 알려졌는지 분명하지 않다. 확실한 기록은 민수기 1장과 민수기 26장으로 인구조사 시기와 그 방법이 상대적으로 정확하게 기록되어 있는 것이다. 이러한 기록과 비교하여 출애굽기 38장의 기록은 나름대로의 독립된 인구조사인가? 조사결과가 60만 3,550명으로 민수기 1장의 조사 결과와 동일하다. 이미 이집트를 떠나는 순간 60만 명이라는 인구의 수가 알려져 있다는 점 출12:37도 이해하기 어려운 문제 가운데 하나다. 또 60만 3,550명이라는 정확한 숫자가 출애굽기 38장에서는 걷힌 헌금을 통해서 알게 된 반면에 민수기 1장에서는 가족에 따른 등록을 통해 밝혀진 점도 이해하기 어렵다.

언급된 기록들이 모두 제사장 자료라는 사실이 이러한 질문들에 대한 해답이 될 수도 있다. 만약 이런 자료 분석이 옳다면 위의 언급들은 실제 기록된 사건보다 상당히 오랜 시간이 지난 이후에 기록된 글임을 알 수 있다. 제사장 자료의 기록 연대는 학자들 사이에 오랫동안 논란의 대상이 되어왔다 포로기 이전 혹은 이후.[155] 그러나 정확한 기록 연대가 언제이건 사건의 역사적 배경과 기록 시기 사이의 시간차가 너무 크며, 역사적 자료로서의 신뢰성도 그만큼 떨어진다. 한편 인구가 보도된 구절들이 문맥상 앞뒤의 다른 이야기들과 유기적으로 연결되지 않는다는 사실도 이런 결론을 뒷받침해준다. 이런 기록들은 역사 재구성에 그대로 사용되기에 부적절하며, 결국 성서의 언급들 사이에 발생하는 여러 가지 문제들을 구태여 해결할 이유가 없어진다.

출애굽 당시의 60만 장정은 전체 인구 250만 내지 300만 명을 의미한다.[156] 이렇게 큰 민족을 이집트인들이 어떻게 지배할 수 있었는지, 그리고 이 많은 인구가 시내 반도의 광야에서 40년 동안 어떻게 먹고 살 수 있었는

---

155) S. R. Driver, *An introduction to the literature of the Old Testament*, 1956, pp. 135-159; F.M. Cross, *Canaanite Myth and Hebrew Epic* New Haven, 1973, pp. 323-325; M. Haran, *Temples and temple service in ancient Israel*, Oxford, 1985, pp. 146-148.
156) 만약 출애굽 한 인구의 수가 250만~300만 명 정도라면 그 대열의 길이는 16열 횡대로 앞 사람과의 간격을 50cm로 가정했을 때, 대략 78-93km 정도 된다. 또한 250만~300만 명이 먹고 마실 식량과 물의 양뿐만 아니라 이들이 배출하는 분뇨의 양은 상상을 초월한다.

지 이해하기 힘들다. 같은 원리로 다윗 시대에 130만 장정은 600만 명의 인구를 의미하는데, 이것은 1997년 이스라엘의 인구와 같다. 스룹바벨과 함께 귀환한 4만 2,360명의 인구도 쉽게 받아들일 수 없기는 마찬가지다.[157]

성서에 기록된 숫자들 이면에 감추어진 일정한 논리적 규칙을 밝혀내려는 노력으로는 육십진법에 의한 이해,[158] 게마트리아 Gematria,[159] 그리고 바벨론의 월력을 이용한 주석[160] 등이 있다. 그러나 이러한 주석 방법으로는 자료의 일부분만 설명이 가능하며, 당시의 실제 인구를 추정하는데 도움이 되지 않는다.

이와 달리 실제적인 인구를 얻어보려는 시도들도 있었다. 가장 설득력 있는 방식은 히브리어에서 천을 뜻하는 단어 '엘레프' אלף 의 어의를 다르게 이해하는 것이다. 즉 숫자로 '천f'을 뜻하는 히브리어 엘레프가 때때로 일정한 집단을 가리키는 이름으로도 사용된다는 점에 착안한 학자들이 있었다.[161] 이들에 의하면 출애굽 당시의 인구는 5,550-5,730명이다. 그러나 성서의 모든 숫자를 꼭 이런 방법으로 이해해야 할 당위성은 없으며, 엘레프라는 단체 구성원의 수가 5-14명으로 다양하게 변하는 점 등이 문제로 꼽힌다.

---

157) 주전 8세기 아시리아 제국의 고위 관리(아라프하의 총독)가 황제에게 보고하기를 식량 부족으로 6,000명의 포로를 혼자 수송할 수 없다고 했다. 관리는 이 포로들을 두 무리로 나누어 수송할 수 있도록 왕의 허락을 요청했다. NL 96을 보라. H. W. F. Saggs, "The Nimrud letters. 1952 Part IX," *Iraq* 36 (1974), pp. 200-203.

158) U. Cassuto, *A Commentary on the Book of Exodus*, Jerusalem, 1967, pp. 470-472; B. A. Levine, *Numbers* 1-20, AB, New York 1993, p. 139.

159) H. Holzinger, *Numeri*, KHAT 4, 1903, pp. 5-6; A. Bentzen, *Introduction to the Old Testament*, vol. II, 1949, pp. 33-34; 참고, G. Fohrer, *Introduction to the Old Testament*, 1968, pp. 183-184.

160) M. Barnouin, "Les recensements du livre des nombres et l'astronomie Babylonienne," *VT* 27 (1977), pp. 280-303.

161) W. M. F. Petrie, *Researches in Sinai*, 1906, pp. 206-223; idem, *Egypt and Israel*, 1923, pp. 42-46; G. E. Mendenhall, "The Census Lists of Numbers 1 and 26," *JBL* 77 (1958), pp. 52-66; 참고, J. W. Wenham, "Large Numbers in the Old Testament," *TB* 18 (1967), pp. 19-53.

또 다른 방법은 방정식을 통해 증명하려는 것이다. 출애굽 당시의 인구 자료를 기초로 방정식을 만들어 계산하면 레위인이 1,000명 정도, 전체 인구가 약 2만 2,000명으로 계산할 수 있다.[162] 이 방법은 일정한 전제를 인정할 때만 성립이 가능하기 때문에 전제의 진위 여부가 이 방법론의 유효성 여부를 좌우하는 단점을 지니고 있다.

만단스키 A. Mandansky는 야곱의 자손들이 평균 4명씩의 아들을 낳는다고 전제할 때창 46:8-27 이집트에서 6세대를 살았다면 대상 2:3-10 4만 9,152명의 장정이 출애굽을 했다고 본다.[163] 물론 이 주장은 성서의 족보와 불확실한 연대 자료를 기초로 계산된 것이다. 한편 루카스 A. Lucas는 금세기 초 이집트의 인구 증가율을 기초로 70명의 야곱 자손이 430년 동안 이집트에 살았을 때 1만 363명의 장정이 출애굽 했다고 주장한다.[164] 이 계산도 신빙성이 입증되지 않은 성서의 자료와 현대의 인구 증가율을 사용했기 때문에 추정치의 정확성을 완전히 인정할 수 없다.

결국 성서 자료를 통해서 실재적인 인구를 얻을 수 없으며, 어떤 주석을 받아들여도 성서 본문이 안고 있는 모든 문제를 다 해결할 수 없다는 것이 밝혀졌다. 성서는 나름대로의 기록 의도에 의해서 쓰였기 때문에, 굳이 인구 자료의 역사적인 신빙성을 증명하려는 시도 자체가 무의미하다고 볼 수 있다. 따라서 구약성서에 기록된 출애굽 인구의 수는 정확한 숫자라기보다는 어림수로 많은 수가 출애굽 했음을 보여주고자 했을 것이다.

---

162) C. J. Humphreys, "The Numbers of People in the Exodus from Egypt: Decoding mathematically the very large Numbers in Numbers I and XXVI," *VT* 48 (1998), pp. 196-213.
163) A. Mandansky, "On Biblical Censuses," *Journal of Official Statistics* 2/4 (1986), pp. 561-569.
164) A. Lucas, "The Number of Israelites at the Exodus," *PEQ* 76 (1944), pp. 164-168.

가나안 정착

출애굽 한 이스라엘 백성들이 40년 광야생활을 마치고 가나안에 정착하였다. 이스라엘의 가나안 정착에 관한 역사적인 문제는 매우 복잡하다. 즉 이스라엘이 가나안에 어떻게 정착하였는가 하는 것이다. 그런데 이스라엘의 가나안 정착에 관한 논의에 앞서 이스라엘 백성들이 가나안에 정착할 당시 가나안의 정치적 상황에 대한 이해가 필요하다.

주전 13세기의 가나안

이스라엘이 가나안에 정착할 당시 가나안 및 국제 정세는 큰 변화의 소용돌이 속에 휘말려 있었다. 특히 가나안에 큰 영향력을 미쳤던 이집트와 메소포타미아 그리고 히타이트의 세력이 약화되면서 가나안은 힘의 공백 상태를 맞이하였다. 이러한 힘의 공백상태 속에서 이스라엘을 비롯한 가나안의 여러 나라들이 왕국을 형성하게 되었다.

강대국의 쇠퇴

이집트 신왕국시대는 그 어느 때보다도 가나안에 대한 이집트의 간섭이 활발하던 시대였다. 따라서 가나안에 대한 많은 원정이 행해졌다. 투트모세 3세는 시리아-팔레스틴과 더 나아가 미타니 왕국에까지 15차례나 원정을 감행하였고, 그의 아들 아멘호텝 2세 역시 시리아-팔레스틴 지역에 세 번의 군사원정을 감행하여 미타니 왕국과 세력의 균형을 이루었으나, 빈번한 원정으로 이집트와 미타니 왕국 모두 많은 국력을 소진하였다. 따라서 아멘호텝 2세의 후계자인 투트모세 4세와 아멘호텝 3세는 가나안 원정을 몇 차례에만 감행하였다.

제19왕조가 시작되면서 세티 1세, 람세스 2세 그리고 므넵타 왕 주전 1212-1202은 이집트의 북쪽 경계를 확고히 하기 위하여 가나안으로 군사원정을 감행했다. 람세스 2세는 히타이트와의 전쟁을 재개하여, 주전 1275년 가데쉬에서 중요한 결전을 치렀다. 이처럼 갈등관계에 있던 이집트와 히타이트는 주전 1259년에 조약을 맺음으로 종지부를 찍었고, 두 제국의 관계는 히타이트 제국이 멸망할 때까지 지속되었다.

이집트가 쇠퇴기로 접어든 것은 므넵타 왕 시대부터였고, 이때부터 70년 후에는 이집트가 가나안에서 철수하였다. 그러나 이집트가 당장 쇠퇴한 것은 아니었다. 이집트 제20왕조의 람세스 3세는 몰려오는 해양족들을 물리쳤다. 그러나 람세스 3세 이후부터 이집트 세력은 가나안에서 철수하기 시작했다.

메소포타미아 남부지역에 위치하고 있던 바벨론 지역에서 주전 16세기경에 새로운 왕조인 카스 Kassite 왕국이 탄생하여, 주전 1530-1155년까지

400여 년간 권력을 유지하였다. 그러나 주전 13세기부터는 아시리아와 엘람 왕국이 카스 왕국의 멸망을 재촉하였다. 카스 왕국의 결정적인 쇠퇴는 주전 13세기 말 바벨론의 카쉬틸리아슈 4세 Kashtiliashu Ⅳ, 주전 1232-1225가 아시리아의 투쿨티-니누르타 1세 Tuklti-Ninurta Ⅰ, 주전 1243-1207와의 전쟁에서 패하고 메소포타미아 남부의 많은 지역이 아시리아의 통치 아래 놓이게 되면서부터이다.

메소포타미아 북부지역의 중심 세력이었던 아시리아는 히타이트의 슈필룰리우마 1세 Suppiluliumas Ⅰ, 주전 1380경-1346경가 미타니 왕국을 공격하여 미타니의 투쉬라타 Tushratta를 죽이자 이 지역은 정치적인 공황상태에 빠진다. 아시리아의 앗수르-우발리트 2세 Aššur-uballit Ⅱ, 주전 611-?는 이것을 이용하여 세력을 장악하고 아시리아 부흥의 발판을 마련하였다. 아시리아가 세력을 확장하자 바벨론의 부르나부리아쉬 Burnaburiash 왕이 앗수르-우발리트의 딸인 무발리테트-쉐루아 Muballitat-Sherua와 결혼한다. 그 후 이들의 아들인 카라-하다쉬 Kara-hadash가 반란으로 죽자 앗수르-우발리트는 바벨론의 내정을 간섭하여 쿠리갈주 2세 Kurigalzu Ⅱ, 주전 1332-1308를 왕으로 세운다. 이처럼 아시리아는 바벨론 내정에 간섭할 정도로 세력을 확장하였다.

앗수르-우발리트가 죽은 후 일시적인 공백기를 지낸 후 주전 13세기에 세 명의 왕에 의하여 아시리아는 다시 세력을 확장하였다. 아다드-니라리 1세 Adad-nirari I, 주전 1305-1274, 살만에셀 1세 Shalmaneser I, 주전 1273-1244 그리고 투쿨티-니누르타 1세이다. 이들은 유프라테스 강을 건너 시리아 지역으로 세력을 확장하였고, 전에 미타니 왕국이 차지하고 있던 땅을 아시리아 영토로 합병하였다. 비로소 아시리아는 아다드-니라리 1세 때 열강의 반열에 들어섰다. 이러한 사실은 히타이트의 왕이 아다드-니라리 1세에게 보낸 편지에 잘 나타난다. 히타이트의 왕은 그에게 다음과 같이 썼다. "내가 너에게 형제라고 써야 하는 이유가 무엇이냐? 너와 내가 한 어머니에게서 낳았느냐?" 이러한 사실은 히타이트 왕으로서도 아시리아 왕을 형제로 부르지 않을 수 없음을 보여준다. 투쿨티-니누르타 1세는 대대적인 정복전쟁을 감행하여 우라르투 Urartu 지역을 포함하여 시리아 지역으로까지 세력을 확장하였다. 뿐만 아니라 바벨론을 정복하고 메소포타미아 남부의 많은 지역을 점령하였다.

그러나 그가 죽은 후 아시리아는 일시적인 혼란에 빠지지만 디글랏빌레셀 1세 Tiglath-pileser I, 주전 1114-1076가 즉위하면서, 전 왕의 정복전쟁을 계승하여 서쪽의 아람과 무쉬쿠 Mushku를 정복하고 지중해 연안까지 진출하였다. 또한 북쪽으로는 반 호수 Lake Van 지역까지 진출하였다. 그러나 그는 단명하고 말았고 결국 주전 1050년 이후 아시리아 세력은 매우 축소되어 메소포타미아 북부지역을 아람이 통치하게 되었다.

블레셋의 등장

블레셋은 람세스 3세의 기록에 처음으로 등장한다. 주전 15세기부터 이집트의 기록에 등장하는 해양민족 가운데 하나이다. 람세스 3세 8년에 나일 지역으로 들어오는 해양족의 유입이 차단되었다. 이 전쟁을 기록하고 있는 테베의 메디네트 하부의 신전 벽에 기록된 비문의 첫 부분은 람세스 3세를 찬양하는 내용과 람세스의 연설이 기록되어 있다. 이어서 시리아 북부지역을 침략한 적에 관한 기록도 있다. 이 지역을 정복한 일군의 집단들은 펠레세트, 체커, 쉐켈레쉬, 다누나, 그리고 웨세스 등이다.

람세스 3세에게 패배한 후에 많은 사람이 가나안에 머물렀고 특별히 블레셋과 체커 또 다른 사람들은 서쪽으로 배를 타고 갔으며, 결국 이렇게 해서 가나안의 남서부 시실리와 사르디니아가 점차로 블레셋 땅이 되었다. 람세스 3세 8년 이후

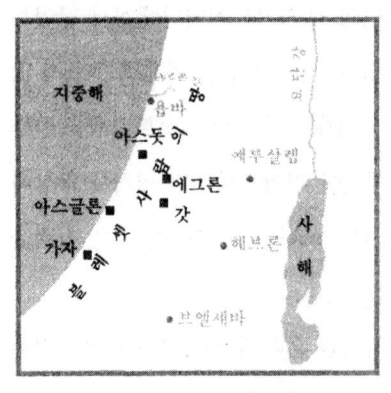

| 블레셋 다섯 도시 |

블레셋은 가자, 아스글론 그리고 아스돗의 해안도시와 그 통로로 표시되는 해안지역뿐만 아니라 그 동쪽지역, 상대적으로 곡식이 잘 자라는 지역에 대한 통제권을 아주 빠른 속도로 장악하게 되었다. 불과 몇 년 내에 블레셋이 가나안 남서지역에 정착함에 따라 그곳에 독특한 장식을 가진 새로운 토기가 나타났다. 이것은 대부분 그 모양과 장식에 있어서 후기 미케네 토기에 의해 영향을 받았으며 또한 팔레스틴 지역, 키프로스Cyprus 그리고 이집트 요소가 합쳐진 것이었다. 따라서 그것은 주전 12세기와 주전 11세기에 블레셋의 중심지역과 그 주변에서 블레셋 토기로 불리게 되었다. 남쪽에서는 우르자Urza, 사루헨, 그랄, 동쪽으로는 블레셋과 히브리인의 경계지역들 드빌에서 게젤까지, 지중해안 지대에는 북쪽으로 욥바까지 넓게 분포되어 있었다.

반면, 주전 13세기부터 10세기까지 계속해서 사람이 거주했던 벧산은 지금까지 유일하게 하나의 조각만 발굴되었다. 따라서 이 토기는 블레셋인의 거주지역임을 나타내는 표시이며, 뿐만 아니라 주변국과의 국경지대에 그들이 영향을 끼쳤다는 사실을 말해준다.

샤론 평야와 돌의 해안지대는 블레셋 토기가 전혀 발견되지 않는다. 그러나 그곳도 주전 1090년경 체커에 의해 점령당했다. 블레셋 다섯 도시의 정확한 위치는 아직 문제로 남아있다. 가자, 아스글론, 에그론 그리고 아스돗의 위치는 확증되었으나 가드는 여전히 수수께끼로 남아 있다.

주전 12세기와 주전 11세기에 블레셋은 북쪽으로, 해안으로, 동쪽으로 그리고 내륙으로 그 활동범위를 넓혔다. 부분적으로 블레셋인들이 해안에 도착하였을 때 그들과 동맹군들은 어느 정도 뱃사람의 성향을 띠고 있었다. 이것은 웬아문 Wen Amun에 의해서도 알 수 있는데 그는 체커 왕자에 의해 페니키아에서 쫓겨났던 자였다. 그는 비非셈계의 이름을 가진 3명의 다른 통치자들과 함께 언급되는데 아마도 가자, 아스글론 그리고 아스돗의 블레셋 통치자들이었을 것이다. 주전 12세기의 블레셋 해안도시들은 가나안의 중심지로 재부상하는 두로, 시돈 Sidon 그리고 비블로스와 해상무역에서 라이벌 관계에 있었다. 점차 확장하는 두 개의 국가 블레셋 민족과 이스라엘 민족 사이에 내륙에서의 주요한 충돌은 주전 12세기가 아니라 주전 1100년부터였다.

아낫의 아들 삼갈의 사건 외에 블레셋은 삼손 때까지 사사기에 아무런 역할도 하지 않았다. 삼손의 이야기에서 블레셋과 히브리인의 경계는 딤나와 에그론 그리고 소라와 벧세메스이며, 이것은 아마도 블레셋이 상당할 정도로 이스라엘을 관할했다는 정황을 반영한다.

북쪽으로는 이스라엘의 두 차례 패배와 동시에 언약궤를 빼앗김으로 실로가 블레셋의 수중 안에 들어가게 되었다. 약 20년 후에 사무엘과 이스라엘은 미스바에서 블레셋에 약간의 승리를 거두었고 에그론부터 가드까지의 지경을 회복했다. 길보아 Gilboa에서 사울이 죽자 블레셋은 마침내 요단 서편 북부중앙 이스라엘에 대한 통제권을 장악한 것 같아 보인다.

정착의 과정

구약성서의 기록에 따르면 이스라엘 백성들이 주전 1200년대에 가나안에 정착하는 과정이 매우 다양하게 묘사되어 있다. 따라서 가나안 정착에 관한 많은 학설들이 등장하였다. 모든 학설은 성서의 본문을 근거로 나름대로의 이론을 제시한다. 오늘날 널리 알려진 가나안 정착 과정에 대한 설명은 크게 셋으로 나눌 수 있다.

정복설

정복설은 여호수아 1-12장을 근거로 이스라엘이 가나안 대부분 지역과 전쟁을 치른 결과 정착하게 되었다는 주장이다. 특히 정복설을 지지해줄 수 있는 기록은 여호수아 10:40이다. "이와 같이 여호수아가 그 온 땅 곧 산지와 네겝과 평지와 경사지와 그 모든 왕을 쳐서 하나도 남기지 아니하고 호흡이 있는 자는 다 진멸하여 바쳤으니 이스라엘의 하나님 여호와께서 명령하신 것과 같았더라"는 기록은 정복설을 지지하는 성서적 근거이다. 이러한 주장은 미국의 올브라이트[165]를 중심으로 한 학파에 의하여 폭넓게 지지받고 있다.

여호수아서의 가나안 정복에 관한 이야기의 역사성을 옹호하는 사람들은 후기 청동기시대 말기에 대부분의 가나안 도시가 대규모로 파괴되고, 그들보다 열등한 문화에 의해 점령당했다는 것은 여호수아서에 묘사된 가나안 도시들이 이스라엘의 무력행동에 의해 점령되고, 이스라엘은 약속의 땅을 얻게 되었다는 것을 확증한다고 보았다.

점진적인 정착설

이스라엘이 가나안에 정착하는 과정은 올브라이트가 주장하는 것과 같

---

[165] W. F. Albright, "Archaeology and the Date of the Hebrew Conquest of Palestine," *BASOR* 58 (1935), pp. 10-18.

이 일시적인 무력 전쟁에 의해서가 아니라 오랜 기간에 걸쳐 점차적으로 정착했다는 주장이 제기되었다.[166] 알트 A. Alt는 이스라엘 백성이 가나안에 정착한 것은 군사적인 행동에 의한 것이 아니라 평화적인 정착에 의한 것이라고 주장하였다. 알트는 반유목민인 이스라엘 백성들이 당시 사람이 거주하지 않았던 가나안의 중앙 산악지대로 흘러 들어와 정착하였다는 것이다.[167] 그에 의하면 주전 13세기 이스라엘 백성이 가나안에 정착할 때는 평화적인 정착이었으나 사사시대 말 혹은 왕국 초기시대인 주전 11세기에 2차적으로 영토를 확장할 때는 무력을 사용하였다고 주장했다. 이러한 주장은 알트의 제자인 노트 M. Noth[168], 바이퍼트 M. Weippert 등이 지지했다.

알트의 이러한 주장은 오늘날 고고학적 증거들과 잘 들어맞는 면이 있다.[169] 그러나 이 주장의 가장 큰 문제점은 이스라엘 백성을 오늘날 베두인과 같이 추수를 마치고 고지로 이동하는 유목민으로 규정한다는 점이다. 그러나 구약성서의 기록을 통하여 이처럼 이스라엘 백성들이 이동했다는 근거를 찾기는 어렵다.

농민 반란설

농민 반란설은 이스라엘의 가나안 정착에 관한 사회학적인 접근으로 이스라엘의 탄생이 외부로부터 유입된 민족으로부터 시작된 것이 아니라 가나안 통치 세력에 대한 가나안 농민들의 반란에 의하여 이스라엘이 생겨났

---

166) A. Alt, *Die Landnahme der Israeliten in Palstina*, 1925 (= trans. *Essays on Old Testament History and Religion*, Oxford: 1966), pp. 135-169.
167) A. Alt, "The Settlement of the Israelites in Palestine," *Essays on Old Testament History and Religion*, pp. 175-221.
168) 노트는 알트보다 더 세분화된 정착 프로그램을 제시한다. 그에 의하면 반유목민이던 이스라엘 백성들이 장기간에 걸쳐 지파들로 나뉘어 정착하였다고 주장한다.
169) J. A. Callaway and J. M. Miller, "Canaan Settlement," pp. 105-152, esp. 130.

다는 견해이다. 이 견해는 정착을 설명하기보다는 이스라엘의 기원에 관한 설명으로 더 적당하다. 따라서 이들은 알트가 주장하는 것과 같이 이스라엘 백성이 유목민이었다는 가정을 반박한다. 멘던홀 G. E. Mendenhall과 갓월드 N. Gottwald가 지지한다.[170) 멘던홀은 이러한 히브리인을 중심으로 한 농민의 반란은 곧 가나안의 도시사회와 히브리인들의 농촌사회 간의 대립이라고 봤다.

그러나 다음 몇 가지 이유로 인하여 이러한 주장은 반박되었다. 첫째, 멘던홀은 지나치게 단순화되고 심각한 사료적 문제를 불러일으키는 주기적 내부 붕괴의 순환적 유형의 조망 아래서 이스라엘의 가나안 정착에 대하여 사회학적인 맥락으로 설명하였다. 둘째, 멘던홀의 방법론은 구약 전승을 아주 가볍게 여기도록 만들었으며 그 결과 그의 재구성이 현대적 조망에 의해서 아주 심하게 그리고 무비판적으로 영향을 받고 있는 것으로 만들었다. 셋째, 사사기 전승특히 삿1장은 이스라엘의 가나안 정착에 대하여 개별 지파에 의한 점진적이고 장기적인 정복을 암시하고 있으며, 이스라엘이 가나안을 이길 힘이 없었기 때문에 가나안 세력의 중심부를 피하는 것으로 묘사되어 있다. 넷째, '하피루,' '히브리,' '이스라엘' 을 동의어라고 하는 그의 가정은 오늘날 많은 학자들에 의하여 거부되어지고 있기 때문이다.

이스라엘의 가나안 정착

이스라엘의 가나안 정착에 관한 주제를 다룰 때 다음 몇 가지 사항에 주

---

170) G. E. Mendenhall, "The Hebrew Conquest of Palestine," *BA* 25 (1962), pp. 66-87; N. K. Gottwald, *The Tribes of Yahweh*, New York, 1979. 삿 11:3 삼하 22:1.

의해야 한다. 첫째, 가나안에서 후기 청동기시대의 거주지가 그리 많이 발견되지 않는다는 점이다. 특히 성서의 정복전과 관련된 도시들을 발굴한 결과 후기 청동기시대의 지층이 없는 것으로 밝혀진 곳이 많다. 그리고 중앙 산악지대를 벗어나서 더 서쪽에 있는 거주지들은 주전 11세기 말까지 이스라엘 민족의 거주가 이루어지지 않았다.

또한 이스라엘의 정복을 기록하고 있는 성서의 기록에 따르면 정복당했다는 지역들의 파괴지층이 일률적이지 않다. 즉 파괴층은 주전 13-12세기, 백여 년에 걸쳐 넓은 시간적 간격을 두고 발견된다. 또한 파괴층이 발견된다 해도 그 뒤를 이은 후기 거주자들을 항상 이스라엘 민족이라고 단정지을 수 없다. 파괴된 가나안 도시 이후에 이스라엘 민족의 거주지로 확실한 지층이 발견되는 곳은 중앙 산악지대 벧엘 지역에 국한되어 있다. 한편 이 시기의 팔레스타인은 이집트, 블레셋인들 등 많은 세력들이 주도권을 다투던 시기이다. 이러한 연구 결과는 후기 청동기시대의 파괴층이 누구인지 확실하게 규정하는 것을 어렵게 할 뿐 아니라, 파괴 이후 새로 나타나는 거주지들도 모두 이스라엘 민족의 것인지 의심하게 한다.

여호수아서의 정복전쟁과 관련되어 언급된 도시 가운데 시기적으로 문제가 되는 도시들이 있다. 예를 들어 여호수아 1장에서 이스라엘 백성들이 가나안에 들어가 가장 먼저 점령한 도시인 여리고는 학자들간에 많은 이견이 있고 파괴층을 정확하게 주전 13세기로 규정할 수 없다. 여리고 점령 이후 다시 점령한 아이는 주전 2400년 이후 한 번도 성곽도시로써 발견되지 않았다. 뿐만 아니라 후기 청동기시대 지층 자체가 없다. 따라서 성서 기록의 역사성에 문제가 된다. 기브온은 후기 청동기시대 지층에 속하는 무덤만 발견되었을 뿐, 거주지가 발견되지 않았다. 예레못 Jeremoth은 초기 청동기시대 제3기부터 비잔틴 시대까지의 지층이 발견되지 않았다. 또한 아라드에서는 초기 청동기시대 제2기부터 청동기 말기까지의 지층이 발견되지 않는다. 다아낙에서도 주전 15-13세기 사이의 지층이 발견되지 않았다.

가나안 지역에서 후기 청동기시대에 속하는 파괴지층이 발견된다 하더라도 이것들이 거의 같은 시기에 생긴 것으로 보기는 힘들다. 예를 들어 하솔에서는 후기 청동기시대에 속하는 파괴지층이 발견되기는 하지만 이것이 이스라엘 백성의 가나안 정착과 연관되기보다는 주전 14세기 중엽부터 13세기 중엽 사이에 파괴된 것으로 추정한다. 또한 아펙 Aphek 역시 주전 13세기 중엽의 파괴지층을 가지고 있으며, 라기스는 이스라엘의 가나안 정착 때보다 늦은 주전 12세기 중엽의 파괴지층이 발견되고, 므깃도에서는 주전 12세기 중엽의 지층이 발견된다.

구약성서에 기록된 이스라엘의 가나안 정착 당시 벌였던 전쟁에 관한 내용에 따르면 고대 전쟁의 목적과 서로 다른 모습이 나타난다. 일반적으로 전쟁을 통해서 어떤 지방을 점령하는 것은 그 곳의 경제적인 환경을 이용하려는 목적에서 벌이는 일이다. 그런데 구약성서의 정복 이야기는 모두 파괴시키는 것이다. 따라서 구약성서에 묘사된 정복의 목적은 일반 전쟁의 목적과 일치하지 않음을 발견할 수 있다. 뿐만 아니라 일부 지역에서는 정복 지역과 정복자들이 새롭게 거주한 지역 사이에 거리적 차이가 발생한다. 특히 라기스, 므깃도, 베이트 미르심, 하솔 등을 발굴한 결과 새로 형성된 마을이 점령한 거주지와는 상당한 거리를 두고 생겼다. 이런 경우에는 전쟁의 목적이 무엇이었는지 쉽게 이해할 수 없다.

고고학적인 관점에서 청동기시대에서 철기시대로 전환할 때 주거지의 새로운 변화가 엿보인다. 요단 강 서편지방에 새로 나타난 거주지들을 숫자적으로 비교해보면 주로 예루살렘 북쪽 이스르엘 평야 남쪽에 집중되어 있는 것을 볼 수 있다. 다시 말해서 중앙 산악지대가 정착의 주요 무대였음을 알게 한다. 중앙 산악지대에서도 초기에는 동쪽에 거주지가 몰려 있다가 시간이 지남에 따라 서쪽으로 확산되었다. 아마르나 문서에는 예루살렘에서부터 온 편지가 있다. 그러나 고고학적 연구에 의하면 이 지역에서는 거주지가 거의 발견되지 않는다.

그러나 가나안의 일반적인 현상은 후기 청동기시대의 주거지의 규모에 비하여 철기시대 제1기의 주거지 및 주거 면적이 더 크다. 가나안의 후기 청동기시대의 거주지는 88곳, 200헥타르의 면적에 약 5,000명 정도의 인구가 있었을 것으로 추정되는데 철기시대로 넘어가면서 주거지의 수가 678곳, 면적이 600헥타르, 인구는 약 15만 명 정도로 추정된다.[171] 이처럼 청동기시대가 끝나고 철기시대가 시작되면서 새로운 거주지들이 많이 생겨난 것이 사실이다. 이 거주지들은 성격상 그 이전의 거주자들과 구별되는 새로운 세력에 의해 건축된 것이 분명하다. 답사에 의해 확인된 거주지는 다음과 같이 요약할 수 있다.[172]

	에프라임	므낫세	유다	베냐민	요단 계곡
LB시대	4	32	0	0	20
Iron 1시대	102	147	18	52	40
증감	25.5배	4.6배	18배	52배	2배

철기시대의 주거지의 약 93%가 새로운 주거지이며, 대부분은 성벽이 없고, 소규모의 마을을 형성하고 있다. 또한 대부분의 새로운 주거지는 산지에 위치하며, 요단 강 양쪽의 고원지대에 거주하였다. 철기시대 제1기 정착

---

171) L. E. Stager, "Forging an Identity: The Emergence of Ancient Israel," *The Oxford History of the Biblical World*, M. D. Coogan ed., Oxford, 1998, pp. 90-131, esp. 100.
172) L. E. Stager, "Forging an Identity: The Emergence of Ancient Israel," p. 100.

촌의 밀도는 에브라임 지파와 므낫세 지파지역에 집중적으로 위치한다.

이처럼 급격한 인구 및 정착촌의 증가는 자연 증가로 이해하기 어렵고, 아마도 주전 12-11세기경에 새로운 사람들이 산악지대로 이주한 것으로 이해할 수 있다.[173)]

이렇게 가나안에 증가된 정착촌이 이스라엘 민족의 정착촌이라고 규정하기는 매우 어렵다. 글자가 적힌 유물이 발견되지 않는 한 물질 문명만을 가지고 판별해야 하기 때문이다.[174)] 고고학적으로 철기시대에 새롭게 형성된 정착촌이 가지는 특징은 다음과 같다. 첫째, 이스라엘 민족의 정착촌은 대개 5-6두남^{dunam} 규모의 작은 촌락들이 주를 이룬다. 둘째, 방어용 성벽이 없는 경우가 많다. 물론 이런 마을에서는 촌락을 원형으로 배치하여 각각 집들의 외벽이 성벽 역할을 하도록 건축하는 경향이 있다. 셋째, 개인주택은 많이 발견되지만 공공건물은 한동안 발견되지 않는다. 개인주택 건축양식으로는 '네 칸짜리 집'을 들 수 있다. 이 양식은 한동안 철기시대의 이스라엘의 거주지를 특징짓는 가장 중요한 잣대로 사용되었지만 지금은 이스라엘 주변의 여러 나라에서도 이 양식의 집이 발견된다. 집에는 물이나 곡식 저장용 웅덩이가 발견되는데 주로 규모가 작고 깊이가 얕은 것들만 발견된다. 또한 토기는 이전보다 기술적인 면에서 뒤진 것들이 주로 발견된다. 특히 이스라엘 사람들이 주로 사용하던 토기는 피토이 토기이다.

이스라엘 민족이 가나안에 정착할 당시 가나안 민족과의 관계가 어떠했는가에 대해서도 생각해볼 필요가 있다. 만약에 전면적인 정복전이 벌어졌다면 주위의 성읍이 이스라엘 민족의 손에 넘어가는 것을 보고도 가나안

---

173) L. E. Stager, "Forging an Identity: The Emergence of Ancient Israel," p. 100.
174) I. Finkelstein, "Ethnicity and Origin of the Iron I Settlers in the Highlands of Canaan: Can the Real Israel Stand Up?" *BA* 59 (1996), pp. 198-212.

민족들이 별다른 대책 없이 앉아서 당한 것이 된다. 그러나 한편으로 이는 새로 이주해서 정착하는 세력이 최소한 초기에는 거주민들에게 위협적으로 비춰지지 않았지만 오랜 시간이 지남에 따라 새로운 세력이 점차 강해져서 가나안의 원주민들이 점차적으로 이스라엘 민족에게 점령당한 것이라면 이해할 수 있다.

이상의 연구를 통하여 추정할 수 있는 이스라엘 백성들의 가나안 정착은 이미 오랫동안 정착하고 있던 가나안 사람들을 피하여 사람이 거주하지 않는 중앙 산악지대를 중심으로 정착하기 시작하였음을 알 수 있다.

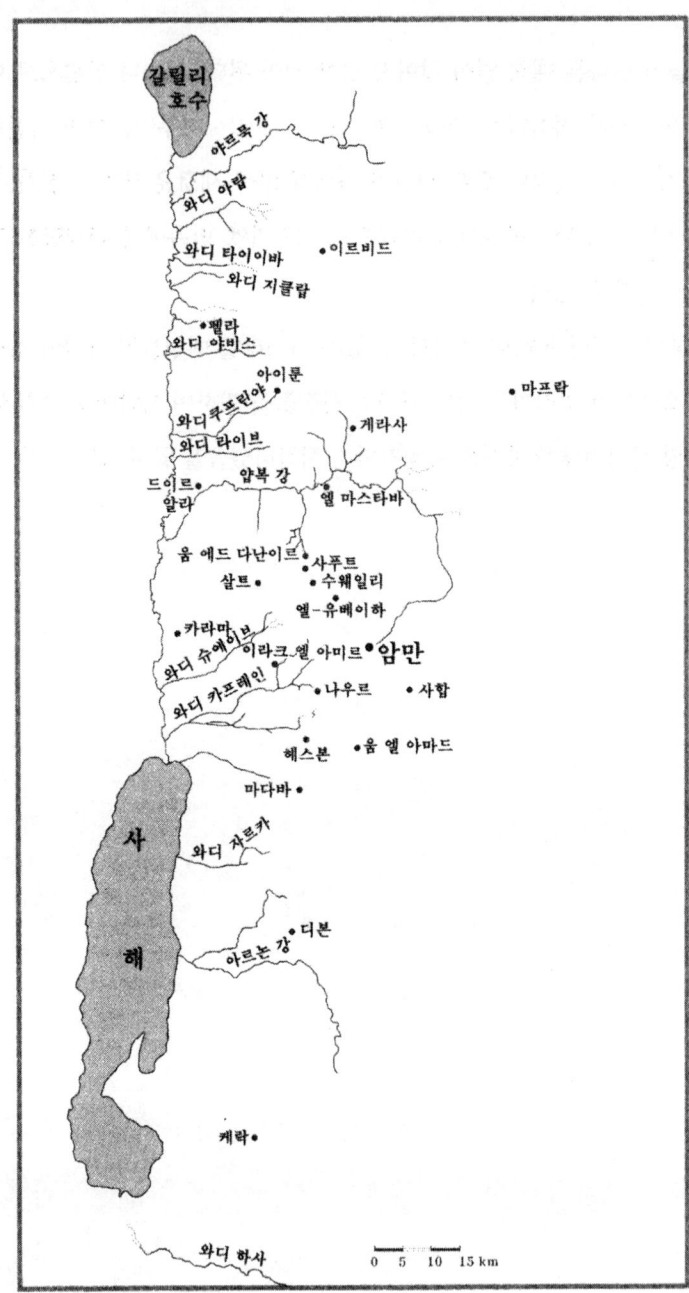

| 요단 동편 지도 |

사사시대의 역사

가나안에 정착한 이스라엘 민족은 어떤 모습으로 정착하였는가? 가나안에 정착한 이스라엘 백성들이 왕국을 형성할 때까지 약 150여 년간 이스라엘의 정치적 특성은 무엇이었는가? 이에 대한 일반적인 대답은 이스라엘이 가나안에 정착할 당시의 정치체제는 12지파 동맹체였다. 성서의 기록에 의하면 이스라엘은 아직 정복하지 못한 몇몇 곳을 제외하고 팔레스틴 전역을 정복하고 12지파가 제비를 뽑아 영토를 분배받았다.

이러한 성서의 내용을 기초로 1930년 마틴 노트 M. Noth는 사사시대 이스라엘 지파들은 그리스, 소아시아 그리고 이탈리아에 있었던 인보동맹 Amphictyony과 같이 야웨 제의를 중심으로 뭉친 12지파 동맹체제를 유지하였다는 가설을 세웠다. 이미 1864년 에발트 H. Ewald는 성서 속에 있는 12 혹은 6이라는 숫자로 구성된 민족의 목록이 많이 나오고 있는데, 이 12지파체제는 이스라엘만의 고유한 것이 아니라 고대 근동의 보편적인 현상이라고 주장하였다.[175] 노트에 따르면 12지파 혹은 6지파 체제는 정치제도가 정착되지 못한 사회에서 볼 수 있는 현상이며, 이러한 예는 고대 그리스와 이탈리아에서도 찾아볼 수 있다고 한다. 이들 동맹체는 특정한 절기에 중앙 성소에서 만났으며, 중앙 성소에서 행해지는 제의는 이 12 혹은 6지파에 의하여 유지되었다. 즉 동맹체의 구성원들은 한 달 혹은 두 달 간격으로 순번을 정하여 성소에서 제의를 책임졌다. 노트는 바로 이 점이 동맹체가 12 혹은 6이란 숫자를 유지해야 하는 이유라고 설명한다.

이러한 배경에서 노트는 이스라엘에서도 이러한 종교 중심의 동맹체가 있었다고 주장한다. 노트는 이러한 가설에 근거하여 이스라엘 백성들의 가나안 정착 과정을 설명한다. 레아의 후손으로 구성된 6지파 르우벤, 시므온, 레위, 유다, 스불론, 잇사갈 지파가 먼저 가나안에 거주하였으며, 어떤 이유인지는 모르지만 공백이 생겨서 새로운 족속들이 들어와 새로운 지파를 형성하자 6지파체제는 12지파체제로 확장되었다고 보았다. 노트는 이 새로 이주해온 지파의 주도적인 세력은 요셉 지파와 베냐민 지파였다고 주장한다. 6지파가 12지파로 확대된 후에 레위 지파가 빠지게 되면서 요셉 가문의 므낫세와 에브라임의 개별 지파가 이 12지파체제에 참여하게 되었다는 것이다.

이렇게 형성된 12지파의 중앙 성소는 법궤의 이동 경로를 따라 세겜에서 벧엘, 길갈 수 4-5장을 거쳐 실로로 이동하였다 삿 21:12. 따라서 초기에는 레아 후손의 지파들의 종교적 중심지가 중앙 성소의 역할을 하였다. 중앙 성소에서 행해진 의식 가운데 중요한 것은 여호수아 24장의 이야기를 들고 있다. 그리스의 인보동맹이 인보동맹의 법을 가지고 있는 것과 마찬가지로 이스라엘에서도 동맹법이 있었으리라 추정한다.

---

175) 창세기 22:20-24에는 아람 족속 12지파가 등장하고, 창세기 25:13-16에서는 이스마엘 후손의 12지파 목록, 창세기 36:10-14에서는 에돔 사람들의 12지파 목록, 그리고 창세기 36:20-28에서는 호리 사람들의 6지파 목록이 등장한다. M. Noth, *The History of Israel*, New York, 1960, PP. 53-109.

야곱의 아들	12지파
르우벤	르우벤
시므온	시므온
레위	
유다	유다
스불론	스불론
잇사갈	잇사갈
갓	갓
아셀	아셀
단	단
납달리	
요셉	므낫세
	에브라임
베냐민	베냐민

| 12지파 |

그러나 이러한 노트의 주장은 몇 가지 문제점을 가지고 있다. 첫째, 구약성서에서 지파동맹의 모습을 찾아볼 수 없다는 것과 둘째, 이런 동맹체가 있어서 중앙 성소의 제의를 담당한다고 하더라도 꼭 12 혹은 6이란 숫자를 유지해야만 한다고 주장하는 것은 너무 인위적인 성격이 강하다는 점이다. 만약 순번을 정해서 제의를 담당하였다면 그 숫자가 12와 6은 물론 4 혹은 3 그리고 2의 가능성을 배제해서는 안 된다는 점이다. 셋째, 중앙 성소에서 행해진 종교의식에 관한 구약성서의 기록이 부족하다는 점이다. 따라서 구스 C. H. J. de Geus는 이스라엘의 기원에 관하여 인보동맹 가설을 통해 설명할 수 없다고 주장한다.[176]

이스라엘 지파의 실제

성서의 기록을 통해서 볼 때 이스라엘은 12지파가 형성된 후에 서로 협력하거나 또는 몇몇 지파들이 중요한 역할을 하였다. 뿐만 아니라 지파들 사이의 이동의 모습도 볼 수 있다. 이스라엘 지파의 이동은 처음 자신들이 받은 지역에서 정착에 실패한 후 지파 전체가 다른 지역으로 옮기거나, 한 지파에 속한 한 부족이 다른 곳으로 옮기는 현상이 나타났다.

---

176) C. H. J. de Geus, *The Tribes of Israel*.

에브라임 지파와 그 주변

여호수아와 사사기에 나타난 12지파의 활동 가운데 에브라임 지파와 에브라임에 인접한 베냐민, 므낫세, 길르앗 지파 등이 사사시대의 활동의 중심이었음을 알 수 있다.

베냐민 지파의 활동의 중심지는 기브아 근처이다. 여호수아 18:11-20에서는 라마와 벧엘 사이의 땅을 베냐민 지파의 땅이라고 언급하고 있지만 때에 따라서는 베냐민 지파를 남부 에브라임처럼 말하는 구절도 있다 삿 4:5. 여호수아 1-9장은 주로 남부 에브라임, 즉 베냐민 지파 지방에 관한 이야기를 기록하고 있다. 여리고 수 6장, 아이 수 7-8장, 베냐민 출신은 에훗 삿 3:15-30, 드보라 삿 4-5장, 사무엘 삼상 7:15-17, 사울 등이다.

므낫세 지파는 세겜에서부터 북쪽으로 이스르엘 계곡까지를 통치하였다. 므낫세 사람들이 정복하지 못한 지역은 벧산, 다아낙, 돌, 이블암 Ibleam, 므깃도 삿 1:27-28 등이다. 므낫세 지파 사람들이 갈릴리로 이주한 것을 통해 마길 Magil 부족이 바산과 상부 갈릴리 지역으로 건너갔음을 알 수 있다 수 12:1-6, 13:29-31, 17:1. 또한 성서의 구절이 모호하기는 하지만 야일과 노바도 마찬가지로 이해할 수 있다 민 32:39-42, 삿 10:3. 이들은 마길, 야일, 노바 지파 내의 부족이 다른 지역으로 이동한 예이다. 므낫세 지파 사람으로는 기드온이 있다.

여호수아 17장은 크게 1-6절의 므낫세 후손에 관한 기록과 7-13절의 므낫세 지파의 경계 및 그 지경에 관한 기록으로 나누어진다. 여호수아 17:1-6에 따르면 므낫세의 후손은 아비에셀, 헬렉, 아스리엘, 세겜, 헤벨, 스미다, 슬로브핫과 그의 딸 말라, 노아, 호글라, 밀가, 그리고 디르사 등이다. 그런데 여기에 등장하는 많은 이름들이 므낫세 지파에 속하는 지명과 같다.

그런데 에브라임 사람들이 자신들을 싸움에 부르지 않았다고 기드온을 질책하는 구절은 이들이 므낫세 지파에 대하여 모종의 권리를 주장할 수 있는 듯한 느낌을 준다 ^(삿 7:24-8:3). 또한 에브라임 사람들은 입다가 자신들을 부르지 않았다는 이유로 화를 낸다 ^(삿 12:1-6). 사사기 12:4의 "에브라임에서 도망한 자"라는 표현은 에브라임 사람들의 일부가 요단 동편으로 이주했다는 뜻인 것 같다.

이러한 배경에서 에브라임 지파는 베냐민, 길르앗, 므낫세, 마길, 야일, 노바 등과 연합했던 것으로 보이며, 이것은 창세기 48장의 에브라임이 지배하는 자로 등장하는 것과 요셉의 집에 에브라임, 므낫세, 베냐민이 함께 거론된다는 것과 연관이 있는 듯싶다 ^(수 17:14-18).

갈릴리-이스르엘 지파들

에브라임 북쪽의 지파들은 대체로 갈릴리 지역과 이스르엘 계곡에 자리 잡고 있었다. 아셀, 스불론, 잇사갈, 납달리 지파들이 이 지역에 있었다. 스불론과 잇사갈은 바다와 연결되어 있었고, 드보라의 노래에서는 아셀을 바다와 연결시킨다. 이에 대하여 세 지파가 원래 해변에 살았는데 해양족의 압박으로 갈릴리 산지로 이주하였다고 주장하는 학자들이 있다.[177] 갈릴리-이스르엘 계곡지역의 지파들과 에브라임 지파와 이스르엘 계곡에서의 전투는 서로가 공통의 이해를 가지고 있는 것으로 보인다.

여호수아 19:32에는 납달리 지파의 영토에 관하여 언급하고 있다. 다른 부족의 영토 표시와 마찬가지로 먼저 지경 경계에 관한 기록이 있는데 서쪽과 동쪽은 개괄적으로 표현하였으나, 북쪽의 경계를 표현하지 않았다는 점이 문제점이다. 이에 대하여 납득할 만한 설명은 아직 없으나, 납달리 지파의 북쪽 경계가 곧 이스라엘의 북쪽 경계와 일치한다는 점에서 기록하지

---

177) J. M. Miller and J. H. Hayes, *A History of Ancient Israel and Judah*, Philadelphia, 1986, pp. 92-98.

않았을 것이라고 설명한다. 반면에 남쪽에 대해서는 비교적 자세히 그 경계를 표현하고 있다.

두 번째 문제점은 납달리 지파의 지경에 단 지파가 이주한 데서부터 시작한다. 많은 기록에서 갈릴리 호수 북쪽지역을 나타낼 때 주로 도시 이름과 함께 납달리 지파의 온 땅, 혹은 갈릴리 온 땅이라고 표현하는데 단 지파의 영토라는 표현은 등장하지 않는다. 따라서 여호수아 19장의 납달리 지파의 도시 명단, 단 지파의 북쪽 이주, 그리고 후대 사가들의 갈릴리 호수 북쪽지역에 관한 이해 등은 도시와 경계에 관한 기록의 연대를 추정하는 데 도움을 준다.

단-르우벤-갓 지파들

이 세 지파는 본거지를 옮겨 다녔기 때문에 그 영토를 확정하기 어렵다. 단 지파는 원래 욥바 근처 해안평야 지역에 거주하다가 북쪽의 단 지역으로 이주하였다. 단 지파는 에브라임 지파와 지리적으로 인접해 있으며, 블레셋과 국경을 맞대고 있다는 점이 서로 같았다.

르우벤과 갓에 대해서는 사사기에 내용이 나오지 않는다. 이에 대하여 신명기 사가가 이들이 요르단 동편에 거주하였기 때문에 의도적으로 삭제한 것으로 이해할 수 있다. 민수기 32장과 여호수아 13장에 따르면 이들은 대체로 갈릴리 호수 남단에서 아르논 강까지의 지역을 부여받았다. 민수기 32장에서는 갓이 르우벤보다 더 남쪽에 있다고 하나 여호수아 13장에서는 그 위치를 반대로 말하고 있다.

유다와 남쪽 지파들

유다 남쪽지역에 거주한 사람들은 갈렙, 고라, 그니스, 여라므엘, 겐 사람, 시므온 사람들이었다. 그러나 이들의 활동에 관한 기록은 모두 유다 지파에 속한 것으로 기록되어 있다. 유다가 제일 먼저 가나안 족을 치러 올라가서 남쪽지역을 차지하였기 때문이다.

구약성서의 여러 곳에서 유다 지파의 영토에 관하여 언급하고 있다. 여호수아 15장, 19장, 역대기상 4장 그리고 느헤미야 11장 등이다. 여호수아 15장은 세 부분으로 나누어 생각할 수 있다. 첫째 1-12절: 유다 지파의 경계, 둘째 13-19절: 남쪽 갈렙에 관한 기록, 셋째 20-63절: 유다 자손의 기업도시 목록 등이다. 여호수아 15:21-63에는 유다의 성읍들이 등장한다. 이에 대하여 여러 가지 가설이 있는데 유다 지역을 크게 네 지역으로 나눈다. 네겝, 유다 산악지역, 쉐펠라, 그리고 광야지역이다.

여호수아 19:1-9은 시므온 지파의 도시들을 기록하고 있으며, 역대상 4:28-33에서도 그 도시 목록이 나타나 있다. 여호수아 19장은 1절과 9절에 반복하면서 시므온 지파의 기업은 유다 지파의 기업 가운데서 취한 것이라는 설명을 하고 있다. 이 도시 명단은 에델Ether과 아산Ashan을 제외하고는 유다의 네겝 지역에 속한 도시들을 거명하고 있다. 시므온 지파의 도시들이 유다 지파의 기업 가운데 나타나는 이러한 현상에 관한 설명이 다음과 같이 제시될 수 있다. 첫째, 여호수아 19장이 나타내는 시대에 이미 시므온 지파가 유다 지파에 완전하게 흡수되었거나 둘째, 유다에 이미 흡수되었음에도 불구하고, 시므온 지파는 그들의 독특성과 전통을 고수하고 있었을 수 있다. 반면, 이후의 성서 기록에서 시므온 지파의 도시들과 유다의 영역을 통칭하면서 "유다"라는 포괄적인 표현이 사용된다는 점에 있어서 시므온 지파를 유다 지파에서 구분할 수 없을 정도로 완전한 동화가 이루어졌다고 볼 수 있다.

여호수아 19:1-9의 시므온 지파에 속하는 도시는 다음과 같다: 브엘세바, 몰라다 Moladah, 하살수알 Hazar-Shual, 발라 Balah, 에셈 Ezem, 엘돌랏 Eltolad, 브둘 Bethul, 호르마 Hormah, 시글락 Ziklag, 벧말가봇 Beth-Marcaboth, 하살수사 Hazar-Susah, 벧르바웃 Beth-Lebaoth, 사루헨, 아인, 림몬 Rimon, 에델, 아산, 라마 Ramah 등 18지역의 명단이 등장한다. 이 기록은 시므온 지파의 도시 경계가 기록되어 있지 않고 단순히 도시 명단만 등장한다.

역대기상 4장은 유다의 다섯 아들들에 관한 족보를 기록하고 있다. 그런데 이 족보에는 많은 유다 지역의 지명이 포함되어 있다. 베레스 Perez, 헤스론 Hezron, 갈미 Carmi, 훌 Hur, 소발 Shobal, 르아야 Re-aiah, 야핫 Jahath, 소라 Zorath, 에담 Etam, 이스르엘, 이스마 Ishma, 잇바스 Idbash, 하술렐보니 Hazzelelponi, 그돌 Gedor, 브누엘 Penuel, 후사 Hushah, 에셀 Ezer, 베들레헴, 에브라다 Ephrathah, 홀, 드고아, 아스홀 ashhur, 헬라 Helah, 나아라 Naarah, 아훗삼 Ahuzzam, 헤벨 Hepher, 데므니 Temeni, 하아하스다리 Ha-ahashtari, 나아라 Naarah, 세렛 Zereth, 이소할 Zohar, 에드난 Ethnan, 고스 Koz, 아눕 Anub, 소베바 Zobebah, 하룸 Harum, 아하헬 Aharhel, 야베스 Jabez 등이다.

느헤미야 11:25-30은 페르시아 제국시대 때에 유다 자손들이 거주한 도시 목록을 기록하고 있다. 물론 이 기록은 주전 5-4세기 유다의 상황이라고 할 수 있다. 여기에 포함된 도시의 명단은 다음과 같다. 기럇아르바 Kiriath-arba, 디본, 여갑스엘 Jekabzeel, 예수아 Jeshua, 몰라다, 벧벨렛 Beth-pelet, 하살수알, 브엘세바, 시글락, 므고나 Meconah, 에느림몬 En-rimmon, 소라, 야르뭇 Jarmuth, 사노아 Zanoah, 아둘람, 라기스, 아세가 Azekah 등 17지역이다.

이러한 사사시대의 12지파의 영토 분배와 관련하여 몇 가지 의문을 제기할 수 있다. 실제로 12지파가 이스라엘 역사상 존재하였는가? 그렇다면 여호수아 13-22장의 12지파는 언제 어떤 목적으로 형성된 것인가? 여호수아서와 사사기서의 서로 다른 지파에 관한 기록은 무엇을 의미하는가? 이러한 질문에 대하여 노트는 이 12지파체제의 연대 문제와 상관없이 이러한 지파들의 연합체가 있었을 것으로 추정한다.

사사시대

		창세기 29:31-30:24	창세기 49장	민수기 26장	역대상 2:1-2
레아 지파	레아	르우벤 시므온 레위 유다 스불론(9) 잇사갈(10)	르우벤 시므온 레위 유다 스불론 잇사갈	시므온 갓 유다 잇사갈 스불론 므낫세	르우벤 시므온 레위 유다 잇사갈 스불론
	실바	갓(7) 아셀(8)	단 갓	에브라임 베냐민	단 요셉
라헬	빌하	단(5) 납달리(6)	아셀 납달리	단 아셀	베냐민 납달리
	라헬	요셉(11)	요셉 베냐민	납달리 레위	갓 아셀

사사시대는 사사에 의하여 통치되는 시대를 말한다. 즉 이스라엘이 가나안에 정착하여 왕정이 형성되기 이전까지의 통치체제였다. 사사시대의 성격을 정확히 이해하기 위하여 먼저 사사라는 말의 뜻부터 살펴보아야 한다. 히브리어의 사사는 '쇼페트' shopet, שֹׁפֵט 이다. '쇼페트'는 히브리 동사 '샤파트' שָׁפַט 에서 기원한 단어로 '샤파트'의 뜻은 '판단하다, 재판하다' to judge, '힘이나 권위를 행사하다' to exercise authority or power, '적으로부터 구원하다 혹은 보호하다' to save or protect from one's enemies, '심판하다' to punish, condemn, '억압하다, 누르다' to oppress 등이다. 이러한 어원 분석에서도 보듯이 사사는 사사

기의 영어 제목처럼 단순히 재판하는 일을 하는 지도자가 아니라 보다 광범위한 지도자였다. 특히 아직 왕국이 형성되기 전에 지파 단위의 이스라엘 사회를 이끌어가던 지도자의 개념으로 이해해야 한다. 특히 위에서 살펴본 '쇼페트'란 단어의 뜻이 함축하고 있듯이 사사는 백성을 다스리기도 하고, 재판하기도 하고, 또 그 결과에 따라 벌을 주기도 했다. 뿐만 아니라 적으로부터 백성들을 보호하는 역할도 했다. 따라서 막스 베버Max Weber는 사사를 카리스마적 지도자로 정의했다.

사사기에는 12명의 사사들이 등장하는데 이들을 크게 대사사와 소사사로 나눈다. 일반적으로 대사사에 관한 기록은 그의 군사적인 활동이 기록되어 있다. 대사사들은 적의 억압으로부터 백성들을 해방시키고, 보호하는 역할을 감당했다.

사사시대의 문화

사사시대는 주전 1200-1100년경으로 문명 발달사적인 측면에서는 팔레스틴에서의 철기시대의 시작을 의미한다. 따라서 사사시대는 철기시대 제1기, 이집트 제20왕조에 해당한다. 이 시대는 이집트가 팔레스틴을 지배하던 마지막 시기로, 가나안 문화는 계속해서 번영을 누리고 있었다. 그러나 후기 청동기시대와 철기시대 제1기 시대를 명확히 구분하기는 어렵다. 왜냐하면 여러 지역에서 발견된 철기시대 제1기의 물질 문명과 후기 청동기의 문명과 거의 비슷한 양상을 보이기 때문이다.

가나안에서 발견된 이집트 유물 가운데 이 시기에 해당하는 것은 람세스 3세 초기와 람세스 4세 Ramses IV, 주전 1163-1156 사이의 50년간이다. 사사시대의 팔레스틴의 몇몇 중요한 지역들에서는 가나안 문화의 연속성과 이집트의 문화적 영향이 명확하게 나타나고 있는데, 그 가운데 가장 중요한 지역들

사사 이름	사사기 기록
옷니엘	3:7-11
에훗	3:12-30
삼갈	3:31
드보라	4-5장
기드온	6-8장
돌라	10:1-2
야일	10:3-5
입다	10:6-12:7
입산	12:8-10
엘론	12:11-12
압돈	12:13-15
삼손	13-16장

| 12사사 |

은 벧산, 므깃도, 라기스, 텔 모르, 텔 세라 그리고 텔 엘-파라남부 등이다.

청동기 가나안 문명과 나란히 이집트의 모습이 지속적으로 나타나고 있음에도 불구하고, 철기시대의 전형적인 현상들이 주전 12세기 전반부에 명확하게 나타나고 있다. 이러한 지역 가운데 벧산, 므깃도, 텔 세라, 텔 모르 등은 주전 12세기 중엽 다시 파괴되었다. 이러한 파괴는 해양족들과 이스라엘 민족 모두가 권력을 획득한 결과였다. 주전 13세기 후반부 아마도 메르넵타의 통치 시기와 그 이후 몇 년 동안, 주전 12세기 중엽에 발생한 두 차례의 공격은 가나안 문화에 심각한 타격을 가하였다.

사사시대의 문화 가운데 이질적인 문명이 소개되었다. 블레셋 민족의 유입과 더불어 블레셋 문명이 가나안에 소개되었다. 그러나 블레셋 민족은 가나안 남쪽지역에 정착하면서부터 가나안의 토착 문화를 급속도로 받아들였다. 이러한 사실은 블레셋의 토기 발굴로 분명히 나타난다. 주전 12-11세기에 사용했던 블레셋 토기는 미케네의 영향을 받아 제작된 것이었다. 그러나 주전 10세기를 전후하여 블레셋만의 독특한 토기류는 더 이상 지속되지 않는다. 이러한 사실은 블레셋이 팔레스틴에 정착한 이후 토착 문화의 영향으로 자신의 문화를 더 이상 지속하지 못하였음을 보여준다. 블레셋 사람들은 자신들의 독특한 미케네 문명을 150여 년간만 유지하였고 그 후에는 토착 문화의 영향을 받았다.

블레셋 토기는 미케네 문명의 영향을 받았다. 가나안에서 발견된 블레셋

토기는 미케네 토기의 일종인 미케네 IIIC1b 문명권에서 발전한 두 색붉은색
과 검은색과 기하학적 무늬의 특징을 가지고 있다. 이 토기에는 대체로 새나
물고기 혹은 나선형 무늬나 갈 지 z자와 같은 기하학적 모양이 새겨져 있
다. 미케네 토기의 주된 형태는 양쪽에 수평 손잡이가 있는 종 모양의 사발
이다. 사발과 비슷한데 사발보다 더 넓고 크며 측면에 아구리가 있는 크라
테르 krater, 등자 모양으로 두 개의 손잡이가 달린 작은 토기, 저장용 토기,
그리고 원통 상자 모양의 화장품이나 향수를 담는 상자 등이 있다. 그러나
시간이 흐를수록 블레셋 토기에 가나안의 전통이 첨가되어 미케네 토기에
서는 발견되지 않는 붉은색 혹은 검은색의 단색이 사용되고 있다. 모양이
나 형태에 있어서도 이집트의 영향을 받아 절충형이 눈에 띈다.

  블레셋 전통의 제의 용품으로는 진흙으로 만든 블레셋 신상들이 발견된
다. 가장 유명한 것은 아쉬도다 Ashdoda라고 불리는 의자에 앉아 있는 여신
이다. 이러한 모양은 미케네에서 발견되는 의자에 앉아 있는 여신의 모습
과 매우 유사하다. 또 하나는 손을 머리에 얹고 울고 있는 여인이다. 이러
한 신상은 크라테르의 아구리 부분에 붙여 장례 제의 때 사용되었다. 이러
한 신상의 발견은 비록 모양에 있어서 변화가 있기는 하지만 블레셋 사람
들이 보존하고 있는 미케네의 종교적 영향을 그대로 나타내는 것이다.

  블레셋 사람들은 땅에 하나의 구멍을 파고 매장하는 관습을 가지고 있거
나 혹은 바위를 파서 매장하기도 하였다. 뿐만 아니라 이집트에서 수입한
진흙으로 사람 모양의 관을 만들어 사용하기도 하였다. 또한 바위를 깎아
방을 만들고 시체를 매장하는 미케네 문화의 전통을 따르는 경우도 있었다.
또한 텔 아조르 Tell Azor에서는 블레셋 사람들이 화장 문화를 채택하였다.

  장례 문화와 관련하여 우는 여인의 상이 텔 아조르나 텔 엠메 Tell Jemmeh에
서 발견되었으며, 손을 머리 위에 얹거나 가슴 위에 X자 모양으로 얹은 테

라코타로 만든 여인상이 발견되었다. 이러한 여인상은 로도스Rhodes 섬의 얄리소스Ialysos의 무덤이나 크레타Crete 동쪽 그리고 그리스의 페라티Perati의 무덤에서 발견되는 여인상과 유사하다.

  블레셋 문화는 가나안 문화를 대체하지 못했다. 전혀 새로운 문화를 가지고 있던 블레셋 사람들은 가나안 원주민으로부터 문화적인 영향을 받고 동화되기 시작하였다. 따라서 전통적인 두 색 토기가 사라지고 새로운 토기가 등장하였다. 광채가 나고 붉은색 줄무늬가 있는 토기가 등장하였다. 그러나 블레셋 사람들의 문화가 가나안 원주민 문화에 동화되었다고 하더라도 이들의 정치적인 독립마저 포기한 것은 아니었다. 이들은 끊이지 않고 도시국가로 존재했다.

제4부
왕국시대

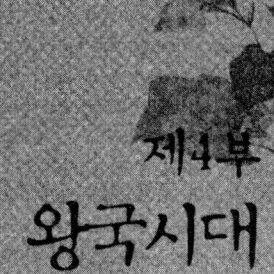

◈ 통일왕국 시대
◈ 다윗 솔로몬 시대

이스라엘 역사

주전 1000년경부터 주전 586년까지 왕국시대는 통일왕국시대와 분열왕국시대 그리고 유다왕국시대 등 세 시대로 나눌 수 있다.

통일왕국시대

역사 개요

주전 1000년경부터 주전 586년까지 왕국시대는 통일왕국시대와 분열왕국시대 그리고 유다왕국시대 등 세 시대로 나눌 수 있다. 왕국시대는 이전 시대와 달리 기록 문헌에 의하여 역사적 사실을 밝혀낼 수 있다. 특히 구약성서 및 성서 외의 문서들은 국가의 역사, 이스라엘 사람들의 주변 국가들과의 관계, 팔레스틴의 역사적 지리, 사회구조, 도덕적 가치, 종교적 신념들에 대한 통찰을 제공한다. 이처럼 기록 문헌이 많이 발견되는 시기의 고고학의 역할은 기록 자료에 대한 검증과 보완에 매우 유용하다. 구약성서의 이야기들이 대개 이스라엘 사람들에 관하여 언급하는 반면, 고고학은 이스라엘을 포함한 주변 국가에 대한 정보를 추가하고 그 시대의 폭넓은 배경에서 이스라엘의 물질 문명을 이해할 수 있게 한다. 대부분 주전 8-7세기부터 발견되기 시작하는 많은 기록 문헌들은 이 시대의 역사를 재구성하는 데 많은 도움을 준다.

그러나 통일왕국시대는 왕국시대의 다른 시대와 달리 구약성서가 유일한 기록 자료이며, 따라서 그 시대에 대한 역사적 상황을 제시하는데 근거가 된다. 통일왕국에 관계된 성서 기록에 대한 역사적 평가는 학자들에 따라 다르다. 그러나 분명한 것은 통일왕국을 기록하고 있는 사무엘서와 열왕기서 일부는 비록 신학적 해석이 첨가되기는 했지만 예루살렘의 왕궁 역사에 근거한 것으로 성서의 기록 속에서 역사성을 발견할 수 있다.

왕국시대 이전의 사사시대와 같은 지파 중심의 정치체제로 이스라엘 사람들은 주변 국가들의 공격을 막아낼 수 없었고, 중앙집권적인 권력체제를 절실히 요구하게 되었다. 이러한 요청에 의하여 주전 11세기 말에 베냐민 지파의 사울이 이스라엘 초대 왕이 되었다. 10-20년 혹은 30년 동안 지속된 것으로 여겨지는 그의 통치기간 동안 북부 지파들과 유다 지파가 단일 정치체제로 통일했으나 불안정한 통일이었다. 사울의 통치 말기에 팔레스틴의 대부분은 이스라엘의 통제 밖에 있었다. 지중해 연안에는 블레셋 민족들이 거주하고 있었고, 북부의 평야지대에는 가나안 사람들이 고립적으로 존재하고 있었다. 요단 동편지역에는 암몬, 모압 그리고 에돔이 통치했다. 따라서 사울의 통치기간은 이러한 이방민족들과 네겝 지역의 아말렉 사람들과의 계속되는 전쟁으로 특징짓는다.

사울의 사망에 뒤이어, 다윗은 헤브론에서 왕이 되고 유다와 이스라엘 기타 지파들 모두로부터 인정을 받았다. 그는 오랫동안 주전 1000-965경 통치했으며, 다윗 왕국을 형성함에 있어서, 유다와 북부 지파들을 지형적으로 나누던 예루살렘의 여부스 족을 정복한 것은 매우 중요한 일이었다. 예루살렘을 정복한 후 예루살렘은 다윗 성 city of David 으로 알려지게 되었으며, 400년 이상 존속하며 세계 역사에서 가장 오래된 왕가 가운데 하나가 된 다윗 왕조의 터전이 되었다. 다윗과 그 아들 솔로몬의 통치 아래, 예루살렘은 왕국의 종교적 중심지가 되었다.

성서의 기록에 의하면 다윗의 전쟁과 확장정책은 네겝 지역으로부터 북쪽으로는 유프라테스 강까지 이른다. 지중해 해안의 블레셋 평야지대를 제외한 대부분의 팔레스틴 지역과 요단 동편지역, 시리아 일부, 그리고 페니키아 해안의 일부를 포함하는 강력한 제국을 형성하였다. 다윗 왕국은 과거의 전통적인 관료체제에 기초한 새로운 정치·행정제도에 의하여 다스려졌다.

성서는 다윗을 전사요, 위대한 국가의 창시자로는 기록하고 있지만 성전 건축자로는 묘사하지 않는다. 이 업무는 솔로몬의 몫으로 남겨졌고, 솔로몬은 다윗의 정치적 업적 및 확장된 영토를 유지했다.

솔로몬의 통치는 경제적 부와 행정적 재조직의 시기로 규정할 수 있다. 성서 기록에 따르면, 솔로몬은 폭넓은 무역망을 통하여 길리기아 Cilicia, 이집트와 무역하였다. 엘랏 만灣의 에시온게벨 Ezion-Geber 항구을 통한 아라비아 남부의 세바 Sheba 왕국과 무역을 하였다. 솔로몬과 가장 중요한 페니키아 도시였던 두로 Tyre 와의 밀접한 관계는 솔로몬의 무역활동과 성전과 왕궁 건축계획들을 매우 용이하게 하였다. 그러나 솔로몬의 통치는 북부 지파가 부당한 대우를 받았고 부역 賦役. ㅇㅇ. Corvée 을 포함한 세금의 부과를 야기하였다. 솔로몬 사망 후, 그 왕국의 북부와 남부 간의 분리는 불가피하였다.

과도기 지도자 사무엘

이스라엘 왕국의 형성에 없어서는 안 될 인물은 사무엘이다. 그는 이스라엘이 블레셋과의 전쟁에서 패할 때부터 이스라엘 첫 번째 왕인 사울이 즉위하여 블레셋과 전쟁을 할 때인 주전 1050년경까지 활동한 이스라엘의 과도기 지도자였다. 사무엘에 관한 성서의 기록은 그의 단편적인 활동에 대해서만 설명하고 있다. 따라서 성서의 기록을 통하여 사무엘의 종교적이고 정치적인 지도자의 일관성 있는 모습을 파악하는 것은 어렵다. 그렇지만 구약성서에 기록된 그의 기록은 이스라엘 왕국의 형성 과정을 설명한다. 모든 민족의 역사에서와 마찬가지로 초기 왕국시대에 관한 기록, 특히 왕국 형성 과정에는 신화적 요소가 포함되어 있다.

사무엘은 사사 중심에서 왕정으로 전환되는 과도기의 이스라엘 지도자였다. 사무엘에 관한 기록은 오직 구약성서 가운데 사무엘서에만 기록되어 있으며 성서 외적인 기록은 전혀 발견되지 않는다. 구약성서에 나타난 사무엘은 사사로서, 제사장으로서, 예언자로서 묘사되어 있다. 사무엘은 사사시대 말기부터 왕국이 시작될 때까지 이스라엘 백성의 카리스마적인 지도자였으며, 그의 아들 역시 브엘세바에서 사사로 활동하였다. 사무엘의 활동 영역은 베냐민과 에브라임 지파의 영토였으며, 이 지역들은 블레셋으로부터 군사적인 위협을 받고 있던 곳이었다.

그의 출생에 관한 이야기를 볼 때, 사무엘은 어머니 한나의 기도에 대한 응답으로 태어났다. 그 후 실로에 있는 엘리 제사장에게 보내졌으며, 중앙성소에서 희생제물로 바쳐졌다. 사무엘상 19:20에 사무엘이 예언자 후손의 우두머리로 기록되어 있기는 하지만 그가 제도적인 예언과 어떤 관계였는지 명확하지 않다. 하지만 종교적인 측면에서 사무엘은 제사장이면서 예언자로 인식되었다.

사무엘의 생애 마지막은 매우 상세하게 기록되어 있다. 비록 사무엘이 제도적인 왕권을 반대했음에도 불구하고, 이스라엘의 첫째 왕인 사울을 선택하고 즉위식을 거행했다. 사무엘이 왕정제도를 반대하는 이유는 다음 몇 가지 이유에서였다. 가장 큰 신학적 이유는 사람이 왕을 세우는 것은 하나님의 왕권을 부인하는 것과 마찬가지이며, 이러한 왕정의 형성은 하나님의 구원에 대한 불신을 가져온다는 것이다. 둘째, 백성들이 왕을 요구하는 것은 역사적으로 이방신을 섬기는 죄와 같다고 여겼다. 셋째, 왕권은 백성들의 재산을 빼앗아 가기 때문이며 삼상 8:11-17, 마지막으로 왕은 사람에 의한 선택이지 하나님에 의한 선택이 아니므로 하나님은 왕을 통하여 구원하지 않으신다는 것이다.

사무엘의 생애 마지막이 매우 상세하게 기록되어 있다. 사무엘상 9-10장에서 단지 그는 제도적인 왕을 개인적으로 반대했다. 사무엘이 왕정을 반대했던 실질적인 이유는 자신의 지도력이 감소하기 때문이었다. 그러나 사무엘은 이스라엘의 첫째 왕인 사울을 선택하고 즉위식을 거행하는데 공헌하였다. 당시 주변 국가의 상황은 그로 하여금 백성들이 "열방과 같이 우리에게 왕을 세워 우리를 다스리게 하소서" 삼상 8:5라는 요구에 동의하지 않을 수 없게 만들었다. 그러나 성서의 기록은 사무엘이 사울을 세우기는 했지만 사울과 갈등을 빚은 후 다윗을 지지하는 것으로 묘사된다. 사무엘서의 기록에서 사무엘이 사울에게 적대적이고 다윗에게 호의적인 것으로 변한 것은 사무엘서의 저자가 사무엘을 영원한 왕조의 창시자로서 연결하려는 의도에 의한 것이다.

왕국의 형성과 새로운 이스라엘

왕국의 형성은 이스라엘의 새로운 모습을 보여준다. 이스라엘의 왕국 개념은 대부분의 고대 근동 국가들과 다르지 않았다. 고대 근동의 왕국 정치는 신의 통치를 내포한 것으로 왕정제도의 이념적 한계를 드러낸다. 구약성서에는 왕에 관한 제도와 왕의 자격을 규정하는 법이 기록되어 있다. 신명기 17:14은 왕의 자격에 관하여 규정하고 있고, 사무엘상 8:11-17에는 왕의 제도에 대하여 설명하고 있으며, 이러한 제도는 우가릿과 아랄라흐Alalah와 같은 고대 근동 국가에서도 발견된다.

사무엘상 8:11-17	신명기 17:14-20
משפט המלך	מצוות המלך
왕의 제도에 관한 규정	왕의 자격에 관한 규정
사무엘이 왕을 구하는 백성에게 여호와의 모든 말씀을 일러 가로되 너희를 다스릴 왕의 제도가 이러하니라 그가 너희 아들들을 취하여 그 병거와 말을 어거케 하리니 그들이 그 병거 앞에서 달릴 것이며 그가 또 너희 아들들로 천부장과 오십부장을 삼을 것이며 자기 밭을 갈게 하고 자기 추수를 하게 할 것이며 자기 병기와 병거의 제구를 만들게 할 것이며 그가 또 너희 딸들을 취하여 향료 만드는 자와 요리하는 자와 떡 굽는 자를 삼을 것이며 그가 또 너희 밭과 포도원과 감람원의 제일 좋은 것을 취하여 자기 신하들에게 줄 것이며 그가 또 너희 곡식과 포도원소산의 십일조를 취하여 자기 관리와 신하에게 줄 것이며 그가 또 너희 노비와 가장 아름다운 소년과 나귀들을 취하여 자기 일을 시킬 것이며 너희 양떼의 십 분 일을 취하리니 너희가 그 종이 될 것이라 그 날에 너희가 너희 택한 왕을 인하여 부르짖되 그 날에 여호와께서 너희에게 응답지 아니하시리라.	네가 네 하나님 여호와께서 네게 주시는 땅에 이르러서 그 땅을 얻어 거할 때에 만일 우리도 우리 주위의 열국같이 우리 위 왕을 세우리라는 뜻이 나거든 반드시 네 하나님 여호와의 택하신 자를 네 위에 왕으로 세울 것이며 네 위에 왕을 세우려면 네 형제 중에서 한 사람으로 할 것이요 네 형제 아닌 타국인을 네 위에 세우지 말 것이며 왕 된 자는 말을 많이 두지 말 것이요 말을 많이 얻으려고 그 백성을 애굽으로 돌아가게 말 것이니 이는 여호와께서 너희에게 이르시기를 너희가 이 후에는 그 길로 다시 돌아가지 말 것이라 하셨음이며 아내를 많이 두어서 그 마음이 미혹되게 말 것이며 은금을 자기를 위하여 많이 쌓지 말 것이니라 그가 왕위에 오르거든 레위 사람 제사장 앞에 보관한 이 율법서를 등사하여 평생에 자기 옆에 두고 읽어서 그 하나님 여호와 경외하기를 배우며 이 율법의 모든 말과 이 규례를 지켜 행할 것이라 그리하면 그의 마음이 그 형제 위에 교만하지 아니하고 이 명령에서 떠나 좌로나 우로나 치우치지 아니하리니 이스라엘 중에서 그와 그의 자손의 왕위에 있는 날이 장구하리라.

사무엘상 8장에 기록된 왕의 제도에는 다음 몇 가지를 기록하고 있다. 첫째, 상비군의 설립이다. 상비군의 설립과 유지를 위하여 왕은 지속적으로 백성을 징병하였으며, 이러한 왕의 권한은 과거 사사들에게도 주어졌던 권한이다. 그러나 사사들은 필요시에만 군인을 징집하였다. 특히 기병과 전차를 도입하는 것은 왕정 통치의 독특한 기능이었다. 전차와 기병은 엄격한 훈련을 받아 유지되며, 말을 공급하기 위한 무역이 필요하였고, 말을 기르기 위한 마구간의 건립도 필요하였다. 둘째, 왕은 백성의 재산을 취하여 필요한 조직을 운영하였다11, 13-16절. 특히 점령지에 남겨둔 군인과 행정 관리들의 생계를 제공하는 것은 왕의 중요한 의무였다. 다윗 시대에는 전쟁의 승리와 점령과 확장을 통하여 수많은 전리품을 얻었고, 이것은 왕국을 운영하는데 중요한 재원이 되었다. 셋째, 세금을 징수하였다15, 17절. 구약성서에 의하면 왕궁 관리들에 의해 관리된 세금은 솔로몬 시대에 도입되었으며, 통치를 위한 행정적인 구조로서 발전시켰다왕상4-5, 12:18; 대상10:18. 히브리어 '마스'mas는 '강제노역'을 뜻한다. 세금제도가 사울 시대부터 있었음을 암시하는 구절은 '사울이 골리앗을 이기는 사람은 그의 가족이 이스라엘에서 자유롭게 될 것이다'삼상 17:25라고 말한 구절이다. 세금으로부터 자유로워진다는 뜻으로 이해할 수 있다.

이스라엘의 이런 급격한 변화에 대한 거센 반대가 있었다. 이러한 사실은 사무엘의 말에서 발견할 수 있다. 그는 왕정의 독재정치를 신랄하게 비판했다. 사무엘은 왕정이 강압적인 압수와 착취, 재물의 강탈 등이 특징임을 강조했다. 따라서 사무엘상 8:18에서는 "그 날에 너희가 너희 택한 왕을 인하여 부르짖되 그 날에 여호와께서 너희에게 응답지 아니하시리라"고 말했다. 사무엘의 말은 왕정이 형성되면 왕에 의한 전제정치가 멈추지 않을 것이라는 뜻이다. 이러한 사무엘의 태도는 사무엘상 12:2-3의 "누구의 소를 빼앗았느냐 누구의 나귀를 빼앗았느냐 누구를 속였느냐 누구를 압제하였느냐 내 눈을 흐리게 하는 뇌물을 누구의 손에서 받았느냐 그리하였으면 내가 그것을 너희에게 갚으리라 하니…"라는 말에서도 잘 나타난다.

왕정이 세워지면서 나타나는 뚜렷한 변화는 왕과 백성 사이의 관계 변화이다. 왕과 백성 사이는 계약관계로 변화된다. 왕국이 형성되면서 백성들의 구성원들 매우 다양해졌다. 특히 다윗 시대에는 정복 전쟁의 승리 결과 영토가 확장되었다. 이 과정에서 특정 도시에 거주하던 가나안 민족이나 겐 족이나 기브온 족속처럼 자신들의 민족적 정체성을 상실하고 이스라엘의 정치제도 안으로 흡수되는 민족이 생겨났다. 따라서 다양한 민족이 혼합되는 결과를 초래하였고, 이러한 국제화의 결과로 이방민족과 문화의 유입과 함께 솔로몬 시대의 인종적 종교적 다원주의의 원인이 되었다. 이처럼 다민족 왕국으로 발전하는 것은 이스라엘 안에서의 사회 · 경제 · 문화 · 종교 차이를 수반하였다. 이러한 과정에 백성들의 역할은 점점 감소되었다. 군인에 있어서도 전문적인 용병이 고용됨에 따라 그렛 사람과 블렛 백성들의 역할은 감소되었다. 따라서 왕국에 대한 백성들의 영향력은 점차 감소하였다.

왕국의 형성은 이스라엘 사람들에게 가장 큰 변화였다. 왕국의 형성으로 전통적인 정치체제를 지지하는 집단과 새로운 왕정체제를 지지하는 집단 사이의 갈등이 빚어지기 시작하였다.[178] 사무엘을 중심으로 한 수구 보수 세력의 전통적인 체제를 유지하려는 움직임과 새로운 왕권의 형성을 요구하고 이를 지지하는 집단 사이에 심각한 갈등이 생겨났다.

사무엘은 왕정제도의 부정적인 측면을 강조함으로써 왕에 대한 부정적

---

178) 반왕정과 친왕정의 갈등에 대해서는 M. Elat, *Samuel and the Foundation of Kingship in Ancient Israel.* Jerusalem, 1998, pp. 57-80 (Hebrew)를 참고하시오.

인 입장을 분명히 나타냈다. 그러나 백성의 지지를 받는 신흥 왕권 지지 세력은 주변 국가의 위협으로부터 자신들을 보호하기 위해 강력하고 중앙집권화된 절대 왕권이 필요함을 역설하였다. 따라서 사무엘의 왕권에 대한 부정적인 태도와 협박 혹은 회유에도 불구하고 왕정제도의 필요성을 역설하였다. 고대 이스라엘의 왕권이 구체적으로 어떻게 강화되고 중앙집권화 되었는가에 대한 자세한 기록은 없지만 왕권의 형성이 전통적인 고대 이스라엘 사회에 큰 변화를 불러일으킨 것은 사실이었다.

새로운 왕권이 형성되고 강화되면서 지금까지 종교·군사·종교적 영역의 결정에 중요한 역할을 해왔던 수구 보수 세력을 대변하는 사사 혹은 제사장과 새로운 정치 세력의 대표인 왕은 한동안 정치적 갈등을 겪었다. 왕은 종교를 완전히 장악해서 경제적 이념적 중앙집권화를 이룰 필요가 있었다. 그러나 제사장은 이에 맞서 전통을 수호해야 하는 처지가 되었다. 왕권이 강화됨에 따라 왕은 왕국 전체를 통치하고 왕권의 이념적 정당성을 부여받기 위해서 자신을 지지하는 사람이나 집단을 제사장으로 세웠다. 따라서 왕권이 형성되는 초기 시대에는 이 두 계층이 극심한 갈등을 일으킬 수밖에 없었으며, 경우에 따라서 왕은 자신에게 비협조적인 제사장을 제거하고 자신에게 협조할 수 있는 사람을 제사장으로 임명하였다.

이러한 왕과 제사장의 갈등은 초기 이스라엘 왕국 역사에서 쉽게 찾아볼 수 있다. 이스라엘 첫 왕인 사울은 블레셋과의 싸움에 나가기 전 하나님께 제사를 드리기 위하여 제사장이었던 사무엘을 기다렸다. 그러나 사무엘이 약속한 시간에 도착하지 못하자, 사울은 조급한 마음에 자기 스스로 번제를 드렸다. 이에 대하여 사무엘은 "왕이 망령되이 행하였도다 왕이 왕의 하나님 여호와께서 왕에게 내리신 명령을 지키지 아니하였도다"라고 비난하면서 그 결과 "왕의 나라가 길지 못할 것이라 여호와께서 그의 마음에 맞는 사람을 구하여 여호와께서 그를 그의 백성의 지도자로 삼으셨느니라" 삼상 13:13-15는 왕조 멸망을 선포한다.

두 집단 사이의 갈등을 나타내는 또 하나의 사건은 사울이 다윗을 숨겨준 놉의 제사장들을 죽인 사건이다. 사울의 군대장관 도엑이 85명의 제사장을 죽였을 때 살아남은 아비아달이 다윗 시대의 대제사장이었다는 사실은 아히멜렉과 그의 가문이 단순히 다윗이 도망간 사건을 알려주지 않은 것 때문만은 아니다. 아히멜렉 제사장이 다윗이 도망한 사건을 사울에게 알리지 않은 것은 곧 사울의 왕권을 부인하는 것과 같았다. 아히멜렉은 다윗을 위하여 하나님의 뜻을 물을 뿐만 아니라 그에게 음식과 심지어는 골리앗의 칼까지 주고 그의 도주 사실을 사울에게 알리지 않았다. 사울이 아히멜렉과 놉의 제사장을 죽인 것은 그들이 하나님의 뜻을 묻고 이스라엘의 왕이 사울이 아닌 다른 사람이라고 인정할 수 있기에 그 상황을 막기 위해서였다.

이러한 일련의 사건은 왕국 형성 초기 왕국의 정당성을 하나님으로부터 인정받기 위한 왕과 이 일을 행하는 제사장 집단 사이의 갈등을 나타내는 사건으로 볼 수 있다. 그러나 왕권이 강화되면서 제사장의 권한 가운데 많은 부분이 점차 왕권에 예속되는 결과를 낳았다.

고대 근동의 왕에 대한 이해

고대 근동지역은 왕에 대한 각기 다른 왕조 신학을 가지고 있었다. 메소포타미아의 왕권 기원을 여러 신화에서 찾아볼 수 있다. 메소포타미아 신화에서 왕이 생긴 것은 티아맛 Tiamat이라는 혼돈의 세력의 위협 때문이었다. 에누마 엘리쉬 Enuma Elish에 의하면 마르둑이 티아맛을 정복한 다음 "마르둑, 당신은 우리의 원수를 갚으신 이요. 당신에게 온 우주를 다스릴 왕권을 드리나이다"라고 찬양한다. 에누와 엘릴도 각기 '신의 왕'이라고 불렀다. 메소포타미아의 왕권제도는 신의 세계에 있던 것이 인간 세계로 내려온 것으로 묘사되어 있다. 그러나 메소포타미아에서 왕은 인간이었지 신은 아니었다. 왕은 신이 아니라 신의 아들로 불렸다. 함무라비는 자신을 '신의 아들'로 불렀다. 메소포타미아의 왕에게는 인간사회와 초자연적인 세계 사이의 원만한 조화를 이루는 책임이 있었던 것이다.

이와 달리 이집트에서 왕을 신으로 여겼다. 파라오는 태양신 아몬-레 Amon-Re의 아들로, 인간처럼 죽는 것이 아니라 신처럼 영생한다고 믿었다. 또한 파라오는 신의 성품으로서는 오시리스 Osiris와 이시스 Isis 신의 아들 호루스 Horus로서 왕권의 상속자였다. 이러한 이집트의 왕조 신학 때문에 이집트에서는 왕에 대한 반란을 찾아보기 어렵다.

이러한 고대 이집트의 왕조 이데올로기와 달리 고대 이스라엘에서 왕은 하나님의 아들로 인식되었다. 예언자 나단의 신탁 가운데 왕에 대하여 "나는 그 아비가 되고 그는 내 아들이 되리니"라는 표현을 통하여 고대 이스라엘에서 왕을 하나님의 아들로 인식하였음을 보여준다. 이러한 인식은 메소포타미아에서 왕을 신의 아들로 여기는 것과 같다.

사울 왕

이스라엘 첫 왕은 베냐민 지파 사람 사울이다. 사울에 관한 기록은 역시 구약성서에만 기록되어 있다. 성서에 묘사된 사울은 성서를 기록하는 사가들의 부정적인 사관에 의하여 사실적인 묘사가 결여되어 있다. 특히 그의 출생 이야기는 사무엘의 이야기와 혼합되어 있는 듯한 느낌을 준다. 이러한 주장을 할 수 있는 것은 사무엘상 1:20의 "내가 여호와께 그를 구하였다"라는 뜻에서 사무엘이라는 이름을 붙여주는데, 이 이름의 뜻은 사울(שאול)의 이름의 뜻과 같기 때문이다.[179]

사울의 즉위

사울의 즉위에 관하여 다음과 같이 다양한 전승이 기록되어 있다. 사무엘상 9:1-10:16에 의하면 사울은 잃어버렸던 암나귀를 찾으러 나갔다가 왕으로 선택되었다. 이 기록은 예언 문학의 형식으로 기록되었는데 특별히 다음과 같은 모티브를 나타내고 있다. 이스라엘의 왕은 하나님에 의하여 선택된다는 사상을 강조하며 예언자는 단순히 왕의 역할을 거룩하게 하기 위하여 활동한다. 사람을 만나는 것 삼상 10:2, 3-4, 5-6, 10-11, 하나님이 사무엘에게 사울을 보기 전에 알게 하신 것 삼상 9:15-16 등과 같이 많은 예언이 등장한다. 또한 기름 부음의 주제가 등장하며 삼상 9:26-10:1, 예언의 대가로 선물을 준다 삼상 9:7-8. 구약시대에는 예언의 대가를 지불하는 경우가 많이 등장한다. 여로보암의 아내가 예언자에게 선물을 가져가는 것 왕상 14:3, 바알 살리사 지역의 한 사람이 예언자에게 선물을 가져왔으며 왕하 4:42, 나아만이 엘리사에게 선물을 주었고 왕하 5:15 이하, 하사엘도 엘리사에게 선물을 가져와 예언을 부탁하였다 왕하 8:8-9.[180] 다른 전승인 사무엘상 11장에서는 사울이 암몬과 싸워서 이기고 길갈에서 백성의 환호를 받으며 왕으로 추대되는 것이다.

---

179) 사울(שאול)은 '묻다,' '요청하다'라는 뜻을 가진 히브리 동사 שאל의 수동분사의 남성 단수 형태이다. 따라서 이름의 의미는 '요구되어진 자,' 혹은 '요청되어진 자'라는 뜻을 가지며 이것은 사무엘상 1:20의 사무엘의 이름의 뜻으로 제시된 것과 일치한다.
180) 미가 3:11에서는 선물을 받거나 예언자가 예언의 대가를 받게 되면 가짜 예언자로 인식하였다. 느헤미야 13:2 등에서도 나타난다.

또 다른 전승에서는 백성들이 사무엘에게 왕을 요구하여 사무엘이 어쩔 수 없어 미스바에서 사울을 왕으로 추대한 것이다 삼상 8장, 10:17-27, 12장. 이처럼 다양한 사울의 즉위에 관한 전승이 있지만 그 기록의 역사적 타당성을 입증하기란 매우 어렵다. 그러나 초기 이스라엘 왕정의 시작에 관한 매우 다양한 전승이 있다는 것을 보여준다.

사울의 활동

왕으로 즉위한 사울의 초기 시대의 역할은 외적의 침략으로부터 왕국을 지키는 것이었다. 그는 수동적인 전쟁을 성공적으로 치러냈으며 정치적으로도 매우 성공적이었다. 그는 주변 국가들과 전쟁을 승리로 이끌었다. 사울이 왕이 되는 과정을 보면, 사울은 암몬 족속을 쳐부수고 요르단 근처 길갈에서 왕이 되었다 삼상 11:15. 이처럼 그의 왕으로서의 역할은 왕국을 외적으로부터 지켜내는 것이었음을 알 수 있다. 왕이 된 후 사울은 블레셋과의 전쟁 삼상 13-14장, 28-30장뿐만 아니라 아말렉 족과의 전쟁 삼상 15장에서도 승리한다. 왕이 된 후 첫 번째 블레셋과의 전쟁에서 사울은 게바와 믹마스 Michmash 사이에 위치한 블레셋 수비대를 격파하였다. 아말렉과의 전쟁에 대해서는 자세한 언급이 없고, 단지 그의 왕권을 잃게 된 계기를 설명하는 것으로 마쳐진다. 이러한 현상으로 성서 기록자들의 사울에 대한 입장이 편협했음을 알 수 있다. 그가 생도 블레셋과의 전쟁에서 전사함으로써 그에 대한 이야기는 마쳐진다.

이처럼 많은 전쟁을 치룬 사울은 군사개혁을 단행하여 그는 힘 있는 자와 용감한 사람을 모아 주변 나라의 공격에 상시적으로 대응할 수 있는 상비군 체제를 갖추었다. 사울의 군대는 전통적인 지파와 지역 단위의 구조를 기초로 조직되었다. 왜냐하면 이새의 모든 아들들이 같은 군대에서 근무하였기 때문이다 삼상 17:18.

　비록 성서에 사울에 대한 긍정적이며, 자세한 언급이 없지만 사울은 자신의 출생지인 기브아를 중심으로 힘을 모아 이스라엘의 대부분의 지파들을 연합했을 것이다. 따라서 사울은 그의 통치기간 중에 정치적 사회적으로 큰 변혁을 이루었다. 사울 시대에는 왕을 돕는 새로운 계층이 형성되었고, 사울은 이들에게 땅을 하사했다. 사울이 하사한 땅은 블레셋으로부터 정복했거나 기브온으로부터 빼앗은 것이었다. 사울은 이렇게 빼앗은 땅들을 그의 충성스러운 신하들에게 하사하였다 삼하 21:1-5. [181]

　사울 통치의 마지막 기간은 독재적인 왕과 전통적인 지도력 사이의 투쟁의 시간이었다. 이것은 사울과 사무엘의 갈등으로 나타나며, 놉의 제사장을 죽이라는 사울의 명령 삼상 22:16-18도 같은 맥락에서 이해할 수 있다. 이러한 갈등이 고조된 것은 사무엘에 의하여 사울 왕이 통치하던 시대에 다윗이 왕으로 기름 부음을 받는 사건 때였다. 구약성서의 기록은 다윗이 기름 부음을 받은 이후, 다윗을 예찬하고 사울을 적대시하는 입장에서 기록되었는데 사울의 마지막 생애는 비참하고 비극적인 인물로 묘사되었다. 사울은 기브아에서 블레셋과의 전쟁에서 전사하고 삼상 28:4, 왕국은 둘로 분리되었다. 요르단 강 동편지역과 북부지역은 사울의 아들 이스보셋과 사울의 군대장관 아브넬에게 남았지만 헤브론을 중심으로 한 남쪽지역은 다윗 왕에게 넘어갔다.

---

181) 왕이 측근이나 군대장관들에게 점령지의 땅을 수여하는 것은 고대 근동에서 널리 알려진 사실이었다. 비슷한 예가 주전 14-13세기경의 것으로 추정되는 우가릿의 왕실 문서보관소에서 출토된 아카드어 문서에 나와 있다. 이러한 사실은 사무엘상 8:11 이하에 설명된 왕의 제도를 구체적으로 예증한다. 이것은 군사를 다시 모집할 수 있는 왕의 권리와 농업 생산물의 십일조를 부과하는 것과 같은 것이다. 뿐만 아니라 왕은 충성스러운 관리들에게 납부해야 할 세금을 면제해주었다.

사울 왕국의 범위

사울 왕국의 지리적 경계를 정하기는 매우 어렵다. 그러나 사울의 군사적 행동을 기록한 성서를 통해 많은 영토가 사울의 통치하에 편입되었음을 알 수 있다. 그러나 다윗과 비교했을 때 사울은 공격적인 전쟁보다는 수비적인 형태의 전쟁을 많이 치렀다. 영토의 확장이란 측면에서 그의 후임자인 다윗과 비교할 정도가 아니었다.

야베스 길르앗 사람들을 도와 준 전쟁의 승리로 에브라임을 중심으로 북쪽지역으로 세력을 확장하였으며, 아말렉과의 전쟁으로 남쪽지역까지 세력을 확장하였다. 사울이 죽은 후 이스보셋이 아버지의 뒤를 이어 왕이 될 때 통치한 영토의 목록을 통하여서도 사울 왕국의 영토를 짐작할 수 있다 삼하 2:8-9. 사울은 기브온을 중심으로 전성기에는 전체 이스라엘을 통합한 것으로 보이며, 그의 뒤를 이은 이스보셋 시대에는 다윗이 차지한 남쪽지역을 제외한 길르앗, 아술,[182] 이스르엘, 에브라임, 베냐민 등 이스라엘 지역을 중심으로 통치하였다.[183]

사울이 왕국을 형성한 이후 어떤 행정체제를 갖추었는지 알 수 없지만 기록을 통하여 몇몇 관직이 있었음을 알 수 있다. 아브넬이 군대장관으로 활동하였고, 에돔 사람 도엑이 사울의 목자장으로, 그 외에도 신하들과 군대와 관련 직책인 소년이 등장한다.

사울 왕국에 있어서 선물과 전리품이 중요한 재원이었으나 백성들에게 세금을 부과한 기록은 찾을 수 없다. 그렇지만 사무엘상 8장에 기록된 왕의 제도에 관한 규정과 왕국의 특성상 백성들에게 세금을 징수하였을 것이다.

---

182) 아술에 대하여 다른 성서 번역(시리아역)에서는 그술로 기록하고 있고, 불가타역에서도 그슈리(Gesuri)라고 기록하고 있다.
183) 김영진, 「고대 이스라엘 역사」, 서울, 2006, pp. 145-146.

사울 왕국의 문제점

이스라엘 초대 왕인 사울에 대하여 몇 가지 역사적인 문제점이 있다. 가장 큰 문제는 사울이 몇 세에 왕이 되었고, 몇 년간 통치하였는가 하는 점이 불확실하다는 점이다. 성서에는 사울의 통치기간에 대하여 "사울이 왕이 될 때에 한 살이라 그가 이스라엘을 다스린 지 2년에"라고 기록하고 있다. 문제는 사울이 한 살에 왕이 되었다는 점이다. 이러한 해석은 히브리어 성경에 나이를 나타내는 숫자가 생략되어 있기 때문이다. 따라서 오늘날 많은 성서번역자들은 사울이 40세에 왕이 되었다고 본문을 수정하여 번역하였다. 그러나 이를 따르지 않는 학자들도 있다. 따라서 성서 사본에 따라 사울이 왕이 된 나이가 각각 다르다. 일례로 표준새번역은 70인역 후대 사본을 근거로 하여 30세로 기록하고 있다. 마찬가지로 그가 2년을 통치했다는 통치기간도 십 단위 숫자가 생략되었다고 이해하여 표준새번역에서는 42년간 통치했다고 기록한다. 성서의 내용을 근거로 사울이 왕이 될 당시 그의 아들 요나단이 전쟁에 나가 싸울 만한 나이가 되었기 때문에 아마도 30-40세는 넘어서 왕이 되었을 것으로 이해한다.

사울과 고고학

왕국시대로 접어들면서 같은 철기시대에 속하는 사사시대와 구분해줄 수 있는 특징적인 유물이 발견되지 못했을 뿐만 아니라 통일왕국시대의 고고학적 유물이 매우 희박해 학자들 사이에 많은 이견이 있다.

마찬가지로 고고학적 발굴은 사울 시대에 대하여 거의 아무것도 제시하지 못한다. 사울의 수도로 알려진 베냐민 지파의 기브아를 고고학자인 올브라이트는 예루살렘에서 북쪽으로 약 7km 떨어져 있으면서 전략적인 위치에 있는 텔 엘-풀 Tell el-Ful로 생각하였다. 텔 엘-풀에서 발견된 거대한 요새의 흔적은 사울의 사령부 건물의 일부분이었을 것으로 추정했기 때문이다. 이 요새는 규모가 57×62m로 커다란 공공구조물로 추정되지만 완전한 평면도는 아직 알려지지 않았다.

다윗 솔로몬 시대

다윗

사울의 뒤를 이은 다윗에 대해 구약성서는 비교적 많은 내용을 기록하고 있으며, 서로 다른 관점에서 기록된 역사 기록도 존재한다. 특히 다윗의 즉위와 솔로몬의 왕위 계승에 관하여 자세히 기록하고 있다. 그러나 서로의 사관에 따라 특정 내용이 삽입되거나 혹은 생략된 것이 발견된다. 역대기의 기록 역대기 사가은 열왕기의 기록 신명기 사가과 달리 다윗을 성전 제의, 성전 봉사자, 성전과 법궤와 관련하여 레위인들에게 그 임무를 부여하고 제도를 만든 사람으로 기록하고 있을 뿐만 아니라 다윗이 성전 건축을 계획하고 준비한 사람으로 묘사하고 있다. 반면에 다윗에게 있었던 불미스러웠던 일인 밧세바 사건이나 압살롬의 반란 그리고 아도니야와 솔로몬의 권력 쟁탈에 관한 내용도 기록되어 있다.

다윗에 관한 성서의 기록은 매우 놀라울 정도로 자유롭게 이스라엘 민족

신명기 사가의 기록	사건	역대기 사가의 기록
삼하 16장	다윗과 시바	
삼하 17장	후새가 아히도벨을 따르지 않음(압살롬 반란)	
삼하 17:25	압살롬의 관직 개편	대상 2:17
삼하 18장	압살롬의 패배	
삼하 19장	요압의 항의 및 다윗의 귀환	
삼하 20장	세바의 반란	
삼하 20:23-25	다윗의 관리들	대상 8:15-18
삼하 21장	다윗이 기브온 사람들의 말을 들어줌	
삼하 21:8	사울의 자녀들을 체포함	
삼하 21:18-22	다윗의 용사가 블레셋 사람을 죽임	대상 20:4-8
삼하 22	다윗의 승전가	시 18편
삼하 23:1-7	다윗의 마지막 유언	
삼하 23:8	다윗의 용사들	대상 1:10
삼하 24	다윗의 인구 조사	대상 21장
	다윗이 성전 건축 준비를 함	대상 22장
	레위 사람들의 일에 대한 기록	대상 23장
	제사장직을 맡은 사람들	대상 24장
	찬송을 맡은 사람들	대상 25장
	성전 문지기와 성전 곳간 맡은 사람들	대상 26장
	모든 가문과 각 지파의 우두머리	대상 27장
왕상 1장	아도니야의 반란과 다윗의 즉위	
왕상 2장	다윗이 솔로몬 유언을 함	
왕상 2:11-12	다윗이 죽다	대상 29:26-28
	다윗이 성전 건축을 지시하다	대상 28장
	성전 건축에 쓸 예물	대상 29장
시편 39:13		대상 29:14
	다윗의 행적에 관한 요약	대상 29:29-30

의 영웅에 대하여 기록하고 있다. 다윗 왕이 헷 사람 우리아를 요압에게 보내서 죽게 하고 우리아의 부인을 취하고, 그 결과 하나님은 암논의 죽음과

압살롬의 반란으로 심판하셨다고 기록하고 있다. 하나님의 기름부음 받은 자이고, 왕조를 시작한 창시자인 다윗을 이렇게 기록하는 것은 고대 근동 어느 곳에서도 볼 수 없는 문학적 자유로움이다.

다윗에 관한 중요한 자료가 역대상 1-9장과 여호수아 15-16장에 보존되어 있다. 그러나 다윗 시대의 많은 자료는 다윗 주변의 중심적인 이야기이다. 그것은 곧 다윗의 기원과 사울과의 투쟁 그리고 그의 통치, 마지막으로 그의 아들들 사이에서 일어난 왕위 계승에 얽힌 비극적인 싸움 등이다. 이러한 이야기는 고대 근동의 역사 기록에 있어서 매우 독특한 것이다. 사실적이며 놀라운 문학적 재능으로 쓰인 이 설화는 현대 독자들에게 왕가의 생활을 알게 해준다. 이 설화의 특성은 주인공들을 설명할 때 기록자의 종교·윤리적 기준으로 평가했다는 점이다.

그러나 다윗 왕에 관한 성서 외적인 역사 기록이나 유물은 많이 발견되지 않는다. 단지 다윗의 역사성이나 다윗 시대의 국제 정세를 이해할 수 있는 몇 가지 역사 기록이 알려졌을 뿐이다. 가장 중요한 기록 문헌은 1993년과 1994년에 단에서 발견된 아람어 비문이다. 이 비문에는 성서 밖에서는 처음으로 다윗 왕조를 뜻하는 '베이트 다비드' בית דוד 라는 용어가 기록되어 있다.[184] 이 비문은 아람 사람들이 베이트 다비드라는 용어를 사용했기 때문에 당시 주변 국가에서 이미 다윗 왕조의 존재를 인지하고 있었음을 보

---

184) Rainey A., "The 〉House of David〈 and the House of the Deconstructionists," *BAR* 20/6 (1994), p. 47; Rendsburg G. A., "On the Writing בית דוד in the Aramaic Inscription from Tel Dan," *IEJ* 45 (1995), pp. 22-25, esp. 22-23; Biran A. and Naveh J., "An Aramaic Stele Fragment from Tel Dan," *IEJ* 43 (1993), pp. 81-98. 그러나 데이비스(P. R. Davies)나 크누푸(E. A. Knauf)는 בית דוד를 '바이트 도드'로 읽어 다윗 왕조로 이해하기보다는 하나의 지명으로 이해하고자 한다. Davies P. R., "House of David" Built on Sand: The Sins of the Biblical Maximizers," *BAR* 20/4 (1994), pp. 54-55; Knauf E. A., "BaytDawīd ou BaytDōd?" *BN* 72 (1994), pp. 60-69; 김영진, "단 석비와 이스라엘 역사", 『구약논단』 13 (2002), pp. 107-127.

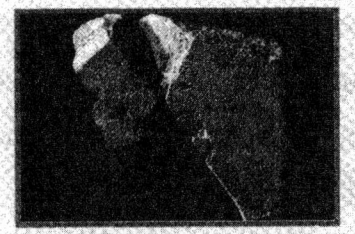

단석비

"❶…그리고 […]자르다. ❷[…] 나의 아버지가 그를 대항하여 전쟁에 나갔고 그가 […]에서 싸울 때… ❸그리고 나의 아버지는 죽었고, 조상에게로 갔다. ❹그리고 이스라엘의 왕이 전에 나의 아버지의 땅에 들어왔다. (그리고) 하다드가 나를 왕으로 세웠다. ❺그리고 하다드가 내 앞에 나갔고, 그리고 출발하였다. 일곱[…], 나와 ❻내 왕국으로부터, 나는 수천의 전차와 마병으로 강한 70왕을 죽였다. ❼[나는 아합의 아들 여호람] 이스라엘의 왕을 [죽였다] ❽[나는] 아하시야, 여호람의 아들 ❾다윗 왕조의 왕을 죽였다. 그리고 나는 [그들의 도시를 파괴시켰고, ❿그들의 땅을 황폐하게 하였다] ⓫다른… […예후], ⓬이스라엘을 통치한… 그리고 나는 ⓭[…]을 포위하였다"

여주는 것이다. 다윗 시대의 역사적 배경에 관한 기록은 아시리아의 왕 살만에셀 3세의 역사 기록에서 찾아볼 수 있다.[185] 이 기록에 의하면 다윗 시대의 왕이었던 앗수르-라비 2세 Aššur-rabi Ⅱ, 주전 1012-972 때 그가 유프라테스 강까지 진출하였다고 기록하고 있다. 이러한 기록은 다윗이 유프라테스 강까지 진출하였고, "소바 왕 하닷에셀이 유프라테스 강가에서 자기 권세를 펴고자 하매 다윗이 저를 쳐서 하맛 Hamath까지 이르렀다"는 성서의 기록과 일치하지 않는다.[186] 즉 유프라테스 강지역은 이미 아시리아의 통치하에 있었기 때문에 다윗이 이곳에 진출하기가 용이하지 않았을 것이다. 이러한 기록상의 차이점을 통하여 후대 이스라엘 사람들이 다윗을 이상적인 왕으로 이해하였을 것이고 그를 위대한 왕으로 묘사하려는 의도를 엿볼 수 있다.

---

185) *RIMA* 3, p. 19.
186) 앗수르-라비에 관한 기록은 사무엘하 8:1-6, 특히 4절의 기록과 맞지 않는다. 왜냐하면 사무엘하 8:4의 기록과 역대상 18:3의 기록에 의하면 다윗이 유프라테스 강까지 진출하였다고 기록하고 있기 때문이다.

다윗은 누구인가

다윗이란 이름은 이스라엘 이름 가운데서 많이 발견되지 않는다. 다윗은 구약성서의 족보를 따라 이새의 아들로 기록되어 있다 룻 4:18-22. 유다 지파 베들레헴 출신으로 성서에서는 강인한 군인,[187] 용사, 천부장, 왕 등 다양한 호칭으로 불리면서 영웅화한 흔적을 발견할 수 있다.

다윗은 헤브론에서 유다의 왕으로 즉위하기 전까지 사울 왕에게 쫓기는, 사울 왕조의 반체제 인사로 도망자 생활을 하였다 삼상 19:11-21:15. 다윗이 아둘람 근처에 피신하였을 때 사람들이 다윗에게 모여든다 삼상 22:1-23:14.[188] 다윗과 그 군대는 십, 갈멜, 마온의 동쪽 황무지 등을 옮겨다닌다 삼상 23:15-26:25. 한때는 다윗이 자신의 군대를 이끌고 블레셋 사람을 섬기기도 하였다 삼상 27장-삼하 1장.

다윗의 즉위

구약성서에 기록된 다윗의 즉위에 관한 기록은 네 단계로 나누어 이해할 수 있다. 사울 왕실의 일원으로서의 다윗, 사울을 피해 다니던 다윗, 블레셋에서 망명생활을 하던 다윗, 헤브론에서 왕이 된 다윗이다.

첫째는 베들레헴 이새의 아들인 다윗이 사울 왕의 궁전에서 사울의 딸 미갈과 결혼한 때이다. 이 당시 다윗과 사울의 만남에 관한 두 가지 전승이 있다. 첫 번째 전승에 의하면 다윗은 사울 왕이 악령에 의해서 번뇌할 때 하프를 연주하여 그를 치료한다. 이것이 목동이었던 다윗이 사울을 만나게 된 계기가 되었다. 사울의 총애를 받은 다윗은 사울의 병기든 자가 되었다.

---

[187] 성서에서 다윗을 소년이라고 부르는데 소년은 유소년을 뜻하는 것이 아니라 군대 관직 가운데 하나이다.
[188] 일부 학자들은 이것을 근거로 이스라엘의 기원을 하비루로 설명하는 학자들도 있다. 이스라엘 사람은 이브리(עברי)로 기록되었다.

또 다른 전승에 의하면, 소고 ^{Socoh} 계곡에서 다윗이 블레셋 장수 골리앗을 죽인 후에 사울을 알게 되었다. 이 시기는 자연인이었던 다윗이 대중적인 군대 지도자로 부각되던 시대였다.

두 번째는 다윗이 사울을 피해 도망하던 때이다. 다윗의 대중적인 인기가 높아지자 사울은 백성의 지지를 얻은 다윗을 죽이려고 음모를 꾸몄고 다윗은 이를 피하여 이곳저곳을 떠돌았고 국경 근처에서 숨어 지냈다. 다윗은 자신에게 모여든 떠도는 무리들의 우두머리가 되었다. 그를 따르는 사람은 처음에 400명이었으나, 600명으로 불어났으며 이들 가운데 30명이 핵심이었다. 다윗이 왕이 된 후 이들은 다윗 왕국 군대조직의 근간이 되었다. 병사들의 대부분은 유다와 베냐민 지파 출신이고 몇몇은 이웃 지파 출신이었다. 다윗의 군대는 사회에서 낮은 계층과 땅이 없는 사람들과 방탕하고 경박한 사람들이 모인 외인부대였다. 이러한 다윗의 무리는 기존 사회에 위협적인 존재였다. 따라서 다윗과 그의 무리들은 심지어 자신들의 지파 안에서도 지지를 받지 못하였다. 주로 목자들로 구성된 남쪽 부족들은 사울에게 충성을 다하였다. 왜냐하면 사울이 전에 아말렉 사람들로부터 그들을 보호해주었기 때문이다. 따라서 다윗은 사막으로 이동하지 않을 수 없었고 그곳에서조차 그는 피난처를 발견하지 못하였다. 때문에 그는 이스라엘의 오랜 적인 블레셋 사람들의 협조자가 되어 가드 왕 아기스에게 망명하였다.

세 번째는 블레셋의 망명자 신세가 된 때이다. 다윗은 자신이 매우 절박한 상황에 있음을 알았다. 그는 이스라엘의 오랜 적인 블레셋에 그의 충성을 증명하지 않으면 안 되었고, 동시에 다른 한편으로 남쪽 유다, 갈렙, 헤브론 겐 족의 장로들과 협상해야만 했다. 그들의 호감을 얻기 위해서, 다윗은 그들의 오랜 적인 아말렉 사람들을 급습한 사울의 방법을 따랐다.

사울의 기브아 전투에서의 패배와 죽음 이후에 뒤따른 이스라엘 내부의 심각한 정치적 위기 동안, 유다와 북쪽 지파들 사이의 동맹은 약해졌고, 다윗은 유다 영토 내에서 스스로 정치세력을 규합할 수 있는 기회를 갖게 되었다. 다윗은 그의 가족들과 그를 따르는 자들을 헤브론으로 데리고 가서, 거기에 거하였다. 이러한 현실에 직면한 유다의 장로들은 그를 유다의 왕으로 삼기 위하여 다윗과 협상을 하였다. 왜냐하면 다윗의 힘 있는 군대가 그들을 적으로부터 보호해줄 것이라는 기대 때문이었다.

네 번째 단계는 헤브론에서 다윗이 왕이 된 때이다. 다윗은 7년 6개월 동안 헤브론에서 유다를 통치했다. 정확한 사건의 전후관계를 설명할 수는 없지만 사울이 전사한 직후 다윗은 헤브론에서 유다 지파를 중심으로 작은 규모의 왕국을 건설하고 왕이 되었다. 비록 사울이 전사하기는 했지만 그의 아들 이스보셋은 북쪽 지파를 중심으로 아버지의 왕국을 계승하였다. 이때부터 다윗 왕조와 사울 왕조 사이의 갈등은 극에 달한다. 이스보셋은 이스르엘과 에브라임과 베냐민 등 온 이스라엘의 왕이 되었으나, 다윗은 단지 헤브론에 머물면서 유다 지파의 왕이 되었다. 헤브론에서 그의 통치 시기는 북쪽 사울 왕조를 대표하는 아브넬 군대와 다윗의 군대장관 요압 사이에 처절한 싸움으로 특징지워진다. 사울이 죽은 후 그의 아들 이스보셋이 왕위를 계승하였지만 사울 왕조의 대리인인 아브넬이 다윗과 결탁하였고 온 이스라엘이 다윗에 대한 지지를 약속했었을 것이다. 그러나 다윗의 군대장관인 요압이 아브넬의 살해를 명령한다. 개인의 원한 때문에 아브넬을 죽인 것이다. 이러한 상황에서 다윗이 할 수 있는 것은 아브넬의 죽음을 애도하는 것이었다. 그리고 요압과 그의 형제가 다윗에게 강한 존재여서 처벌의 문제는 하나님의 판단에 맡겨야 했다.

그러나 이스보셋의 군대장관이었던 아브넬이 죽고 이스보셋 역시 살해

됨으로써 이스라엘의 사울 왕조는 와해되었다. 반면 헤브론의 다윗 왕조는 그의 통치 영역을 전체 이스라엘로 확산할 수 있는 기회를 맞이하여 이스라엘의 장로들과 헤브론에서 계약을 체결하고 다윗은 이스라엘 전체의 왕으로 추대되었다. 그 이유는 다윗만이 블레셋에 대항하여 전쟁할 수 있는 유일한 지도자였기 때문이었다.

다윗의 행정체제

다윗이 북쪽 이스라엘 장로들의 제안을 받아들여 이스라엘 전체의 왕이 된 이후 예루살렘에 있는 여부스 족을 쫓아내고 수도를 헤브론에서 예루살렘으로 옮기고 그 이름을 다윗 성이라고 불렀다 삼하 5장.[189] 다윗이 전체 이스라엘의 왕으로 등극하기는 하였지만, 원래부터 다윗을 따르던 유다 중심의 세력과 이스보셋을 따르던 세력 사이의 반목을 쉽게 가라앉힐 수 없었다. 다윗의 예루살렘 천도와 관련하여 많은 학자들은 예루살렘이 지리적으로나 제의적으로 유다나 이스라엘 어느 쪽에도 속해 있지 않았기 때문에 예루살렘을 선택했다고 설명한다.[190] 이와 함께 예루살렘을 종교적 중심지로 만들기 위하여 법궤를 옮겨왔다.

---

189) 고대 이스라엘에서 어떤 도시를 점령하고 점령자의 이름을 붙이는 경우를 많이 찾아볼 수 있다(민 21: 26-28; 32:41). 뿐만 아니라 메소포타미아에서도 이러한 현상을 쉽게 찾아볼 수 있다. 투쿨티-니누르타 1세는 신전도시를 건설하고 그 이름을 카르-투쿨티-니누르타(kār-tuklti-ninurta)라고 불렀다. 도시를 건설하고 여기에 성전과 수로를 건설하였다. 살만에셀 3세는 비트-아디니(Bt Adini)에 있는 틸-바르십(Til-Barsip)이라는 도시를 점령하고, 그 도시의 이름을 자신의 이름을 따라 카르-살마네살(kār- šalmaneser)이라고 불렀다. 사르곤의 경우는 그 과정에 있어서 다윗의 경우와 일치한다. 사르곤은 무쯔리(Mt. Muṣri) 산기슭에 도시를 건설하고 그 이름을 자신의 이름을 따라 두르-샤루킨(Dūr- arrukin)이라 부르고, 왕궁과 신전을 건설하였다.

190) G. W. Alström, *The History of Ancient Palestine from the Palaeolithic Period to Alexander's Conquest*, p. 468; J. Bright, *A History of Israel*, 1981, p. 200; B. Oded, "Kingdoms of Israel and Judah (ca. 1020-586 B.C.)," *The History of Eretz Israel: Israel and Judah in the Biblical Period*, Ed. I. Eph'al, Jerusalem, 1980, pp. 117-118 (Hebrew).

사무엘하 8:16-18	구 분	사무엘하 20:23-26
על־הצבא הכרתי והפלתי	군사 분야	כל־הצבא הכרתי והפלתי
	경제 분야	על־המס
כהנים	종교 분야	כהנים
מזכיר סופר	시민 분야 (Civil Affairs)	המזכיר ספר

 수도를 천도한 이후 다윗은 규모가 커진 왕국을 효과적으로 통치하기 위하여 왕실관리를 임명한다. 사무엘 8:16-18과 사무엘하 20:23-26 두 곳에서 다윗의 왕실관리에 대한 기록이 등장한다. 다윗의 중요한 왕궁 공직자들의 명단에는 이스라엘을 통치하는 군대장관인 요압이 맨 앞에 나와 있다. 그 외에도 왕의 경호원인 그렛과 블렛의 장관이 있다. 다른 직책이 포함된 명단들은 오늘날의 외교적이고 시민 행정적인 부분에 속한다. 왕실관리 가운데는 사관이 있었다. 그들은 아마 왕의 칙령을 알리는 전령의 역할을 감당하였을 것이다. 서기관은 중요한 책임 때문에 주변 나라 통치자들과 상호 만남에 있어서 외국어와 그 시대의 외교적 조약에 익숙해 있었다. 왕국의 분열 후에도 유다는 다윗의 행정체계를 유지하였다. 그리고 행정관과 서기관들은 성전의 파괴 때까지 계속 존재하였다. 다른 중요한 관직은 아도람 또는 아도니람이었는데 그는 부역의 책임자였고 특별히 솔로몬 통치 동안 중요한 인물이었다. 그 외에도 다윗의 상담자인 아히도벨과 다윗의 친구, 설계자 후세이다. 그들의 직책에 대한 설명은 압살롬의 반란 이야기에서 나타난다. 반역한 왕의 일반 정책과 군대 전략에 관계된 충고를 하였다. 왕국의 재정상태에 관한 것은 왕의 재산을 맡은 책임자들이 관리하였으며, 그 외에도 다양한 경제 분야의 책임자들이 있었다. 즉 밭과 성읍과 촌과 산성의 곡간을 맡은 사람, 밭가는 농부를 거느린 사람, 포도원을 맡은 사람,

포도원의 소산 포도주 곳간을 맡은 사람, **평야의 감람나무와 뽕나무를** 맡은 사람, 기름을 맡은 사람, 샤론에서 소떼를 맡은 사람, 골짜기에서 소떼를 맡은 사람, 약대를 맡은 사람, 양떼를 맡은 사람 등이다. 이 명단은 확장된 농업 경제를 통해서 다양한 분야가 생겨났다는 것을 반영한다. 이것은 왕이 경제적인 독립을 했다는, 왕실의 부유함의 증거이기도 하다.

이상의 관리 명단에서 군사 분야의 관리가 강조된 것은 다윗의 확장주의 정책을 반영한 것이며, 감역관이 등장한 것도 다윗이 공공사업을 위하여 부역המס על,Corvée을 동원한 것과 관계가 있다. 다윗의 이러한 관리체제를 어떻게 도입했는가 하는 질문에 대하여 메팅거Mettinger는 이집트의 영향이라고 설명한다. 왜냐하면 다윗의 관리 명단에 나타나는 레아 하 마즈키르 הנה המזכיר, 삼하 15:37, 16:16이 이집트의 관직명과 같을 뿐만 아니라 다윗 시대에 이스라엘은 이집트의 정치적 영향권 아래 있었기 때문이다.

역사성에 관한 학자들의 논의가 뜨겁지만 역대기상 27장의 기록에 의하면 다윗은 전국을 12지역으로 나누고 각 지역에 총독을 임명했다.[191]

역대상 27:16-22의 명단에서 사독과 엘리후를 제외한 모든 사람들은 "Y의 아들 X" Y בן X라는 형식으로 기록되어 있다. 엘리후는 다윗의 가문이기 때문에 굳이 조상을 기록할 필요가 없어 단지 다윗의 형이라고만 기록하고 있고, 사독은 대제사장으로 너무나 유명했기 때문에 조상에 대한 언급이 생략된 것으로 보인다. 또한 명단에서 레위와 아론이 나뉜 것은 역대기서에만 등장하는 것으로 대상 12:24-27 역대기 사가의 이스라엘 민족에 대한 개념

---

191) 역대상 27:16-22에 다윗이 전국을 12지역으로 나누고 각 지역에 총독을 임명한 것으로 기록되어 있으나 역대기 기록의 역사성에 대하여 의문을 제기하는 학자들이 많다. 특히 야펫(S. Japhet)은 역대상 27:16-22의 기록은 솔로몬 시대의 행정 구역을 나눈 체제가 다윗 시대부터 있어야 한다는 신학적 필요에 의하여 첨가된 것으로 이 기록의 역사성을 부인한다. S. Japhet, *I & II Chronicles*, London, 1993, p. 472.

지역	다윗의 행정 구역
르우벤	시그리의 아들 엘리에셀
시므온	마아가의 아들 스바댜
레위	그무엘의 아들 하사뱌
아론	사독
유다	다윗의 형 엘리후
잇사갈	미가엘의 아들 오므리
스불론	오바댜의아들 이스마야
납달리	아스리엘의 아들 여레못
에브라임	아사시야의 아들 호세아
므낫세 반지파	브다야의 아들 요엘
길르앗에 있는 므낫세 반지파	스가랴의 아들 잇도
베냐민	아브넬의 아들 야아시엘
단	여로함의 아들 아사렐

을 반영한 것으로 보인다. 레위와 제사장이 구별된 것은 비교적 후기의 성서 기록에서 등장하는 것으로 ≏ 2:70, 9:1, 민수기 5-15장 그리고 역대상 2장에서는 레위인이 포함되지 않았다. 아셀 지파와 갓 지파가 생략된 것에 대해서는 여러 가지로 생각할 수 있다. 첫째는 기록한 서기관의 실수일 가능성이고, 둘째는 12라는 숫자를 맞추기 위해 생략했을 것이라고 생각하는 것인데 후자의 경우는 위 명단의 숫자가 13이기 때문에 설득력이 없다. 이 명단을 통하여 역대기 사가가 남쪽 지파 시므온과 유다를 강조한 것이나, 레위인과 제사장을 나눈 것 등은 역대기 사가의 의도적인 수정에 의한 결과로 이해할 수 있으며, 이것은 이 기록이 후대의 이차적인 첨가인 것을 뒷받침하는 것이다. 이와 함께 이 지방 총독 הנצבים을 총괄하는 알 하-니짜빔 על הנצבים 이라는 관직이 사무엘하 8:16-18이나 20:23-26에 나타나지 않는 것도 이 기록이 후대의 이차적인 첨가임을 드러내는 것이다.

다윗 왕은 성장하고 번영하는 국가의 여러 가지 요구를 기록하고 충당하기 위하여 훈련된 서기관들을 고용하였다. 서기관들은 인구 조사와 조세 징수를 목적으로 행정 구역이 나뉜 것을 기록하였을 뿐만 아니라, 지파와 문중의 경계를 긋는 지리적인 목록과 상세한 족보까지도 편집하게 했다.

다윗의 인구 조사에 대한 기록을 통하여 이 당시 통치 범위를 추정할 수 있다. 다윗의 인구 조사는 사무엘하 24:1-9과 역대상 21:1-6에 등장한다. 이 두 기록에 대하여 많은 학자들은 역대기 사가가 사무엘의 기록을 기초로 자신의 의도에 맞추어 다시 쓴 것이라는 데 동의한다.[192] 따라서 이 두 기록 사이에 몇 가지 차이점을 발견할 수 있다.

사무엘하 24:1-9	차이점	역대상 21:1-6
진노한 여호와께서 이스라엘을 치기 위함	인구조사의 목적	사단에 의한 것으로 이스라엘의 죄로 인식함
	인구조사의 범위	베냐민 지파와 레위 지파의 생략
단에서부터 브엘세바	지리적 범위 표시 방법	브엘세바에서 단
이스라엘 80만, 유다 50만	숫자의 차이	이스라엘 110만, 유다 47만
구체적으로 묘사	지리적 범위	이스라엘 땅으로만 묘사

이 인구 조사는 이스라엘 땅의 중앙 부분에 대한 언급 없이 단지 유다, 이스라엘의 국경지역, 가나안 도시들 그리고 이스라엘 사람들이 거주하는 지역들에 대해서만 언급하고 있다. 그러나 다윗이 정복한 것으로 성서에 묘사되어 있는 에돔, 모압, 암몬 그리고 아람, 다메섹에 대한 언급이 없다. 이들 정복지역에는 '니짜브' נצב가 임명되었다 삼하 8:6, 14.[193]

---

192) H. G. M. Williamson, *1 and 2 Chronicles*, Grand Rapids, 1982, p. 142.
193) 사무엘하 8:6과 14절의 נצב는 '수비대'라는 번역대신 '총독'이라고 번역할 수도 있다.

이스라엘의 왕 다윗

다윗이 온 이스라엘의 왕이 되는 과정을 세 단계로 나누어 설명하고 있다. 다윗은 헤브론에서 왕이 되고 삼하 2:1-3, 사울 왕국의 잔여 세력들이 귀순하고 아브넬과 협상 마지막으로 다윗의 예루살렘 점령 삼하 5:6-9이 기록되어 있다. 다윗이 온 이스라엘의 왕이 되었을 때 그는 사울과 마찬가지로 블레셋의 멍에에서 벗어나는 중요한 과제를 수행해야만 했다. 그러나 역사 기록들은 모압, 암몬, 에돔, 아람뿐만 아니라 블레셋에 대한 정복을 간략하게 설명하고 있다. 블레셋과의 전쟁은 그가 헤브론에 있을 때부터 있었고, 예루살렘 정복 후에 더 많은 전쟁을 하였다. 중요한 전쟁은 베들레헴과 예루살렘 근처에서 일어났다. 다윗은 블레셋을 산으로부터 쫓아내어 산기슭으로 몰아내는 데 성공했다. 이러한 전쟁들의 마지막에 블레셋의 다섯 도시들은 다윗과 조약을 맺었고 아마도 그들에 대한 다윗의 통치를 인정했을 것이라고 가정할 수 있다. 왜냐하면 다윗 때부터 웃시야의 죽음 이후까지 블레셋은 유다 영토를 침략해오지 않았기 때문이다.

블레셋을 물리친 후 다윗은 므깃도, 다아낙, 벳산과 같은 가나안 도시들을 합병하였다. 뿐만 아니라 예루살렘을 정복하였다. 예루살렘은 지형적으로 자연적인 요새였고 왕은 그곳에서 안정된 지위를 공고히 하였다. 다윗은 예루살렘에 그의 장관들과 군사들을 집중시켰고 법궤까지 운반해왔다.

이스라엘의 지리적인 통일이 이루어진 것과 더불어, 다윗은 제국의 영토 확장으로 관심을 돌렸고, 그 야망은 국제적인 지위를 얻게 하였다. 이러한 다윗의 성공은 당시 국제 정세와 밀접한 관련이 있다. 이집트가 쇠퇴하고, 히타이트 왕국은 이미 200여 년 전에 멸망하였고, 아시리아는 아직 중요한 세력으로 나타나지 않았다. 블레셋을 물리친 후 이스라엘의 경쟁 국가는 북쪽의 아람이었다. 그들과의 전쟁은 국제적인 힘의 균형에서 다윗 왕국의 위치를 결정지었다. 세 번의 중요한 전쟁이 있었다. 라밧-암몬 근처에서의 전쟁은 이스라엘 군사들이 아람 사람과 싸우는 동안 왕궁 수비대는 암몬인과 싸웠다. 또한 유프라테스 강 양쪽으로부터 내려온 아람 연합군과 엘람과 바산에서 싸웠다. 성서에 의하면 다윗은 소바 왕 하닷에셀이 아시리아인들과 더불어 전쟁에 참여할 때 그를 공격하여 다마스쿠스Damascus를 정복한 후 유프라테스 강 주변까지 확장하였다. 그러나 이러한 사실의 역사성을 입증하기는 매우 어렵다.

요단 동편의 모압과 에돔의 정복과 함께 다윗 왕국은 가나안의 지리적인 경계를 확장시켰고, 주변의 국제 무역 정책에 영향력을 발휘하게 되었다. 왜냐하면 다윗은 요단 동편을 남북으로 가로지르는 '왕의 길' King's Highway을 통치했기 때문이었다. 다윗 영토의 북쪽 경계는 아람 소바의 지배 아래 있었던 하맛까지 확장되었다. 하맛 왕 도이는 다윗의 지배권을 깨닫고 그에게 선물을 보냈다. 다윗의 영향은 북서쪽의 항구 도시인 두로와 시돈에까지 이르러 다윗은 이들과 확고한 동맹관계를 유지하였다. 이러한 동맹은 다윗 왕국의 새로운 경제적 지평을 열어주었다. 이제 이스라엘은 두로에 기름과 곡식을 공급할 수 있었고 대신에 백향목과 구리, 다양한 보석류와 같은 사치품을 받을 수 있었다.

다윗 왕국에서는 많은 사회적 행정적 변화들이 일어났다. 중앙집권이 강화되면서 왕국은 행정의 중심이 되었고 새로운 계급이 발생했다. 다윗은 행정 운영에 있어서 가나안의 고대 도시와 이웃 나라들의 양식을 따랐다.

다윗 왕조의 중요한 점은 이스라엘 하나님과 다윗 왕조 사이에 계약 사상이 등장했다는 점이다. 계약 사상에 의한 왕조 신학은 왕조 시편에도 나타나 있다. 즉 "나는 내가 택한 자와 계약을 맺는다. 나는 나의 종 다윗에게 맹세하기를… 내가 네 자손을 영원하게 할 것이고 네 왕위를 대대에 세우리로다" 시 89:3-4, 132:10-14. 이러한 왕실 신학에 의하여 왕이 제의적 기능에 참여하였음을 알 수 있다. 이러한 입장은 시편 110편의 "주는 맹세하시고 변치 아니하시리로다. 너는 멜기세덱의 반차를 따라 영원한 제사장이라"는 표현에서도 나타난다.

다윗 왕의 관리들의 명단에 기브온 성소에서 봉사하던 제사장 아비아달과 사독이 포함되어 있는 것은 제사장직이 왕위에 종속되었다는 것을 단적으로 보여주는 예이다.

압살롬의 반란

다윗의 정치적 군사적인 업적과 그가 채택한 좋은 행정제도들에도 불구하고 새로운 제도는 백성들에게 깊이 뿌리 내릴 수 없었다. 새로운 행정체계와 급변하는 정치적 사회적 변화는 너무 짧은 기간 안에 전통적인 제도에 영향을 끼쳤다. 왕실 공직자와 관리의 새로운 계층이 탄생하게 되자, 전통적인 지도자 역할을 하였던 장로들의 권력과 위치 그리고 족장과 지파 제도가 크게 줄어들었다. 지파 중 어떤 집단에는 특별히 북쪽 지파 중에는 새 제도에 불만이 많았고 그것은 압살롬의 반란으로 나타났다.

압살롬의 반란은 이스라엘의 장로들과 백성들이 지지하였다. 단지 다윗의 관리들과 용병들 중 소수만이 그와 함께하였다. 이러한 사실은 백성들이 다윗에 반기를 든 것으로 해석할 수 있다.

압살롬의 초기 혁명이 성공할 수 있었던 두 가지 중요한 이유가 있다. 첫째는 압살롬이 옛날 통치체제를 재생시키리라는 약속을 했기 때문이다. 다윗이 행한 새로운 통치에 대해 백성들은 왕과 자신들 사이에 장벽이 생긴 것이라고 생각하였다. 압살롬의 이러한 약속은 대중의 지지를 얻기 위한 전략이었다. 압살롬이 예루살렘에 들어와 왕위에 올랐을 때 그는 이스라엘의 장로들에게 전쟁 문제까지도 자문할 수 있는 권한을 주었다. 그러나 그것은 오래 존속하지 못하고 반란이 끝날 때 사라졌다. 둘째는 왕국 이전에 있었던 군대의 기본 조직인 엘레프가 계속 존재한 것이다. 따라서 군대와 사람들을 통치하는 장로들의 영향력이 남아 있었다. 지파가 핵심 이슈가 되었을 때 장로들은 압살롬을 지지하였다. 장로들은 쉽게 이스라엘 사람들을 설득할 수 있었다. 결과적으로 이스라엘 백성들의 마음이 압살롬을 따랐다는 말을 들었을 때 다윗은 사실상 나라 전체가 그에게 대항하고 있음을 깨달았다. 다윗은 요단 동편 사람들로부터 군대를 다시 모았는데 성서 기록에는 이스라엘의 무리를 패하게 한 사람이 다윗의 신복들이라고 기록하고 있다.

다윗 통치 말년의 변화

반란을 경험한 다윗은 전통적인 권력 구조에서 통치의 기반을 유지해야만 한다는 것을 깨달았다. 따라서 다윗은 자신의 지파인 유다 지파로부터 사회적 지지를 받으려고 노력하였다. 다윗은 유다 군대의 지휘관을 요압대신 아마사로 교체하였다.

압살롬의 반란은 통일왕국을 와해시키는 시발점이 되었다. "우리는 다윗과 함께할 이유가 없으며 이새의 아들과 함께할 유업이 없다. 이스라엘아 각각 장막으로 돌아가라"는 말이 이러한 상황을 잘 보여준다. 다윗은 이러한 분열이 북쪽 지파의 선전 결과 때문이라는 것을 깨달았다. 이러한 사실은 세바의 반역 때에 다윗이 아비새에게 "지금 비그리의 아들 세바가 압살롬보다 우리에게 더 해하리니" 삼하 20:6라고 말한 표현에서 나타난다.

세바의 반역은 초기 단계에 진압되었다. 그러나 그 진압은 아마사가 소집했던 유다 사람에 의해서 된 것이 아니었다. 다윗은 세바를 진압하기 위하여 수비대를 보냈다. 그리고 그 일에 실패한 아마사는 요압에 의해서 죽임을 당했다. 갈릴리 상류 벧마아가 아벨 Beth-Maacah Abel로 피한 세바는 처형되고 내적 평화가 이루어졌다. 다윗은 예루살렘으로 돌아왔고 왕의 체재를 다시 확립했다. 그러나 그의 왕위는 오래 지속되지 못했다.

 다윗에 대한 저항은 계속되었다. 이러한 사실은 왕위 계승에서도 나타난다. 다윗은 왕국의 존속과 그가 죽은 후에도 왕국의 분열을 막기 위하여, 그가 사랑하는 부인 밧세바의 아들인 솔로몬을 왕으로 세웠다. 이렇게 하기 위해서는 대중적인 지지를 받는 아도니아를 넘어서야 했다. 압살롬이 죽은 후 다윗의 장자인 아도니아는 요압과 아비아달을 포함하는 국가 원로들에 의해 지지받았다. 그러나 솔로몬은 왕위를 계승하고 여호야다의 아들 브니야의 도움으로 그의 모든 반대자를 죽이고 유다와 이스라엘의 왕이 되었다.

다윗 왕조와 예루살렘에 대한 신학화

 예루살렘을 새로운 왕국의 중심지로 정한 다윗은 예루살렘에 대한 신학화 작업을 진행하였다. 예루살렘의 이념화 작업의 첫 단계는 예루살렘을 하나님이 거하는 거룩한 곳으로 만드는 일이었다. 이를 위하여 하나님 임재의 상징인 법궤를 예루살렘으로 옮겨왔다. 원래 법궤는 실로에 있었다. 블레셋에게 빼앗겼던 법궤가 다시 돌아올 때 법궤는 실로로 향한 것이 아니라 기럇여아림 Kiriath Jearim에 오랫동안 머물러 있다가, 다윗이 시온을 빼앗은 후 예루살렘으로 옮겨왔다. 원래 실로에 있던 법궤가 예루살렘으로 옮겨진 것은 예루살렘을 이스라엘의 종교와 이념의 중심지로 만들기 위한 방책이었다. 법궤가 예루살렘으로 옮겨졌다는 것은 하나님 야웨가 예루살렘에 거주한다는 것으로 시온 신학이 생겨나는 근거가 되었다. 또한 하나님이 계신 예루살렘에 세워진 다윗 왕조가 영속한다는 신학을 태동시켰다. 이러한 시온 신학은 다윗 왕조의 이념적 배경이 되었다.

다윗 왕조의 영속성 및 선택성에 관해서는 나단의 신탁을 통해서 분명히 드러난다. "그는 내 이름을 위하여 집을 건축할 것이요 나는 그의 나라 왕위를 영원히 견고하게 하리라" 삼하 7:13는 선포는 선택된 예루살렘에 세워진 다윗 왕조의 영속성을 선포하는 것이었다. 다윗 왕조의 영속성과 예루살렘의 선택은 솔로몬의 성전 건축으로 인하여 가시화되었다.

다윗과 고고학

다윗의 통치에 대한 고고학적 증거는 매우 빈약할 뿐만 아니라 모호하다. 예루살렘, 특히 기혼 샘 Gihon spring 위의 가파른 언덕의 동쪽 경사지에 대한 발굴에서 주전 10세기로 추정할 수 있는 높이 16.5m의 계단식 구조를 가진 건물을 발견했다. 이 건물의 기능은 기념비적인 건물의 거대한 옹벽으로 추정한다. 이 구조물을 다윗의 '시온 성'으로 보는 학자들이 많다.

므깃도의 제6A지층과 텔 카실레의 제10지층이 불로 파괴되었는데 다윗에 의한 것으로 추정한다. 이 지층의 다음 지층이 다윗 시대의 지층으로 생각된다. 이 시대의 므깃도 제5지층에서는 가옥들이 언덕 주변을 따라 건축되었으며, 가옥의 외벽이 일종의 방어선을 구축하였다.

다윗 시대로부터 나온 고고학적 자료는 왕국 창시자 다윗과 잘 부합되지는 않지만 아무런 건축 사업을 시행하지 않은 다윗 시대에 대한 성서의 기술과 부합한다.

신명기 사가	사건		역대기 사가
왕상 1:1-28	아도니야의 즉위		
왕상 1:29-53	다윗이 솔로몬을 임명함		
	이스라엘 모든 장관들을 모음		대상 28:1-10
	성전 짓는 일을 솔로몬에게 넘김		대상 28:11-21
	성전 짓는 데 장관들이 기부함		대상 29:1-9
시 39:13	다윗의 기도		대상 29:10-21
	솔로몬 왕조를 따름		대상 29:22-25
왕상 2:1-11	다윗의 유언과 죽음		대상 29:26-30
왕상 2:13-25	대적자에 대한 복수	아도니야후 제거	
왕상 2:26-27		아비아달의 귀향	
왕상 2:28-35		요압의 제거	
왕상 2:36-3:3		시므이 제거	
왕상 3:4	기브온 제사		대하 1:3-6
왕상 3:4b-15	솔로몬의 꿈		대하 1:7-13
왕상 3:16-28	솔로몬의 재판		
왕상 4:1-6	솔로몬의 관료		
왕상 4:7-20	솔로몬의 12장관들		
왕상 5:1-8, 10:26-29	솔로몬의 위대함		대하 9:14-17, 26-28
왕상 5:9-15	솔로몬의 지혜		
왕상 5:16-32	히람과 함께 성전 건축 준비		대하 1:18-2:17
왕상 6:1-15	성전 건축		대하 3:1-4
왕상 6:16-38	성전 내부		대하 3:5-14
왕상 7:1-14	솔로몬의 궁전 건축		대하 2:13-14
왕상 7:15-51	성전의 놋 기둥		대하 2:15-17, 4:1-5:1
왕상 8:1-11	성전 기공식		대하 5:2-13
왕상 8:12-9:2	솔로몬의 기도		대하 6:1-7:12; 시 132:8-10
왕상 9:3-11	기도에 대한 하나님의 응답		대하 7:13-8:1
왕상 9:12-28	솔로몬의 행적		대하 8:2-18
왕상 10:1-13	시바의 여왕		대하 9:1-13
왕상 10:14-29, 5:6	솔로몬의 무역		대하 9:14-28, 1:14-16
왕상 11:1-13	솔로몬의 죄와 벌		
왕상 11:14-28	리손과 하다드		
왕상 11:29-43	여로보암의 귀국과 아히야		

솔로몬 왕의 통치

솔로몬에 대해서는 구약성서에만 기록되어 있다 왕상 1:1-11:49; 대상 28:1-대하 9:28. 그러나 다윗의 경우와 마찬가지로 솔로몬에 관한 성서의 기록은 열왕기의 기록과 역대기의 기록 사이에 차이점을 드러낸다. 솔로몬은 40년간 이스라엘의 왕이었다. 성서는 솔로몬의 현명함과 정치적인 기민함, 재판의 천재성 모두가 하나님의 지혜 때문이라고 해석했다. 따라서 솔로몬은 잠언 삼천을 말하였고 그의 노래는 천 다섯이며 그리고 솔로몬의 지혜를 듣기 위하여 모든 민족이 왔다고 기록하였다. 솔로몬 통치 동안 이스라엘은 부유한 왕국이었을 뿐만 아니라 주변 여러 나라와 외교관계를 맺는 등 국제화에 노력하였다.

솔로몬 왕국

솔로몬이 통치하던 시대의 이스라엘은 다윗이 정복한 에돔, 모압, 암몬, 아람-다마스쿠스 지역 모두를 포함하였고 북쪽의 신히타이트 왕국까지 영향권 아래 두었다. 솔로몬은 이스라엘의 지정학적인 위치를 잘 살려 국제무역에도 큰 관심을 기울였다. 솔로몬은 고대 근동의 중요한 무역로였던 요단 동편의 왕의 도로와 지중해 해변의 해안 길을 통제하면서 메소포타미아, 시리아 그리고 이집트를 연결하는 중요한 무역로를 지배했다. 이를 통하여 많은 정치적 상업적 이익을 누렸다.

국제 무역에서 솔로몬의 명성이 높아짐에 따라 주변 나라들, 특히 두로와 밀접한 관계를 맺었다. 솔로몬 시대에 두로는 페니키아 해안 주변에 가장 큰 무역 중심지였다. 두 나라는 상호 경제적으로 협력하였다. 솔로몬은 두로의 왕 히람Hiram에게 잉여 농산물을 제공하고 건축에 필요한 백향목을 공급받았다. 뿐만 아니라 해상 무역 개척에도 매우 적극적이었다. 따라서 솔로몬은 홍해의 에시온게벨로부터 오빌까지의 해양 항로를 개설하였다. 솔로몬과 히람의 목적은 당시의 귀중품이 상아, 금, 목재와 희귀한 짐승과 새들을 직접 수입하는 것이었다. 왕실 동물원을 위해 희귀한 동물들을 수집하는 것은 고대 근동의 일반적인 현상이었다. 이러한 사실은 주전 11세기에 북쪽지역 아시리아 궁전으로부터 알려졌다.

시리아 북부의 두로와 신히타이트 왕국을 통하여, 솔로몬은 소아시아로부터 철과 키프로스로부터 구리와 같은 금속을 수입하였다. 구리는 주로 신전의 그릇을 만드는데 사용되었고 철은 연장과 무기를 만드는데 사용되었다. 소아시아에 있는 길리기아로부터 말들이 수입됐고 이것들은 다시 이집트로 팔려갔다. 전차는 북쪽 신히타이트 왕국에 팔렸다. 무역은 왕의 상인들에 의해서 이루어졌다. 그들은 반독립적 상태의 관리로서 대리인으로서 역할을 행사하였다.

솔로몬 시대의 오랜 평화기간은 생산 도구를 개량하는 기회가 되었다. 쇠로 만든 쟁기가 나타났고 이것은 경작 지역을 확대시켜 수출할 만큼의 잉여 생산물을 생산케 하였다.

솔로몬 통치시대의 경제적 발전을 나타내는 것은 솔로몬의 대규모 건축 사업이다. 솔로몬의 가장 대표적인 건축은 성전과 왕궁의 건축과 몇몇 도시를 요새화한 것이다. 솔로몬은 하솔, 게셀 그리고 므깃도를 축성하였다. 이 세 지역에 대한 고고학 발굴 결과에서도 솔로몬 시대의 축성을 뒷받침한다. 이 외에도 고고학적으로 솔로몬 시대로 추정되는 신전이 발견된 곳은 므깃도, 라기스, 다아낙, 벧산, 텔 카실레, 텔 에마르 Tell Emar 등이다.

솔로몬의 성전 건축에 관한 기록은 열왕기상 5:1-9:9과 역대하 2:1-7:22에 기록되어 있다. 그런데 두 기록은 다음과 같은 차이를 가지고 있다.

역대하 3:1에서 성전은 모리아 산에 건축되었는데 열왕기서에서는 이에 대하여 침묵하고 있다. 또한 역대상 22, 28장에서는 다윗이 성전 건축을 준비하였으나 열왕기서에서는 침묵하고 있다. 그리고 역대하 3:1-5:1에서는 성전에 대한 설명과 성전의 기명에 대한 설명이 자세히 언급되어 있으나 열왕기상 6장, 7:13-51의 기록과는 차이점이 발견된다. 다음은 솔로몬의 성전 건축과 고대 근동의 성전 건축을 유형론적으로 비교한 것이다.

기록들 주제	다윗-솔로몬의 성전 건축 왕상 5-9장	스룹바벨의 성전 재건 스 1-6장	고대 근동의 성전 건축		
			에살핫돈[194] 아시리아 신전	나보니두스[195] 에바바르 신전	나보폴라사르[196] 에테메난키 건물
하나님의 명령	왕상 5:5	스 1:2	III 16-IV 6	I 31-II 51	I 21-I 38
성전 건축 준비	왕상 5:15-18	스 1:4, 3:7	IV 7-V 26	II 52-III 4	I 39-III 27
제단을 만듦		스 3:1-6			
성전 공사 중단 및 재개		스 4:6-23			
성전 묘사	왕상 6-7장	스 6:14-15	V 27-VI 27	III 5-III 26	III 28-III 37
성전 봉헌식	왕상 8:1-11, 왕상 8:62-66	스 6:16-17	VI 28-VII 27	III 27-III 31	III 38-III 59
하나님의 축복	왕상 9:1-9		VII 17-25	III 32-III 54	

솔로몬은 성전과 왕궁을 건설함으로써 예루살렘을 왕궁도시로 건설해 나갔고, 다윗이 정했던 도시의 경계도 좀 더 북쪽으로 확장시켜나갔다. 성전을 건축하면서 솔로몬은 두로의 건축 기술자를 고용했고, 시리아 북쪽지역에서 유행하던 건축 양식 Bit ḫilani을 채택하였다.[197] 성전의 규모는 그렇

---

194) R. Borger, *Die Inschriften Asarhaddons, Königs von assyrien*, Graz, 1956, pp. 16-20.
195) S. Langdon, *Die neubabylonischen Königsinschriften*, Leipzig, 1912, pp. 234-243.
196) *Ibid.*, pp. 60-64.
197) 특히 오론테스 강 근처의 텔 타이나트(Tell Ta`yinat; 3615 3622)에서 발견된 주전 9세기의 신전과 솔로몬의 성전이 비슷하다.

게 크지는 않았다 25×25×50m. 7년간의 성전 건축 후 다시 13년 동안 자신의 왕궁을 건축하였다. 이처럼 솔로몬은 예루살렘을 왕궁과 성전이 있는 도시로 만들었고, 제의 중심지로 만들었다. 그러나 이러한 새로운 종교 전통을 만드는 것은 옛 종교 중심지의 반대에 부딪히는 일이었다. 법궤가 예루살렘 성전에 옮겨졌다는 사실만으로 인정을 받기에는 불충분하였다. 예루살렘에 대한 종교적 불만은 솔로몬의 죽음 후에 발생한 반역의 중요한 원인이 되었다.

솔로몬이 제사를 강조하는 새로운 종교 중심으로 국가를 운영하기 위하여 레위인들을 왕실 관리로 임명하였다. 후에 이들은 여로보암의 반란으로 축출되었다.

백성들에게 부과된 조세들

솔로몬은 다윗 시대부터 내려오던 행정 조직을 자신의 시대에 맞게 개편하였다.

다윗 왕조		구분	솔로몬 시대
삼하 8:16-18	삼하 20:23-26		왕상 4:1-6
על-הצבא	כל-הצבא	군사 분야	על-הצבא
הכרתי והפלתי	הכרתי והפלתי		
			על-הבית רעה המלך
		지방 행정	על הנצבים
	על-המס	경제 분야	על-המס
כהנים	כהנים	종교 분야	הכהן
המזכיר	המזכיר	시민 분야	המזכיר
סופר	ספר		ספרים

이처럼 솔로몬 시대의 중앙관리체제가 확립됨에 따라 솔로몬의 대대적인 건축 사업을 추진할 수 있었으며, 이를 위한 많은 인적 물적 자원을 강제 노동과 세금 징수를 통하여 충당할 수 있었다. 솔로몬의 역사를 기록한 사가는 솔로몬 시대의 짐을 나르는 짐꾼이 7만 명이요, 산에서 돌을 뜨는 자가 8만 명이요, 역사를 감독하는 관리가 3,300명이라고 소개했다. 한 달에 1만 명씩 번갈아 3만 명이 레바논에 목재를 공급하기 위하여 보내졌다. 이러한 강제 노역은 이스라엘 사람들과 가나안 사람들에게도 부과되었다. 솔로몬 시대의 강제 노역을 통한 백성들의 고통은 그가 죽은 후 반란으로 나타났다. 다음은 솔로몬 시대의 지방 행정조직을 나타내는 표이다.

다윗의 행정 구역		지 역	솔로몬의 행정 구역
대상 27:16-22		왕상 4:7-9	
시그리의 아들 엘리에셀	르우벤	3. 아룹봇, 헤벨	벤헤셋
마아가의 아들 스바댜	시므온	6. 야일	벤게벨
그무엘의 아들 하사뱌	레위	7. 마하나임	잇도의 아들 아히나답
사독	아론	9. 아셀	후새의 아들 바아나
다윗의 형 엘리후	유다		
미가엘의 아들 오므리	잇사갈	10. 잇사갈	바루아의 아들 여호사밧
오바댜의 아들 이스마야	스불론	4. 돌 지역	벤아비 나답, 솔로몬의 사위
아스리엘의 아들 여레못	납달리	8. 납달리	아히마아스, 솔로몬의 사위
아사시야의 아들 호세아	에브라임	1. 에브라임 산지	벤훌
브다야의 아들 요엘	므낫세 반지파	5. 이스르엘	아힐룻의 아들 바아나
스가랴의 아들 잇도	길르앗에 있는 므낫세 반지파	12. 길르앗 지역	우리의 아들 게벨
아브넬의 아들 야아시엘	베냐민	11. 베냐민	엘라의 아들 시므이
여로함의 아들 아사렐	단	2. 단 지역	벤데겔

또 다른 세금 징수는 왕궁과 군대에 필요한 재원을 공급하는 것이었다. 군대는 주로 예루살렘에 거주하였으나 특별한 수비지역이나 요새지역에

상주하기도 하였다. 솔로몬의 군대는 전차로 구성되었다. 따라서 전차를 다룰 수 있는 고도의 훈련을 받은 병사들을 위하여 많은 병거성을 건축하였다. 게젤과 므깃도 그리고 하솔에서 통일성 있는 성곽 문이 발견되는 것은 이 시대의 요새화 계획을 말해준다. 이러한 거대한 규모의 군사와 많은 관리들에게 필요한 것을 공급하기 위하여, 세금이 왕국 전체를 통하여 부과되었다. 솔로몬은 왕국을 12지역으로 나누어 세금을 부과하였다.

이 명단의 뚜렷한 특징은 유다에게는 세금이 부과되지 않았다는 것이다. 유다는 왕의 지역이라는 특권을 누렸다. 유다 지파의 이러한 입장은 왕국이 분열될 때 매우 중요한 역할을 하였다. 왕실의 부가 증가하고 관리들의 위치가 높아졌을 뿐만 아니라 세금의 증가도 있었지만, 일반 대중과 새로 형성된 계급 사이에 갈등이 더욱 커졌다. 이러한 양극화는 솔로몬의 통치 말기에 더욱 심화되었다. 왜냐하면 이 당시 왕국은 정치 경제적으로 큰 위기를 겪었기 때문이었다. 이러한 사실은 솔로몬이 히람에게 성전 건축을 위해 목재를 구입하고 진 빚을 갚기 위하여 가불 땅 20도시를 넘겨줌으로써 빚을 청산한 것에서 알 수 있다.

위기

솔로몬의 통치 후반기에 국제적인 상황이 크게 변화하였다. 주전 945년경 이집트에서는 새로운 왕조가 들어섰다. 이 왕조의 창시자인 시삭은 솔로몬에게 적대적이었다. 얼마 후에 솔로몬 왕국의 아람과 에돔, 북동과 남서에서 반란이 일어났다. 솔로몬은 에돔의 반란을 진압하였으나, 반란의 주동자는 시삭에게로 피난하였다. 또한 솔로몬은 아람인 엘리아다의 아들 르손의 반란을 진압하지 못했다. 르손은 다마스쿠스에 독립 왕국을 세웠고 솔로몬 제국에 큰 타격을 입혔다. 이것은 무역을 함으로써 들어오는 왕의 수입을 줄어들게 했고 왕국의 북쪽뿐만 아니라 이집트 국경을 따라 늘어서 있는 성들을 요새화함으로써 지출을 증가시킨 원인이 되기도 했다. 예루살렘도 요새화되어 밀로 Millo를 건축하였다. 이것은 솔로몬에 대적하여 반란이 일어나게 한 배경이 되었다. 예루살렘을 요새화하기 위하여 에브라임으로부터 소집된 강제 노동의 책임자인 나밧의 아들 여로보암은 반란을 일으켜 왕에게 대적하였다.

성서에는 여로보암의 반역에 대해 상세하게 나와 있지 않으나 70인역에는 여로보암이 에브라임 디르사를 점령하고 거기서 망명했다고 기록함으로써 반역과 분열이 이미 오래 전에 나타났음을 말하고 있다. 왕국이 분열하게 된 역사적 배경은 원래 남쪽과 북쪽 지파 사이에 결합이 약한 데 있었다. 둘은 일시적으로 다윗의 노력에 의해 연합했지만 다윗의 아들 가운데 누구도 깊은 역사적 차이를 없애는 데 성공하지 못하였다. 오히려 압살롬의 반역 후 유다에게 특별한 위치를 부여한 것이 분열의 원인으로 작용하였다.

솔로몬의 뒤를 이은 르호보암이 이러한 상황에서 다윗이 행한 것처럼 반역을 진압하기 위하여 그의 군대를 사용하지도 않고 묵묵히 따른 것은 놀라운 일이다. 환경이 많이 달라졌음에 틀림없다. 그는 여로보암의 후견인인 이집트 파라오 시삭을 염려하였는지도 모른다. 여로보암은 왕국을 장악하기 위한 기회를 기다리고 있었다. 하여튼 르호보암은 화해하기 위하여 강제 노역의 책임자로 늙은 아도람을 보냈다. 그것은 협상하기 위한 것이었다. 그러나 너무 늦었다. 반역은 이미 진행되었다. 강제 노역의 책임자인 아도람은 돌에 맞아 죽고, 르호보암은 간신히 예루살렘으로 피신하였다.

그러므로 이스라엘의 통일왕국은 한 세기를 유지하지 못하고 분리되었다. 분리된 두 나라인, 유다 왕국과 이스라엘 왕국은 다윗과 솔로몬에 의해

| 왕상 4:7-19에 나타난 솔로몬의 지방 행정 제도 |
(M.Cogan, *1 Kings*, P. 204)

서 통치되었던 전 지역을 다스리지 못했다. 이스라엘의 혼란을 틈타 암몬, 모압, 에돔이 일어나 이스라엘의 압제에서 벗어나 독립국가가 되었다. 블레셋 도시들은 강해져서 아얄론 계곡 쪽에서 종종 공격하였다. 따라서 두 왕국의 정치적 영향은 통일왕국보다 훨씬 줄어들었다. 그들의 경제는 취약해졌다. 왜냐하면 요단 동편의 왕의 길에 대한 통제권을 잃었기 때문이었다.

솔로몬 시대의 또 다른 위기는 정신문화의 정체성, 즉 신앙적 정체성이 많이 약화된 점이다. 솔로몬의 정략 결혼을 통한 주변 국가와의 관계 개선 방법은 종교적 혼합주의를 야기시켰다. 솔로몬 자신이 바로의 딸과 결혼하였을 뿐만 아니라 모압, 에돔, 암몬, 시돈 그리고 헷 여인 등 많은 이방 여인들을 첩으로 택했다. 그리고 이들의 종교에 대해 관용적이었기 때문에 종교적 혼합주의가 만연하게 되었다. 성전과 왕궁을 짓기 위하여 두로의 히람과 동맹관계를 맺었고 두로의 많은 기술자들이 이스라엘 땅에 거주함으로써 문화적 혼합주의가 등장하기 시작하였다. 이에 더하여 솔로몬은 에시온게벨을 통하여 무역을 하였을 뿐만 아니라 왕상 9:26-28, 10:11, 시바의 여왕 왕상 10:13과의 교류 그리고 이집트나 쿠에 Que 지역과의 말 무역 왕상 10:28-29 등을 통하여 많은 이방문화가 이스라엘에 유입되었다. 그 결과 문화적, 종교적 정체성에 큰 혼란을 야기시켰다.

통일왕국과 사회 문제

다윗이 왕권을 잡음으로써 이스라엘은 비로소 통일된 나라를 이룰 수 있었으나 그 이면에는 많은 사회적 문제를 안고 있었다. 그 가운데 가장 심각했던 것은 지역적인 대결이었다. 즉 북쪽 지파와 유다 족속을 중심으로 한 유다 지파 사이에 갈등이 싹트기 시작한 것이었다.

이러한 통일왕국의 위기는 솔로몬의 즉위로부터 구체화되었다. 솔로몬은 쿠데타와 같은 방법으로 왕권을 잡았다. 따라서 자연히 피비린내 나는 숙청의 역사를 겪어야만 했다. 솔로몬은 왕위에 오른 후 자신을 반대했던 사람들을 대상으로 숙청을 단행하였다. 아도니야를 죽였고, 대제사장 아비아달을 아나돗으로 추방시켰으며, 요압을 처형하고 시므이까지 처형하였다. 특히 솔로몬 시대의 가장 큰 위기는 전통적인 제사장 계열이었던 아비아달이 아나돗으로 추방당하고 사독이 새로이 제사장이 된 것이었다. 솔로몬이 사독을 새로운 제사장으로 임명한 것은 제사장이 얼마나 중요한 역할, 특히 국가 이데올로기를 형성하는 데 얼마나 중요한 역할을 하였는가를 단적으로 보여준다.

선왕 先王 다윗의 영토 확장에 힘입어 솔로몬은 내치 內治에 관심을 집중할 수 있었다. 뿐만 아니라 유다의 영향력이 주변 국가에까지 미치고 무역이 활발히 진행되었다. 소위 국제화가 이루어진 것이다. 그러나 솔로몬의 국제화는 타 문화와의 접촉이라는 필연적인 결과를 야기했다. 하나님의 성전을 가장 화려하고 아름답게 건축하기 위하여 레바논의 백향목과 두로의 기술자를 동원하여 성전을 건축하고 이에 대한 대가로 하나님의 선물로 받은 땅을 두로의 왕 히람에게 양도하였다. 또한 솔로몬은 파라오의 공주를 비롯해서 주변의 많은 이방 여인과 혼인함으로써 이들의 신까지도 수입하여 종교적인 혼란을 야기시켰다. 왕국의 통일로 인하여 촉발된 사회 문제는 궁극적으로 왕국 분열의 원인으로 작용하였다.

솔로몬 시대의 문화

솔로몬 시대의 문화 중 가장 큰 특징은 예루살렘과 이스라엘 몇몇 지역에서 행해진 건축 사업이다. 예루살렘에 있는 건축물은 성전과 왕궁의 건축을 들 수 있다. 솔로몬의 성전은 긴 방 형태로 그 내부는 현관, 성소, 지성소의 세 부분, 삼 층으로 나누어졌다. 성전 설계도면은 주전 2000년대 가나안과 시리아 북부지역인 에블라, 텔 타이나트 Tell Ta`yinat에서 발견된 것과 같은 구조를 갖고 있다. 솔로몬의 성전과 관계된 제의 도구들은 페니키아나 키프로스에서 발견되는 것과 같은 예술적 특징을 가지고 있다.

솔로몬 궁전은 비트-힐라니 Bīt ḥilāni양식을 따른 거대한 건축물이었다. 이런 형식의 궁전들에서 현관은 알현실로 이어진다. 알현실은 넓은 방인데, 좁은 한쪽 끝에 보좌가 위치해 있었다. 알현실 뒤에는 주거실들이 있었는데, 때로는 솔로몬 궁전의 다른 뜰 같은 내부 뜰 주위에 배치되어 있었다. 솔로몬의 왕후였던 바로의 딸을 위하여 솔로몬이 지은 궁전은 Bīt Ḥilāni 였을 것이다.

예루살렘에 있는 솔로몬의 건축물들은 두로에서 파견된 페니키아 건축가들과 기술자들의 도움을 받았기 때문에 가나안 예술과 건축 양식이 예루살렘에 소개되었을 것이다. 모든 예루살렘의 건축물에는 마름돌 석공술이 사용되었다.

성전과 왕궁 건축과 함께 솔로몬은 예루살렘 성벽과 밀로를 건축하였다 왕상 9:15. 밀로는 지형학적 장애를 극복하기 위하여 축성했던 인공 매립지로 여겨진다.

예루살렘 바깥의 솔로몬 시대 건물들로는 하솔, 므깃도, 게젤, 하부 벧-호론, 바알랏 Balath, 그리고 다드몰 Tadmor 등이다. 성서에는 솔로몬이 비축도시와 전차도시, 기병도시들을 건축하였다고 한다. 하솔, 므깃도, 게젤에 대한 고고학 발굴의 결과 솔로몬의 도시 건축을 확인할 수 있었다.

제5부
분열왕국시대

◆ 분열왕국시대의 특징
◆ 분열왕국시대의 역사 자료
◆ 두 왕국시대
◆ 두 왕국의 경쟁시대
◆ 남북화해시대
◆ 재연된 갈등의 시대
◆ 사마리아의 멸망

이스라엘
역사

분열왕국시대는 주전 930년부터 주전 721년까지 약 200여 년 동안 이스라엘이 두
왕국-남유다와 북이스라엘로 나뉘어 서로 경쟁하던 시대이다.

분열왕국시대의 특징

분열왕국시대는 주전 930년부터 주전 721년까지 약 200여 년 동안 이스라엘이 두 왕국, 남유다와 북이스라엘로 나뉘어 서로 경쟁하던 시대이다. 두 왕국은 각기 다른 종교 중심지와 정치 중심지를 바탕으로 자기 왕국의 정체성 및 정통성을 주장하였다. 뿐만 아니라 두 왕국은 나름대로의 방식으로 통일을 이루기 위하여 노력하였으나 그 뜻은 어느 왕국도 이루지 못하였다. 왕국의 분열로 남유다는 통치의 범위가 대단히 감소하였고, 반면에 북이스라엘은 새로운 왕조의 형성으로 새로운 전성기를 맞이하였다.

분열왕국시대 주전 930-721는 남북 왕국관계의 변화에 따라 남북경쟁시대 여로보암/르호보암시대부터 오므리/아사까지 와 **남북화해시대** 아합과 여호사밧의 정략 결혼시대부터 예후 왕조시대의 시작까지, 그리고 남북단절시대 예후 왕조부터 722/1까지 그리고 유다왕국시대 북왕국 멸망부터 유다왕국 멸망 때까지 로 세분할 수 있다. 대하 18:1, 20:36. [198]

---

198) '남북경쟁시대,' '남북화해시대,' 그리고 '남북결별시대' 라는 용어는 이 시대의 이스라엘을 나타내는데 정확한 표현은 아니지만 그러나 필자는 임시적으로 이들 용어를 사용하겠다.

남북경쟁시대는 주전 930년경부터 주전 867년경까지 약 67년 동안이며, 이 시대의 주된 관심은 남북왕국의 영토 확장 정책에 있었다. 이러한 시대적 특징을 잘 나타내는 것은 "…와 …사이에 일생 동안 전쟁이 있었느니라"는 표현에서이다 왕상 14:30, 15:16; 왕하 8:29 등. 이 시대를 기록하고 있는 주요한 사료는 열왕기서와 역대기서이며 몇 개의 이집트와 아람어 기록이 있다. 따라서 이 시대의 역사는 주로 구약성서를 의존할 수밖에 없다.

남북화해시대는 주전 867년부터 843년까지 약 24년간이며, 이 시대에는 아합-요람과 여호사밧이 동맹을 맺고, 아람에 대항하는 것처럼 왕하 8:29 남북왕국이 연합하여 주변 강대국의 공격에 맞섰다. 열왕기하 8:29에 의하면 여호사밧은 아합의 아들 요람과 함께 아람의 왕 하사엘과 전쟁을 치른다. 남북화해시대에 관한 주된 사료 역시 구약성서이다. 이와 함께 남북화해시대 말기, 아시리아 제국의 팽창 정책 결과를 몇몇 아시리아 제국의 비문 가운데 시리아-팔레스틴에 대한 언급에서 찾아볼 수 있다.

남북단절시대는 주전 843년부터 주전 721년까지 약 122년간이며, 예후 왕조의 시작과 아달랴의 집권으로 북왕국은 다시 쇄국정책을 수립할 수밖에 없었다. 예후 시대의 북왕국이 쇄국정책을 수립할 수밖에 없었던 것은 예후의 반란 과정에서 유다의 왕 아하시야를 므깃도에서 죽였을 뿐만 아니라 왕하 9:27. 시돈의 왕 엣바알의 딸 이세벨을 이스르엘에서 살해했기 때문이었다 왕하 9:30-33. 따라서 예후 시대의 이스라엘은 주변 국가 특히 이스라엘이나 페니키아의 시돈과 우호관계를 유지할 수 없었다. 따라서 이때부터 예후 왕조의 이스라엘은 고립되었다.

남북단절시대의 국제 정세는 아시리아 제국이 유프라테스 강 서안으로 세력을 확장하던 시대였다. 따라서 아람은 아시리아 제국의 서방 진출을 방어하던 시대였고, 이스라엘은 아람의 위협에서 해방될 수 있었다. 그러나 아시리아 제국이 국내 문제로 주전 9세기 말기 아다드-니라리 3세^{Adad-nirari Ⅲ. 주전 810-783}의 즉위 때까지 서쪽으로 세력을 확장하지 못하자, 아람은 유다^{왕하 12:17-18}와 이스라엘에 깊숙이 간섭한다^{왕하 10:32-33}. 이러한 시대적 배경이 말해주듯이 구약성서, 아시리아 제국의 역사 기록 그리고 주변 국가, 특히 아람의 역사 기록이 이 시대를 기록하는 주된 사료이다.

주전 734년부터 시리아-팔레스틴 지역은 아시리아 제국의 영향하에 들어가게 된다. 주전 722/1년 북쪽 이스라엘의 사마리아가 멸망하여^{왕하 17:3-6} 아시리아 제국의 속주^{province}가 되며, 유다 왕국이 아시리아 제국의 봉신국가^{vassal state}로 존재하게 된다. 이 시대의 유다는 아시리아 왕에게 정기적으로 조공을 줬으며, 만약 아시리아 이외의 다른 정치 세력과 어떤 군사 정치 외교적 행위를 했을 때 반란으로 분류하여 아시리아 제국의 공격을 받았다.[199] 따라서 이 시대의 기록은 제3자의 입장에서 이스라엘이나 유다에 대하여 기록하고 있다.

이상에서처럼 분열왕국시대의 시대적 특징을 살펴보면, 이스라엘의 정치적인 운명은 아시리아 제국의 영향으로 고대 근동지역의 정세 변화에 따라 운명이 결정되었다. 이러한 분열왕국시대에 시리아-팔레스틴에 대한 주도권을 가졌던 나라는 아람-다메섹이며, 주전 8세기 중엽 이후 아시리아 제국이 시리아-팔레스틴 지역으로 세력을 확장함에 따라 시리아-팔레스틴 지역의 역사는 아시리아에 의하여 좌우되었다. 따라서 이 두 세력에 대한 연구는 분열왕국시대의 역사를 이해하는 열쇠가 되며, 특히 이들과의 관계를 밝히는 것이 이스라엘-유다의 역사를 이해하는 데 결정적인 도움을 준다.

---

199) 아시리아 제국 통치하의 속주와 봉신국에 관해서는 김영진, "앗수르 제국의 외교 정책과 이스라엘," 「성서 사랑방」 9 (1999), pp. 44-57을 참고하시오.

이 시기의 역사는 아시리아 제국의 서방 진출과 관련이 있다. 그들이 서방 진출을 시작하면 아람은 이를 저지하기 위해 총력을 기울였기 때문에 주변 국가에 대한 지배력이 약화되었다. 그럼으로 주변 국가는 번성하지만 ^{여로보암 2세} 아시리아가 서방 진출을 중단하면, 아람은 주변 국가에 대한 영향력을 다시 회복하였다^{하사엘}. 따라서 이스라엘과 비슷한 시기에 비슷한 규모의 정치적 공동체로 역사의 장에 등장한 요단 동편의 세 나라^{모압, 에돔, 암몬}에 대한 연구 역시 이스라엘-유다의 역사를 이해하는 데 도움을 준다.

분열왕국시대의 역사 자료

분열왕국시대 역사 연구를 위해서는 다양한 사료의 이해가 선결되어야 한다. 왜냐하면, 역사 서술에 있어서 사료의 종류와 특징을 밝히는 것은 그것을 근거로 기록된 역사의 성격을 보여주는 것이기 때문이다.[200]

---

200) 이스라엘 역사서 가운데 사료 문제에 대하여 간략하게 논의하는 책은 헤이스와 밀러(Hayes & Miller)의 「고대 이스라엘 역사」(*A History of Ancient Israel and Judah*)이다. 그러나 그들의 책에서도 사료에 관한 종합적인 연구가 부족하다. 깁슨(J. C. L. Gibson)의 *Syrian Semitic Inscription I: Hebrew and Moabit*, 이나 도나-뢸릭(H. Donner - W. Röllig)의 *Kanaanäshce und aramäsche Inschriften 1-3*, 혹은 아히투브(S. Ahituv)의 *Handbook of Ancient Hebrew Inscriptions. From the chanse Period of the First Commonwealth and the Begining of the Second Commonwealth* 등은 사료에 대하여 다루고 있기는 하지만 그 다루는 대상이 매우 제한적일 뿐만 아니라 사료에 대한 언어학적-고문자적 연구에 초점을 맞추어 연구되어졌다. 코간-타드모르(Cogan & Tadmor)가 열왕기하 주석에서 구약성서-성서 밖의 여러 자료들을 사용하여 고대 이스라엘 역사를 비교적 객관적으로 재구성하려고 노력하였다. 그러나 이 책에서 주된 관심은 아시리아 제국의 자료이며, 또한 자료들이 해당 장에 산재되어 있어 사료들의 종합적인 특성을 살펴보기는 어렵다. J. H. Hayes & J. M. Miller, *A History of Ancient Israel and Judah*, Philadelphia; J.C.L. Gibson, *Syrian Semitic Inscription I: Hebrew and Moabite*, Oxford, 1971; H. Donner - W. Röllig, *Kanaanäsche und aramäsche Inschriften 1-3*, 2nd Edition, Wiesbaden, 1964-1968; S. Ahituv, *Handbook of Ancient Hebrew Inscriptions. From the Period of the First Commonwealth and the Begining of the Second Commonwealth*, Jerusalem, 1992 (Hebrew); M. Cogan and H. Tadmor, *II Kings*. The Anchor Bible Commentary, New York, 1989.

분열왕국시대의 사료들

분열왕국시대의 사료 가운데 제국시대와 관련된 사료는 비교적 많이 있으나 이스라엘 자체의 역사 기록은 그 수가 매우 적기 때문에 주변 국가의 역사적 사건을 통하여 재구성하는 노력이 필요하다. 따라서 주변 국가의 사료 연구는 분열왕국시대의 역사를 연구하는데 있어서 대단히 중요하다. 분열왕국시대의 가장 중요한 사료는 구약성서이지만 이스라엘과 주변 국가, 특히 아시리아-바벨론 제국의 역사 기록은 매우 중요하다.

구약성서의 역사 기록

구약성서는 종교 문서이지만 이스라엘 역사를 위한 사료로도 매우 중요하다. 왜냐하면 이 시대의 역사를 밝혀줄 만한 다른 기록들이 부족하기 때문이다. 구약성서에는 신명기 사가의 역사 기록 왕상 12장; 왕하 25장과 같은 시대를 다른 역사적 관점으로 기록한 역대기 사가의 역사 기록 대하 10-36장이 있다. 그런데 두 역사 기록은 연구자나 독자가 어떤 입장을 견지하느냐에 따라 기록의 역사성을 인정하는 정도가 결정된다. 많은 성서학자들은 구약성서의 역사 기록들은 나름대로 특별한 신학적 의도와 목적을 가지고 기록된 것으로 보고 있다.[201] 왜냐하면 고대 역사가는 자신의 목적을 위하여 사료를 선택적으로 사용했기 때문이다.[202] 예를 들어, 역대기 사가는 다윗 왕조를 강조하기 위하여 다윗의 부정적인 모습을 역사서에 포함시키지 않

---

201) 월턴(J. H. Walton)은 구약성서의 역사 기록과 고대 근동의 역사 기록을 비교하여 구약성서의 역사 기록이 어떤 선전(propaganda)을 목적으로 기록되었음을 부인할 필요가 없다고 주장한다. J. H. Walton, *Historical Literature in Ancient Israelite Literature In Its Cultural Context*, Grand Rapids, 1989, pp. 111-134.
202) 월턴은 비록 성서의 사가들이 자료를 선택적으로 사용하고 있기는 하지만 그러나 이것은 역사적 사건을 은폐하기 위한 왜곡이나 윤색과는 다르다고 주장한다.

았다.[203]

그런데 신명기 역사와 역대기 역사는 알려지지 않은 고대 이스라엘의 역사 자료를 기초로 기록되었다. 신명기 사가의 자료로「이스라엘 왕 역대지략」,「유다 왕 역대 지략」,「솔로몬의 실록」,「야살의 책」,「여호와의 전쟁기」등의 역사 자료를 기초로 저술되었다. 역대기 역사에는 이보다 더 다양한 18개의 사료가 사용되었다. 이 가운데 중요한 사료는「이스라엘과 유다 열왕기」,「유다와 이스라엘 열왕기」,「이스라엘 열왕기」,「이스라엘 왕들의 행장」,「열왕기 주석」등이다.[204] 역대기 사가는 신명기 사가와 달리 유명한 선지자의 글을 많이 참고하였다.「선견자 사무엘의 글」,「선지자 나단의 글」,「선견자 갓의 글」,「나단의 글」,「잇도의 묵시 책」,「잇도의 족보 책」,「잇도의 주석 책」,「예후의 글」,「선지자 이사야가 기록하였더라」,「이사야의 묵시 책」그리고「호새의 사기」등이다.

또한 역대기에는「이스라엘 왕조실록」,「그 가사는 애가 중에 기록되었더라」,「이 명단에 기록된 사람들이 유다 왕 히스기야 때에 가서…」,「여로보암 때에 족보에 기록되었더라」,「…그 이름을 기록하여」,「다윗 왕의 역대지략」,「모세가 전한 여호와의 율법 책」,「다윗과 선견자 아삽의 시」등이다.

신명기 사가와 역대기 사가에서 이러한 다양한 사료가 언급되고 있는 것은 신명기 역사와 역대기 역사 역시 고대 이스라엘의 다양한 사료를 바탕으로 편찬되었음을 말해주고 있으나 오늘날까지 이것들 가운데 알려진 것은 없다. 신명기 사가와 역대기 사가는 다양한 왕실 사료를 바탕으로 그들

---

203) 신명기 사가와 역대기 사가의 신학적 특징에 대하여 김영진,「고대 근동의 역사문헌」, pp. 219-304를 참고하시오.
204) 이러한 사료에 대하여 지금까지 알려진 것은 아무것도 없다. 따라서 학자들은 이들 사료가 이스라엘 왕의 통치를 간단하게 기술한 단순한 연대기일 것이라고 주장한다. 김영진,「이스라엘 역사 서설」, p. 28; J. A. Montgomery, *The Books of Kings*, ICC, New York, 1951, pp. 43-44.

의 독특한 신학적인 관점으로 해석된 종교 신학적인 이스라엘 역사를 기술하였다.

이스라엘 역사 기록은 다른 고대 근동의 역사 기록과 달리 왕이 역사 기록의 주인공으로 등장하지 않는다.[205] 오히려 열왕기서의 주된 관심은 비록 왕에 대하여 기록하고 있지만 역사의 중심은 성전이다. 즉 성전의 역사를 기록하고 있다. 성전이 건축되기 시작하면서부터 성전이 멸망할 때까지를 하나의 단위로 역사를 구성하였다. 따라서 중요한 역사적 사건 뒤에는 반드시 성전에 관하여 기록하고 있다.

이러한 역사서 이외에도 각 시대 정치, 종교, 사회의 부정부패에 대하여 신랄한 비판을 기록한 예언서들은 분열왕국시대의 모습을 재구성하는 데 중요한 역할을 하였다. 특히 최근 역사학의 방향이 정치사 중심에서 문화사 중심으로 옮겨감에 따라 더욱 그렇다.[206] 구약성서의 예언 문학이 구체적인 역사 사실을 기초로 기록되었기 때문에 그 어떤 성서 기록보다 생생한 역사적 현실을 내포하고 있다. 이스라엘과 유다의 사회적 상황을 반영하는 역사 자료는 예언서인 아모스, 호세아, 이사야, 예레미야에 포함된 것들이다. 특히 예언서 가운데 역사적 사실이 첨가된 부분이 있다. 예를 들어, 이사야 20:1은 아시리아의 아스돗 정복에 대하여 기록하고 있다.

구약성서의 예언서는 다음과 같이 시대별로 나눌 수 있다. 주전 8세기 중엽의 예언서로는 호세아, 아모스, 미가, 이사야 1-39장, 7세기 예언서로는

---

205) 이집트, 히타이트, 그리고 메소포타미아의 국가들에서 역사 기록의 중심은 왕의 치적을 기록하는 것이었다. 이것은 곧 고대 근동의 역사 기록이 선전을 목적으로 기록되었다는 것을 의미한다. 고대 근동의 역사 기록이 선전을 목적으로 기록되었다는 것은 같은 사건에 대하여 각기 다른 쪽에서 다른 관점에서 역사를 서술하고 있다는 것에서 잘 알 수 있다. 주전 1275년에 있었던 이집트와 히타이트의 전쟁에서 양측은 모두 자신들의 승리로 기록하고 있다. A. K. Grayson, "Assyrian and Babylonia," *Orientalia* 49 (1979) ; J. H. Walton, *ibid*

206) 이에 관한 자세한 내용은 김영진, "이스라엘 역사 연구 방법론과 그 과제," 「구약논단」 8 (2000), pp. 175-200, esp. 190-194.

나훔, 하박국, 스바냐 그리고 예레미야서, 6세기 예언서로는 오바댜, 에스겔, 이사야 40-55장, 마지막으로 5세기 예언서로는 학개, 스가랴, 말라기, 요엘서이다. 이 외에도 시편의 일부가 이스라엘의 종교적 상황을 재구성하는 데 중요한 자료를 제공한다.

이러한 성서의 사료를 역사 연구에 사용할 때는 사료에 포함된 역사적 사실fact과 신학적 해석을 구별해내야만 한다. 모든 기록 문서는 기록자의 의도를 내포할 뿐만 아니라 오랜 전달 과정을 거치면서 내용이 수정됐기 때문이다.

히브리어 역사 기록들

고고학의 발달 결과 19세기 말 20세기 초로 접어들면서 많은 히브리어 기록들이 발견되었다. 그래서 히브리어 연구는 물론 구약성서 연구와 이스라엘 역사 연구에 중요한 역할을 하였다. 발굴된 히브리어 기록의 특징을 살펴보면, 왕실 기록은 거의 발견되지 않는 반면에 행정 문서나 서신, 영수증 그리고 인장과 인장 각인과 같은 기록이 대부분이다.[207]

20세기로 접어들면서 성서 고고학의 활발한 발굴로 많은 유적과 유물들이 발견되었다. 그 가운데서 비문들이 발견되고, 비문의 내용들은 구약성서의 기록과 유사한 주제나 같은 내용을 기록하고 있는 것이 많았다.[208] 특히, 1990년대 이후 발견된 일련의 비문들은 구약성서의 본문을 정확하게

---

207) 김영진, 「고대근동의 역사문헌」, pp. 189-217을 참고하시오.
208) J. Renz and W. Röllig, *Handuch der Alterbräschen epigraphik*, 3 Band, Darmstadt, 1995; F. W. Dobbs-Allsopp, J. J. M Roberts, C. L. Seow, and R. E. Whitaker eds., *Hebrew Inscriptions: Texts from the Biblical Period of the Monarchy with Concordance*, New Haven, 2005; S. Ahituv, *Handbook of Ancient Hebrew Inscriptions from the Period of the First Commonwealth and the Beginning of the Second Commonwealth (Hebrew, Philistine, Edomite, Moabite, Ammonite and the Bileam Inscription)*, Jerusalem, 1992.

이해하는데 도움을 줄 뿐만 아니라, 성서 본문의 역사적, 문화적 배경을 정확하게 이해하는데 필요한 것들이다. 더 나아가 구약성서 본문이 언급하지 않는 여러 가지 국제 정세나 문화적 상황에 대한 많은 정보를 제공한다.

1910년에 발견된 63개의 사마리아 오스트라카, 1935년과 1938년에 발견된 라기스 오스트라카 Lachish Ostraca, 1960년의 메짜드 하샤비야후 오스트라콘 Meṣad Hashavyahu Ostraca, 1962년부터 1967년 사이에 발견된 91개의 아라드 오스트라카 Arad Ostraca, 기브온에서 발견된 61개의 항아리 손잡이에 새겨진 인장 각인刻印, '라―멜렉' למלך, to the king이라는 글씨와 네 개 혹은 두 개의 날개를 가지고 있는 풍뎅이가 새겨진 1,500개 이상의 항아리 손잡이, 1,500여 개의 인장 혹은 인장 각인의 발견 등이 구약성서 본문 이해에 많은 도움을 주고 있다. 하지만 이들의 형태는 대체로 서신이거나 혹은 인장에 지나지 않으며, 이스라엘의 왕실 비문은 거의 발견되지 않았다.

그러나 1990년대 이후 지금까지 발견된 네 개의 중요한 비문들은 왕실 비문의 성격을 띠고 있다. 특히 2001년에 발견되어 진품 여부에 대한 학자들의 논쟁이 뜨거운 성전 보수 비문이 만약 진품으로 판정된다면, 고대 이스라엘의 첫 번째 왕실 비문이 된다. 이러한 왕실 비문의 발견은 지금까지 구약학계의 정설이 되어온 신명기 사가 혹은 역대기 사가의 신학에 한층 더 깊은 이해를 제공할 것이다. 히브리어로 기록된 역사 문헌은 비문이 기록된 재질에 따라 비문, 오스트라카, 인장과 인장 각인으로 나눌 수 있다.

이 시대의 역사를 기록하는 사료를 다룰 때, 비록 구약성서지만 이념과 신학에 따라 기록된 것이기 때문에 분문에 대한 명확한 분석을 거친 후에 사료로 이용해야 한다. 주변 국가, 특히 아시리아와 바벨론 제국의 기록에 등장하는 이스라엘에 관한 내용은 조공의 수령 여부나 이스라엘 지역의 점령에 관한 내용일 뿐 자세한 역사적 사실을 기록하고 있지 않다. 고고학적 발굴 결과 나타난 에피그라피 자료들은 Epigraphical Sources 모두 행정 경제 문서이거나 사신 私信이다. 그래서 역사적 사실을 재구성하는 데에 한계가 따른다. 오히려 이러한 에피그라피 자료들은 분열왕국시대의 사회·문화·경제·종교에 관한 새로운 관점을 제시하였다. 따라서 이러한 사료는 역사 연구의 방향을 과거의 정치사 중심에서 문화사 중심으로 변화시키는 계기가 되었다.

메소포타미아의 역사 기록

메소포타미아의 역사 기록은 대부분 아시리아 제국이 유프라테스 강을 넘어 시리아-팔레스틴 지역으로 세력을 확대하기 시작할 때부터인 주전 853년, 살만에셀 3세 때부터 등장하기 시작하며, 주전 732년 아람이 디글랏빌레셀 3세에 의하여 멸망한 직후부터 본격적으로 등장하기 시작한다.

아시리아의 역사 기록

구약성서 외에 분열왕국시대의 이스라엘, 유다에 대하여 강력한 영향력을 행사한 아시리아와 바벨론 제국의 역사 기록이 중요하다.[209] 메소포타미아 역사 기록의 주종을 이루는 것은 왕들의 치적 治積을 기록한 왕실 비문이다. 왕들의 비문들은 왕의 행적-군사적 행위 혹은 건물을 건축하는 것 등-을 기념하는 것, 신전이나 왕궁 등 기념적인 건물을 짓고 이것들을 신

---

209) 아시리아의 역사 기록을 담고 있는 자료집은 다음과 같은 것이 있다: D. D. Luckenbill, *Ancient Records of Assyria and Babylonia*, Chicago, 1926; J. B. Pritchard, *Ancient Near Eastern Texts Relating to the Old Testament*, Princeton, 1969; A. K. Grayson, *Assyrian Royal Inscription* Vols I, II, Wiesbaden,1972/76; idem, *Assyrian and Babylonian Chronicles*, New York-Winnona Lake, 1975/2000; idem, *The Royal Inscriptions of Mesopotamia Assyrian*, Toronto, ; A. Millard, *The Eponyms of the Assyrian Empire 910-612 B.C.*, Helsinki, 1994; W. W. Hallo and K. L. Younger Jr.(eds.), *The Context of Scripture Vol II: Monumental Inscriptions from the Biblical World*, Leiden, 2000 등이 있다.

에게 봉헌하면서 기록한 비문이 주를 이루고 있다. 뿐만 아니라 왕들의 행적을 연대순으로 기록한 연대기와 아시리아-바벨론 제국의 에포님 명단은 이스라엘 분열왕국시대의 연대를 재구성하는 데 중요한 자료가 되고 있다.

① 왕실 비문

여러 왕실 비문들 가운데 그 중요성이 강조되는 것은 첫째, 주전 853년 카르카르 Qarqar 전투의 내용을 기록하고 있는 살만에셀 3세의 비문 monolith inscription이다. 왜냐하면 주전 853년의 카르카르 전투는 이 시대를 전후한 이스라엘 역사의 연대를 설정하는 데 중요한 기준점이 되기 때문이다. 이 비문의 기록에 의하면 당시 아시리아 세력에 대항했던 시리아-팔레스틴의 도시국가들 가운데 아합의 세력 규모가 세 번째로 큰 것으로 나타나고 있다.[210] 둘째, 아다드-니라리 3세에 관한 비문들이다. 니무르 Nimurd에서 발견된 비문에는 이스라엘로부터 조공을 받은 것으로 기록하고 있다. 또한 텔 알-리마 Tell al-Rimah에서 발견된 비문에서는 아람과 이스라엘의 관계를 밝혀주고 있다. 셋째, 디글랏빌레셀 3세 왕하 15:19의 "불" 왕의 비문이다. 이 비문은 열왕기하 15:19 이하와 15:29의 기록과 관계가 있다. 넷째, 이스라엘의 멸망과 관계된 살만에셀 5세와 사르곤 2세의 비문이다. 살만에셀 5세에 관한 기록은 열왕기하 17:3-6의 내용과 일치하며, 사르곤의 비문에서는 사마리아 멸망에 관하여 자세히 언급하고 있다. 다섯째, 히스기왕 때의 산헤립 침공 주전 701과 관계된 산헤립의 비문이며, 이 기록은 열왕기하 18:14-19:37의 이해를 돕는다. 에살하돈의 비문과 앗수르바니팔의 비문은 므낫세의 조공 사실을 기록하고 있다.

---

210) A. K. Grayson, *Assyrian Rulers of the Early First Millennium BC II* (858-745 BC), Toronto, 1996, pp. 11-24.

그러나 이러한 왕실 비문들은 앞에서 언급했듯이 왕의 업적을 나타내기 위한 선전이 목적이기 때문에 역사적 사실에 대한 검증이 필요하다.

② 서신들

메소포타미아 지역의 서신 가운데 이스라엘에 대하여 직접적으로 언급하고 있는 서신은 거의 없다. 단지 다른 지역이나 나라의 사건을 다루는 과정에서 간접적으로 이스라엘에 대하여 언급할 뿐이다.

이러한 서신에는 신-아헤-리바$^{Sin-ahhe-riba,}$ 사르곤 왕가 사르곤에게 보낸 우라르투에 관한 보고서신$^{NL\ 46=ND\ 2608=SAA\ I\ 32}$, 마르둑-레만니$^{Marduk-remanni}$라는 사르곤의 신하가 보낸 서신$^{ND\ 2765=NL\ 16=SAA\ I\ 110,}$ [211] 라케^{Laqê} 지역의 관리인 아리후^{Arihu}가 나부-두루-우쭈루$^{Nabu-duru-uṣuru}$에게 보낸 서신$^{ABL\ 1201=SAA\ I\ 220}$ [212] 등이 있다. 또한 서신의 정확한 시기를 알 수 없지만 사마리아 지역의 상황을 알 수 있는 서신$^{K\ 13005=CT\ 53\ 458=SAA\ V\ 255,}$ [213] 사르곤 시대에 사마리아와 므깃도 두 곳에 아시리아의 총독^{governor}이 있었으며, 사마리아나 므깃도에서는 벽돌로 조공을 받치기도 했음을 보여주는 서신$^{K\ 1246=CT\ 53\ 38=SAA\ I\ 291}$ [214]이 있다. 또한 사르곤 시대에 블레셋 사람들이 아시리아의 수하에 들

---

211) "나는 왕궁의 말 45필을 받았다. 이집트, 가자, 유다, 모압 그리고 암몬에서 온 사신들이 12일에 그들의 조공을 가지고 칼라흐(Calah)에 들어왔다. 가자의 왕이 보낸 24필의 말이 그와(가자의 사신) 함께 왔다. 에돔 사람, 아스돗 사람, 에그론 사람…"
212) "아히후가 나부-두루-우쭈루에게 보낸 편지. 나의 주인이여 평안하소서! 사마리아의 곡식 세금에 대하여 이것이 있는 것인지 아닌지 알려주십시오. 그리고 이것에 대하여 흡족하게 하십시오. 관리들이 수동적이며, 자신들의 자리만 지키지 그들의 일을 하러 가지 않을 뿐 아니라 우리가 명령을 내릴 수 없습니다. 지난해부터 지금까지 이 수입에 대하여 이같은 방법을 청원하여 왔으나 우리는 어떤 종류의 수입도 가져오지 못했습니다. 지금 이것이 있는 것인지 없는 것인지 알려주십시오."
213) "…사마리아를 흐르던 강이 말랐고 전체 지역에 단 하나의 우물이 있다 […] 나는 일을 시작하였고 그들은 이 불을 정수(淨水)하였다. 그러나 이들은 아직도 끝내지 못했다…"
214) "…아마 나의 주 왕께서 말씀하실 것이다. 〉네가 누구에게 벽돌을 줄 것인가?〈 아르파드(의 군주에게) 4만, 사마리아에 4만, 므깃도에 4만, 모두 1만 2,000개의 벽돌을 왕의 신하로부터."

어 있었음을 알 수 있고, 이들로 군대를 조직하였음을 알 수 있는 서신도 있다 K 1199=ABL 218=SAA I 155.[215]

바벨론의 역사 기록

바벨론의 기록은 유다가 바벨론에 멸망할 때를 전후한 두 왕의 기록이 이스라엘 역사를 밝히는 데 있어 매우 중요하다. 나보폴라사르 Nabopolassar, 주전 625-605의 비문은 열왕기하 23:29과 역대하 35:20 이하, 예레미야 46장의 내용을 담고 있다. 느부갓네살 2세의 비문은 열왕기하 24:12-14, 예레미야 32:1, 열왕기하 25:8, 예레미야 52:31의 내용과 일치하는 유다의 멸망을 담고 있다.

애굽의 역사 기록

분열왕국시대의 이스라엘-유다와 이집트와의 관계에 관한 기록과 주전 925/4년의 제22왕조의 첫 왕인 시삭의 가나안 침공에 대한 기록이 카르낙의 아문 신전의 벽에 새겨져 있다 왕상 14:25; 대하12:1-12.[217]

이 기록에 따르면 시삭은 팔레스틴 지방을 침략하여 여러 도시들을 파괴하였는데, 그 파괴한 지명 명단을 자세히 언급하고 있다. 이 기록은 그가 해변 길를 통하여 유다와 이스라엘을 침략하였음을 알 수 있다. 시삭의 침략 연대는 성서에는 르호보암 제5년으로 기록되어 있는데 대체로 주전

---

215) "나의 주, 왕에게, 당신의 종 네르갈-발리트, 나의 주 왕이여 건강하시기를! 왕께서 보병대를 만들어 나에게 준 블레셋 사람들이 나와 함께 거하기를 거부합니다. [이들은…] 아르벨라(Arbela) 근처의 루카쉐(Luqaše)에…."

216) 김영진, "유다 왕국 말기 팔레스틴의 역사에 관한 연구," 「현대와 신학」 25 (2000), pp. 218-235.

217) ANET, pp. 242-243; Y. Aharoni, The Land of the Bible, philadelphia, 1979, pp. 283-290; B. Mazar, "Shishak's Campaign to the Land of Palestine," The Early Biblical Period: Historical Studies, Eds. S. Ahituv and B.A. Levine, Jerusalem, 1986, pp. 139-150.

923년으로 추정하고 있다. 이러한 시삭의 팔레스틴 지방에 대한 침략은 많은 고고학적 발굴 연대를 추정하는 데 기준점이 되고 있다. 시삭의 팔레스틴 침략을 입증하는 또 다른 고고학적 유적은 므깃도에서 발견된 시삭 기념비 조각이다.

시삭의 침공을 기록하고 있는 두 개의 성서 본문 왕상 14:25; 대하 12:1-12과 이 비문을 서로 비교하면 서로 다른 관점에서 기록하고 있음을 알 수 있다. 이러한 차이는 두 책을 기록하는 사가의 관점의 차이에서 기인한 것이다.

아몬 신전의 벽에 기록된 시삭의 비문에는 팔레스틴의 도시 명단이 자세히 기록되어 있다.

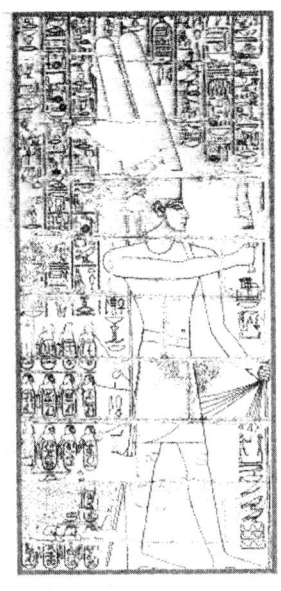

| 시삭의 비문 |

두 왕국시대

솔로몬은 대규모 건축 사업을 추진함에 있어서 백성들에게 많은 세금과 부역을 부과하였다. 따라서 이러한 솔로몬의 정책에 반대하여 솔로몬 왕 통치 말기부터 수차례 반란이 발생하였다. 에돔 사람 하닷이 반란에 실패하고 이집트로 도피하였으며 왕상 11:14-22, 엘리아다의 아들 르손이 솔로몬에게 대적하였으며 왕상 11:23-25, 솔로몬 때 부역 감독관이었던 에브라임 산지 스레다 Zeredah 사람 여로보암이 반란을 일으킨 후 역시 이집트로 도망하였다 왕상 11:26.

일련의 반란들은 실패하였으나 솔로몬이 죽고 르호보암이 즉위하자 북쪽 이스라엘 백성들은 새로운 왕과의 계약에 앞서서 자신들에게 부과된 부역을 가볍게 해줄 것을 요구하였다. 그러나 르호보암은 북쪽 사람들의 요구를 또 다른 반란으로 여기고 요청을 거부하였다. 따라서 북쪽 이스라엘 사람들은 남쪽 유다 지파 중심의 유다 왕국을 더 이상 지지하지 않기로 결정하고, 자신들의 부역을 감독하던 르호보암의 역군 아도니람을 죽임으로써 반란을 일으키고, 공회에서 여로보암을 왕으로 추대하였다. 다윗이 헤브론의 왕이었을 때 북쪽의 장로들이 다윗을 섬기기로 계약을 맺은 지 73년 만에 두 왕국 시대가 열리게 되었다.

북이스라엘의 형성

솔로몬 즉위 후 제사장이 새로운 가문의 사독으로 바뀌고 전통적인 아비아달이 기브온으로 쫓겨나게 되었는데 이러한 사건은 북쪽 지파의 거부감을 갖게 하는 계기가 되었다. 예루살렘이 제의의 중심지가 되는 것뿐만 아니라 사독 가문이 새로운 제사장 가문으로 등장하는 것 등 전통을 중시하던 북이스라엘 사람들은 거부감을 가질 수밖에 없었다. 이러한 사실은 여로보암이 나라를 새롭게 건국하고 종교개혁을 단행한 것에서 알 수 있다. 여로보암의 개혁은 전통으로의 회귀적 성격을 띠고 있었다. 뿐만 아니라 다윗이나 솔로몬의 인사人事에서도 북쪽 지파 사람들은 소외되고 다윗 솔로몬의 친인척을 등용함으로써 북쪽 지파와의 연합을 저해하였다.

여로보암의 종교개혁

공회에서 이스라엘의 왕으로 선출된 여로보암은 새롭게 시작하는 왕국의 이념을 새롭게 할 필요가 있었다. 따라서 그는 가장 먼저 종교개혁을 단행하여 북왕국의 종교적 이념적 기초를 닦았다.

금송아지를 여호와의 상징으로 만들다
종교를 새롭게 하기 위하여 여로보암은 새로운 하나님의 상징이 필요하였다. 남쪽 유다 왕국이 법궤를 하나님의 임재의 상징으로 여기듯이 북쪽 왕국을 위한 여호와의 상징이 필요하였다. 따라서 그는 이스라엘의 전통과 가장 가깝고, 고대 근동에서 널리 알려진 송아지를 여호와의 상징으로 채택하였다. 금송아지를 여호와가 서 계시는 발판으로 이해하였다. 아피스에 대한 제사나 황소 신에 대한 숭배와 같이 금송아지를 숭배한 것이 아니라 금송아지를 보면서 그 위에 형상은 없지만 여호와를 생각하였다는 것이다.

이로써 하나님의 임재의 상징이 남쪽은 법궤와 성전이고, 북쪽은 금송아지가 되어 제의 대상물 cultic object이 되었다.[218] 사마리아가 송아지를 숭배하고 있음은 호세아 8:5-6과 10:5-6에서 단적으로 잘 나타내주고 있다. 이러한 여로보암의 노력은 종교적으로 예루살렘 전통에서 벗어나기 위한 시도로 이해된다.

단과 벧엘의 선택

여로보암은 남쪽의 예루살렘에 필적할 제의 장소가 필요하였다. 여로보암은 단과 벧엘 두 곳을 선정하였다. 왜 하필이면 단과 벧엘인가 하는 질문에 대하여 학자들은 여러 가지 추측을 한다. 지리적인 관점에서 단은 이스라엘의 가장 북쪽에 위치해 있기 때문에 선택되었고, 벧엘은 남쪽과 북쪽을 연결하는 교통로여서 사람들을 예루살렘으로 가지 못하게 할 수 있었기 때문이라고 주장한다.

반면 신학적인 입장에서 단의 기원은 불분명하지만 단은 사사기 17-18장의 미가의 신상 이야기와 관련이 있는 듯하고, 벧엘은 야곱이 제단을 쌓은 곳이기 때문에 전통을 중시하였다고 주장하기도 한다. 북왕국에서 벧엘

---

[218] 김영진, 「고대 이스라엘 역사」, pp. 137-138을 참고하시오.

의 종교적인 지위에 대해서는 아모스 7:10-13에서 벧엘의 제사장 아마샤가 아모스에게 "벧엘은 왕의 성소이고 나라의 궁궐"이라고 말한 것에서 잘 나타나 있다. 이처럼 단과 벧엘을 선택한 것은 예루살렘 제의 전통에서 벗어나기 위함으로 보인다.[219]

일반 백성을 제사장으로 선출

제의 장소를 새롭게 선택한 후 제의를 행할 제사장을 선출하는 일은 여로보암에게 있어서 매우 중요했다. 여로보암이 일반 백성 가운데서 제사장을 선출한 것은 매우 획기적인 것처럼 보이나, 이것은 새로운 왕조를 시작하는 왕으로서 자신의 정통성과 신학적 우월성을 강조하기 위함이었다. 다윗 왕조를 위하여 일하며, 다윗 왕조와 연계된 레위 계열의 제사장은 결코 여로보암에게 도움이 안 되었다. 따라서 여로보암은 레위인이 아닌 새로운 사람으로 제사장을 삼은 것이다. 이것은 솔로몬이 왕권을 찬탈한 후 아비아달 제사장을 추방하고 사독 계열의 제사장을 세운 것과 마찬가지이다.

8월에 절기를 지키다

여로보암이 8월에 지킨 절기는 초막절이다. 규정에 의하면 초막절은 일곱 번째 달에 지켜지게 되어 있다. 이 초막절은 여름 과실을 수확하고 하나님께 감사제를 드리는 절기이다. 따라서 농사와 밀접하게 관계되어 있다. 그런데 농사 절기는 정치적인 목적으로 때를 늦추거나 빨리 지킬 수 없으나, 늦게 지킬 수 있는 합법적인 방법이 하나 있었는데 그것은 윤달이었다. 고대 근동에서 윤달은 대체로 여섯 번째 달이나 열두 번째 달에 지켜졌다.

---

[219] 이에 대하여 솔로몬 성전 제사장들의 아론 전승에 반대하여 모세 전승에 뿌리를 두는 제단을 선택하였다는 해석도 있다. 김영진, 「고대 이스라엘 역사」, p. 192.

만약 여로보암이 윤달로 인해 초막절을 한 달 늦게 지켰다면 이스라엘에 대하여 부정적인 입장을 갖고 있던 신명기 사가의 관점에서는 여로보암이 마치 새로운 절기를 만들어 지킨 것처럼 보일 수도 있었다.[220] 그러나 새로운 왕국을 시작하는데 전통에서 벗어난 일을 행한다는 것은 받아들이기 어려운 일이다.

따라서 여로보암이 8월에 절기를 지킨 것은 새로운 절기를 만들었다기보다는 이미 있던 기존의 절기를 어떤 이유에서건 한 달 늦춘 것에 지나지 않는다.[221] 고대사회에서 절기의 날을 바꿀 수 있는 것은 윤달에 의하여 시기를 한 달 정도 늦출 수 있다. 단지 이처럼 윤달에 의하여 한 달 늦게 시작한 것을 신명기 사가가 부정적으로 평가한 것이다.

분열에 대한 신학적 해석

신명기 사가는 여로보암이 북이스라엘 왕국을 세운 것에 관한 신학적 해석을 제시한다. 열왕기상 11:27-40에 의하면 아히야의 예언을 통하여 이방 신을 숭배한 결과 이스라엘이 분열되었다고 설명한다.

"이는 저희가 나를 버리고 시돈 사람의 여신 아스다롯과 모압의 신 그모스와 암몬 자손의 신 밀곰을 숭배하며 그 아비 다윗의 행함같이 아니하여 내 길로 행치 아니하며 나 보기에 정직한 일과 나의 법도와 나의 율례를 행치 아니함이니라" 왕상 11:33.

유다 중심의 신명기 사가도 북왕국의 형성을 인정하지만, 하나님의 법도와 율례를 벗어난 왕국이라는 신학적 해석을 제시함으로써 앞으로 그의 역사 기록에서 북왕국을 어떻게 취급할 것인가를 보여주고 있다.

새로운 신학의 등장

왕국의 분열은 남유다와 북이스라엘이라는 두 개의 정치체제를 형성하였다. 뿐만 아니라 분열된 남유다와 북이스라엘 왕국은 나름대로 자신들의 이념적 신학적 정통성 및 정당성을 주장하기 위한 통치 이데올로기 확립을 위하여 노력하였다.

특히 새로운 정치체제를 갖춘 북이스라엘은 독특성을 지켜나가고, 정치적인 정체성을 형성하기 위하여, 그리고 새로운 통치 이데올로기의 확립을

---

220) 김영진, "여로보암의 종교개혁과 윤달(왕상 12:31-33)," 「구약논단」 6 (1999), pp.79-88.
221) 지금까지 학자들은 여로보암이 종교 절기를 한 달 늦춘 것에 대해서 신학적으로 자연 현상을 통한 설명으로 해결하려고 하였다. 첫째는 정치, 종교, 이념적 관점에서 이 문제를 해결하려는 설명이다. 크라우스(Kraus)와 산다(Sanda)는 북왕국의 많은 사람들이 예루살렘 순례를 하기 때문에 여로보암이 한 달 늦게 절기를 지킴으로써 이들이 예루살렘에서 절기를 지키지 못하게 하고 대신 뻗엘에서 절기를 지키게 하기 위하여 한 달 늦게 절기를 정했다는 설명이다. 그러나 이러한 주장은 예루살렘에서 절기를 지킨 북왕국 사람들이 다시 뻗엘에서 절기를 지켰겠는가에 대한 질문을 제기하게 하며, 여로보암의 입장에서는 오히려 한 달을 먼저 절기를 지키는 것이 더 타당했을 것이다. 따라서 이러한 주장은 받아들이기 어렵다. 둘째는 월력체제의 변화라는 관점에서 이 문제를 설명하려는 견해이다. 여로보암이 다윗 솔로몬 시대에 사용했던 절기를 바꾸는 개혁을 단행했다고 이해한다. 모르겐스테른(J. Morgenstern)에 의하면 원래 이스라엘은 50일 단위의 농사력을 사용하였는데 솔로몬 때에 주변 국가의 영향을 받아 태양력을 사용하는 개혁을 단행하였다. 이것을 여로보암이 다시 원래의 농사력으로 돌려놓았다고 주장한다. 그러나 이러한 주장의 문제점은 고대 근동에서 태양력을 언제부터 사용하였는가 하는 것이다. 뿐만 아니라 두로 지역에서 솔로몬 당시에 태양력을 사용하였다는 증거를 찾을 수 없고, 모르겐스테른의 주장처럼 솔로몬이 두로 왕 히람을 통하여 태양력을 도입했다는 증거를 찾기도 어렵다. 셋째는 추수 시기의 차이에서 절기의 차이가 생겼다는 주장이다. 탈몬(Talmon)은 에브라임 지역의 추수 시기가 유다의 쉐펠라 지역보다 한 달 늦기 때문에 생긴 차이라고 설명한다. 토스(Toews) 역시 지역에 따라 서로 다른 추수 절기가 있었다고 주장한다. 그는 한 예로 사사기 21:19에서 실로와 미스바의 추수 절기가 서로 다르게 나타나는 것을 예로 든다. 그러나 통일왕국이 형성된 다음부터 통일된 절기를 사용하였다는 것이다. 그러나 이러한 추수 시기의 차이에 의한 절기의 조정 견해에 대해서 많은 학자들은 반대한다. 왜냐하면 남쪽 유다 지역의 추수 시기와 북쪽 이스라엘 평야 지역의 추수 시기의 차이가 없기 때문이다. 넷째는 솔로몬의 성전이 여덟째 달에 완성되었기 때문에(왕상 6:38) 성전을 완성한 제의가 아마도 가을 절기에 있었을 것으로 추정한다. 그러나 어떠한 대답도 여로보암의 절기를 늦춘 것에 대하여 답을 제시하지 못한다. 종교적인 절기를 바꾸는 것은 정치적으로도 매우 어려운 일이다. 종교와 관련된 사람들뿐만 아니라 종교적 절기에 맞추어 삶을 사는 모든 백성들의 반발을 살 위험이 있기 때문에 종교적 절기의 준수일을 수정하는 것은 자신의 지지 기반을 흔드는 위험한 일이 아닐 수 없다. J. Morgenstern, "The Festival of Jeroboam I," *JBL* 83(1964), pp. 109-118; F. Rochberg-Halton, "Calendars, Ancient Near East," *ABD I*, pp. 810-814, esp. 810; S. Talmon, "Divergences in Calendar-Reckoning in Ephraim and Judah," *VT* 8 (1954), pp. 48-74; W.I. Toews, *Monarchy and Religious Institution in Israel under Jeroboam I*, Georgia, 1993, p. 102.

위하여 종교제도를 새롭게 하는 등 나름대로의 신학을 확립하고자 하였다. 이러한 신학화의 모습을 잘 나타내는 것이 오경에 등장하는 여호와 문서J문서와 엘로힘 문서E문서이다.[222]

오경 가운데 여호와 문서의 많은 부분이 헤브론과 같은 남쪽 유다 지역을 배경으로 기록되었으며, 유다의 역할을 강조하였다. 반면에 엘로힘 문서는 세겜, 느부엘, 벧엘과 같은 북쪽 이스라엘 지역을 배경으로 기록된 것이 많으며, 특별히 에브라임 지파를 강조하였다.

두 왕국 사이의 관계

남북이 분열 된 후 남왕국과 북왕국 사이에 심각한 정치 군사적 갈등이 있었다. 갈등의 양상은 국경을 중심으로 한 분쟁이었다. 따라서 분열왕국 시대 초기 왕들의 기록에는 '누구와 누구 사이에 항상 전쟁이 있었다' 혹은 '누구와 누구 사이에는 사는 날 동안 전쟁이 있었더니' 라는 표현이 등장한다 왕상 14:30, 15:6-7, 16, 32. 그러나 민족의식이나 동포의식, 종교적인 측면 그리고 언어와 문화적 측면에서 두 왕국은 매우 유사하다. 비록 두 왕국이 제의 형태와 제의 중심지가 다름에도 불구하고 남쪽과 북쪽의 종교적 민족적 의식은 크게 다르지 않았다.

종교적인 측면에서 북이스라엘은 남유다보다 바알 종교가 널리 퍼져 있었다. 특히 아합 왕은 이세벨과 정략 결혼하여 바알 종교가 이스라엘에서 번성하였으며 왕상 16:29-34, 특히 30-31, 참고 18장, 바알 신전까지 건축하였다 왕상 16:32: 왕하 10:21, 11:18. 이외에도 바알의 제단 왕상 16:32: 왕하 21:3, 바알의 상 왕하 3:2, 10:27, 목상,

---

[222] 구체적인 내용은 김영진, 「역사와 신앙」 (개정판), 서울, 2006, pp. 140-154을 참고하시오.

바알의 예언자 왕상 18:19-40; 왕하 10:19 그리고 바알의 제사장 왕하 11:18이 북왕국에서 활동한 것으로 기록되어 있다.[223] 따라서 북왕국은 여호와를 섬기면서 가나안의 바알도 함께 섬기는 종교적 혼합주의가 유행하였다.

경제적인 측면에서 북이스라엘은 비옥한 샤론 평야와 이스르엘 평야에서 농산물이 재배되어 주된 영토가 산악지대인 남유다 왕국보다 훨씬 경제적인 풍요를 누릴 수 있었다. 이러한 경제적 부유함은 아합 시대 때 병력을 시리아-팔레스틴의 연합군으로 파견하는데서 알 수 있다.

	남유다 왕국	북이스라엘 왕국
수 도	예루살렘	사마리아
지 파	유다 지파가 주축이 됨	10지파
존속기간	주전 1004-586년 418여 년간 존속	주전 922-722/1년 200여 년간 존속
멸 망	바벨론 제국 느부갓네살	아시리아 제국 살만에셀 (5세)
지 형	산악지대 (중앙산악지대)	샤론 평원, 이스르엘 평원 등 가나안의 곡창지대가 있음
국제관계	지형적으로 고립됨	국제 교역이 활발하였음
경 제	농업, 목축업: 경제력 빈약	농업, 국제 교역: 경제적으로는 융성함

그럼에도 불구하고 정치적인 관점에서 남북왕국은 큰 차이점을 나타낸다. 남유다는 북쪽에 비하여 정치적인 안정을 누렸으며, 거의 반란 없이 다윗 왕조가 지속되었다. 이러한 왕조의 안정성을 누리게 된 데에는 무엇보다 단일 지파에 의한 왕국 형성이라는 점이 중요한 역할을 하였다. 따라서 유다 왕국은 420여 년 주전 1004-586 동안 왕조의 안정을 누릴 수 있었다.

---

223) 이러한 관점에서 호세아서가 호세아의 부인이 다른 남편을 섬기는 것을 은유적으로 표현한 것은 곧 이스라엘 백성이 바알을 숭배하는 것을 나타내는 것으로 볼 수 있다. 왜냐하면 남편을 뜻하는 히브리어 바알(בעל)과 바알 신을 나타내는 바알(בעל)이 같은 철자이기 때문이다.

그러나 북왕국은 유다에 비해 빈번한 반란으로 왕조가 불안정하였다.[224] 반란으로 새로 들어선 왕조는 이전 왕과 관련된 모든 것을 송두리째 뽑아 버렸을 뿐만 아니라 통치체제의 급격한 변화를 가져왔다. 이스라엘에서 가장 오래 지속된 왕조는 예후 왕조이지만 단지 네 세대까지만 지속되었다. 이스라엘 통치자의 빈번한 교체는 이스라엘이 다양한 지파의 연합체라는 특성과 밀접한 관련이 있다.

북왕국은 유다보다 넓은 지역에 이질적인 백성들로 구성되었다. 따라서 이스라엘 내부에서 사회적인 갈등이 첨예하였다. 이와 함께 북이스라엘이 지정학적으로 북쪽의 아람과 대치하고 있었기 때문에 군대의 필요성이 강조되었고, 자연스럽게 군대지도자들이 왕권을 요구하여 반란이 자주 발생하였다. 실제로 북이스라엘에서 전쟁 중 군인들에 의해 일어난 반란이 많았다. 이스라엘의 시므리 왕상 16:15-16나 오므리 왕상 16:21-23 그리고 예후 왕하 9:1-13의 경우가 대표적이다. 또한 지정학적인 측면에서 북쪽의 페니키아 지역과 인접해 있으면서 페니키아를 비롯한 주변 국가의 영향을 많이 받았을 것으로 보인다.

---

224) 북이스라엘은 여로보암 왕조, 바아사 왕조, 오므리 왕조, 예후 왕조, 므나헴 왕조 등 크게 다섯 개 이상의 왕조가 존재하였으며, 많은 반란이 발생하였다.

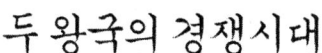

두 왕국의 경쟁시대

남북왕국이 분열된 직후 두 왕국은 군사 정치 종교적 측면에서 경쟁관계에 있었다. 특히 유다의 로호보암 시대부터 여호사밧 왕 때까지 주전 928-870 그리고 이스라엘의 여로보암부터 아합 시대까지 주전 928-871 반세기 이상 57년 두 나라는 항상 경쟁관계에 있었다. 경우에 따라서는 군사적 우위를 점하기 위하여 이방 국가인 아람의 힘을 빌려 상대를 눌렀다.

분열왕국 초기의 국제 정세

분열왕국시대 초기인 주전 10세기 말 9세기 초의 국제 정세는 주전 925년경 이집트의 시삭의 침략을 제외하고는 이집트와 메소포타미아 세력의 침묵으로 인하여 시리아-팔레스틴의 지역 세력들이 정치적 위치를 확고하게 다지는 계기가 되었다. 특히 다윗 솔로몬 시대의 연합된 힘이 깨어지고,

시삭의 침략으로 인하여 이스라엘은 전과 같이 주변 국가에 대하여 영향력을 행사할 수 없었으며, 오히려 이스라엘 주변 국가가 정치적 입지를 더욱 곤고하게 할 수 있는 기회를 맞이하였다.

이스라엘 북쪽의 아람은 앗수르-단 2세 Aššur-dan II, 주전 934-912[225]와 아다드-니라리 2세 Adad-Nirari II, 주전 911-891 때 하부르 Khabur 상류지역과 유프라테스 강 중류지역에서 쫓겨났지만 주전 9세기, 특히 앗수르나찌르팔 2세 Aššurnaṣirpal II, 주전 883-859와 살만에셀 3세 때 아시리아 제국이 아람-다메섹을 정복할 때까지 시리아-팔레스틴의 맹주 역할을 하였다. 세력을 확장한 아람이 남북으로 나뉜 이스라엘과 유다 중 어느 쪽을 지지하느냐에 따라서 이스라엘의 세력 균형은 깨졌다.

요단 동편의 암몬도 다윗 시대 때 잃었던 이스라엘로부터의 정치적 독립을 쟁취하기 위하여 노력하였으며, 이런 와중에 이스라엘과 남쪽으로 접한 아람은 이스라엘을 간접 견제하기 위하여 암몬의 독립을 독려한 것으로 추정할 수 있다.[226] 이러한 국제 정세의 변화 속에서 암몬의 정치적 생명은 이스라엘, 유다, 아람의 군사력에 의하여 결정되었다.[227]

이스라엘의 분열이라는 국제 정세의 호기를 이용하여 모압은 이스라엘

---

225) A. K. Grayson, *Assyrian Rulers of the Early First Millennium B.C. I (1114-859 B.C.)*, pp. 132-133.
226) G. Ahlström, *The History of Ancient Palestine*, pp. 481-482; J. M. Miller and J. Hayes, *ibid.*, p. 185; H. Klengel, *Syria: 3000 to 300 B.C. A Handbook of Political History*, Berlin, 1992, pp. 206-207; W. T. Pitard, *Ancient Damascus: A Historical Study of the Syrian City-State from Earliest Times until its Fall to the Assyrians in 732 B.C.E.*, Winona Lake, 1987, pp. 91-92.
227) K. A. Kitchen, "Excursus E: The Palestinian Campaign and Topographical list of Shoshenq I," in *The Third Intermediate Period in Egypt(1100-650 B.C.)*, Warminster, 1973, pp. 432-447; B. Mazar, "Pharaoh Shishak's Campaign to the Land of Israel," in *The Early Biblical Period: Historical Studies, Jerusalem*, 1986, pp. 139-150, esp. 146; D. B. Redford, *Egypt, Canaan, and Israel in Ancient Times*, New Jersey, 1992, pp. 312-315; T. C. Mitchell, "Israel and Judah Until the Revolt of Jehu(931-841 B.C.)," *CAH III*/1, pp. 442-487, esp. 458; Y. Aharoni, *The Land of the Bible*, pp. 327, 435.

의 정치적 속박에서 벗어났으며, 영토도 아르논 강의 북쪽의 모압 평지까지 세력을 확장하였다. 그러나 약 70여 년의 영화의 시기는 끝나고, 북이스라엘의 오므리 왕조가 다윗 왕조와 평화관계를 맺던 주전 9세기 중엽부터 다시 이스라엘의 통치에 속하게 된다.

분열왕국 당시 에돔은 지리적인 이유 때문에 주로 요단 서편의 유다와 정치, 외교적 관계를 갖는다. 이스라엘 분열 초기의 호기를 틈타 에돔은 얼마 동안 정치적 독립을 누린 것으로 추정할 수 있다. 이러한 사실은 열왕기상 22:47에서 유다 왕 여호사밧이 에돔을 재정복하는 기사를 통하여 알 수 있다. 이처럼 이스라엘 동쪽에 위치한 세 나라는 이스라엘의 분열이라는 기회를 이용하여 나름대로의 정치적 독립을 꾀하였다.

지중해변에 위치하고 있던 블레셋은 왕국이 남북으로 분열된 이후 주로 북쪽 왕국과 무력 분쟁을 자주 일으켰다. 블레셋은 깁브돈에서 이스라엘의 나답과 대결하였다. 이스라엘은 블레셋에 속한 도시 깁브돈을 탈취하기 위해 지속적으로 블레셋을 공격하였다. 결국, 이스라엘의 시므리 왕 때 이스라엘은 깁브돈을 포위하고 전쟁을 하였다. 남북왕국의 분열은 단순히 남북 간의 대결에만 그친 것이 아니라 주변 국가의 정치적 독립과 때에 따라서는 무력 침략에 대항하는 힘든 시대를 보내야만 했다.

유다 왕국

르호보암

솔로몬 사후 유다 왕국은 그의 아들 르호보암Rehoboam, 주전 928-911에게 왕권이 이양되었고, 그는 18년간 유다를 통치하였다. 르호보암에 관한 두 가지

성서 기록은 약간의 차이를 보인다. 시삭의 침략에 대하여 역대하 12:2-14
에서는 전쟁의 원인을 인과율로 해석하고 있다. 따라서 르호보암이 하나님
께 죄를 지었기 때문에 시삭의 침략을 받게 되었다는 신학적 해석을 제시
한다. 이에 반하여 열왕기상 14:25-28은 사실에 가까운 보도와 결과를 간
략하게 기록하고 있다.

신명기 사가의 기록	내용	역대기 사가의 기록
왕상 14:21	르호보암의 즉위	대하 12:13
왕상 14:22-24	르호보암의 행적	대하 11:5-12:1
왕상 14:25-28	시삭의 침략	대하 12:2-14
왕상 14:29-31	르호보암에 관한 기록 소개	대하 12:15-16

르호보암이 즉위하면서 유다 왕국의 국론은 크게 둘로 나뉘었다. 르호보
암이 아버지 솔로몬의 정책을 계승하여 철권 정치를 펴자 북쪽 지파 사람
들이 르호보암에게 반기를 들었다. 이 문제를 해결하는 두 가지 방법이 제
시되었다. 솔로몬 시대부터 계속적인 건축 행위로 많이 지쳐 있는 백성들
을 감안하여 부역을 줄여주자는 구관료 계층과 과거의 역사를 알지 못하는
르호보암과 같은 세대의 관료들은 좀 더 철권적인 철통 정치를 요구하였
다. 이러한 두 계층간의 갈등 속에서 르호보암은 신세대의 조언을 들어 강
권정치를 행해 결국 왕국이 둘로 나누어지는 비운을 맞았다.

르호보암 시대의 왕국 분열과 함께 가장 큰 시련은 이집트 시삭의 침략
이다.[228] 르호보암 5년 주전 923에 이집트 제22왕조의 시삭이 유다와 이스라

---

228) B. Mazar, "Shishak's Campaign to the Land of Palestine," *The Early Biblical Period: Historical Studies*, Eds., S. Aḥituv and B. A. Levine, Jerusalem, 1986, pp. 139-150; S. Talmon, "The Cult and Calendar Reform of Jeroboam I," *King Cult and Calendar in Ancient Israel*, Jerusalem, 1986, pp. 113-139; R. de Vaux, "The Religious Schism of Jeroboam I" *The Bible and the Near East*, New York, 1971, pp. 97-110.

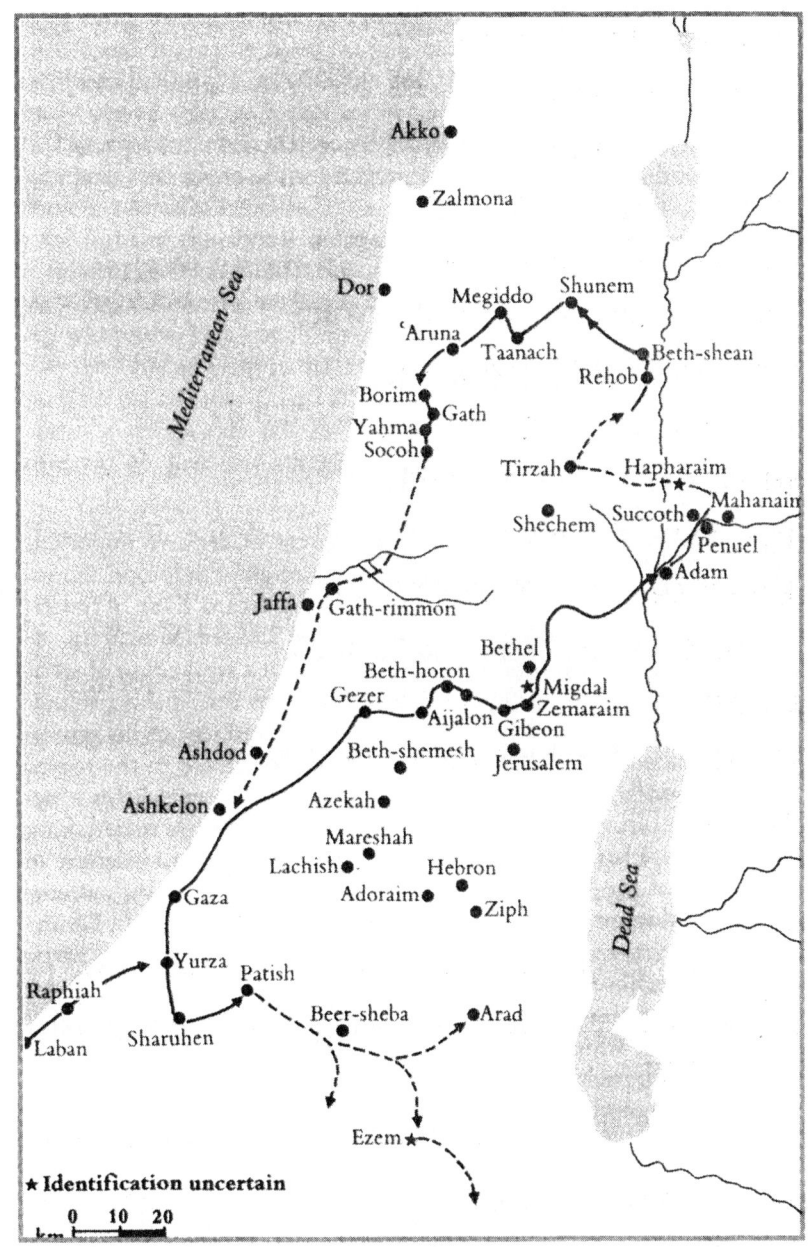

| 시삭의 팔레스틴 침략 경로 |

엘을 포함하여 팔레스틴 지역을 공격하였다. 시삭의 침략에 대해서는 테베의 아몬 신전 벽면에 있는 시삭의 기록, 역대기 기록, 열왕기 기록에 남아 있다. 열왕기서의 기록은 사실 보도만 하고 있지만 역대기 사가의 기록은 르호보암이 하나님께 잘못을 저질렀기 때문에 침략을 받았다는 신학적인 해석을 제시하며, 전쟁의 모습을 보다 생생하게 기록하고 있다.

아몬의 신전 벽면에 기록된 시삭 비문에 따르면 시삭은 팔레스틴의 다음과 같은 지역을 약탈하였다. 가자, 게셀, 루부테, 아얄론, 기리얏하임, 벧-호른, 기브온, 미그달, 제마라임, 아담, 숙곳, 가데쉬 혹은 코데쉬, 프누엘, 마하나임, 슈트, […] 아도라임, 하파라임, 디르자, […], 르홉, 벧산, 수넴, 다아낙, 므깃도, 아달, 야드 하멜렉, 호님, 아루나, 보림, 갓-파탈라, 야흐마, 벧홀람, Qqrw, 소고, 벤-타프아흐 등이다.

시삭이 왜 팔레스틴 지역에 무력 공격을 감행했는가에 대한 구체적인 대답을 제시할 수는 없다. 유다는 이 전쟁의 영향을 덜 받았다. 왜냐하면 르호보암이 성전과 왕궁의 보물들을 시삭에게 넘겨줌으로써 예루살렘은 온전할 수 있었다.

고고학적으로 시삭의 침략으로 파괴된 흔적을 찾을 수 있는 도시들이 있다. 딤나 Tell Batash IV층, 게셀 VIII층, 텔 엘-마자르 Tell el-Mazar, 텔 엘-하마 Tell el-Hama, 텔 엘-사이디에 Tell el Sa`Lidiyeh, 므깃도 IVB-VA층, 텔 아부 하왐 Tell Abu Hawam, III층, 텔 메보라흐 Tell Mevorakh, VII층, 텔 미칼 Tell Michal, 그리고 텔 카시레 Tell Qasile, VIII층이다.

시삭의 침략을 받은 후 르호보암은 유다를 강화하고 요새화하는데 몇 해를 보냈다. 르호보암은 베들레헴, 에담, 드고아, 벧술, 소고, 아둘람, 가드와 마레사, 십 Ziph, 아도라임, 라기스, 아세가, 소라, 아얄론 그리고 헤브론 등 대부분 쉐펠라 지역이나 유다 산지에 위치한 도시들을 축성하였다 대하

11:5-10. 이들은 예루살렘으로 진입하는 길목에 위치한 도시들이다. 이 도시 목록에는 유다의 북쪽지역에 관한 언급이 없을 뿐만 아니라 유다 왕국 남쪽의 중요한 게젤이나 브엘세바 등이 생략되어 있기 때문에 이 목록이 르호보암 시대의 유다 영토를 나타내는 것은 아니다. 이 도시들에 양식과 기름과 포도주를 비축했다고 해서 적의 침략을 막기 위한 군사도시의 의미보다는 유다 왕국의 내적인 안정을 유지하기 위한 군사행정 중심도시로 이해하는 게 옳다.[229] 자주적인 왕국을 세우려는 노력이 포함되어 있으나, 백성들에게는 무거운 짐을 지게 하였다 대하 11:5-10.

아비얌과 아사

르호보암이 죽은 후 아비얌 혹은 아비야, Abijam, 주전 911-908 이 왕이 되었고, 3년간 왕위를 지켰다. 그의 즉위에 관해서는 열왕기상 15:1-12과 역대하 13:1-14:2에 기록되어 있다. 그런데 이 두 기록에 차이점이 발견된다.

신명기 사가의 기록	내용	역대기 사가의 기록
왕상 15:1-5	아비야 통치에 관한 서론	대하 13:1-2
왕상 15:6	아비야와 여로보암의 전쟁	대하 13:3-20
왕상 15:7-12	아비야 통치에 관한 결론	대하 13:21-14:2

가장 큰 차이점은 아비얌의 이름과 그의 어머니에 관한 기록이다. 열왕기상 15장에서 그의 이름은 아비얌이고, 그의 어머니는 압살롬의 딸 마아가라고 기록되어 있다. 그러나 역대하 13:1-2에서는 그의 이름이 아비야

---

229) Z. Kallai, "The Kingdom of Rehoboam," *EI* 10 (1971), pp. 245-255(Hebrew); J. M. Miller, "Rehoboam's Cities of Defense and the Levitical City List," *Archaeology and Biblical Interpretation: Essays in Memory of D. Glenn Rose*, eds. L. G. Perdue, L. E. Toombs and G. L. Johnson, Atlanta, Georgia, 1987, pp. 273-286, esp. 283.

혹은 아비야후 대하 13:21로 기록되어 있으며, 그의 어머니는 우리엘의 딸 미가야라고 기록되어 있다.

성서의 기록	왕의 이름	통치 연한	어머니 이름
왕상 15:1-6	אבים	3년	מעכה בת־אבישלום
대하 13:1-2	אביהו אביה(대하 13:21)	3년	מיכיהו בת־אוריאל

아비얌은 시삭의 침략으로 인하여 약화된 북이스라엘을 공격하였다. 이 전쟁에서 아비얌은 승리를 거두었고, 에브라임의 산지까지 진출하여 벧엘과 변방도시 예루살렘 북쪽 약 27km에 위치한 여사나 부르즈 엘-이사네, Burj el-Isneh와 벧엘 북쪽 6.5km에 위치한 에브론 에트-타이베, et-Taiyibeh을 정복하였다.

신명기 사가의 기록	사 건	역대기 사가의 기록
왕상 15:9-12	아사 통치에 관한 서론	
	구스 사람 세라와 전쟁	대하 14:7-14
	아사랴의 예언	대하 15:1-7
	아사의 개혁	대하 15:8-18
왕상 15:13-16	아사에 관한 결론	대하 15:16-19

아비얌의 뒤를 이어 아사 Asa, 주전 908-867가 왕이 되었다. 아사에 관한 열왕기상 15:9-16과 역대하 14:7-15:18 사이의 차이점이 발견된다. 역대기의 기록은 구스 사람 세라와의 전쟁, 아사랴의 예언, 그리고 아사의 개혁에 대한 내용을 새롭게 추가하였다.

왕위에 오른 후 아사는 내부적인 개혁을 단행하였다. 아사에 관한 후기 전승에 의하면 아사 통치 15년에 그는 포괄적인 개혁을 실시하였다. 아사는 유다와 베냐민에서 가증한 물건을 제하고 대하 15:8-9, 세 번째 달에 제사를 드렸다 대하 15:10-15. 세 번째 달에 드린 제사는 칠칠절이다. 왜냐하면 첫째 달 15일부터 지키는 유월절로부터 50일째 되는 칠칠절이 셋째 달에 속해 있기 때문이다. 뿐만 아니라 종교 개혁에서 아사는 그의 어머니 마가Maachah를 태후의 지위에서 제거했다 대하 15:16. 그녀가 아세라의 형상을 만들었기 때문이다.[230]

그의 통치 때 구스인 세라가 남쪽지역을 침공하자 아사는 마레사 근처에서 그들을 물리쳤다 대하 14:9-15. 그러나 이 사건에 대한 기록의 역사성이 매우 불확실하다. 세라가 누구인가에 대하여 일반적으로는 오소르콘 1세Osorkon I 로 추정하고 있다. 그러나 언어적인 측면에서 세라와 오소르콘이 아무런 관련이 없을 뿐만 아니라 오소르콘은 제22왕조의 왕이고, 구스 사람이 아니라 리비아 사람이기 때문에 관련성이 있다고 보기는 어렵다.

그러나 아사 왕의 치욕적인 사건은 북이스라엘의 바아사가 라마를 차지하자 이를 물리치기 위하여 아람의 벤하닷에게 여호와의 곳간과 왕궁 곳간의 은금을 선물로 바치고 아람의 도움으로 이스라엘의 공격을 물리치고 게바와 미스바를 건축한 것이다. 아사는 르호보암에 이어 두 번째로 국난의 때에 외기를 모면하기 위하여 성전의 보물을 이방인에게 내어준 왕이 되었다.

유다 왕 아사 때 이스라엘은 정치적으로 매우 혼란하여 수많은 반란이 일어났다. 아사 왕 때 북왕국에서 바뀐 왕의 이름은 다음과 같다.

아사 왕의 연수	신명기 사가의 기록	역사적 사건
아사 왕 2년	왕상 15:25-32	나답이 이스라엘의 왕이 됨
아사 왕 3년	왕상 15:33-16:7	바아사가 이스라엘의 왕이 됨
아사 왕 26년	왕상 16:8-14	엘라가 이스라엘의 왕이 됨
아사 왕 27년	왕상 16:15-20	시므리의 반란
	왕상 16:21-22	기낫의 아들 디브니의 반란
아사 왕 31년	왕상 16:23-28	오므리가 이스라엘의 왕이 됨
아사 왕 38년	왕상 16:29-34	아합이 이스라엘의 왕이 됨

---

230) N. Andreasen, "The Role of the Queen Mother in Israelite Society," CBQ 45 (1983), pp.174-194.

북왕국

여로보암

구약성서 전체가 북이스라엘에 대해 부정적이기 때문에 북왕국의 첫 왕인 여로보암 Jeroboam, 주전 928-907에 관한 많은 이야기들이 보존되어 있지 않을 뿐만 아니라 설령 기록되었다 하더라도 매우 부정적인 관점에서 기록되었다. 부분적으로 묘사된 여로보암에 관한 기록을 통해서 살펴보면, 그는 유다의 왕과는 전혀 다른 관점으로 왕국을 형성하였다.

신명기 사가	내 용	역대기 사가
왕상 12:1-16	북쪽 10지파의 반란	대하 10:1-16
왕상 12:17-24	북쪽 왕국의 형성과 왕국 분열	대하 10:17-11:4
왕상 12:25	세겜을 수도로 정함	
왕상 12:26-27	신명기 사가의 해석 첨가	
왕상 12:28-29	금송아지 두 개를 단과 벧엘에 둠	
왕상 12:31a	산당을 지음	대하 11:15
왕상 12:31b	보통 백성으로 제사장을 삼음	
왕상 12:32	제8월에 절기를 지킴 (초막절)	
왕상 13:1-10	유다에서부터 온 하나님의 사람	
왕상 13:11-34	벧엘의 예언자	
왕상 14:1-20	여로보암의 죄와 아히야의 예언	

또한 앞서 언급했듯이 북이스라엘 왕에 대해서는 왕의 인적사항 및 업적을 기록하는 방법이 유다왕국의 왕과 차이가 있다. 이스라엘의 왕은 어머니의 이름이 등장하지 않는다 왕상 15:25, 33, 16:8 등. 그리고 이스라엘의 왕들에 대해서는 "여로보암의 길로 행하며 그가 이스라엘에게 범하게 한 그 죄"라는 표현 왕상 15:33이나 이와 유사한 표현 왕상 15:26이 등장하여 이스라엘 왕에 대한 부정적인 입장을 나타낸다.

여로보암이 왕국을 세우고 처음으로 단행했던 매우 중요한 일은 종교를 새롭게 하는 것이었다. 앞에서도 설명했듯이 종교는 곧 왕조 이데올로기를 결정하는 것이기 때문에 대단히 중요한 일이었다. 그러나 여로보암이 보수적인 지파들의 힘을 빌려 등극했기 때문에 성서가 전하는 것처럼 새로운 종교를 제시하지는 않았다. 오히려 그의 종교개혁은 전통으로 회귀하는 방향으로 진행되었다.

여로보암 왕은 이유를 알 수 없지만 여러 번 수도를 세겜, 부느엘^{Puneel}, 그리고 디르사 등지로 옮겼고, 여로보암 5년에 시삭과의 전쟁은 북왕국이 얼마나 정치적으로 안정적이지 않은가를 단적으로 보여주는 예이다.

나답과 바아사

여로보암이 죽은 후 그의 아들 나답 Nadab, 주전 907-906이 대신하여 왕위에 올라 2년 동안 왕국을 통치하였다. 그러나 그의 통치기간 중에 바아사가 반란을 일으켜 깁브돈에서 나답을 죽이고 왕위에 올랐다.

신명기 사가	내 용	역대기 사가
왕상 15:33-34	바아사가 이스라엘 왕이 됨	대하 16:1-6
왕상 16:1-7	선견자 하나니	대하 16:7-10

나답의 뒤를 이어 바아사 Baasha, 주전 906-883는 여로보암의 가족 대부분을 죽이고 북왕국의 첫 반란자가 되어 왕위에 올랐고, 24년 동안 통치하였다. 바아사는 이스라엘의 내부구조와 군대를 재편성하였다. 에브라임 산지의 남쪽지역을 유다로부터 되찾았고, 유다의 요새인 라마를 습격했다. 유다 왕인 아사는 다마스쿠스의 벤하다드 1세에게 조공을 바치고 도움을 청했다^{대하 16:1-3}. 이에 벤하다드는 갈릴리 서부 납달리 땅 요새를 포위하면서 바아사를

공격하였다.[231] 아람의 간섭으로 인하여 바아사는 라마에서 철수하고 라마를 다시 유다왕국에게 넘겨주었다. 바아사 통치 말년에 일어난 것으로 추정되는 이 북왕국의 처절한 패배는 반란의 계기가 되었고 그의 아들 엘라가 반란군에 의하여 살해되었다.

엘라와 시므리

바아사가 죽은 후 그의 아들 엘라Elah, 주전 883-882가 대신하여 왕이 되어 디르사에서 2년간 통치하였다. 엘라의 아버지 바아사가 유다와의 전쟁에서 실패함으로 병거들 반수의 우두머리인 시므리가 반란을 일으키는 빌미를 주었다. 시므리는 이스라엘 군대가 블레셋에 대항하여 전쟁을 치르는 동안 엘라를 암살했다. 북왕국은 군대장관들의 역할이 강조되었기 때문에 바아사 때부터 많은 장군이 왕으로 등극하였다. 그러나 시므리는 오로지 전차병들에게만 지지를 받았는데 그것도 절반의 지지밖에는 얻지 못했다. 시므리의 혁명이 깁브돈을 포위하고 있던 군대에 알려지자 사령관인 오므리는 군대를 디르사로 진군시켰고, 시므리는 포위된 도시에서 불에 타 죽었다. 시므리의 권력욕은 칠일천하로 마감하였다.

---

231) 올브라이트는 역대하 16:18의 벤하다드를 바르-하다드라고 주장하였다. 올브라이트는 알레포(Allepo) 근처에서 1939년에 발견된 주전 9세기 말엽의 것으로 추정되는 바르-하다드(Bar-Hadad; ברהדד) 비문을 통하여 바르-하다드가 성서의 벤-하다드라고 주장하였다. 그러나 많은 학자들은 올브라이트의 주장을 받아들이지 않았다. 더욱이 이 비문의 글자체를 비교해본 결과 자쿠르(Zakur) 비문(*KAI* 202)과 같은 시대에 속하는 것이기 때문에 이 비문에 나오는 바르-하다드는 열왕기상 15:18의 벤-하다드가 될 수 없다. L. Lipiski, *Studies in Aramaic Inscriptions and Onomastics I*, Leuven, 1975, pp. 15-19; W. F. Albright, "A Votive Stele Erected by Ben-Hadad I of Damascus to the Gad Malcarth," *BASOR* 87 (1942), pp. 23-29. 비문의 내용은 다음과 같다. "아람 왕의 조상 아드르 사마쉬의 아들 바르-하다드가 자신의 목소리와 맹세를 듣는 그의 주(신), 말카르를 위해 세운 비석." 이 비문은 둘째 줄이 분명하지 않기 때문에 이 둘째 줄을 재구성하는 데 많은 이견들이 제시되었다. 특히 올브라이트를 비롯한 몇몇 학자들이 열왕기상 15:18을 근거로 둘째 줄을 "헤시온의 아들, 타브림몬의 아들"(ברהדד בר טברמן)이라고 읽었다. 김영진, 「고대근동의 역사문헌」, pp. 104-105.

오므리와 디브니

아람에 대항하여 북쪽에 머물렀던 군대 일부는 오므리를 인정하지 않았고, 같은 장군인 기낫의 아들 디브니를 왕으로 선출했다. 이 두 라이벌들은 4년 동안 왕위 쟁탈전을 벌였고, 디브니가 죽은 후에야 오므리는 전체 이스라엘의 왕이 되었다 왕상 16:22. 오므리 Omri, 주전 882-871는 12년간의 통치기간 동안 왕국을 정상화시키는 데 성공했고 북왕국 역사상 처음으로 안정된 오므리 왕조를 세웠다.

남북화해시대

　주전 9세기 중엽 유다 왕 여호사밧 시대와 이스라엘의 아합 왕이 즉위하면서 이스라엘 역사는 큰 변화를 맞이하였다. 남북으로 나누어져 경쟁하던 남북왕국이 상호 동맹관계를 맺은 것이다. 동맹은 여호사밧의 아들 여호람과 오므리의 딸이자 아합의 여동생인 다른 전승에 의하면 아합의 딸[232] 아달랴와의 결혼으로 강화되었다. 유다와 이스라엘의 동맹은 두 나라의 평화와 번영을 가져왔다. 이러한 동맹 우호관계는 유다는 여호사밧-여호람-아하시야 시대까지 이어졌고, 이스라엘은 아합-아하시야-요람으로 이어져 지속되었다.

---

[232] 히브리어에는 손녀라는 표현이 없다. 단지 בת가 사용되어 본문의 상황에 맞추어 오므리의 딸, 아합의 딸 혹은 손녀로 번역한다. 열왕기하 8:26에서 아달랴는 오므리의 딸로, 열왕기하 8:18에서는 아합의 딸로 번역되어 있다.

주전 9세기 중엽의 국제정세

주전 9세기 중엽 이스라엘과 유다왕국은 서로 협력관계를 가질 수밖에 없는 상황이었다. 그것은 주변 국제 정세가 두 왕국의 연합을 유도하였다. 아람의 세력이 남하하였기 때문이다. 엔게브 EnGev에서 발견된 아람어 석비 조각과[233] 단에서 발견된 비문을 통해서 주전 9세기 중엽 아람이 갈릴리 호수 서쪽지역, 즉 단 지역을 관할하였음을 알 수 있다.

아람이 이렇게 세력을 남하할 수 있었던 것은 아시리아 제국에서 살만에셀 3세가 시리아-팔레스틴 지역으로 진출하기 전까지 아시리아 제국의 주된 관심이 아시리아 내부 문제를 정리하는 데 있었기 때문이다. 그래서 아람은 쉽게 남하하여 이스라엘 북쪽지역을 공격할 수 있었다.

초기 아시리아 제국의 왕인 앗수르-단 2세부터 투쿨티-니누르타 2세 Tukulti-Ninurta II, 주전 890-884까지의 왕들은 아시리아 왕들이 이미 점령했었던 지역을 차지하기 위해 전쟁을 시작하였다. 앗수르-단 때에는 아나톨리아로 가는 길목과 아람 지역 때문에 전쟁을 하였다. 그러나 아다드-니라리 2세는 카불 강 서쪽지역을 위해 전쟁을 하여 후시리나 Husirina; 현대의 술탄-테페 Sultan-Tepe, 구자나 Guzana; 오늘날 벨 할라프Tell Halaf 등을 점령하였고, 나시비나 Nasibina, 현대의 누사이빈Nusaybin를 점령하기 위해서는 여섯 차례 전쟁을 치렀다. 그러나 그는 주로 바벨론 지역을 차지하기 위해 전쟁을 벌였다. 투쿨티-니누르타 2세는 그의 짧은 통치기간 동안 비트 자마니 Bit Zamani와의 전쟁에서 승리하여 아나톨리아로 가는 북서 통로를 확보하였다. 앗수르나찌

---

[233] 알스트룀(G. W. Ahlström)은 엔게브에서 발견된 아람어 석비 조각을 근거로 주전 9세기경에 이미 단과 엔게브 지역이 아람의 통치권 아래 있었다고 주장하였다. 그의 주장은 단 석비의 발견으로 더 확실한 증거를 갖게 되었다. G. W. Ahlström "The Cultroom at En Gev," *Tel Aviv* 12 (1985), pp. 93-95, esp. 94.

르팔 2세가 즉위하면서 비트 자마니 지역에서 일어난 두 차례의 반란을 정복한 것을 시작으로 그의 전쟁 방향이 주로 북서쪽으로 향하였다.

그러나 살만에셀 3세는 서쪽의 시리아, 키주바드나 Kizzuwadna, 타우르스 산맥 Mts. Taurus 지역, 갈그미스, 하맛과 다마스쿠스 그리고 북쪽의 반 호수 근처에 군사 원정을 많이 감행하였다.

따라서 주전 9세기 초반은 아람이 그 세력을 남하하던 시대였다. 아람의 남하는 열왕기상 20장에 기록되어 있다. 따라서 남북왕국은 동맹을 맺어 이들의 남하에 조직적으로 대응할 필요를 느꼈고 화해동맹의 시대를 열었다.

유다 왕

여호사밧

여호사밧 Jehoshaphat, 주전 867-846은 35세에 왕이 되어 25년간 유다왕국을 통치하였다. 여호사밧의 통치에 대하여 열왕기상 22:41-50에는 개괄적이면서 간략하게 묘사되어 있으나, 역대하 17-20장에는 자세하게 기록되어 있다. 열왕기서와 역대기서에 나타난 여호사밧은 여호와 보시기에 의롭지 못한 왕이었다. 왜냐하면 여호사밧이 이스라엘 왕 아합과 사돈관계를 맺었을 뿐만 아니라 국제화를 시도했기 때문이다 왕상 22:44; 대하 18:1, 20:35. [234)]

여호사밧의 가장 중요한 업적은 수십 년간 지속되던 남북간 경쟁관계를 종식하고, 북이스라엘과 평화조약을 체결한 점이다 왕상 22:44. 따라서 그의

---

234) 역대하 18:1, 20:35에서는 두 가지 예를 든다. 즉 역대하 18:1에서는 여호사밧과 아합 사이의 연혼을 그리고 20:35에서는 악한 이스라엘 왕 아하시야와 함께 에시온게벨에서 배를 만든 사건을 예로 든다.

아들 여호람과 아합의 딸인 아달랴를 결혼시켰다. 이처럼 여호사밧이 북왕국과 친선 화평의 관계를 맺을 수밖에 없었던 것은 국제 정세가 두 왕국의 결합을 촉진하였기 때문이다. 여호사밧은 이스라엘과 평화를 맺음으로써 이스라엘과 평화관계를 맺고 있는 두로와도 친선관계를 유지할 수 있었다.

여호사밧은 사법 개혁을 단행하여 사회 정의를 확립하였다. 또한 재판에 있어서 종교적인 사안과 정치적인 사안을 구별하여 정치적인 사안은 왕이 재판하나 종교적인 사안은 제사장이 재판하도록 규정하였다. 그러나 어떤 과정을 거쳐 재판이 진행되었는지 그 정확한 내용은 알 수 없다. 추정하기로는 기록된 법전에 따라 재판되었다기보다는 관습법에 따라 재판되었을 가능성이 크다. 뿐만 아니라 여호사밧은 그의 통치 제3년에 4명의 방백, 9명의 레위인, 2명의 제사장을 통하여 율법책을 백성들에게 교육함으로써 율법을 중심으로 이념 개혁도 추진하였다. 대하 19:4-11

그는 백성들로부터 매해 세금을 받았다. 대하 17:5, [235] 따라서 여호사밧 시대에 해마다 바치는 조세제도가 있었음을 짐작할 수 있다. 이러한 세금의 필요성은 그의 군사적인 행보를 통해서 쉽게 이해할 수 있다. 그는 많은 군인을 보유하였고, 성채를 건설하였다. 또한 요단 동쪽의 세 나라, 아람, 블레셋, 그리고 아라비아 사람들을 통치함으로써 주변의 나라들을 관할하였다. 역대기 기록은 여호사밧을 군사적으로 부국강병을 이룬 왕으로 묘사하고 있다. 역대하 17:1-6에 따르면 여호사밧이 유다의 견고한 성읍에 군대를 주둔시켰고 아사가 빼앗은 에브라임 땅 왕상 15:22에 영문營門을 두었으며,[236]

---

235) 역대상 17:5의 '예물'은 히브리어의 민하(מנחה)로서 이것은 아카드어의 *mindantu* > *mindattu*에서 기원한 것으로 해마다 바치는 조공을 의미한다.
236) '영문'에 대하여 많은 학자들이 '성채'로 해석하나 '군주'(governor)로 해석할 수도 있다(왕상 9:23).

국고성과 성채를 건설하였다 대하 17:12.[237] 그리고 역대하 17:10-19에 기록된 여호사밧의 군대는 116만 명으로 아비야 때의 40만 명보다는 3배 가까이 그리고 그의 아버지 아사 때의 58만 명 대하 14:8보다는 배 이상 증가하였다.[238] 이처럼 군인의 수가 배로 증가하는 방식은 역대기 사가의 서술방식으로 역사적으로 쉽게 입증할 수 있는 군대의 수는 아니다.

여호사밧의 부국강병책은 이스라엘의 왕 아합이 길르앗 라못 Gilath Ramoth 에서 아람을 상대로 전쟁할 때 그를 도와 출정하였다 왕상 22:29-40.[239] 뿐만 아니라 요단 동편의 나라, 모압, 암몬, 마온과의 전쟁에서도 승리하였다. 이 전쟁의 상대인 마온 사람들이 구체적으로 누구인가에 대해서는 학자들 사이에 이견이 많으나 역대하 20:22-23을 근거로 에돔 사람으로 이해한다. 왜냐하면 본문의 상황으로 요단 동편의 나라들이 언급되어야 하며, 요단 동편 세 나라는 대부분 같이 언급되는 전통 때문이다 왕하 24:2 참고.[240] 또한

---

237) 역대하 17:12에서 여호사밧이 '채'를 건설하였는데 이는 '성채(fortress, garrison)를 의미한다. 일반적으로 성채는 나찌브(נציב)라는 단어를 많이 사용하는데 여기서는 비라니오트(בירניות)라는 단어를 사용하고 있다. 이 단어는 구약성서에 단 두 번만 사용된다(대하 17:12, 27:4).

238) 그러나 여호사밧 시대의 군사 116만 명은 실제적인 숫자라기보다는 역대기 사가의 역사 기술방식에 의하여 전 왕보다 많은 군대를 가졌다는 최고정점을 뜻하는 표현이다. 따라서 아비야 시대의 40만 명보다 아사 시대는 더 많은 58만 명의 군대를 보유했고, 여호사밧 시대에는 아사의 2배에 해당하는 116만 명의 군대를 가졌다고 기록하고 있다. 뿐만 아니라 여호사밧이 이렇게 많은 군대를 보유하고 있었던 시대이고, 전쟁에서 승리하던 시대였다면 그와 사돈관계에 있는 아합이 주도적 역할을 하였던 주전 853년 카르카르 전투에 왜 참전하지 않았는가 하는 질문이 생긴다. 결국 여호사밧은 역대기 사가의 이상화 작업으로 실제보다 월등하게 표현되었을 것이다.

239) 열왕기상 22:29-40에서는 이 전쟁에 참가한 북이스라엘의 왕이 누구인지 밝히고 있지 않다. 그러나 내용상으로 여호사밧과 함께 전쟁에 나간 이스라엘의 왕은 아합이다. 이처럼 아합의 이름을 기록하지 않은 것은 신명기 사가가 아합에 대한 부정적인 입장을 가지고 있기 때문이며, 39-40절에 가서야 아합임을 밝히고 있다. 또한 이 사건의 정확한 연대를 짐작하기는 어렵지만 주전 853년 카르카르 전쟁 이후로 추정할 수 있다. 왜냐하면 카르카르 전투에서 아람의 하다드에젤과 이스라엘의 아합 왕은 동맹관계를 유지하고 있었기 때문이다. 따라서 열왕기상 22:29-40과 살만에셀 3세의 기록을 중심으로 아합이 죽은 해, 즉 길르앗 라못에서 이스라엘-유다 연합군과 아람의 전쟁을 치른 해를 주전 853년에서 851년 사이로 추정하고 있다.

240) 여기서 왜 에돔이 마온으로 기록되었는가? 왜냐하면 역대기 사가 시대의 에돔에 대한 두 가지 정서 때문이다. 이스라엘의 형제이면서도 유다 남쪽지역을 점령한 세력에 대한 반대 정서 때문에 에돔을 마온으로 바꾸어 기록한 것으로 보인다.

역대하 19:10-11에서는 여호사밧이 블레셋과 아라비아 사람들로부터 조공을 받은 것으로 기록되어 있다. 이처럼 역대기서는 여호사밧을 주변의 국가를 물리친 왕으로 묘사하고 있다.

이러한 군사적인 행동 이외에 무역에서도 남북왕국은 협조체제를 이루고 있었다. 열왕기상 22:48에 여호사밧이 통치 후반기에 에시온게벨에서 배를 띄워 오빌에서 금을 사오려고 하였으나 실패하였다.[241]

여호사밧 시대에는 북이스라엘과 평화를 맺음으로써 국가적인 번영기에 접어든다. 그러나 성서의 사가들은 그가 북쪽과 결혼동맹이나 군사동맹, 혹은 무역협정 등을 통해 맺은 연합에 대해서는 부정적인 입장을 표명하였다.

여호람

여호사밧의 아들 여호람Jehoram, 주전 846-843이 32세에 왕이 되어 8년간 유다를 통치하였다 왕하 8:17-24; 대하 21:1-20. 여호람에 관한 열왕기하 8:16-24과 역대하 21:1-20의 기록은 약간의 차이가 있다. 특히 역대기의 기록은 여호람이 여호와를 버리고 다른 신들을 섬겼기 때문에 그에게 벌을 내리셨다는 신학적인 내용이 자세히 기록되어 있으며 대하 21:11-17, 여호람 시대에 유다에 쳐들어온 적들이나 반란에 대하여 열왕기의 기록보다 자세히 언급하고 있다. 그리고 역대기 사가는 여호람의 창자에 중병이 들어 죽은 것을 하나님

---

241) 이 사건에 대한 열왕기상 22:48-49의 기록과 역대하 20:35의 기록에 차이점이 있다. 즉 금을 사러 가는 대상지가 열왕기서는 오빌이고 역대하에서는 다시스이다. 대신 열왕기에서는 다시스의 배를 이용하였다고 기록하고 있다. 이 당시 에시온게벨에서 배를 띄워 다시스(스페인 혹은 소아시아의 다르시스)로 가려면 에시온게벨에서 배를 띄우는 것이 아니라 지중해 해안에서 배를 띄워야 한다. 따라서 열왕기의 기록이 역대기 기록보다는 더 역사성이 있는 것으로 보인다. 열왕기서의 '다시스의 배' 란 상선 혹은 무역선이란 의미로 사용된 것이다. 이 실패에 대하여 역대하 20:35에서는 북이스라엘의 아하시야와의 교제에 돌리고 있다. 이 사건은 여호사밧의 통치 후반기에 일어난 일이다. 왜냐하면 여호사밧이 25년간 유다의 왕으로 있었는데 북이스라엘의 아하시야는 여호사밧 17년에 왕이 되어 2년간 통치하였기 때문이다(왕상 22:17). 따라서 여호사밧이 에시온게벨에서 배를 만들어 띄우려다 실패한 때는 그의 통치 17, 18년이다.

의 심판으로 해석하였다.

여호람은 아합의 딸 아달랴와 결혼하였다 왕하 8:26. 역대기 기록에 여호람의 다른 형제 여섯 명은 은금과 보물, 성읍을 선물로 받았으나 대하 21:2-3, 여호람은 장자이기 때문에 왕위를 계승하였다고 기록하고 있다. 그러나 왕위에 오른 여호람이 세력을 얻은 후 다른 형제들을 죽였다 대하 21:4.

신명기 사가의 기록	내 용	역대기 사가의 기록
왕하 8:16-17	여호람의 등극	대하 21:2-7
왕하 8:18-19	여호람에 대한 평가	
왕하 8:20-22	주변 국가의 반란	대하 21:8-10
	여호람에 대한 징벌	대하 21:11-19
왕하 8:23-24	여호람의 최후	대하 21:20

여호람 시대에 대해서는 성서가 많은 정보를 제공하지 않는다. 단지 여호사밧 시대에 취하였던 에돔이 여호람을 배반하였고, 마케다 Makedah와 라기스 중간에 위치한 립나 Ribnah 역시 반란을 일으켰다는 내용이 있다. 그리고 구스 사람, 블레셋 사람 그리고 아라비아 사람들이 여호람을 공격하였다 대하 21:16. 그 결과 여호람의 막내 아들인 여호아하스 이외에 모든 아들들이 탈취되었다 대하 21:16-17.

역대기 사가는 여호람이 하나님의 저주를 받았다는 사실을 장사할 때 슬퍼하고 분향하는 자가 없다는 것과 그가 다윗 성에 장사되었지만 왕들의 무덤에 두지 않았다고 기록함으로써 대하 21:20 그 뜻을 표현하였다.[242]

성서의 기록에 따르면 여호람 때는 여호사밧과 같은 영화나 힘을 소유하

---

242) 역대기 사가는 이스라엘 역사에서 이방 여인과 결혼해서 부정적인 평가를 받는 왕들은 유다 열왕의 묘실에 들어가지 못했다고 말한다. 따라서 열왕기하 8:24에서는 여호람이 열조와 함께 자고 다윗 성에 장사되었다고 기록하지만, 역대기하 21:20에서는 열조와 함께 장사되지 못했다고 기록하였다.

지 못하였다. 오히려 주변의 여러 나라들이 독립을 얻기 위하여 노력하는 것을 볼 수 있다. 종교적인 면에서 그가 아합의 딸 아달랴와 결혼한 것을 최대의 실수로 기록하고 있다.

아하시야

역대하 21:16-17에 따르면 아하시야 Ahaziah, 주전 843-842는 구스, 블레셋 사람의 침략 때에 혼자 살아남아 말째로서 왕이 되었다. 그는 22세에 왕이 되어 단 1년 동안 통치하였다. 따라서 그의 행적은 별로 기록되어 있지 않다. 그러나 짧은 기간 동안 그는 아람과 전쟁을 하였다. 하사엘과의 전쟁에서 실패한 내용이 기록되어 있다.

신명기 사가의 기록	내 용	역대기 사가의 기록
왕하 8:25-26	아하시야의 즉위	대하 22:1-2
왕하 8:27	아하시야의 평가	대하 22:3-4
왕하 8:28-29	아하시야와 요람이 하사엘과 싸우다	대하 22:5-9
왕하 9:21-29	아하시야의 전사	

아하시야에 대한 기록은 그가 이스라엘 왕 요람과 함께 아람 왕 하사엘을 대적하여 싸우러 갔다가 요람이 상처를 입은 후 죽고, 아하시야는 도망쳤다는 내용이 담겨 있다. 아하시야 때 이스라엘의 왕 요람과 함께 아람에 대항하여 전쟁하러 나간 것이 유다 왕국과 이스라엘 왕국의 화해시대의 마지막 사건이다. 열왕기하 8:27에 아하시야가 아합의 집의 사위가 되었다는 것은 잘못된 번역이다. 왜냐하면 열왕기하 8:18에 의하면 유다 왕 여호람이 아합의 딸 아달랴와 결혼하였기 때문이다. 따라서 열왕기하 8:27을 아하시야가 아합의 사위가 되었다는 번역보다는 "그는 아합의 집안과 결혼에 의하여 관계되어졌다"라고 하는 것이 바람직하다.

이스라엘의 왕

오므리 왕조

오므리가 북왕국의 왕이 되기 전 오므리와 디브니가 나라를 양분하여 통치하였다. 오므리와 디브니의 왕이었던 시므리가 아사 왕 27년에 왕이 되어 7일 동안 통치하고 죽었다 왕상 16:15. 그런데 오므리가 이스라엘 왕으로 등극한 것은 아사 왕 31년의 일이다 왕상 16:23. 따라서 오므리와 디브니가 왕국을 양분하여 세력 경쟁하던 기간은 아사 왕 27년부터 31년까지 약 4년여 동안이었으며, 오므리Omri, 주전 882-871가 디브니를 누른 후 이스라엘 전체의 왕이 되었다 왕상 16:21-22.

오므리의 통치와 특히 그의 아들 아합의 통치는 주전 871-852년 북왕국 역사에 새로운 기원을 열었다. 오므리의 활동에 관한 성서의 기록은 매우 간략하다. 그러나 성서 밖의 기록을 통하여 오므리의 국제활동을 짐작할 수 있다. 국제관계에 있어서 남왕국과 화해했고 북쪽의 두로 왕인 엣바알과 결혼동맹을 체결하였다. 오므리는 그의 아들 아합과 엣바알의 딸 이세벨을 결혼시킴으로써 북쪽 국경을 안전하게 하였다.

메사 석비 Mesha Stone에 의하면 군사적인 측면에서 오므리는 모압의 왕 크모쉬야트 Chemoshyat의 통치 때 모압을 통치하였다 "이스라엘의 왕 오므리가 모압을 오랫동안 지배하였다." ll. 4-5. 그러나 그 기간이 얼마인지 정확히 알 수 없다.[243]

이스라엘과 아람 사이의 관계는 열왕기상 20장에 기록되어 있으며 열왕기상 20:34, 아람의 벤하닷 2세가 아합과 나눈 대화 속에서 아람이 오므리 왕 때 이스라엘을 점령하여 사마리아에 상업자유 거리를 만들었음을 알

---

243) 김영진, 「고대근동의 역사문헌」, pp. 164-165.

수 있다.

오므리의 내적인 안정은 사마리아 천도 遷都에서 잘 나타난다. 오므리는 에브라임 산지의 잇사갈 영토에 속한 땅을 매입하여 이곳에 수도를 세웠다. 이름을 사마리아로 부른 것은 이 땅의 주인 이름인 세멜 Shemer, שֶׁמֶר 을 따라서 쇼므론 Shomeron, שֹׁמְרוֹן; 사마리아의 히브리어 이름이라고 불렀기 때문이다 왕상 16:24. 그런데 세멜의 이름을 따라 사마리아로 부른 것은 매우 특이하다. 일반적으로 어떤 지역을 점령하거나 혹은 돈을 주고 사면 점령자나 매입자의 이름을 따르는 것이 보편적이다.[244] 그런데 사마리아는 매도자의 이름을 따라 지은 이름이다. 따라서 학자들은 사마리아를 후기의 원인론적인 설명이라고 주장한다. 오므리가 새로운 수도를 건설하고 붙일 수 있는 가장 적합한 이름은 벳-오므리 Beth Omri; '오므리의 집' 혹은 '오므리의 도시'였다. 그러나 이 명칭을 왕조의 이름으로 사용하였다. 아시리아 기록에 따르면 아합 왕을 비트-후므리 Bit Humri, '오므리의 집'라고 불렀다.

아합

오므리가 죽은 후 그의 아들 아합 Ahab, 주전 871-852이 이스라엘의 왕이 되어 22년간 통치하였다 왕상 16:29-34. 그는 왕이 되기 2년 전부터 아버지와 함께 섭정을 하였다. 아합은 이스라엘 역사에 있어서 가장 번성한 왕이었으며, 가장 먼저 성서 밖의 기록에 등장하는 왕이다. 그럼에도 아합 왕은 신명기 사가에게 가장 비호감적인 왕이다. 왜냐하면 그가 바알을 숭배하는 엣바알의 딸 이세벨과 결혼하여 바알 숭배를 이스라엘에 만연하게 했을 뿐만 아니라 국제화에 앞장선 왕이었기 때문이다.

---

[244] 아시리아의 사르곤 2세가 새 수도 두르-샤루킨(Dūr Šarrukīn, Khorsabad)을 세우고자 했을 때, 사르곤은 전액을 지불하고 땅을 샀다.

아합 시대는 이스라엘의 힘이 아람의 세력과 대등한 관계로 발전하였음을 알 수 있다. 이러한 사실은 북왕국과 아람 사이에 요르단 동편의 에돔-모압-암몬-길르앗을 지나 다마스쿠스로 연결되는 무역로인 왕의 대로를 지배하기 위한 경쟁에서 아합이 오므리 때 빼앗겼던 주도권을 다시 회복한 것에서 알 수 있다. 열왕기상 20장에 따르면 아합은 아람 왕 벤하다드 2세가 가지고 있던 주도권을 빼앗아 이 지역의 상업적 외교적 주도권을 가졌다.[245]

신명기 사가	사 건	역대기 사가
왕상 16:29-34	아합의 즉위	
왕상 17-19장	예언자 엘리야의 활동	
왕상 20:1-21	벤하다드의 첫 번째 침략	
왕상 20:22-34	벤하다드의 두 번째 침략	
왕상 20:35-43	선지자가 아합을 꾸짖음	
왕상 21장	나봇의 포도원 사건	
왕상 22:1-28	미가야가 아합을 경고함	대하 18:2 27
왕상 22:29-40	아합의 죽음	대하 18:28 34

뿐만 아니라 두로의 왕 엣바알과의 동맹으로 유다와 두로페니키아를 연결하는 무역로를 관장하게 되었다. 또한 아라비아의 무역 경로를 장악하기 위하여 동맹관계에 있던 유다 왕 여호사밧에게 에돔을 다시 정복하도록 유도한 것도 이러한 경제적 필요 때문이었다 왕상 22:47-48. 요르단 동편에서 북부 아라비아까지 뻗어 있던 모든 경로는 이제 유다와 이스라엘의 통치하에 있게 된다.

주변 국가에 대하여 항상 외교적 친선관계를 유지한 것만이 아니라 필요한 경우에는 무력을 사용하여 주변 국가를 수하에 두기도 하였다. 이에 대한 대표적인 예가 모압에 대한 공격이었다.

모압의 예는 성서와 모압의 역사 자료에 모두 기록되어 있다. 구약성서에는 아합이 어떻게 모압을 점령하였는지 기록하고 있지 않지만 아합이 죽은 후 모압이 이스라엘을 배반하였다고 기록하고 있다. 그러나 모압 왕 메사의 석비에 의하면 오므리 때부터 이스라엘이 모압 북부지역을 점령한 것으로 기록하고 있다.

이스라엘과 아람의 관계는 여러 차례 기록되어 있다. 열왕기상 20장에는 두 차례에 걸친 아람과의 전쟁이 기록되어 있다. 먼저 열왕기상 20:1-21에 따르면 벤하다드가 사마리아를 포위하였다. 열왕기상 20:22-34에는 두 번째 아람의 공격을 기록하고 있다. 이 공격에서 아람 군대는 아벡 Aphek; 현재의 갈릴리 호수 동쪽 면에 있는 곳 길을 통하여 이스라엘을 공격하였다. 그 결과 이스라엘 사람들은 아람 군대 보병 10만을 죽이고 또 남은 군대 2만 7,000명을 죽였다. 그러나 아합은 벤하다드와 형제관계의 조약을 체결하였다. 마지막에는 아합이 유다의 여호사밧과 함께 길르앗 라못을 공격하였고 왕상 22장, 이 전쟁 결과 아합은 아람 군대의 공격을 받고 전사하였다.

아합은 오므리 시대부터 이룩하기 시작한 이스라엘의 내적인 안정과 이스르엘 평야를 중심으로 한 경제력을 바탕으로 국제사회에서 위치를 견고히 하였다. 이러한 사실은 아시리아의 왕 살만에셀 3세가 그의 통치 6년인 주전 853년에 유프라테스 강을 건너 시리아 쪽으로 진출하자 이를 막기 위해 구성된 시리아-팔레스틴의 12개 연합군에서 그가 중추적인 역할을 하였다는 데서 알 수 있다. 이러한 사실은 살만에셀 3세의 비문에 기록되어 있다.[246]

---

245) 김영진, 「고대 이스라엘 역사」, p. 205.
246) *ARAB I*, § 611; *ANET*, pp. 278-279.

"나는 =살만에셀 카르카르에 가까이 갔다. 그의 이르후레니Irḫuleni 도시 카르카르를 내가 부수고, 황폐하게 만들고, 불태웠다. 아람다마스쿠스의 하다드에젤의 1,200승의 전차, 1,200명의 기병, 2만 명의 보병, 700승의 전차, 700명의 기병과 하맛 왕 이르후레니의 군대 1만 명, 2,000승의 전차와 1만 명의 이스라엘 왕 아합의 군대, 500명의 구에 사람 Gueans의 군대, 1,000명의 무스레 사람들 Musreans; 10승의 전차와 1만 명의 이르카나트 사람 Irkanateans의 군대, 200명의 아르바드의 왕 마티누-바알 Matinu-ba'al; 200명 정도의 우사나트 Usanateans 군대, 30승의 전차(와) [ ],000명의 시아누 Sianu 왕 아돈-바알, 1,000필의 아랍 왕 긴디부아 Gindibu' 낙타, 루후비의 아들 바아사의 군대 X명 - 그는 이르후레니는 이 12명의 왕을 그의 도움자로, 그리고 전쟁을 하기 위하여 데려왔고 이들은 나를 대항하였다. 신神 앗수르의 높은 권위에 대한 믿음이 주어졌고, 내 앞에 간 네르갈이 강력한 무기에 대한 믿음을 주었다. 나는 이들과 전쟁하였다. 카르카르로부터 길자우 Gilzau의 도시까지 나는 이들을 따랐다. 나는 칼로 1만 4,000명의 전사를 죽였다. 아다드처럼 이들에게 파괴의 비를 내렸다. 나는 이들의 시체를 흩어놓았고 이들의 무기로 황폐한 평야를 채웠다. 나의 무기로 나는 그들의 피가 땅의 계곡을 흐르게 하였다. 이 평야는 매우 작아서 그들의 몸을 떨어뜨릴 수 없었고, 넓은 광야는 이들을 묻는데 사용하였다. 이들의 몸으로 마치 다리처럼 오론테스 강을 연결하였다. 이 전쟁에서 이들로부터 전차, 기병, 말을 빼앗았고 멍에를 새롭게 하였다."

이 기록에 의하면 아합 왕은 전차 2,000승과 보병 1만 명을 파견함으로써 아람과 하맛에 이어 세 번째로 많은 군대를 파견하였다. 따라서 아합은 시리아-팔레스틴 도시국가 연합군의 중심적인 역할을 하였다.[247] 이 전쟁의 결과에 대하여 살만에셀의 비문에서는 이 동맹체를 무찌른 것으로 기록하고 있지만 살만에셀이 이후 계속적으로 서쪽지역을 공격한 것으로 미루어 주전 850, 849년 등[247] 카르카르 전투에서 아시리아가 큰 승리를 거두었다고 보기는 어렵다. 만약 살만에셀 3세의 군대가 주전 853년에 서쪽지역을 완전히 정복했다면 바로 이어 주전 850년 혹은 849년에 다시 전쟁을 일으키지 않았을 것이다.

이 카르카르 전투에 관한 살만에셀 3세의 비문은 아합 시대의 연대를 측정하는 데 중요한 기준점 역할을 하고 있다. 아합 왕에 관한 성서의 기록에 따르면 열왕기상 20장에서 그는 아람 군대와 전쟁을 하였을 뿐만 아니라 열왕기상 22장에서는 유다 왕 여호사밧과 함께 길르앗 라못에서 아람의 군대와 전쟁을 치르다가 전사하였다 왕상 22:29-40. 그런데 살만에셀 3세의 비문에서는 주전 853년에 아람의 하다드에젤과 아합 왕이 동맹군으로 묘사되어 있다. 따라서 많은 역사가들은 카르카르 전투 직후에 아합과 아람의 관계가 다시 대결 구도로 변했을 것이라고 추정한다.[249] 따라서 아합의 마지막 연대를 주전 853년에서 851년 사이로 추정한다. 이처럼 아합이 통치하던 시대는 시리아-팔레스틴에서 경제적, 외교적, 군사적으로 높은 지위를 점유하였다.

---

247) 살만에셀의 기록에 아합의 전차가 2,000승, 보병이 1만 명으로 기록되어 있는데 이 숫자는 정확한 아합 군대의 수라기 보다는 징수(整數/Round figure)로 표시하는 아시리아의 비문 기록 방식에 의한 것이다. 아시리아 제국의 왕의 비문에서 숫자를 기록할 때 정수법에 의해 기록되었다는 것에 관한 논의는 M. De Odorico, *The Use of Numbers and Quantifications in the Assyrian Royal Inscriptions*, SAAS III, Helsinki, 1995를 참고하시오.
248) 이 사건에 대해서는 동으로 만든 발라와트의 문(Bronze Gates of Balawat) 위에 잘 기록되어 있다.
249) 이 사건은 아합의 마지막 연대를 결정해주는 중요한 자료이다. 따라서 많은 역사서에서 아합의 죽은 해를 주전 853년부터 851년 사이로 추정하는 것은 바로 이 Monolith Inscription 때문이다.

다음은 오므리 왕조 시대의 비교 연대표이다.

이스라엘	유 다	아 람	아시리아
오므리 즉위(12년)	아사 31년(왕상 16:23)		
아합 즉위(22년)	아사 38년(왕상 16:29)		
아합 4년(왕상 22:41)	여호사밧 즉위		
카르카르 전투(853년)		하다드 에젤	살만에셀 6년(853년)
여호람(요람) 즉위(12년)	여호사밧 18년(왕하 3:1)		
요람 5년(왕하 8:15)	여호람(8년)		
여호람 12년(왕하 8:25)	아하시야 즉위(1년)		

아하시야

아합이 죽은 후 그의 아들 아하시야 Ahaziah, 주전 852-851가 이스라엘 왕이 되어 2년 동안 통치하였다 왕상 22:51-53. 아하시야의 행적은 별로 언급된 것이 없다. 여호사밧에 관하여 기록하면서 아하시야가 여호사밧과 매우 긴밀한 관계를 유지하고 있었다는 내용만 나온다. 특히 서로 연합하여 에시온게벨에서 배를 만들어 다시스로 보내려고 계획까지 세웠으나 결국 실패하고 말았다 왕상 22:48-49; 대하 20:36-37.

그의 아버지 아합의 막강한 통치가 끝나자 아합에게 눌려 있던 주변 국가들의 독립 움직임이 있었다 왕하 1:1. 아하시야는 다락 난간에서 떨어져 병들어 죽었다.

여호람

아합의 아들 아하시야가 통치 2년 만에 죽자 그의 형제인 여호람 Jehoram. 주전 851-842이 왕이 되어 12년 동안 통치하였다 왕하 3:1. 여호람 때의 가장 큰 사건은 아합이 죽은 후 여호사밧과 함께 이스라엘을 배신한 모압의 메사를 공격한 사건이다^{왕하 3장}. 메사의 반란에 관한 기록은 메사 석비에 잘 기록되어 있다. 기록에 의하면 약 40년 동안 이스라엘이 모압을 통치하였으며 크모쉬의 도움으로 메사는 이스라엘의 통치에서 벗어났다. 또한 그의 즉위 때에 아람이 쳐들어와 사마리아 성을 포위 공격하였다 ^{왕하 6:24, 7:20}. 아람이 이스라엘을 공격하였다는 것은 아시리아로부터의 위험이 줄어들었음을 암시하는 것이다. 여호람 통치 제5년에 유다 왕 여호사밧의 아들 여호람이 32세에 왕이 되어 예루살렘에서 8년간 왕이 되었다 ^{왕하 8:17}.

또한 여호람 ^{요람} 12년에 유다 왕 여호람의 아들 아하시야가 유다의 왕이 되어 1년간 통치하였다 ^{왕하 8:25}. 이스라엘의 왕 여호람이 유다 왕 아하시야와 함께 길르앗 라못으로 전쟁을 나갔다가 아람의 하사엘에게 패하여 부상을 당했으나 죽지는 않았다^{왕하 8:29}. 요람은 예후의 반란으로 죽게 되며 오므리 왕조 역시 막을 내리게 되었다.

재연된 갈등의 시기

아람과 이스라엘-유다 연합군의 패배와 이스라엘의 예후의 반란으로 인하여 팔레스틴 지역에 한동안 유지되었던 평화는 깨지고 다시 불안한 기운이 감돌기 시작하였다. 특히 북이스라엘의 예후가 유다의 왕과 그 형제들을 살해하고, 이세벨과 아합 가문의 후계자들을 죽이고 왕위를 차지함으로써 국제관계는 긴장관계로 변하였다.

새로운 국제 질서

주전 9세기 후반기 국제사회는 새로운 변화가 일어나 시리아-팔레스틴의 정세는 큰 변화를 겪게 되었다. 가장 큰 변화의 요인은 이스라엘에서 일어난 예후의 반란이다. 이 반란으로 이스라엘과 유다의 화해시대는 막을 내리고, 남북관계뿐만 아니라 이스라엘과 주변 국가도 긴장관계로 바뀌었다. 또한 아시리아의 쇠퇴로 인한 북쪽 아람 세력의 급부상도 변화 요인으로 들 수 있다. 강성해진 아람은 이스라엘을 침략했다.

오므리 왕 때부터 40여 년간 이어지던 유다왕국과의 평화관계는 예후의 반란과 유다 왕 여호람과 두로 왕의 딸이었던 이세벨의 살해로 깨졌다. 일련의 사건들은 북왕국과 유다 그리고 두로의 관계를 급격하게 냉각시켰다. 게다가 남쪽 유다왕국에서 아합의 딸인 아달랴가 반란을 일으켰다. 그녀는 아들이 죽는 것을 보고 유다왕국의 왕손을 모두 죽이고 자신이 왕이 되었다. 따라서 오므리 왕가의 후손인 아달랴와 북쪽 예후 왕조 사이의 관계가 좋을 수 없었다.

아시리아 제국의 살만에셀 3세는 주전 842년 아람의 하사엘을 공격하여 그를 도시에 가두었으나 다마스쿠스를 정복하지는 못했다. 그렇지만 살만에셀은 아람의 영토를 초토화하였고, 이스라엘과 페니키아의 도시국가들이 살만에셀에게 조공을 받쳤다. 그러나 이후로 아시리아는 서쪽에 대한 관심보다는 남쪽과 북쪽 원정에 주력하였다. 따라서 살만에셀은 바벨론 남쪽의 갈대 사람들 Chaldeans이 살던 습지까지 정복하였고, 바벨론의 왕을 살해하였다. 또한 주전 836년 타발 Tabal 지역으로 원정하였고, 832년에는 우라르투 원정을 다시 감행하였다. 주전 831년에는 나이가 많아지자 군대의 지휘권을 타르탄에게 넘겼고, 6년 후인 825년에는 니느웨 Nineveh와 다른 도시들에서 반란이 일어났다. 이 반란은 2년여간 지속되었으나 살만에셀의 아들인 샴시-아다드 5세 Shamshi-Adad V, 주전 823-811가 평정하였다. 살만에셀은 그 후 죽었다.

주전 9세기 후반에 접어들어 아시리아 제국이 아시리아의 국경지역에 공격을 감행하였기 때문에 상대적으로 서쪽의 아람은 아시리아의 관심에서 벗어날 수 있었다. 아람의 하사엘은 이 기회를 틈타 자신의 세력을 확장하였고, 아람과 국경을 맞대고 있는 북이스라엘은 이러한 국제정치 변화에 매우 민감하였다.

요르단 동편에 있는 모압의 경우에는 북이스라엘의 아합이 죽자 모압 왕 메사는 독립을 시도하여 이스라엘 군대를 모압에서 몰아냈다고 기록하고 있다. 이처럼 주전 9세기 중엽은 시리아-팔레스틴에서 아람 세력이 다시 한 번 부흥한 시기였다.

아람의 부흥

아람은 주전 9세기 후반 하사엘이 즉위한 후 세력을 확장하고, 시리아-팔레스틴의 맹주의 역할을 하였다. 그는 아시리아 제국의 살만에셀 3세의 통치 후반기 이후 아시리아가 시리아-팔레스틴에 대한 관심이 약화되자 북쪽 국경을 안정시킨 후 이스라엘-유다로 남하하기 시작하였다.

하사엘의 즉위

아람에서 하사엘Hazael이 언제 왕이 되어 하사엘 왕조가 시작되었는지 정확히 알 수 없다. 구약성서에서는 엘리사가 하사엘이 아람의 왕이 될 것을 예언하였고, 하사엘은 반란을 일으켜 왕이 되었다 왕하 8:12-15. 그러나 이 사건이 언제 발생했는지 알 수 없다. 그러나 아시리아의 왕실 비문에서 하사엘의 즉위 연대를 추정할 수 있는 단서를 찾을 수 있다. 아시리아의 살만에셀 3세의 비문 Black Obelisk인 동으로 만든 발라와트 문에 기록된 내용을 보면 주전 841년 살만에셀이 팔레스틴 북쪽까지 진출하였고, 이때 이미 아람의 왕은 하사엘로 바뀌어 있었다.

"나의 통치 제18년에 나는 유프라테스 강을 16차례 건넜다. 아람 다메섹의 하사엘 Ha-za-'-ilh이 전쟁을 일으켰다. 나는 그로부터 1,121승의 전차와 470필의 기마 그리고 그의 진영을 빼앗았다."

그런데 살만에셀 3세의 통치 14년인 주전 845년에 살만에셀은 아람 왕 벤하다드와 그의 동맹국들과 전쟁을 하였다.[250] 이러한 사실은 주전 845년과 841년 사이에 아람의 왕이 벤하다드에서 하사엘로 바뀌었음을 말해준다. 뿐만 아니라 주전 841년 하사엘이 예후로부터 조공을 받은 기록이 남아 있다.

"오므리의 아들 예후의 조공: 나는 그로부터 은, 금, 금으로 만든 사발, 금으로 만든 뚜껑이 달린 움푹한 그릇, 금으로 만든 용기, 금으로 만든 들통, 주석, 왕의 손의 지팡이들, 그리고 창을 받았다."[251]

하사엘 왕조의 정통성 문제에 대하여 아시리아의 기록과 구약성서는 군사 쿠데타로 왕권을 찬탈했다고 말한다. 특히 살만에셀의 기록에 하사엘은 "아무 사람의 아들도 아닌 자" mar la mammana, "son of nobody"라고 표현되어 있다. 즉 '어느 누구의 계승자도 아닌 자'라는 수식어를 사용하여 하사엘이 정통성을 지닌 왕가의 후손이 아님을 보여준다. 성서에는 하사엘이 어떻게 벤하다드를 살해했는가를 자세히 기록하고 있다 왕하 8:12-15.

하사엘의 즉위기간에 대해서도 정확히 알 수는 없지만 "여호아하스 왕의 시대에 아람 왕 하사엘이 항상 이스라엘을 학대하였으나"라는 표현을 통하여 하사엘이 여호아하스 시대까지 통치하였음을 알 수 있다. 그런데 여호아하스의 죽은 연대는 주전 800년부터 798년까지 여러 가지 견해가 있다.[252] 따라서 하사엘의 통치기간은 주전 845-841년부터 800-798년까지 40-

---

250) *ANET*, p. 280; *ARAB II*, nos, pp. 658-659.
251) *RIMA* 3, p. 149.

47년간이다.

하사엘의 통치 영역

하사엘의 통치 영역에 대하여 학자들은 팔레스틴과 시리아 북부지역을 포함한 광범위한 지역을 통치하였다고 본다.[253] 다른 한편에서는 하사엘이 팔레스틴과 하맛 남쪽지역을 통치하였다는 견해도 있다.[254]

두 견해 모두 하사엘이 팔레스틴 지역까지 세력을 확장하였다는 데는 이견이 없지만, 북쪽으로 어디까지 세력을 확장하였는가에 대해서 견해가 다르다. 하사엘의 팔레스틴 지역 통치에 대해서 성서는 자세히 기록하고 있다. 시리아 북쪽지역 통치에 관한 언급이 없지만, 사모스 Samos에서 발견된 아람어 비문에 의하면 하사엘이 움키 Umqi 지역에서 전리품을 받았다. 하사엘의 통치 범위가 시리아 북쪽지역까지 확대되었음을 알 수 있다.

하사엘의 세력이 확대된 때는 살만에셀 3세가 아시리아의 내부 문제로 아람에 군사 행동을 멈추었을 때로 추정할 수 있다. 현재까지 알려진 바에

---

252) 이스라엘 왕의 통치 연대에 대하여 H. Tadmor, "Chronology," Encyclopaedia Biblica IV., col. 262를 참고할 것. 이 연대표에 의하면 타드모(H.Tadmor), 클레버(A. M. Kleber) 등이 여호아하스의 죽은 해를 주전 800년으로 추정하고 있다. 그러나 레비(J. Lewy)는 주전 799년, 그리고 예빈(S.Yevin), 쿠글러(F. X. Kugler), 틸레(E. R. Thiele) 등이 주전 798년을 제시하였다. 그러나 주전 805년(V.Coucke, S. Mowinckel), 801년(W. F. Albright), 803년(Vogelstein)을 여호아하스의 죽은 해로 여기고 있다.
253) 마잘(B. Mazar)은 이르슬란-타쉬에서 발견된 비문을 근거로 하사엘이 유프라테스 강 유역까지 통치하였다고 주장한다. B. Mazar, "The Aramean Empire and Its Relations with Israel," BA 25(1962), pp.98-120, esp. 112,114. 뿐만 아니라 엡슨(A. Jepsen)은 자쿠루 비문을 근거로 하여 바르하다드가 시리아 북부지역의 종주이며, 시리아 북부지역까지 세력을 확장하였다고 주장한다. A. Jepsen, "Israel und Damaskus," AfO 14(1945), pp. 153-172, esp. 168. 최근에 나베와 에프알(J. Naveh and I. Eph`al)은 사모스에서 발견된 비문에 대한 새로운 해석을 제시하면서 하사엘의 아람 세력이 시리아 북부지역의 움키까지 미쳤음을 주장한다. I. Eph`al and J. Naveh, "Hazael's Booty Inscription," IEJ 39(1989), pp. 192-200.
254) 피타드는 하사엘의 확장 정책이 단지 다마스쿠스 남쪽지역, 즉 이스라엘, 유다, 블레셋, 그리고 요단 동편지역에만 국한되지 하맛 북쪽지역으로 세력을 확장했다는 증거가 없다고 주장한다. W. T. Pitard, op. cit., p. 158.

의하면 살만에셀 통치 21년인 주전 838년까지만 아시리아 군대가 아람을 공격하였다. 이때부터 아다드-니라리 3세가 다시 아람을 공격할 때까지 주전805 약 33년 동안 하사엘의 세력이 절정을 이루며 영토를 확장하였다.

하사엘과 이스라엘

팔레스틴 지역으로 세력을 확장한 하사엘은 유다 왕 아하시야와 라마에서 전투를 벌여 아하시야에게 부상을 입혔다. 비록 이 사건의 정확한 연대를 알 수는 없지만 하사엘의 통치 초기에 일어난 일로 추정된다.[255]

유대 왕 요아스 시대에 하사엘은 팔레스틴의 가드와 예루살렘을 공격하여 유다의 내정에 간섭하였다. 그러나 얼마 동안 이러한 관계가 지속되었는가에 대해서는 알 수 없다.

기록을 통하여 하사엘 시대의 아람이 팔레스틴 지역까지 세력을 확장하였음을 알 수 있다. 비록 하사엘과 이스라엘, 유다의 관계가 어떤 관계인지는 정확히 알 수는 없지만 이스라엘과 유다가 아람의 봉신이었을 가능성을 배제할 수 없다. 만약 이들의 관계가 봉신의 관계였다면 주전 805년 아다드-니라리 3세가 다마스쿠스를 공격할 때까지 계속되었을 것이다.

이스라엘 예후 왕조의 형성

예후의 반란

군대장관이었던 예후Jehu, 주전 842-814는 반란을 일으켜 왕권을 탈취한 후 28

---

[255] 타드모는 아하시야의 통치 연대를 주전 843-842년으로 추정한다. 그러나 많은 학자들(J. Lewy, E. R. Thiele, S. Yevin 등)은 주전 841년을 아하시야의 통치 연대로 추정한다. H. Tadmor, op. cit.

년간 사마리아를 통치하였지만 오므리 왕조가 형성하였던 유다와 두로 등 주변 국가와의 상호 우호관계를 유지하기는 힘들었다. 앞에서 살펴본 바와 같이 이스라엘의 왕 요람과 함께 길르앗 라못으로 전쟁을 떠났던 유다 왕 아하시야가 예후에 의하여 살해되었고 아하시야의 형제들까지 죽임을 당했다. 더 나아가 두로 왕 엣바알의 딸이면서 아합의 부인이었던 이세벨이 이스르엘에서 예후에게 죽임을 당하였다. 이러한 일련의 사건으로 인하여 예후가 통치하는 북이스라엘 왕국은 남유다나 두로와 적대관계가 되었다.

예후의 즉위 과정을 기록하고 있는 열왕기하 9:1-10:17까지는 반란자들이 이전 왕족을 어떻게 처리했는가를 보여준다. 예후는 즉위 후 오므리 왕조에 속하는 모든 왕족의 씨를 멸하였을 뿐만 아니라 오므리 왕조와 동맹관계에 있던 유다 왕 아하시야까지 살해했다.

예후가 즉위한 때 시리아-팔레스틴은 살만에셀 3세의 위세 아래 놓여 있었다. 따라서 새롭게 왕조를 시작한 예후는 외교적으로 아시리아의 살만에셀에게 조공을 바치는 봉신이 됨으로써 자신의 입지를 강화하였다. 주전 828년에 기록된 살만에셀 3세의 비문의 기록과 그림에 의하면 예후는 살만에셀 3세의 발 앞에 엎드려 완전한 복종을 표시했다.

뿐만 아니라 예후가 즉위하면서 북이스라엘은 아람과 적대적인 관계에 놓였다. 따라서 이러한 전통을 이은 아람의 하사엘과 이스라엘의 예후 사이에 전쟁이 벌어졌다. 아람 왕 하사엘이 요단 동편의 길르앗과 갓, 그리고 아르논 강 골짜기까지 점령하였다 왕하 10:32 이하.[256] 예후의 즉위로 시작된 예후 왕조는 여로보암 2세까지 94년간 지속되었다.

---

256) 여기서 문제는 갓이 정확히 어디인가 하는 것이다. 현재까지 여러 곳으로 알려져 있다.

여호아하스

예후가 죽은 후 그의 아들 여호아하스Jehoahaz, 주전 814-800(주전 817-814 섭정)가 왕이 되어 17년간 통치하였다 왕하 13:1-9. 여호아하스 시대의 가장 큰 일은 아람의 하사엘과 그의 아들 벤하다드 3세가 이스라엘을 공격하여 패한 것이다. 아람에 패한 여호아하스는 마병 50명과 병거 10대 그리고 보병 1만 명밖에 남지 않았다 왕하 13:7. 따라서 여호아하스는 하사엘과 벤하다드의 침공으로 영토를 잃었다.

요아스

여호아하스가 죽은 후 그의 아들 요아스Joash, 주전 800-784가 왕이 되어 16년 동안 통치하였다 왕하 13:10-13. 열왕기서에 기록된 그의 업적은 유다 왕 아마샤와 전쟁한 것이며, 요아스는 예루살렘까지 진격하여 성전과 왕궁의 보물을 탈취하였을 뿐만 아니라 유다 백성들을 볼모로 잡아왔다 왕하 14:8-14. 또한 요아스는 아람 왕 벤하다드 3세가 여호아하스로부터 빼앗은 성읍 2-3개를 다시 찾아온다. 요아스가 아람으로부터 전에 잃었던 성읍을 회복할 수 있었던 것은 당시의 국제 정세와 밀접한 관계가 있다. 즉 이때는 아시리아의 아다드-니라리 3세가 즉위하면서 다시 서쪽지역을 정복하기 위해 움직이던 때였다. 따라서 아람의 벤하다드가 관심을 가질 수 없는 틈을 타서 이스라엘은 북쪽의 잃었던 땅을 회복할 수 있었다.

아다드-니라리 3세의 즉위는 시리아-팔레스틴 정세에 큰 변화를 초래하였다. 아다드-니라리 3세의 비문 가운데 칼라흐에서 발견된 비문에 따르면 그는 다마스쿠스를 공격하였다.[257] 그의 비문은 다음과 같이 기록하고 있다.

---
257) *RIMA* 3, pp. 212-213: 5b-21, *ANET*, p. 281.

"(5b-21) 동쪽의 실루나 산과 납리와 엘리피와 하르하르와 아라지아쉬와 메수와 메디아와 기질분다 Gizilbunda 전체와 문나와 파르수아와 알라브리아와 아브다다누와 나이리 전체와 멀리 떨어진 안디아와 바두 산 프트흐 산 전체와 동쪽의 해가 뜨는 곳까지의 점령자. 나는 유프라테스 강둑으로부터 헷의 땅과 아무르의 땅 전체와 두로와 시돈과 사마리아와 에돔과 블레셋과 서쪽의 대해까지 정복하였다. 나는 그들에게 조공을 부과하였다. 나는 다마스쿠스로 진격하였다. 나는 다마스쿠스의 왕궁에 있는 다마스쿠스의 왕 마리 Mari를 가두었다. …나는 다마스쿠스에 있는 그의 왕궁에서 2,300달란트의 은, 20달란트의 금, 5,000달란트의 철, 여러 색으로 채색된 세마포, 상아 침대, 상아가 장식된 nimattu 의자, 그리고 셀 수 없이 많은 그의 소유를 받았다."

또한 제벨 신자르 Jebel Sinjar 남쪽에 위치한 사바아 Saba'a에서 발견된 비문에서도 주전 805년 다마스쿠스로부터 조공을 받았다고 기록하였다. 따라서 이 기록들은 아람이 아다드-니라리 3세의 공격을 받고 조공을 바쳤으며 이것은 아람이 남쪽 이스라엘을 포함한 팔레스틴 지역에 정치, 군사적 관심을 못하게 하는 계기가 되었다. 텔 리마 Tell Rimah에서 발견된 아다드-니라리 3세의 또 다른 비문에 의하면 사마리아의 요아스 역시 아시리아에게 조공을 바쳤다.[258]

"나는 나의 전차와 군대와 무장 병력을 동원하여 헷 땅으로 진격하라고 이들에게 명령하였다. 1년에 나는 아무르와 헷의 모든 땅을 정복하였다. 나는 그들에게 조공과 세금을 영원히 부과하였다. 나는 2,000달란트의 은과

---

[258] 텔 리마는 오늘날 텔 에르마(Tell Ermah, 3615 4237)라고 부르며, 제벨 신자르 근처에 위치하고 있다. H. Tadmor, "The Historical Inscriptions of Adad Nirari III," Iraq 35(1973), pp. 141-150; S. Page, "A Stela of Adad Nirari III and Nergal Er from Tell al Rimah," Iraq 30(1968), pp. 139-153.

1,000달란트의 동과 2,000달란트의 철과 3,000의 채색된 세마포를 다마스쿠스의 마리의 조공으로 받았다. 나는 사마리아의 요아스와 두로와 시돈의 조공도 받았다."

비문은 이스라엘의 왕 요아스가 두로와 시돈 그리고 다마스쿠스와 함께 조공을 바쳤음을 기록하고 있다. 비문에 등장하는 요아스는 여호아하스의 아들 요아스이다.

본문은 요아스 ^{m}Iuasu가 두로와 시돈 그리고 다메섹과 함께 조공을 받쳤다고 기록하고 있다. 아카드어 요아스 ^{m}Iuasu의 히브리어는 שאוי이다. 요아스는 누구인가? 열왕기상 22:26과 역대하 18:25에 아합의 아들 요아스가 등장하지만 그의 시대는 주전 810-783년 동안 통치한 아다드-니라리 3세의 시대와 일치하지 않는다. 텔 리마에서 발견된 비문에 기록된 내용을 통해서 볼 때 이 비문은 주전 797년 이후에 기록된 것이다. 왜냐하면 내용 가운데 아다드-니라리 3세가 네르갈-에리쉬$^{Nergal-ēriš}$에게 제벨 신자르 남쪽에 있는 힌다누^{Hindānu}를 통치하는 총독으로 임명하였기 때문이다.[259] 이러한 아다드-니라리 3세의 활동은 에포님에 의하면 주전 805년부터 796년 사이에 서쪽지역에 대한 전쟁과 밀접한 관련을 맺기 때문이다.[260] 따라서 아시리아 왕실 비문에 등장하는 שאוי는 여호아하스의 아들 요아스이다 왕하 13:10. 이스라엘은 요아스 때 다시 아시리아 제국의 봉신이 되었다.

여로보암 2세

아마샤 15년에 여로보암 2세$^{Jeroboam\ II,\ 주전\ 789-748}$가 이스라엘의 왕으로 즉위하여 15년간 통치하였다. 이 시기는 이스라엘의 번영기로 영토를 르보-

---

259) 아다드-니라리 3세가 힌다누 지역을 라짜파(Raṣappa) 지역에서 떼어 내어 네르갈-에리쉬에게 준 것에 관해서는 니느웨의 이쉬타르 신전에서 발견된 비문을 보라(RIMA 3 214-216.).
260) RIMA 3, p. 207.

하맛 Lebo-Hamath에서부터 아라바 바다까지 회복하였다.[261]

여로보암 2세는 이스라엘 오므리 왕조의 영광을 재현하였다. 그는 잃었던 많은 영토를 회복하였기 때문에 여로보암 시대를 이스라엘 역사의 '백은 시대' silver age 라고 부르기도 한다.

"이스라엘의 하나님 여호와께서 그의 종 가드헤벨 아밋대의 아들 선지자 요나를 통하여 하신 말씀과 같이 여로보암이 이스라엘 영토를 회복하되 하맛 어귀에서부터 아라바 바다까지 하였으니" 왕하 14:25.

"여로보암의 남은 사적과 모든 행한 일과 싸운 업적과 다마스쿠스를 회복한 일과 이전에 유다에 속하였던 하맛을 이스라엘에 돌린 일은 이스라엘 왕 역대 지략에 기록되지 아니하였느냐" 왕하 14:28.

이스라엘이 아람에게 영토를 잃은 것은 예후가 죽으면서 많은 영토를 하사엘에게 빼앗겼기 때문이었다. 아람 왕 하사엘이 길르앗과 갓 지파와 르우벤 지파와 므낫세 지파의 땅을 빼앗았다 왕하 10:32-36. 그 범위가 아로엘로부터 길르앗과 바산 땅까지였다. 그러나 북왕국의 왕 여호아하스 때 아람의 손에서 벗어났고 왕하 13:3-5, 여호아하스의 아들 요아스는 선왕 때 빼앗겼던 땅을 다시 찾았다 왕하 13:25. 그 후 여로보암 2세가 다시 잃어버린 영토를 회복한 것이다.

여로보암 시대의 경제적 번영은 사마리아에서 발견된 오스트라카에서 잘 알 수 있다. 1910년부터 시작된 사마리아 발굴에서 109개의 오스트라카를 성채의 창고에서 발견했는데 이 중 읽을 수 있는 63개 1-63번까지의 오스트

---

261) 한글 개역성서에서는 חמת לבוא 을 '하맛 어귀' 라고 문자적으로 해석하였으나 חמת לבוא 은 레바논 계곡 (Beqa of Lebanon)의 북쪽에 위치한 오늘날의 렙바(Lebwa)로 사르곤 2세 때의 아시리아 문서에는 Labu 라고 기록되어 있다(NL 20=SAA I 176:27).

라카를 소위 '사마리아 오스트라카' 라고 한다.[262] 사마리아 오스트라카에는 당시 세금으로 거둬들인 기름, 포도주, 곡식의 이름이 기록되어 있다. 사마리아 오스트라카는 기록한 연도 9, 10년 혹은 15년, 지명, 부족 이름 SO #3을 제외한 15년의 것에만 있음, 개인 이름, 그리고 가끔 세금 품목 기름, 포도주, 곡식 이름 등이 기록되어 있다. 품목 이름은 주로 9-10년이라 기록된 것에, 보내는 사람의 이름은 15년이라 기록된 것에 자주 나타난다. 사마리아 오스트라카의 예는 다음과 같다.

"제10년 아자 Aza 로부터 가디야 Gadiya 에게; 아비바알 2, 아하즈 2, 쉐바 1, 메리바알 1 SO #2

제9년 코쪼 Kozo 로부터 가디야에게 오래된 포도주 병 SO #6

제15년 헬렉 Helek 부족에서 아히멜렉의 아들 아사에게. 안메스의 아들 라파 Rapha 가 하제로트 Hazeroth 에서 SO #24

제15년 헬렉 부족에서 아히멜렉의 아들 아사에게 바알메온 사람 바알라 Baala 로부터 SO #27"

인명 앞에는 "…에게"라는 접미사 레ㄴ 가 있는데 이것은 세금을 받는 사람을 나타낸다. 아마도 이들은 세금 징수원일 것이다. 그런데 이들 징수원의 이름이 9-10년과 15년에 서로 다르게 나타난다. 이것은 이 두 종류의 연대가 서로 다른 왕의 연대임을 암시해준다. 따라서 9-10년의 것은 요아스 시대의 것이고, 15년은 여로보암 15년의 것으로 추정한다.[263]

사마리아 오스트라카에 기록된 지명을 살펴보면 16개의 지명 가운데 7곳

---

[262] G. A. Reisner, C. S. Fisher and D. G. Lyon, *Harvard Excavations at Samaria, 1908-1910*, Cambridge, 1924, pp. 227-246; 김영진, 「고대근동의 역사문헌」, pp. 205-207.

[263] 이러한 견해는 아하로니(Aharoni)와 르메이르(Lemaire)가 주장한다. 그러나 연도 문제는 학자들 사이에 이견이 많다. 레이니(Rainey)나 보른스타인(Bornstein)은 이 오스트라카는 모두 여로보암 2세 때의 것으로 주장하며, 야딘(Yadin)은 므나헴 때의 것으로 본다. 또한 마잘(B. Mazar)은 9-10년은 여호아하즈 때의 것이고 15년은 요아스 때의 것이라고 생각한다.

의 지명이 므낫세 지파의 이름과 동일하다-아비에젤, 스미다, 헬렉, 호글라, 아스리엘, 노아 그리고 세겜 민 26:30-33; 수 17:2-3; 대상 7:14-19. 이러한 사실은 므낫세 지파의 기록이 주전 8세기의 상황을 묘사하고 있는 것인지 아니면 전통적인 지파 구별이 후대의 세금 징수를 위한 행정제도에 그대로 반영된 것인지를 분명하게 말하기 어렵다.[264)]

사마리아 오스트라카에는 구약성서와 다른 자료에 언급되지 않은 중앙 에프라임 산악지대의 고대 정착지역과 관련된 많은 지리적인 이름들이 있다. 에브라임 산지의 북쪽지역에 대한 부수적인 자료들이 매우 부족하기 때문에 대부분의 지역에 대한 동일시는 주변의 고대 이름을 기초로 한다. 수용할 만한 오스트라카에 기록된 지명 가운데 확인된 곳은 다음과 같다.

고대 도시	에프라임 산악지대	위 치
아자 (Azza)	자바타 (Zawata)	사마리아 남동쪽 5km 지점
엘마탄 (Elmattan)	임마틴 (Immatin)	사마리아 남쪽 10km 지점
게바 (Geba)	제바 (Jeba)	사마리아 북쪽 6km 지점
하제로트 (Hazeroth)	아찌레에쉬-샤마리에 (Asirehesh-Shamaliyeh)	사마리아 남동쪽 8km 지점
야지트 (Yazith)	야찌드 (Yasid)	사마리아 북쪽 9km 지점
야슈브 (Yashub)	야수프 (Yasuf)	사마리아 남쪽 10km 지점
세퍼 (Sepher)	세파린 (Sefarin)	사마리아 서쪽 8km 지점
코조 (Kozoh)	키르베트 쿠찐 (Khirbet Qusin)	사마리아 남쪽 4km 지점
세겜 (Shechem)	텔 발라타 (Tel Balatah)	사마리아 남동쪽 11km 지점
시프탄 (Siphtan)	슈파 (Shufah)	사마리아 서쪽 6km 지점

이러한 장소에 대한 확인 속에서 에프라임 산지에 위치한 므나세 부족의 영토의 위치를 결정할 수 있다: 남쪽의 아스리엘 야슈브, 남서쪽의 아비에젤 엘

---

264) 대부분의 학자들은 전통적인 지파 구분이 후기 행정체제에도 반영되었다고 이해한다.

마탄, 테델, 동쪽의 헬렉 하제로트, 그리고 아마도 아사, 남동쪽의 세겜, 남서쪽의 스미다 세퍼, 고조, 북동쪽의 호글라 야시트, 게바. 다섯 부족의 이름은 족보를 따라 므낫세 자손의 이름과 일치하고, 모든 부족은 산악지대에 위치한다. 단지 므낫세의 여섯 아들 가운데 하나인 샤론 지역에 위치한 왕상 4:10 헤퍼 Hepher만이 빠져 있다.

어떤 면에서 이것들은 성서의 도시 명단에 에브라임 산지에 관계된 부족함을 보충하며, 이스라엘 왕조시대 때 사마리아에 있었던 많은 농사 인구에 대한 그림을 보여준다. 이러한 오스트라카의 발견은 여로보암 2세 시대 혹은 주전 8세기 북왕국의 경제적, 군사적 우위를 단적으로 보여주는 것이다.

여로보암 이후의 혼란

여로보암이 죽고 그의 아들 스가랴 Zechariah, 주전 748/7가 사마리아에서 왕이 되었으나 6개월밖에는 통치하지 못하고 살룸 Shallum 주전 748/7에 의하여 살해된다 왕하 15:8-12. 살룸의 반란이 성공함으로써 90여 년 이상 지속되었던 예후 왕조가 막을 내리게 된다. 살룸 역시 한 달밖에 치리하지 못하고 유다 왕 웃시야 39년에 므나헴에 의하여 살해된다 왕하 15:13-15.

유다의 첫 반란

유다왕국에서 첫 번째 반란은 언제 발생하였는가? 유다 왕 여호람의 부인이며 아하시야의 어머니였던 아합의 딸 아달랴가 모든 유다 왕족 후손을 죽이고 6년 동안 통치한 사건이 발생하였다 주전 842-836. 이 사건은 유다 왕국의 첫 번째 반란으로 기록되었다.

아달랴의 즉위

아하시야가 예후에 의하여 죽는 것을 보고 아달랴 Athaliah, 주전 842-836가 왕의 씨를 진멸하였다. 그러나 아하시야의 누이 여호세바가 요아스를 숨겨 죽음을 피하게 하였다. 아달랴가 누가인가 하는 것은 성서 기록의 혼동으로 정확히 알 수는 없지만 오므리의 딸이거나 왕하 8:26 아합의 딸 왕하 8:18로서 여호람의 아내가 되어 아하시야를 낳았다.

유다 왕의 통치 연대표					이스라엘 왕 통치 연대표		
여호사밧	35세 즉위	25년 통치	875년		오므리	12년 통치	
여호람	32세 즉위	8년 통치	850년		아합	22년 통치	875년
아하시야	22세 즉위	1년 통치	842년		여호람	12년 통치	853년
아달랴		6년 통치	841년		예후	28년 통치	841년
요아스	7세 즉위	40년 통치					

위의 유다 왕의 통치 연대표를 통하여 다음과 같은 사실을 추정할 수 있다. 즉 여호사밧은 28세에 여호람을 출생하였고 여호람은 28세에 아하시야를 얻었다. 또한 아하시야는 22세에 요아스를 얻었다. 따라서 여호람의 부인인 아달랴는 여호람 시대 12년과 아하시야 시대 10년 그리고 6년 모두 29년 이상 유다의 왕비로 생존하였다. 그런데 아하시야와 이스라엘의 왕 요람 여호람이 동시에 살해당한다.

그러나 구약성서는 여호세바가 아달랴의 딸이라는 사실을 기록하고 있지 않다. 단지 아달랴의 학살에 살아남은 것으로 미루어 아달랴의 딸일 것이라고 예상한다. 아달랴의 가계도를 살펴보면 다음과 같다.

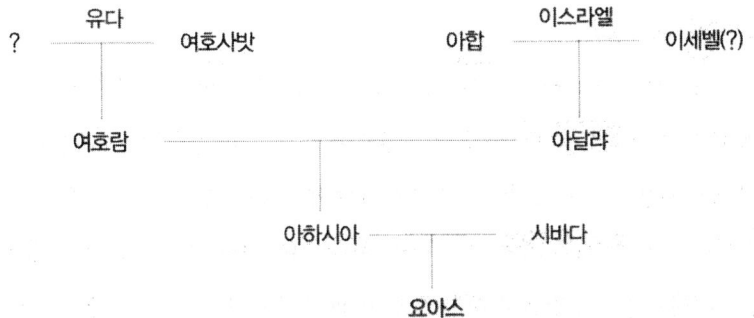

6년간 아달랴가 유다왕국을 통치하면서 그녀는 다윗 왕조의 정통성과 야웨 종교를 말살하였다. 6년간 요아스의 도피를 도와주고 그의 즉위를 도와 반란에 가담한 집단이 제사장 집단이라는 점이 이를 증명해준다.

아달랴의 통치기간 중에 유다왕국은 북쪽 이스라엘과 적대적인 관계였다. 왜냐하면 예후가 아하시야를 살해했기 때문이다. 아달랴가 즉위한 후 유다왕국에는 우상숭배가 더 만연하였던 것으로 추정된다. 이러한 환경이 대제사장 여호야다의 반란을 일으키게 하였다. 대제사장이었던 여호야다의 주도하에 아달랴를 축출하는 일이 진행되었다. 그러나 이 계획은 단순한 왕권 회복이 아니라 우상을 타파하고 바알의 제사장 맛단을 제거함으로써 종교적인 개혁의 성격이 강한 사건이었다.

왕권을 되찾은 유다

대제사장 여호야다가 아달랴를 축출하려는 계획이 성공하였다. 따라서 여호야다는 요아스를 즉위시킴으로써 유다는 6년간 잃었던 왕권을 다시 회복할 수 있었다.

요아스의 즉위

요아스 Joash, 주전 836-798는 7세에 즉위하여 40년간 왕으로 재위하였다. 그가 대제사장 여호야다의 도움으로 권좌에 올랐기 때문에 즉위 초기에는 요아스의 영향력이 종교적인 영역에까지 미치지 못하였다. 그러나 즉위 23년 요아스가 30세 되던 해에 그는 제사장들이 하나님의 전을 수리하지 않는다는 사실을 알고 성전을 수리할 것을 명하고 제사장들이 성전 재정에 관여하지 못하게 하였다. 이때부터 요아스는 제사장의 영향력에서 벗어나기 시작하였다.

요아스의 종교개혁은 성전 수리로부터 시작되었다. 열왕기하 12:4-5과 역대하 24:1-14에 의하면 요아스는 제사장들에게 명하여 성전의 파손된 곳을 수리하였다.[265] 요아스의 성전 수리에 관한 내용을 담고 있는 비문이 발견되었는데[266] 이 비문은 열왕기하 12:11-16의 요아스의 성전 수리와 유사한 내용을 기록하고 있다.

"나는 유다 왕 아하시야의 아들 요아스. 나는 은을 모아서 은이 완전히

---

265) M. Cogan and H. Tadmor, *II Kings*, pp. 135, 137.
266) 2001년 보수 공사를 위해 성전 산에서 퍼낸 흙더미 속에서 비문을 발견하였다. 이 비문은 높이가 약 60㎝, 넓이 30㎝, 두께 8㎝ 되는 사암으로 만들어졌다. 또한 비문의 각 단어는 점으로 구분되어 있다. 모압 석비처럼 테두리가 있으며, 외형적인 모습이 모압 석비와 유사하다. 비문의 좌측 윗부분이 깨져 있으며, 적어도 3행 정도가 깨진 것으로 보인다. 현재 이 비문의 진위 여부에 대하여 학자들의 견해가 분분하다. 나베(J. Naveh), 도이(R. Deutsch), 롤스톤(C. Rollston), 크로스(F. M. Cross) 등의 학자들은 이 비문이 위조된 것이라고 주장한다. 이들은 비문에 기록된 히브리어의 글씨 가운데 두 부분이 다른 기록 형식과 맞지 않는 사실에 근거한다. 특히 10행과 14행의 בית와 יל·의 사용은 586년 유다왕국 멸망 이전의 축약에서 기록하는 방식과 차이가 난다. 반면에 이스라엘 지질학 연구소의 조사에 따르면 이 비문의 녹은 비문이 진품임을 말해준다고 주장하였다. 특히 탄소동위원소 연대 측정 결과, 녹의 연대가 주전 400-200년경의 것으로 추정되기 때문이다. 따라서 이 비문은 주전 400-200년에 땅에 묻힌 것으로 보인다. 이를 바탕으로 바르카이(G. Barkay), 짜프라이(S. Safrai), 코헨(H. Cohen) 등은 이 비문이 진품일 것이라고 주장한다. 네에만(N. Neeman)은 이 비문이 진품일 가능성을 의심한다. 그 이유는 비문의 구조적인 면에서 마지막 끝나는 부분이 בברכה עמו | אח | יהוה | יבר·("여호와께서 그의 백성들을 축복할 것이다"), 성서나 고대 근동의 비문과 같은 양식으로 끝나지 않기 때문이다. 대체적으로 왕실 비문의 마지막은 비문을 훼손한 자에 대한 저주로 끝나거나 혹은 이 비문을 쓴 자에 대한 축복의 문구로 끝난다.

모아졌을 때, 이 땅과 사막과 모든 유다의 도시에 있는 사람들의 관대함이 거룩해진 은을 충분하게 주어 다듬은 돌과 백향목 그리고 에돔의 구리를 사서 좋은 신앙의 일을 하게 하였다. 나는 성전을 수리하고, 성벽을 쌓고, 여러 층의 건물을 만들고 격자 일을 하고, 나선형 모양의 계단을 만들고, 벽감 壁龕과 문을 만들었다. 오늘 모든 일이 잘 되어가는 것의 증인이 될 것이다. 여호와께서 그의 백성들을 축복할 것이다."

이러한 요아스의 종교적 정책은 대제사장 여호야다가 죽은 후 하나님대신 다른 이방 신을 섬기는 것으로 변절하였다. 이러한 요아스의 행적은 종교적으로는 잘못이지만 후견인의 영향력으로부터 벗어난 일종의 정치적 독립으로 이해할 수 있다.

요아스의 통치 때 가장 큰 위기는 아람 왕 하사엘의 침략이었다. 하사엘은 가드를 공격하였고, 이에 요아스는 성전과 왕궁의 보물을 모두 내주고 정치적 위기를 극복하였다.[267] 요아스의 최후는 비참하였다. 그는 시므앗의 아들 요사갈과 소멜의 아들 여호사바드에 의하여 살해되었다 왕하 12:20-21.

요아스의 통치 기간 40년에 관한 신명기 사가의 기록에는 의문점들이 있다 왕하 12:1. 실제로 요아스의 통치 연한을 계산하면 38년 혹은 39년밖에 되지 않는다. 코간 M. Cogan과 타드모어 H. Tadmor는 40년 통치란 신명기 사가가 신학적인 의미를 지닌 전형적인 숫자를 사용한 것이라고 주장한다.[268] 유다 왕 요아스가 실제로 통치한 연수가 39년이라는 것은 열왕기하 21:1, 13:1, 13:10, 14:1, 14:23을 근거로 한 것이다.[269]

이와 함께 신명기 사가의 기록에 의하면 요아스가 선대 先代를 이은 왕이

---

267) I. Eph'al and J. Naveh, "Hazael's Booty Inscription," *IEJ* 39 (1989), pp. 192-200. W. T. Pitard, *op. cit.*, p. 158.
268) M. Cogan and H. Tadmor, *II Kings*, p. 136.

라고 기록하고 있지만 요아스 시대를 기록하고 있는 기록 방식은 이러한 사실에 대한 의구심을 갖게 한다. 따라서 다음 몇 가지 이유로 학자들은 요아스 이야기의 역사성에 의문을 제기한다.

첫째, 요아스가 아달랴의 학살에서 살아남은 과정이 영웅들의 이야기와 비슷하다.

"아하시야의 모친 아달랴가 그 아들의 죽은 것을 보고 일어나 왕의 씨를 진멸하였으나 요람 왕의 딸 아하시야의 누이 여호세바가 아하시야의 아들 요아스를 왕자들의 죽임을 당하는 중에서 도적하여 내고 저와 그 유모를 침실에 숨겨 아달랴를 피하여 죽임을 당치 않게 한지라 요아스가 저와 함께 여호와의 전에 6년을 숨어 있는 동안에 아달랴가 나라를 다스렸더라" 왕하 11:1-3.

열왕기하 11:1-3에 기록된 요아스가 생존하게 된 과정은 모세나 다윗이 구원된 과정과 유사한 구성을 가지고 있다. 신명기 사가가 왜 요아스 왕의 통치에 관하여 기록하면서 왕조의 시작에나 등장하는 영웅 이야기로 내용을 구성했는지 의문이 생긴다.

둘째, 요아스를 왕으로 세운 대제사장 여호야다는 요시야를 왕으로 세우면서 다른 왕들과 달리 백성들과 계약을 체결했다 왕하 11:17. 이러한 사실에 대하여 코간과 타드모어는 계약으로 결합하는 것은 신명기 사가의 중심 사상이라고 주장한다.[270] 그런데 신명기 사가가 계약을 통하여 왕과 백성을 연결시키는 것은 처음 왕조를 열거나 혹은 새롭게 계약을 체결해야 할 필

---

269) E. R. Thiele, *The Mysterious Numbers of The Hebrew Kings*, p. 104. 에요아스의 통치 40년에 대하여 정중호는 이 연대가 정확히 요아스의 통치기간을 표시한 것이라고 주장한다. 정중호, 「열왕기하」, 서울, 1995, p. 240.
270) M. Cogan and H. Tadmor, *II Kings*, p. 132.

요성이 있을 때만 기록했다. 따라서 포러 G. Fohrer는 요아스의 계약 체결은 일반적으로 왕이 등극한 후 백성들과 체결하던 정기적인 계약 체결과는 근본적으로 다른 것이라고 주장한다.[271] 이러한 사실은 다윗이 처음 남유다와 북이스라엘의 왕이 되었을 때 북이스라엘의 장로들과 계약을 체결한 것에서 알 수 있다.

"이에 이스라엘 모든 장로가 헤브론에 이르러 왕에게 나아오매 다윗 왕이 헤브론에서 여호와 앞에서 저희와 언약을 세우매 저희가 다윗에게 기름을 부어 이스라엘 왕을 삼으니라" 삼하 5:3.

사무엘하 5:3의 의미는 다윗이 남북을 통합한 첫 왕으로 등극하는 과정을 설명하는 것이다. 즉 왕국을 새롭게 여는 과정을 설명하는 것이다. 따라서 요아스의 통치 기록 가운데 그가 백성과 계약을 새롭게 체결했다는 것은 아달랴에 의하여 끊어졌던 왕의 계통이 다시 재개됨을 의미한다. 이러한 관점을 가지고 있던 신명기 사가는 왕국의 분열을 마치 계약의 파기로 묘사하고 있다. 열왕기상 12:4의 "왕의 부친이 우리의 멍에를 무겁게 하였으나 왕은 이제 왕의 부친이 우리에게 시킨 고역과 메운 무거운 멍에를 가볍게 하소서 그리하시면 우리가 왕을 섬기겠나이다"라는 구절은 르호보암과 여로보암 사이의 계약 갱신을 위한 협상 실패가 왕국 분열의 원인이 되었음을 말하고 있다.

셋째, 요아스의 통치 기한이 앞에서 언급했듯이 다윗이나 솔로몬과 같이 40년이라는 점이다. 요아스의 통치 40년이나 혹은 다윗 솔로몬의 통치 40년은 다른 신학적 의미를 내포하고 있다. 신명기 사가에게 40년이란 실제적인 통치기간이 아니라 하나의 완전한 통치기간을 나타내는 전형적인 표

---

271) G. Fohrer, "Der Vertrag zwischen König und Volk in Israel," ZAW 71 (1959), pp. 11-13.

현 방식이다.[272] 이러한 사실을 입증해주는 것이 사무엘하 5:7이나 열왕기상 2:11이다. 다윗이 7년 반을 헤브론에서 통치하였다고 기록하면서 완전수를 사용한 것은 다윗의 통치를 이상적으로 묘사한 것이다.

넷째, 요아스의 즉위를 나타낼 때 일반적으로 다른 왕의 즉위시 사용하는 상대연대 표시 방법이 다른 왕들과 매우 다르다. 유다 왕의 통치를 기록할 때는 "이스라엘 왕 [RN 1] ~년에 유다 왕 [RN 2]가 왕이 되니"의 양식으로 기록한다. 따라서 요아스의 아들 아마샤의 통치에 대해서는 "이스라엘 왕 여호아하스의 아들 요아스 2년에 유다 왕 요아스의 아들 아마샤가 왕이 되니" 왕하 14:1라고 기록하고 있다. 그러나 요아스에 대해서는 매우 다른 이례적인 방법으로 기록하고 있다. 즉 "예후의 7년에 요아스가 위에 올라 예루살렘에서 40년을 치리하니라" 왕하 12:1고 기록하고 있다.

---

272) M. Cogan, *I Kings*, New York, 2000, p. 343.

사마리아의 멸망

주전 745년 아시리아 제국의 디글랏빌레셀 3세가 즉위하면서 그는 북쪽의 우라르투를 점령한 후 유프라테스 강 건너 서쪽지역으로 확장정책을 시행하였다. 또한 북쪽에서 항상 아시리아 세력을 견제하거나 완충하는 역할을 하던 아람이 주전 732년 멸망함에 따라 이스라엘은 직접 아시리아와 국경을 대면하게 되었다. 따라서 이스라엘과 유다는 당시 최강의 아시리아와 대치하는 풍전등화의 위기에 직면하였다. 이때부터 이스라엘과 유다는 제국의 통치를 받게 되었고, 주전 732년부터 332년 알렉산더 대왕 때까지 400년간 아시리아, 바벨론 그리고 페르시아 제국의 통치하여 놓이게 되었다.

디글랏빌레셀 3세의 등극과 시리아-팔레스틴

디글랏빌레셀은 주전 744-727년에 아시리아 제국의 왕으로 있으면서 제국의 영광을 회복하기 위하여 노력하였다. 디글랏빌레셀 3세는 자신의 전생을 이방 민족과의 전쟁에 바쳤다. 따라서 시리아-팔레스틴 지역을 다시 정복하였으며, 우라르투를 위협하고 바벨론 왕을 아시리아 사람으로 바꾸었다.

잠시 세력이 약화되었던 아시리아 제국은 디글랏빌레셀 3세의 즉위와 함께 다시 부활하였다. 디글랏빌레셀 3세는 수많은 전쟁을 통하여 아시리아의 영광을 회복하려고 노력하였다. 그리하여 시리아-팔레스틴 지역이 다시 아시리아의 수하에 들어갔고, 우라르투는 겁을 먹었고, 바벨론은 아시리아 사람이 왕으로 즉위하였다.

디글랏빌레셀 3세에 관한 정보는 그 이전의 어떤 왕보다 풍부하며, 현재까지 알려진 그에 관한 기록은 왕실 비문, 연대기적 기록, 서신, 행정 문서 그리고 칼라흐Calah에서 발견된 벽화 등 매우 다양하다. 그러나 연대기는 보존상의 문제점을 가지고 있다. 연대기가 완전하지 못하기 때문에 그에 관한 정보에는 제약이 있다. 디글랏빌레셀 3세의 연대기를 재구성하는 데 있어서 가장 특이한 것은 그가 치른 전쟁을 기준으로 작성하고 있다는 점이다 palû. 디글랏빌레셀 3세의 첫 번째 팔루palû는 그가 즉위한 해이다. 그가 즉위하면서 바벨론을 공격했기 때문이다. 디글랏빌레셀 3세는 불pul이라고도 불린다. 이러한 현상은 아마도 그의 이름의 두 번째 요소인 필레세르Pileser가 축약되었기 때문일 것이다.

디글랏빌레셀 3세는 반란을 통해서 왕이 되었다. 주전 746년에 관한 에포님Eponym Chronicle에 의하면 디글랏빌레셀 3세가 왕이 되기 두 달 전에 칼라흐에서 반란이 있었다고 기록되어 있다. 이 사건에 대하여 정확히 기록된 것은 없지만 왕의 기원에 의문을 갖게 한다. 더욱 이상한 것은 디글랏빌레셀 3세의 아버지에 관해 2개의 상반된 전승이 있다는 점이다. 앗수르에서 발견된 벽돌에 기록된 내용에 의하면 디글랏빌레셀 3세는 아시리아의 왕 아다드-니라리의 아들이라고 기록되어 있다. 만약 그렇다면 이 왕은 아다드-니라리 3세이다. 다른 기록은 아시리아의 왕 목록에 의하면 그는 앗수르-니라리의 아들로 기록되어 있다. 이러한 문제점에 대하여 두 가지 해결방안이 제시될 수 있다. 서기관의 실수이거나 아니면 의도적으로 틀리게 기록한 것이다.

추측건대 디글랏빌레셀 3세는 아다드-니라리 3세의 아들이고, 앗수르-니라리 5세의 형제로 보인다. 디글랏빌레셀 3세가 아다드-니라리 3세의 말기에 태어났다면 그는 40대에 왕위에 올랐으며, 60세에 사망하였다. 이 경우에 비문에 기록된 "…의 아들"이라는 표현을 '…의 손자'로 이해하거나 혹은 '…의 후손'으로 이해할 필요는 없다. 아시리아 왕의 목록에서 서기관이 아들로 기록한 것은 형제로 기록한 것이거나 아니면 아다드 대신 앗수르로 잘못 기록한 것으로 보인다.

그러나 이러한 현상을 서기관의 실수로만 이해하기는 충분하지 않다. 따라서 어떤 학자들은 의도적인 실수로 이해하기도 한다. 참으로 신기한 일은 벽돌에 기록된 내용을 제외하고는 왕실 비문의 단 한 곳에서도 디글랏빌레셀 3세의 아버지 이름이 등장하지 않는다. 그렇다면 문제는 왜 벽돌에 이러한 기록이 있으며, 이 기록이 신빙성이 있는가 하는 문제이다. 더욱이 왕실 비문에서 아버지에 관하여 언급하지 않고 있다는 것은 매우 신기하다.

왕에 대한 수식어 가운데 "발틸의 후손" offsprings of Baltil이라는 표현은 디글랏빌레셀 3세의 비문에 처음 등장한다. 디글랏빌레셀 3세가 왜 이렇게 애매모호한 왕의 계보를 제시하고 있는가? 이러한 묘사는 아시리아 왕이 하나의 왕조에서 계승되고 있음을 보여주는 것이며, 이 계보의 단절을 거의 눈치 챌 수 없다. 그러나 이러한 묘사가 잘못됐다고 말할 수 없다. 디글랏빌레셀 3세는 혼란한 때에 아시리아의 통치권을 강탈한 자로 이해하기에 충분할 뿐만 아니라 아시리아 왕의 계보에 속하는 자로 이해하기에도 충분하다.

우라르투와의 전쟁에서 성공한 디글랏빌레셀 3세는 이집트 국경까지의 영토를 점령하였다. 738년 아즈리야우 Azriyau가 격퇴된 후 하맛, 다메섹, 비블로스, 두로 그리고 사마리아가 디글랏빌레셀 3세에게 자진해서 조공을 받쳤다. 734년 디글랏빌레셀 3세는 시리아, 페니키아, 팔레스틴 지역에 대한 통치를 확고히 하기 위하여 가자까지 진격하였다. 가자는 약탈당하였고, 아시리아의 신상이 세워졌다. 가자의 왕인 하누누 Khanunu는 그의 도시를 버리고 이집트로 도망하였다. 따라서 디글랏빌레셀 3세는 자신의 상을 이집트와의 국경인 나할 미쯔리 이집트 강 변에 세웠다. 또한 디글랏빌레셀 3세는 가자에 무역센터 Bit kāri를 세웠다. 그러나 이집트와의 국경에 아시리아 주둔지를 건설하는 것은 시리아-팔레스틴 지역의 반란으로 지연되었다. 주전 733-732년 아시리아는 반란자들과의 전쟁에 휘말렸다. 이것에 대한 정리가 끝난 후에 원래의 원정 계획을 마칠 수 있었다.

가장 주된 반란은 다메섹의 라히아누 Rakhianu; 성서의 Rezin의 반란이며, 그는 두로, 사마리아, 아랍 사람들의 지지를 받았다. 이들은 주전 738년에 조공을 받치던 나라들이었다. 주전 733년 디글랏빌레셀 3세는 라히아누 군대를 무찌르자 라히아누는 전장에서 도망하여 다메섹 성안으로 피신하였다. 아시리아 군대는 45일간 다메섹을 포위하였지만 함락하지 못했다. 라히아누의 고향인 비트-하다라 Bit Khadara는 함락되었고 여러 지역에서 백성들이 이주되어 그곳에 정착하였다. 주전 732년에 아시리아 군대는 다메섹에 다시 나타났으며, 이때 함락되었다. 결국 다메섹은 아시리아의 속주가 되었으며, 그 당시 다메섹은 길르앗과 레바논까지 영토를 차지하고 있었다.

주전 733-732년과 관련된 또 다른 사건은 두로의 왕 히람이 관련된 사건이다. 디글랏빌레셀 3세가 두로를 점령하지 않고 두로에 속한 한 도시를 점령하자 히람은 조공을 바쳤다. 아시리아가 이스라엘을 공격하였을 때 베가는 죽고 호세아에게로 왕권이 넘어간 상태였다. 호세아는 봉신으로 추정된다. 팔레스틴과 시리아에 대한 또 다른 전쟁 기록은 없지만 많은 나라가 조공을 바친 기록이 남아 있다. 730년에 디글랏빌레셀 3세는 시내반도를 정복하고자 했다. 그는 아랍 사람인 이디-비일 Idi-bi'il을 이 지역의 책임자로 임명하고 그에게 '이집트 국경의 수문장' Gatekeeper on the border of Egypt이라는 관직을 주었다. 이 시대에 메온 사람들 Meunites로부터 조공을 받은 것으로 보인다.

아랍 부족과의 갈등도 기록되어 있다. 이 시기에 아시리아 제국은 아라비아 반도 북부지역의 상업을 유지하거나 전쟁을 하기 위해서는 아랍 사람들의 도움이 절실했다. 아랍 사람들은 아시리아에 조공을 받쳤다. 주전 738년에 아즈리야우가 격퇴된 이후 디글랏빌레셀 3세는 많은 나라로부터 조공을 받았는데 그 가운데 아랍의 여왕인 자비베 Zabibe가 포함되어 있다. 주전 733년 아시리아는 또 다른 아랍 여왕인 삼시 Samsi와 전쟁을 하였다. 아마도 삼시가 라히아누와 동맹했던 것으로 보인다. 삼시는 전장에서 도망쳤으나 나중에 조공을 가지고 아시리아로 갔다. 따라서 디글랏빌레셀 3세는 아시리아 관리가 있음에도 불구하고 삼시의 통치를 다시 허락하였다. 주전 734-732년 사이에 여러 아랍 부족들로부터 조공을 받았고, 특히 타바 Taba, 사바 Saba 등으로부터 조공을 받았다.

구약성서에서는 '불'[273] 왕이라고 불리는 왕하 15:19 디글랏빌레셀 3세는 아시리아 제국의 영토를 확장했을 뿐만 아니라 제국으로서의 기틀을 다진 왕이다. 특히 이스라엘 왕 므낫세와 베가와 호세아와 밀접한 관련이 있으며, 이 세 왕의 이름이 그의 비문에 기록되어 있다.

디글랏빌레셀의 업적과 그의 활동에 대한 개관은 이스라엘에 대한 정책을 이해하는 데 중요한 역할을 한다.[274] 주전 745년 디글랏빌레셀이 왕권을 잡을 당시 아시리아 제국은 내적으로 약화되었을 뿐만 아니라 많은 속주들이 독립을 시도하였으며 특히 우라르투는 동서쪽에서 위협하고 있던 상황이었다. 디글랏빌레셀은 먼저 아시리아 제국을 재정비하고 우라르투를 제압한 후 시리아-팔레스틴 지역으로 정기적인 군사 원정을 실시하여 세금 및 조공을 받으며 각 지역에서 반 아시리아 정책을 펴는 지도자들을 교체하였다. 따라서 이스라엘을 포함한 대다수의 시리아-팔레스틴 나라들이 아시리아 제국의 침공을 받아 봉신국가 혹은 속주가 되었다. 시리아 북쪽에 위치한 아르파드 Arpad와 남쪽에 위치한 다메섹 Damascus이 시리아-팔레스틴 지역의 반 아시리아 정책의 중심지가 되었다. 따라서 주전 743년부터 740년까지 디글랏빌레셀은 아르파드를 공격하여 점령하였다. 주전 737-735년까지 아시리아 제국은 우라르투와 전쟁을 벌여 시리아 북쪽지역에서 우라르투의 영향력을 약화시켰다. 그 후 주전 734년에 블레셋을 공격하였다. 주전 738년에 조공을 바쳤던 르신이 반 아시리아 정책의 선봉이 되자 주전 733-732년에 다메섹을 공격하여 속주로 만들었다.

---

273) 디글랏빌레셀 3세의 이름이 pul로 기록된 예는 프톨레미 캐논(Ptolemaic Canon)에서 찾아볼 수 있다. pulu의 뜻은 '석회석' 이다.
274) 디글랏빌레셀 3세에 관한 역사 개관은 A. K. Grayson, "Assyria: Tiglath-Pileser III to Sargon," *CAH III*/2, pp.71-102, esp. 71-86; T. C. Mitchell, "Israel and Judah from the Coming of Assyrian Monimation until the Fall of Samaria, and the Struggle for Independence in Judah," *CAH III*/2, pp. 322-370, esp. 322-338을 참고하시오.

열강의 간섭에 들어간 사마리아

므나헴

므나헴Menahem, 주전 747-737은 유다 왕 아사랴의 통치 39년에 왕이 되어 10년을 통치하였다. 므나헴이 통치하는 동안 가장 특이한 사건은 아시리아의 디글랏빌레셀 3세가 쳐들어온 것이다. 이때 므나헴은 이스라엘의 각 부자들에게 특별 세금을 일인당 은 50세겔 shekel; 11.33그램 × 50 = 566.5그램씩 거둬 디글랏빌레셀에게 바쳤다.

"나는 쿠무흐 Kummuh의 쿠쉬타슈피 Kushtashpi, 다마스쿠스의 르신, 사마리아의 므나헴, 두로의 히람, 비블로스의 시비티-비일리 Sibitti-bi'li, 쿠에의 우리키 Urikki, 갈그미스의 피시리스 Pisiris, 하맛의 인일 Inil, 삼알의 파나무 Panammu, 구루굼 Gurgum의 타르훌랄라 Tarhulara, 멜리드 Melid의 술루말 Sulumal … 조공을 받았다…"275)

위 비문에도 디글랏빌레셀이 시리아-팔레스틴 지역에서 조공을 받았다고 기록하고 있는데 여기에 아람의 왕 르신이 이스라엘의 왕 므나헴과 함께 디글랏빌레셀에게 조공을 바쳤음을 알 수 있다. 이 기록에서 북왕국에 대한 지칭으로 이전의 비트-후므리 Bit Humuria 대신 '사마리아' ᵐSa-me-ri-na-a-a가 처음 사용되기 시작하였다. 그러나 디글랏빌레셀의 다른 기록에서는 여전히 Bīt Humuria가 사용되고 있다 Summary 4: 15 -17 을 보라.

브가히야

므나헴의 아들 브가히야 Pekahiah, 주전 737-735가 왕이 되어 2년간 이스라엘을

---

275) Ann 13*:10-Ann 14* (= Ann 27).

다스렸다. 그러나 그의 업적에 대한 기록은 없고 그가 군대장관 베가에 의하여 살해되었다는 기록만 남아 있다.

베가와 디글랏빌레셀 3세

브가히야의 군대장관 베가Pekah, 주전 735-733가 반란을 일으켜 왕이 되었다 왕하 15:27-31. 베가는 유다의 아사랴 왕 50년에 왕이 되어 2년간 이스라엘을 통치하였다. 베가의 통치 때 디글랏빌레셀 3세가 다시 쳐들어와 이욘Ijon, 아벨 벳 마아가Abel-beth-maacah, 야노아Janoah, 게데스Kedesh, 하솔, 길르앗, 갈릴리, 납달리 등을 빼앗았을 뿐만 아니라 백성들을 포로로 잡아갔다. 이것이 이스라엘 백성들이 처음으로 아시리아로 잡혀간 사건이다. 이 사건은 디글랏빌레셀 3세의 기록에서도 볼 수 있다. 디글랏빌레셀 3세의 비문Summary 4: 5'-8'/9: r. 3-4에는 다음과 같이 기록되고 있다.

"나는 그들을 위쪽 바다의 해변에 있는 [카쉬푸나Kashpuna의 총독]으로 세웠다. […도시들…], 길[르앗, 그리고] 오므리 왕조 이스라엘의 국경에 있는 아벨Abel… 넓은 하사엘 왕국의 땅을 앗수르에 병합하였다."[276]

"오므리 왕조의 땅, 이에 속한 모든 도시들을 나의 이전 전쟁에서 파괴하였다"[277]

"오므리 왕조의 16지역을 완전히 파괴하였다. …도시로부터 X명의 포로를 잡았고, …도시로부터 625명을 잡았다. 히나투나Hinatuna에서 X명의 포로를, 쿠?에서 650명의 포로를 잡았다. 야트비트Yatbite에서 X명의 포로를 그리고 Sa…도시에서 656명을 포로로 잡았다…아루마Aruma와 마룸Marum 도시에서…."

276) Summary 4: 5'-8'/ 9: r. 3-4
277) Summary 13:17'-18'/ Ann. 18:3'-7'

사건	구약성서	TP III's Annals	TP III's Summary Inscription
시리아-팔레스틴 연합: 다메섹의 르신과 이스라엘의 베가가 연합하여 유다 왕 아하스를 공격함.	왕하 16:5 사 17:1		
두로 왕 히람이 르신과 연합하여 디글랏빌레셀에게 반란을 일으킴.			Summary 9:r.5-8
아하스가 디글랏빌레셀에게 도움을 청하고 조공을 보냄.	왕하 16:7-8		
다메섹이 포위당하고 약탈당함.		Ann. 23:1'-17'	
디글랏빌레셀이 길르앗을 점령하고 백성들을 이주시킴.	왕하 15:29 대상 5:6, 26		Summary 13: 17'-18'
디글랏빌레셀이 갈릴리를 공격하여 납달리 온 땅을 점령함.	왕하 15:29	Ann. 18:3'-7' Ann. 24:3'-11'	Summary 4:15'-17' Summary 9:r.9
다메섹이 점령당하고 르신이 살해되고 백성이 이주당함.	왕하 16:9		
하사엘 왕조의 넓은 땅이 아시리아 제국에 병합됨.			Summary 4:5'-8' Summary 9:r.3-4
베가가 폐위되고 살해된 후 호세아가 왕위를 차지함.	왕하 15:30		Summary 4:17'-18' Summary 9: r.10 [=Summary 13:18']
디글랏빌레셀이 이스라엘에서 조공을 받음.			Summary 4:18'
호세아가 사라바누에 있는 디글랏빌레셀 앞에 나타남.			Summary 9:r.11

디글랏빌레셀 3세의 비문의 내용은 열왕기하 15:29에도 그대로 기록되어 있다.

"이스라엘 왕 베가 때에 아시리아 왕 디글랏빌레셀이 와서 이욘과 아벨벳마아가와 야노아와 게데스와 하솔과 길르앗과 갈릴리와 납달리 온 땅을 취하고 그 백성을 사로잡아 앗수르로 옮겼더라" 왕하 15:29.

베가 왕 때 아람의 왕 르신과 연합하여 유다의 아하스를 공격하였다 왕하 16:5. 베가는 호세아의 반란에 의하여 왕권을 **빼앗기고** 죽었다 왕하 15:30.

호세아의 통치와 사마리아의 최후

웃시야의 아들 요담 20년에 엘라의 아들 호세아 Hosea. 주전 733-724가 베가를 죽이고 왕이 되었다. 베가는 아람 왕 르신과 공모하여 예루살렘을 공격하였으나 성공하지 못하였다. 이 사건은 오랜만에 아람과 이스라엘이 다시 동맹관계를 맺게 한 사건이었으나, 이 사건을 계기로 아람은 역사의 장에서 사라지고 이스라엘은 아시리아의 봉신국가가 되었다 주전 732. 이때에 아람 왕 르신과 이스라엘 왕 르말랴의 아들 베가가 예루살렘에 올라와서 싸우려 하여 아하스를 포위했으나 이기지 못하였다.

디글랏빌레셀 3세 비문에 Summary 4: 15'-18' / Summary 9: r.10/ Summary 13:18' 이스라엘의 왕 베가 Peqah/ ᵐpa-qa-ha를 죽이고, 호세아 ᵐA-ú-si-'i를 왕으로 세웠다고 기록되어 있다.

"…이스라엘 땅, […그의] 예비군대, […] 이스라엘의 모든 백성을 […] 나는 앗수르로 데려갔다. 나는 그들의 왕 베가를 죽이고 호세아를 그들을 다스릴 왕으로 세웠다."[278]

(9-11) 나는 [이스라엘 문자적으로 '오므리 왕조' 땅 전체와] 그들에게 속한 것들을 점령하여 앗수르로 가져왔다. 나는 […호세아를 그들을 통치하는 왕으로 [세웠다]. […] 사라바니 ᵘʳᵘSarrabāni에 있는 내 앞으로 왔다.[279]

이 사건은 열왕기하 15:30에도 기록되어 있다.

이 비문은 많은 부분이 깨졌지만 다른 비문을 근거로 복원할 수 있다. 복

---
278) Summary 4: 15'-17'
279) Summary 9: r. 5-10

원한 내용이 맞는다면 이 비문도 디글랏빌레셋 3세가 이스라엘을 공격하여 백성들을 잡아가고 또 호세아를 그들의 왕으로 임명하였음을 보여준다. 뿐만 아니라 호세아는 비트-실라니 $^{Bit\text{-}Šilani}$의 수도인 사라바니로 가서 디글랏빌레셀을 만났다. 그런데 사라바니는 비트-야킨 $^{Bit\text{-}Yakin}$의 수도인 사피야 ^{uru}Sapiya를 먼저 점령하지 않고서는 점거하기 불가능했다. 에포님 명단에 의하면 사피야는 주전 731년에 점령되었다. 호세아가 사라바니에 있는 디글랏빌레셀을 알현한 것이 그의 통치 첫 해라면 북왕국 이스라엘이 멸망한 것은 주전 722/1년보다 2년 정도 이른 주전 724/3년경이 된다.[280]

디글랏빌레셀 3세 이외에도 그의 뒤를 이은 살만에셀 5세가 다시 사마리아로 쳐들어가 호세아로부터 조공을 받아갔으나 호세아는 매년 바치던 조공을 바치지 않고 오히려 이집트의 소 ^{So} 왕과 결탁하였다. 이에 대한 응징으로 호세아 9년에 살만에셀이 사마리아를 공격하여 3년간 포위한 다음 사마리아를 점령하였다.[281]

구약성서에는 살만에셀 5세가 사마리아를 점령하고 이스라엘 사람을 포로로 잡아가고 다른 지역의 사람들을 이주시켰다고 기록하고 있으나 아시리아 제국의 기록에는 사르곤 2세 때 사마리아가 멸망하였다고 한다. 사르곤 2세의 비문에서는 사르곤을 사마리아를 점령한 자로 묘사하고 있다.[282]

---

280) H. Tadmor, *ITP*, p. 278.
281) 호세아가 이집트 왕 소에게 도움을 요청하였는데 여기서 생기는 역사적 문제는 과연 이집트 왕 소가 누구인가 하는 문제이다. 이에 대하여 우리는 다음 두 가지로 대답할 수 있다. 첫째, 소 왕은 이집트 제24왕조의 테프나크테 1세(Tefnakte I, 주전 727-720)이다. 이렇게 주장할 수 있는 근거는 당시 이집트의 세력 균형에 있어서 제24왕조가 이스라엘을 도울 여력이 있다고 판단했기 때문이다. 또한 소 왕은 제24왕조의 중심지였던 세이스(Saies)와 언어학적으로 유사성이 있다고 보기 때문이다. 둘째, 이 소 왕은 제22왕조의 오소르콘 4세(Osorkon IV)로 보고 있다. 그 이유는 제22왕조가 지리적으로 이스라엘(팔레스틴)과 인접해 있으며, 시작 때부터 관계가 유지되었을 것으로 보기 때문에 소 왕을 오소르콘 4세라고 본다. 이 두 견해가 다 설득력 있는 이유를 제시하기 때문에 현재로서는 어느 하나를 선택하기가 어렵다.
282) *ANET*, p. 284; *ARAB II*, §99.

"사마리아의 점령자, 이스라엘 전체를 점령한 자, 아스돗과 쉬누히티 Shinuhti를 파괴한 자, 물고기처럼 바다의 섬에 사는 그리스 사람을 사로잡은 자, 카스쿠 Kashku, 타발리 Tabali, 그리고 길리기아를 끝낸 자, 무스크 Musku의 왕 미다스 Mi-ta-a를 추적한 자, 라피아 Raphia의 이집트 사람을 무찌른 자, 전리품으로 가자의 왕 한노 Hanno를 임명한 자, 7일간의 여정으로 도착할 수 있는 거리에 있는 섬에 거주하는 키프로스 지역인 이아 Ia' 지역의 7왕을 정복한 자."

이 비문은 사르곤의 활동을 연대순이 아니라 사건의 중요성에 따라 종합적으로 기록한 비문이다. 따라서 이 기록을 통하여 사건을 역사적으로 재구성할 수는 없다. 그러나 사르곤이 아스돗을 파괴했다는 것을 알 수 있고 이는 성서에도 나타난다.

"앗수르의 사르곤 왕이 다르단을 아스돗으로 보내매 그가 와서 아스돗을 쳐서 취하던 해니라" 사 20:1.

또 다른 사르곤의 비문에는 다음과 같이 기록하고 있다.[283]

"나는 사마리아를 포위하여 정복하였고, 2만 7,290명의 사람을 포로로 문자적으로는 '전리품으로' 잡아왔다. 그들 가운데서 50승의 전차의 분견대를 구성하였고, 남아 있는 자들의 사회적 지위를 바꾸었다. 그들에게 나의 관리들을 임명하였고, 이전의 왕과 같이 조공을 부여하였다. 가자의 왕 한노와 이집트의 관리 시베 Sib'e가 전쟁에서 구하기 위하여 나와 대항하였다. 나는 이들을 무찔렀고, 시베는 도망하였다. 내 군사의 소리를 듣고 두려워하였고, 다시는 볼 수 없었다. 나는 개인적으로 한노를 체포하였다. 나는 이집트의 무쭈르 Muṣuru, 아라비아의 여왕 삼시, 사바 사람 이타말 It'amar에게 금, 말, 낙

---

283) *ANET*, pp. 284-285; *ARAB II*, §55.

타를 조공으로 받았다."

사르곤의 연대기에도 사마리아의 약탈과 반란에 대하여 기록하고 있다.

"…나는 쉬누흐투 Shinuhtu와 사마리아, 그리고 이스라엘 Bīt Hu-um-ri-ia의 모든 도시를 점령하고, 약탈하였다.[284]

나의 통치 2년에…다마스쿠스 di-mas-qadi=mas-qaki, 사마리아가 나에 대하여 반란을 일으켰다. [공란] 그는 가자의 한노 이집트의 파라오와 뜻을 같이하였고, 파라오는 그의 군대 장관인 시베를 불러 한노를 돕게 하였다. 시베는 위급한 전쟁에서 구하기 위하여 나를 대항하기 시작하였다. 나는 나의 신인 앗수르의 명령에 의하여 이들을 물리쳤다. 양을 도난당한 목자처럼 시베는 홀로 도망하여 다시는 나타나지 않았다. 그러나 나는 한노를 체포하여 족쇄를 채워서 나의 도시 앗수르로 압송하였다."[285]

이처럼 아시리아 제국에서 이주 정책을 편 것은 반란을 막기 위한 것이 가장 큰 목적이며, 포로를 잡아가 부역을 조달하기 위한 경제적 목적도 있었다. 사마리아 멸망에 대한 성서의 기록과 아시리아의 기록 사이의 차이점 때문에 아시리아의 살만에셀 5세가 전쟁을 시작한 후 사르곤 2세가 마무리한 것으로 이해한다.

속주와 봉신

사마리아가 멸망하고 아시리아의 속주가 되었다. 그에 따라 지방정부의 형태에 대한 이해가 필요하다. 아시리아는 크게 두 종류의 지방정부를 운용하였다. 즉 봉신국가와 속주이다. 봉신국가와 속주는 서로 다른 형태의 정치체제로서 각기 다른 정치적 지위를 가지고 있었다.

---

284) *ANET*, p. 285.
285) *ANET*, p. 285; *ARAB II*, §5.

봉신국가

아시리아 제국은 조약 adê이나 혹은 군사적인 위협을 통하여 제국 주변의 국가를 봉신국가로 만들었다.[286] 아시리아 제국은 세력 확장정책의 일환으로 많은 변방의 나라와 봉신조약 vassal treaty을 맺거나 이미 봉신국가가 되었거나 아니면 왕족들과 충성서약 loyalty oath을 맺음으로써 제국의 세력 확장 및 제국에서 발생할 수 있는 반란의 소지를 없애고자 노력하였다.[287] 아시리아 제국의 역사를 보면 군사력을 통한 세력 확장보다는 외교정책을 통하여 봉신 조약이나 충성 서약을 맺음으로써 세력 확장을 꾀하였다.[288] 아시리아 제국의 중앙정부와 봉신국가는 이해관계로 맺어졌다. 봉신국가는 봉신조약을 충실히 준수할 의무가 있었다. 뿐만 아니라 봉신조약이나 충성조약에는 계약을 파기할 경우 보복을 당한다는 규정까지 포함하고 있었다.

봉신국가가 되는 과정은 다음과 같다. 한 제국이 군대를 동원하여 치러 들어갈 때 공격 전 혹은 직후에 봉신국가가 되어 조공을 바치며 충성할 것을 약속하면 그들은 조공만 받아가지고 돌아간다. 이때 그 지역의 왕은 계속해서 왕권을 갖게 되며 매년 바치는 조공이 끊어지지 아니하면 오히려 제국의 보호 아래 권력의 안정을 꾀할 수 있다. 아시리아의 경우, 봉신국가

---

286) H. W. F. Saggs, *The Might that was Assyria*, London, 1984, p. 86.
287) 아카드어 (adê)는 조약을 맺는 대상이나 혹은 조약 상대자의 정치적 위치에 따라 봉신조약 혹은 충성서약으로 나눌 수 있다. 예를 들어 SAA II 2의 앗수르바니팔과 왕족 사이에 맺은 조약은 충성서약이다. 이들은 봉신국가가 아니라 아시리아 제국의 일부이기 때문이다. 반면에 SAA II 5의 에살핫돈과 두로의 왕 바알 사이에 맺은 조약은 아시리아 제국의 변방국가와 제국이 맺은 봉신조약이다. 그러나 봉신조약의 내용에는 충성을 서약하는 내용이 들어 있기 때문에 이러한 구분이 어려운 조약도 있다. 아카드어 adê는 바인펠트(M. Weinfeld)의 주장처럼 봉신조약과 충성서약으로 분명하게 나누어야 한다. adê에 관하여 H. Tadmor, "Treaty and Oath in the Ancient Near East: A Historian's Approach," *Humanizing America's Iconic Book: Society of Biblical Literature Centennial Addresses 1980*, eds. G. M. Tucker & D. A. Knight, Chico, Califonia, 1982, pp. 127-152.
288) S. Parpola and K. Watanabe, *Neo-Assyrian Treaties and Loyalty Oaths*, Helsinki, 1988, pp. XXIII-XXIV. 아시리아 제국의 왕도 무력에 의한 영토 확장보다는 충성조약에 의한 평화적인 영토 확장을 더 선호하였다.

의 왕이 계속 왕권을 유지하지만 외교권은 제국의 중앙정부에 직접 통제받았다. 그러나 아시리아 제국은 봉신국가의 영토를 편입하지는 않았다.

아시리아 제국은 봉신국가에 의무만 강요한 것이 아니라 이로운 점에 대한 인식을 심어주었다. 아시리아 제국에 복종하는 봉신국가에게 아시리아 왕은 상을 내린다는 약속과 아시리아 제국에 복종하는 봉신국가의 영토와 권한을 아시리아 제국이 보호해준다는 것이다.[289]

속주

봉신조약과 충성서약을 체결한 봉신국가의 왕이 조약을 파기하면 아시리아 제국의 왕은 군대를 파견하여 그 지역을 속주로 만들었다. 조공을 받치지 않거나 또는 계속적으로 반란을 획책하면 아시리아 제국의 중앙정부는 무력 공세를 펼쳐 왕권을 빼앗고 다른 사람으로 교체했다. 이때 체포된 봉신국가 왕은 아시리아로 압송되며 때로는 봉신국가 왕이 도망하여 반 아시리아 운동을 전개하기도 했다. 이처럼 봉신국가가 아시리아 제국의 속주가 되면 그 땅은 아시리아 제국에 편입되었다.

속주의 명칭은 대체로 그 지역의 가장 큰 도시의 이름을 따랐다. 사마리아 속주 혹은 다메섹 속주 그리고 비트-아구쉬 Bt Aguši 등이 그 예이다.[290] 총독은 속주의 중심도시에 거주하였다.[291] 속주에 아시리아 제국의 총독이 파견된다고 하지만 이들의 외교권은 중앙정부에 의하여 철저히 통제받았다.

위에서 살펴본 바와 같이 봉신국가와 속주의 관계는 모든 경우가 그런 것은 아니지만 봉신국가가 아시리아 제국에 충성조약을 준수하지 않았을

---

[289] G. B. Lanfranchi, "Consensus to Empire: Some Aspects of Sargon II's Foreign Policy," *RAI 39e*, 1997, pp. 81-87, esp. 82-83.
[290] A. Kuhrt, *The Ancient Near East c. 3000-330 BC*, London, 1995, p. 531.
[291] 현재까지 속주의 도시에서 총독의 거주지가 발굴된 곳은 텔 바르십(Til Barsip)과 므깃도와 돌이다.

때 속주로 만들었다.

구분	통치자	통치 구조	자치권
봉신국가	왕	왕권 계속 유지	자치권 유지
속주	총독 šaknu bēi piḫāti	왕권의 단절	자치권 없음

사마리아의 문화

사마리아의 고고학 발굴은 1908-1910년에 하버드대학교 발굴단에 의해 실시되었고, 1931-1935년에도 연합 발굴단에 의해 발굴되었다. 발굴 결과 사마리아는 수차례 파괴와 건축이 반복된 흔적이 드러났다. 그럼에도 불구하고 사마리아 발굴은 철기시대 제2기 문화 연구에 매우 중요하다. 아쉽게도 사마리아 성벽의 흔적이 아직 발견되지 않아 사마리아의 경계와 규모에 대해서는 추론적인 단계에 그치고 있다.

사마리아의 가장 두드러지는 특징은 독립적인 요새를 가진 왕의 광장의 발견이다. 이 성채는 주전 875-850년 사이에 오므리에 의해 세워진 성채로 규모는 89×178m이다. 이것은 사마리아의 내벽이라고 알려졌는데 벽의 두께는 1.6m이다. 이 벽은 다듬어지고 연마된 마름돌 석공술의 가장 뛰어난 면모를 보여주는데, 여기의 돌들은 정교하게 맞춰져 있다. 성채의 북쪽 부분에서는 다른 왕궁의 건축물인 상아궁의 잔해가 남아 있다. 사마리아 왕궁 건물의 잔해에서 발견된 다량의 상아 조각에 따라 붙여진 것이다.

철기시대 제2기에 속하는 몇몇 동굴 무덤이 사마리아 밖 계곡에서 발견되었다. 사마리아 동쪽 바위에 넓은 도랑 4m이 파여 있는 대규모의 시설 27×28m도 발견되었다. 제사에 사용하는 다량의 신상이 발굴되었기 때문에 이것은 마치 예루살렘의 힌놈 골짜기의 도벳과 같이 제의를 위한 곳이었을 것으로 추정하고 있다.

사마리아는 페니키아와의 교역으로 페니키아 예술 양식이 많이 발견되었다. 웅대한 마름돌 양식, 페니키아의 장인들에 의해 조각된 상아, 심지어 9세기와 8세기의 페니키아 토기 유형과 유사한 토기 등이 발견되었다. 특히 사마리아 왕궁의 폐허에서는 500개의 상아가 상감된 가구들이 발견되었다. 조각된 상아에서는 10세기부터 8세기 동안 그 어떤 이스라엘의 유적지에서보다 뛰어난 장인의 숙련된 솜씨를 볼 수 있었다. 상아 조각은 고대 가나안과 이스라엘의 예술 분야에서 금석병용기시대로 거슬러 올라가는 오래된 역사를 가지고 있다. 그러나 사마리아의 것들은 그 지역에서 제조된 것들이 아니다. 이스라엘 지역의 상아들은 양식상으로는 페니키아 식이다.

상아 제품들은 연대를 추정하기 어렵다. 왜냐하면 그것들은 몇 세대에 걸쳐 유산으로 상속되어 그 수명을 연장했기 때문이다. 연대를 추정하는 기준은 대개 스타일이다. 8세기 말에 들어서는 페니키아의 상아를 조각하는 중심지들이 쇠퇴했다. 아마도 아시리아 군대 원정 때문일 것이라고 추정하고 있다. 7세기에는 여기저기에서 상아 작업장이 퇴화하는 모습을 볼 수 있다. 예루살렘의 다윗 성에서 발견된 나무 상자 가구를 이러한 것과 연관시킬 수 있다. 이렇게 탄화된 널빤지의 종려 무늬는 9세기와 8세기의 우수한 상아 가공 작업을 연상시킨다. 10세기와 9세기의 상아 조각에 대해 성서에 나오는 언급은 무시할 수 없다. 연대가 잘 추정된 고고학적 발굴물들에 대한 성서의 언급은 상아 조각의 절정을 9세기로 보게 한다.

북쪽지역에서 발굴된 주전 9세기 토기를 사마리아 유형이라고 부른다. 사마리아 유형은 둥글며 용골형의 형태가 모두 나타나는 사발이 주를 이룬다. 이 사발들의 두께는 극도로 얇고 현탁액이 두텁게 칠해져 있으며 고광택이라는 특징을 가지고 있다. 현탁액은 일반적으로 붉은 띠와 노란색에 가까운 흰 띠가 교차되는데, 때로는 가장자리가 검은 띠로 칠해진 것도 발견된다. 얇고 섬세한 사마리아 사발 외에 두께가 더 두꺼운 변형들이 나타나는데, 이것들 또한 현탁액이 칠해져 있고 광택이 있는 것들이다. 사마리아 사발은 페니키아 토기 산업의 한 면을 보여준다.

아시리아의 봉신국 유다

아사랴

'웃시야' 라고도 불리는 아사랴Azariah, 주전 785-769는 16세에 왕이 되어 52년간 유다를 치리하여 역대 왕 가운데 가장 오랫동안 통치한 왕이었다 왕하 15:2. 엘롯을 건축하였으며 역대하 26장에 의하면 그는 블레셋 사람들, 아라비아 사람들, 암몬 사람들을 관장하고 조공을 받았다.

이러한 승리로 아사랴는 교만해졌다. 그래서 성전에서 향단에 분향하려 할 때 제사장들의 반란으로 뜻을 이루지 못했고 하나님으로부터 문둥병을 벌로 받았다. 그의 왕위는 아들 요담이 대행하였다. 이 사건을 통하여 제사장들의 권한이 크게 신장되었음을 알 수 있다.

요담의 통치

아버지의 재위기간 중 왕의 권한을 대행한 요담Jotham, 주전 758-743은 원래 궁내 대신이었다. 웃시야가 문둥병을 얻어 그의 나이 25세에 왕이 되어 16년간 치리하였다. 이때가 이스라엘 왕 베가 2년이었다. 요담의 업적에 대한 것은 열왕기하 15:32-38과 역대하 27:1-9에 기록되어 있다. 요담은 암몬과의 전쟁에서 승리하여 조공을 받았고 대하 27:1-9, 성전을 보수하는 일을 하였다 왕하 15:35.

아하스의 통치

요담의 아들 아하스Ahaz, 주전 733-727가 20세 되던 해인 베가 17년에 왕이 되어 예루살렘에서 16년을 치리하였다. 그의 업적에 대하여 열왕기하 16:1-20과 역대하 28:1-7, 16-27에 기록되어 있다. 그의 재임기간 중 가장 큰 사건은 이스라엘의 베가와 다메섹의 르신이 연합하여 유다를 공격한 시리아-에브라임 전쟁이다. 뿐만 아니라 에돔, 블레셋 사람들의 노략이 심하였다 대하 28:16.

열왕기하 16:5 이하에서 아람 왕 르신과 이스라엘의 왕 베가가 예루살렘을 공격하자 아하스는 디글랏빌레셀 3세에게 사자를 보내 도움을 요청하였다. 이에 디글랏빌레셀 3세는 다마스쿠스를 공격하여 그 백성들을 기르Gir로 잡아갔고, 아람의 왕 르신을 죽였다 왕하 16:9. 이처럼 디글랏빌레셀 3세가 아하스 왕의 통치 때에 아람을 공격한 것은 주전 734년부터 732년까지의 그의 에포님에 잘 나타나 있다.

연도리무 limmu	관직명	주요 사건
734 ᵐBēl-dān	ša ᵘʳᵘKalḫa(칼라흐 총독)	ana ᵏᵘʳPilišta(블레셋으로)
733 ᵐAššur-da˺˺inanni	ša ᵘʳᵘMazamūa(마자무아 총독)	ana ᵏᵘʳDimašqa(다메섹으로)
732 ᵐNabû-bel-uṣur	ša ᵘʳᵘSimme(시메 총독)	ana ᵏᵘʳDimašqa(다메섹으로)

위 에포님 명단에 의하면 디글랏빌레셀 3세는 주전 734년에 블레셋과 전쟁을 벌였으며, 주전 733년과 732년에는 다마스쿠스로 진격하여 주전 732년에 다마스쿠스를 점령하고 아시리아 제국의 속주로 삼았다.

종교적인 측면에서 다마스쿠스를 방문했던 아하스가 다마스쿠스의 제단을 보고 예루살렘에 새로운 제단을 만들 것을 대제사장 우리야에게 명령하였다 왕하 16:10-18. 이 본문을 근거로 많은 학자들은 아시리아 제국의 종교가 이스라엘로 유입되었다고 주장한다. 그러나 이들의 주장은 기록 문서에 근거하기보다는 근대의 제국주의의 정책을 바탕으로 고대사회의 현상을 유추한 것에 지나지 않는다.

이와 반대로 코간, 맥케이 J. McKay는 아시리아 제국이 봉신국가에게 제국의 종교를 강요하지 않았으며, 봉신국가가 아시리아 제국의 영토로 편입되어 속주가 되어야 아시리아의 신도 섬기게 되었다고 주장한다. 이러한 현상은 북왕국이 봉신국가에서 속주로 그 위치가 바뀌면서 사마리아에서 아시리아 신을 함께 섬기게 되었다는 데서도 잘 알 수 있다 왕하 17:24-41. 코간은 열왕기상 16:10-18의 기록 가운데 제물을 불사르고 피를 단 위에 뿌리는 의식 15절은 아시리아의 제의와 다른 것이며, 아하스가 다마스쿠스에서 보고 새로 지은 제단은 메소포타미아의 제단이 아니라 아람의 제단이었다고 주장한다.[292]

---

292) M. Cogan, *Imperialism and Religion: Assyria, Judah and Israel in the Eighth and Seventh Centuries B .C. E.*, California, 1974, pp. 42-64; J. McKay, *Religion in Judah under the Assyrians*, Oxford, 1973, pp. 60-66.

제6부
유다왕국시대

◈ 유다왕국과 히스기야
◈ 유다왕국의 멸망

이스라엘 역사

유다왕국시대란 유다왕국이 멸망할 때까지 약 135년 동안을 의미한다. 이때 유다왕국은 아시리아에 조공을 받치며 독립을 유지하였다.

유다왕국과 히스기야

북왕국 멸망 이후 유다만이 팔레스틴에서 독립적인 지위를 유지한다. 유다왕국시대란 이 시기, 즉 유다왕국이 멸망할 때까지 약 135년 동안을 의미한다. 그러나 이때 유다왕국은 아시리아 제국의 속주로써 정기적인 조공을 받치며 정치적인 입장을 유지하였다.

아람 주전 732과 북이스라엘 주전 722/1이 아시리아 제국의 속주가 됨에 따라 유다왕국은 아시리아 제국과 직접 국경을 맞대게 되었다. 과거 아람이나 이스라엘이 완충역할을 해주었는데 이 두 나라가 아시리아 제국의 속주가 됨으로써 유다왕국은 아시리아 제국과 직접 국경을 맞대는 위험을 감당해야 했다. 따라서 아람과 이스라엘이 멸망함에도 유다왕국이 홀로 정치적 독립을 유지했다고 그것이 꼭 강성함을 의미하는 것은 아니었다.

국제 정세

디글랏빌레셀 3세 이후 사르곤 2세는 영토를 새로 얻기도 하고 잃기도 하면서 광범위한 전쟁을 통하여 자신의 통치권을 확립해나갔다. 사르곤이 즉위할 때 시리아 팔레스틴의 다메섹, 찌미라 Simira, 아르파드, 사마리아 그리고 카타리카 Khatarikka 등지에서 하맛의 야우-빌디 Yau-bi'ldi 의 주도하에 전쟁이 발생하였다. 국내에서 자신의 입지를 확고하게 세운 사르곤 2세는 주전 720년 카르카르에서 아시리아에 반란을 일으키는 연합군을 맞이하였다. 이 전쟁에서 승리한 그는 남하하여 가자를 정복하고 라피아에서 이집트 군대를 물리쳤다. 전쟁의 결과 반란을 일으킨 자들은 처벌을 받았고, 많은 백성들이 아시리아로 강제 이주당했으며, 다른 지역에서 사로잡힌 자들이 이 지역으로 이주되었다. 이주를 통한 새로운 정착에 관해서는 사마리아와 하맛에 대한 기록에 남아 있다.

주전 716년에는 아시리아의 수비대가 있는 나할 무쯔리 Nakhal Muṣuri 에서 아시리아와 이집트의 접촉이 있었다. 나할 무쯔리를 아시리아가 정복한 후 다른 지역의 사람들을 이주시켜 정착시켰으며, 아시리아에 충성을 다하는 아랍의 족장 Sheikh, 쉐이흐 에 의하여 통치되었다. 따라서 이집트 바로는 아시리아와 평화협정을 맺기를 원하였다. 오소르콘 4세 Osorkon Ⅳ, 주전 730-713 는 사르곤에게 선물을 보내고 아시리아 사람들과 이집트 사람들 사이의 무역을 가능하게 했다. 같은 해에 사르곤 2세는 아랍의 여왕 삼시 Shamshi 로부터 조공을 받았고, 일부 아랍 사람들을 사마리아로 이주시켰다.

사르곤 2세는 팔레스틴의 몇몇 지역에 특별한 관심을 가지고 있었다. 그 중 하나가 블레셋이다. 아스돗의 왕 아지루 Aziru 는 주변의 여러 왕들과 연합하여 아시리아에 대항하며 아시리아 밖에 있었다. 따라서 사르곤 2세는 주전 713년경에 그를 폐위하고 그의 형제인 아히메투 Akhimetu를 왕으로 세웠다. 그러나 아시리아에서 임명한 아히메투는 아스돗 사람들의 지지를 받지 못하였고 그들은 야마니 Yamani로 대체할 것을 요구하였다. 이러한 아스돗 사람들의 반란 소식이 사르곤 2세에게 전달되자 그는 군대를 블레셋 지역으로 파견하였다. 야마니는 이집트로 도망하였으나 체포되어 아시리아 사람들에게 넘겨졌다. 이때 아스돗과 가드 그리고 아스두딤 Ashdudim이 포위되고 정복되었다. 백성들이 강제 이주당했고, 동쪽의 사람들이 이주되어 이들 지역에 거주하게 되었다. 이후 사르곤 2세의 팔레스틴 지역에 관한 기록은 더 이상 언급되지 않는다. 이것은 사르곤 2세가 전쟁에서 큰 승리를 거두었으며, 대대적인 화해정책 때문으로 보인다. 이집트와의 전쟁에서 아시리아가 얻은 것은 아스돗, 가드 그리고 아스글론을 포함한 블레셋 지역이다. 이로 말미암아 아시리아는 이집트를 협박하는 교두보를 만들었으며 그 결과 이집트와 우호적인 교류를 나누었다.

뿐만 아니라 사르곤의 아들 산헤립도 대대적인 전쟁을 감행하였고, 주전 701년 전쟁 때 유다를 포함한 시리아-팔레스틴의 여러 지역을 점령하였다. 에살하돈 때에는 이집트 원정을 떠나 두로를 정복하고 타하르카 Taharqa의 저항을 무너뜨리고 멤피스 Memphis를 정복하였다. 이집트 바로는 도망하였고, 도시는 파괴되고 많은 전리품들이 니느웨로 옮겨졌다. 또한 앗수르바니팔 역시 두 차례 이집트 원정을 떠났다. 에살하돈의 사망으로 중단되었던 전쟁은 샤나부슈 Shanabushu에 의하여 완결되었다. 4년 후 다시 이집트에서 반란이 일어났고, 663년 테베를 정복하였다. 이 전쟁에서 수많은 전리품을 얻었으며, 타하르카의 조상 彫像까지 니느웨로 옮겨왔다. 그 외에도 두로, 아르바드, 아람 등이 항복하였고, 타발과 힐랄라쿠는 조공을 받쳤다.

이처럼 디글랏빌레셀, 사르곤, 산헤립, 에살하돈 그리고 앗수르바니팔에 이르기까지 대부분의 아시리아 제국의 왕들이 시리아-팔레스틴과 이집트에 대한 지대한 관심과 전쟁을 감행하였기 때문에 유다왕국의 정치적 입장이 안정적이지 못했고, 많은 전쟁에 시달리며, 조공을 받쳐야만 했다.

히스기야

북왕국의 마지막 왕 호세아 3년에 유다 왕 아하스의 아들 히스기야 Hezekiah, 주전 727-698가 25세에 예루살렘에서 왕이 되어 29년간 통치하였다 왕하 18:1. 히스기야에 관한 구약성서의 기록은 크게 두 가지 내용으로 압축된다. 첫째는 히스기야의 종교개혁에 관한 것이고, 둘째는 히스기야 시대에 산헤립의 침공에 관한 내용이다. 뿐만 아니라 히스기야 시대에 해당하는 많은 고고학적 유물이 발견되어 이 시대의 상황을 짐작할 수 있다. 특히 약 1,500여 개의 라-멜렉למלך이 새겨진 항아리 손잡이는 히스기야 시대에 산헤립의 침략을 대비해 세금을 징수하고 저장하였음을 말해준다.

히스기야의 종교개혁

열왕기하 18:4-6에 간략하게 히스기야의 종교개혁에 대하여 언급하고 있다. 그러나 역대하 29:1-31:21에 히스기야의 개혁을 자세히 언급하고 있다. 열왕기서의 기록에는 히스기야가 하나님 여호와를 의지하였는데 그의 전후 유다 여러 왕 중에 그러한 자가 없었다는 표현으로 그의 개혁성과가 평가되어 있다. 단지 그의 종교개혁에 대해서는 열왕기하 18:4에서 산당을 철거하고, 아세라 목상을 찍고, 모세가 만들었던 놋뱀에 분향하므로 그것을 부수었다고 기록한다. 그러나 역대하 29장에 기록된 성전정화의 기록을 살펴보면 그는 성전 문을 수리하고 [29:3], 성소의 더러운 것을 없애고, 여호와의 전을 깨끗이 하였다. 뿐만 아니라 예루살렘에서 지켜지지 않았던 절기를 다시 지키게 하였으며, 제사장들과 레위 사람들의 반열을 정하는 등 모든 성전제도를 다시 갖추었다고 기록하고 있다. 그러나 히스기야의 종교개혁이 언제 실시되었는지 정확하게 언급하지 않는다.

히스기야의 종교개혁의 필요성은 히스기야보다 10여 년 전에 유다왕국을 통치하였던 요담의 아들 아하스가 다마스쿠스 종교의 영향을 유다 성전에 유입한 것을 제거할 필요가 있었다. 따라서 그는 역대하 29장에 기록된 것과 같이 철저한 성전정화를 실시하였다.

산헤립의 침공

주전 701년 아시리아의 산헤립 왕의 침략에 대하여 비교적 자세히 기록하고 있다. 열왕기서와 역대기서뿐만 아니라 미가서와 이사야서에서도 산헤립의 침공에 대하여 언급하고 있다.

성서에 기록된 산헤립의 침공

열왕기하 18:7에 따르면 '히스기야가 아시리아 왕에 대항하여 반란을 일으켰다' 라고 기록되어 있는데 이 반란은 군사적인 반란을 뜻하는 것이 아니라 정기적인 조공을 바치는 것을 거부하고, 이집트의 바로와 동맹관계를 맺은 것을 의미한다 [왕하 18:21]. 히스기야가 바로와 동맹관계에 있었던 것은 산헤립의 Bull inscription [293]에서 "히스기야 왕이 애굽의 왕에게 도움을 요청하였다"라는 기록을 통해서 알 수 있다. 구약성서에 이 이집트의 바로가

---

293) *ARAB II*, § 311.

디르하가라고 나와 있다 왕하 19:9.

히스기야는 블레셋 사람들의 중심지였던 가사를 공격하였다 왕하 18:8. 가사는 디글랏빌레셀 3세 때부터 아시리아 제국의 중요한 무역항 eporium 으로 개발하였던 곳이다.

성서 구절	사건 내용
주전 701년 침공	왕하 18:13-16 대하 32:1-8 사 36:1-22	산헤립의 예루살렘 침략과 히스기야의 조공 받침
	미가 1:8-16	산헤립이 예루살렘으로 진격하며 거쳐간 도시 목록
	왕하 18:17-19:9 대하 32:9-21	아시리아 왕의 다르단, 랍사리스, 랍사게를 보내 외교적 담판을 벌임
	왕하 19:9b-19:34	이사야의 예언
	왕하 39:35-37	산헤립의 죽음

이러한 반란의 결과 히스기야 14년에 아시리아의 산헤립이 유다를 공격하여 라기스를 점령하고 예루살렘을 공격하였다. 많은 학자들은 산헤립이 라기스에서 예루살렘을 향해 공격한 그 상황이 미가서 1:8-16에 기록되어 있다고 믿는다. 왜냐하면 미가서에 기록된 지명들은 주로 라기스에서 예루살렘으로 통하는 길목에 위치한 도시들이기 때문이다. 10절의 가드를 여러 곳으로 생각할 수 있는데 학자들은 대체로 쉐펠라 지역에 위치한 텔 에스-짜피 Tell es-Safi를 가드로 생각하고 있다. 그러나 베이트-레아브라 Beth-Leaphra, 벧에셀, 마롯 Maroth, 사아난 등의 정확한 위치를 알 수 없다. 그러나 가드모레셋 혹은 모레셋가드은 라기스 북동쪽 약 10km에 위치한 텔 에즈-유데이데 Tell ej-Judeideh로, 아둘람은 텔 에쉬 쉐이흐 마드후르 Tell esh Sheikh Madhkur로, 악십은 아둘람 근처의 텔 엘-베이다 Tell el-Beida로 그리고 마레사는 벧구브린 Beth Gubrin 남쪽 2km에 위치한 텔 산다하나 Tell Sanddakhanna로 볼 수 있다.

산헤립의 침략에 처한 히스기야는 성전과 왕궁 보물을 모두 산헤립에게 준다. 아시리아 왕이 은 300달란트와 금 30달란트를 조공으로 받아 갔다 왕하 18:14. [294)]

이러한 국난의 위기를 당하자 히스기야는 종교적인 방법으로 어려움을 해결해나갔다. 옷을 찢고 굵은 베를 입고 여호와의 전에 들어가 기도로 국난 타개를 시도했다 왕하 19:1 이하. 하나님께서 히스기야의 기도를 듣고 유다가 아시리아의 위협에서 자유하게 하셨다는 내용이 성서에 기록되어 있다 왕하 19:20.

한편 히스기야는 아시리아의 침략에 직면하여 수로 히스기야 터널를 건설하였다 왕하 20:20. 이 수로를 건설하는 과정이 자세히 기록된 비문이 남아 있어 그 사실을 알 수 있다. 소위 실로암 비문이라고 불리며 주전 8세기에 세워졌다. 1880년 예루살렘의 실완 Silwan이라는 아랍 마을에서 실로암 연못의 약간 안쪽으로 들어간 터널 벽에서 발견되었다. 비문의 내용은 터널을 파는 과정을 자세히 기록하고 있다.

"터널이 완성되었다. 그리고 이것은 터널에 관한 것이다. 석공들이 그들의 곡괭이를 서로 휘두르고 있었고, 한쪽 갱굴에서 다른 쪽을 향하였고, 아직 3에마 52×3 = 156cm가 남아 있었을 때 그의 동료를 부르는 사람의 목소리가 들렸다. 그곳에는 남쪽에서 북쪽으로 lit. 오른쪽에서 왼쪽으로 바위의 갈라진 틈이 있었다. 그래서 터널이 완공되는 날 석공들은 계속해서 팠고, 한쪽 갱에서 다른 쪽으로 향했다 lit. 갱에서 갱으로. 그리고 물이 샘에서 흘러 풀로 흘렀다. 길이는 1200에마 1200×52 = 62,400cm, 실제 터널의 길이는 약 533m 정도 된다 정도 된다. 석공의 머리 위로 바위가 100에마 5,200cm 높이나 되었다."

---

294) 이스라엘의 역사에 있어서 외적의 침략으로 나라가 어려울 때 성전의 보물과 왕궁의 보물을 내준 예는 다음과 같이 여러 곳에서 찾아볼 수 있다: 르호보암(왕상 14:26), 아사(왕상 15:18), 아마시야(왕하 14:14).

이 비문에 기록된 터널은 열왕기하 20:20과 역대기하 32:2-4, 30을 근거로 하여 히스기야 시대 때 만든 것으로 이해된다.

남유다의 여러 지역에서 항아리 손잡이에 라-멜렉 למלך이라고 각인된 약 1,500여 개의 인장 각인이 발견되었다. 이들 가운데에는 두 날개 혹은 네 날개의 풍뎅이 모양이 그려져 있고, 그 윗부분에 라-멜렉이라는 히브리어 글자가 기록되어 있다. 아래에는 헤브론, 소고, 지프 Ziph, 그리고 알 수 없는 ממשת라는 네 지명 가운데 하나가 기록되어 있다. 물론 지명 이름이 기록되지 않은 것도 많다. 라-멜렉이 새겨진 비축용 항아리들은 쉐펠라 지역에 위치한 유다왕국의 중앙 토기 제작소에서 만들어졌다. 농산물을 담도록 왕국 내의 다양한 지역들로 보냈다가 전쟁이나 포위시에 사용할 비축 식량으로 성읍들에 되가져온 것들이다.[295] 따라서 나아만은 인장 날인의 분포는 산헤립의 침공 직전에 히스기야 치하시 유다 내에 있었던 포위를 대비하는 것이라고 주장하였다.[296]

---

[295] H. Mommsen, I. Perlman, J. Yellin, "The Provenience of the lmlk Jars," *IEJ* 34 (1984), pp. 89-113; Y. Garfinkel, "2 Chr. 11:5-10 Fortified Cities List and the lmlk Stamps - Reply to Nadav Na'aman," *BASOR* 271 (1988), pp. 69-73; H. Eshel, "A lmlk Stamp from Bethel," *IEJ* 39 (1989), pp. 60-62; N. Na'aman, *Border and Districts in Biblical Historiography*, pp. 15-17.

[296] N. Na'aman, "The Destruction of Lachish by Sennacherib and the Dating of the Royal Storage Jars," *Tel Aviv* 4(1977), pp. 28-60. 나아만(N.Na'aman)은 1979년과 1986년에 발표한 글을 통하여 이 항아리들은 주전 701년 히스기야 때 아시리아의 산헤립이 공격할 때 이 공격에 대비하면서 만든 것으로 주장한다. 그리고 그는 산헤립 때 축성한 성들은 역대기하 11장에 기록되어 있는 르호보암의 축성도시 목록이 바로 히스기야 때의 축성 목록이 잘못되어 르호보암 때의 것으로 기록된 것으로 본다. N. Na'aman, "Sennacherib's Campaign to Judah and the Date of the LMLK Stamps," *VT* 29 (1979), pp. 61-86; idem, "Hezekiah's Fortified Cities and the LMLK Stamps," *BASOR* 261 (1986), pp. 5-21.

히스기야에 관한 성서 밖의 자료들

산헤립의 라기스 침공 주전 704-681/ 701

산헤립의 연대기에는 그의 세 번째 전쟁 때에 시리아, 팔레스틴, 특히 예루살렘을 포위한 기록이 있다.[297]

"나의 세 번째 전쟁 때 나는 헷 시리아을 대항하여 전진했다. 내 통치의 훌륭함의 무서움 terrors of the splendors이 시돈의 왕 룰리 Lulli를 위압하였고 그는 바다 한가운데로 도망하였다. 거기서 그는 죽었다. 큰 시돈 great Sidon, 작은 시돈 little Sidon, 비트-지티 Bit Zitti, 자립투 Zaribtu, 마할리바 Mahalliba, 우슈 Ushu, 악집 Akzib, 아쿠 Akku, 사료와 물을 공급하는 fodder and drinking-places 그의 강한 성곽 도시들, 나의 주인이신 아시리아 무기의 위협이 이들을 눌렀고 이들이 내 발밑에서 꿇어 절했다. 투발루 Tuba'lu를 이들의 왕으로 세웠고, 나의 존귀를 위한 선물과 조공을 이들에게 끊이지 않고 부여하였다. 민힘무 성서의 므나헴, Minhimmu/Menahem, 삼시무룬 사람, 투발루, 사돈 사람, 아라바드 사람 Aravadite 아브디-리이티 Abdi-liti, 구불리 사람 Gublite 우루-밀카, 아스돗 사람 미틴티 Mitinti, 벤-아몬 성서의 암몬, 부두-일루 Budu-ilu, 모압 사람 캄무수-나드비 Kammusu-nadbi, 에돔 사람 말릭-람무 Malik-rammu, 아무르의 왕들 모두가 자신들의 조공으로 선물을 가져왔고, 이들이 네 차례 가져왔고, 나의 발에 입을 맞추었다. 그러나 나의 멍에에 굴복하지 않은 아스글론의 왕 시드카 Sidka, צדקה, 그의 조상의 신들, 그 자신, 그의 아내, 그의 아들들, 그의 딸들, 그의 형제들, 그 조상의 후손들을 내가 쫓고 아시리아로 데려왔다. 그들의 이전의 왕 루킵티 Rukibti의 아들 샤루-루-다리를 아스글론 백성 위에 앉히고 그에게 나의 권위에 대한 선물을 조공으로 부여하였다. 그는 나의 멍에에

---

297) D. D. Luckenbill, *The Annals of Sennacherib*, col. II. l. 37-III. l. 49.

를 받았다. 나의 전쟁 동안 나의 발 앞에 신속히 굴복하지 않은 시드카의 도시들, 벧-다곤, 욥바 바나이바르카 Banaibarka, 아수루 Asuru를 포위하고 정복하고, 전리품을 가져왔다. 에그론의 관리, 귀인, 그리고 백성들은 아시리아의 조약에 묶여 있는 그들의 왕 파디 Padi를 족쇄에 채워 유다 Iaudai의 왕 히스기야에게 넘겨주었다. 히스기야는 그를 적처럼 감금하였다. 이들은 두려워서 애굽의 왕, 멜루하 Meluhha, 에디오피아의 궁사, 전차, 말들을 불렀으며, 셀 수 없이 많은 이들이 돕기 위하여 왔다. 알타쿠 Altaku, 엘테케 도시의 주변에서 그들의 지위는 높여졌고, 이들은 전쟁을 제시하였다. 나의 신 앗수르의 도움을 믿고 나는 그들과 싸워 그들을 물리쳤다. 나의 손이 전쟁 가운데서 이집트의 전차병과 왕자들은 에디오피아 왕의 전차병과 함께 살았다. 알타쿠와 탐나 Tamna를 포위하였고, 정복하여 이들의 전리품을 가져왔다. 나는 에그론 가까이 가서 나에게 반란을 일으킨 총독들과 귀인들을 죽였고, 이들의 시체를 도시 주변의 탑에 매달았다. 아시리아에 대하여 약간 죄를 지은 시민들은 내가 전리품으로 간주하였다. 나에게 반란하지 않고, 경멸한 죄 없는 사람은 내가 면죄를 선언하였다. 나는 그들의 왕 파디를 예루살렘에서 데려와서 이들의 왕으로 앉히고, 그에게 왕의 조공을 부여하였다. 나에게 굴복하지 않은 유다의 히스기야에 대해서는 그의 46개의 강한 성곽도시와 그 주변의 수많은 작은 도시들을 성벽으로 기어오르고, 포위 기구를 가져오고 파성퇴, battering ram, 공격하고 발로 밟고, 광산, 터널, 갈라진 틈에 의하여 포위하고 점령하였다. 20만 150명의 크고 작은 사람, 남녀, 수많은 말, 노새, 나귀, 낙타, 가축과 양을 가져왔고 전리품으로 계산하였다. 히스기야 자신은 새장의 새처럼 내가 그의 왕궁도시 예루살렘에 가두었다. 그에 대한 토목 공사 Earthworks를 하였고, 성문에서 나온 사람을 고통 속으로 돌려보냈다. 내가 파괴한 그의 도시들을 그의 땅에서 떼어내어 아스돗의 왕 미틴티,

에그론의 파디, 가자의 왕 실리-벨 Silli-bel에게 주었다. 그리고 나는 그의 땅을 줄였다. 나는 옛날의 조공을 늘렸고, 그들의 연年 조공을 부과하였고, 나의 존엄에 대한 선물을 부과하였다. 나의 권위의 영광에 대한 두려움이 히스기야에게 엄습하였고, 그가 그의 왕궁도시를 강화하기 위해 데려온 우르비 Urbi, 아랍와 그의 용병들이 그를 버렸다. 30달란트의 금과 800달란트의 은에 더하여 귀중품과 안티몬antimony, 보석, 큰 sandu 돌, 상아 벤치, 상아로 된 의자, 코끼리의 생가죽, 상아, 단풍나무, 나무 상자, 모든 종류의 귀중한 보석과 그의 딸들, 그의 여자들harem, 그의 남녀 음악가들을 그가 나보다 먼저 나의 왕궁도시 니느베에 보냈다. 조공을 바치고, 받기 위해 그는 그의 사자를 보냈다."

이 산헤립의 연대기에 기록된 내용은 제6차 전쟁을 끝내고 기록한 Bull inscription에도 기록되어 있고,[298] 제8차 전쟁을 끝내고 기록한 Nebi Yunus slab inscription에도 기록되어 있다.[299] 후자의 기록은 요약적으로 기록하고 있다.

"나는 시돈의 왕 룰리를 그의 왕국에서 제거하였다. 나는 투발루를 왕위에 앉히고 그에게 조공을 부과하였다. 유다 속주를 전복하였다. 여기의 왕 히스기야에게 나의 멍에를 지웠다."

라기스에서 발견된 아카드어 기록을 통해 산헤립이 라기스에서 조공받은 사실을 알 수 있다.[300]

"아시리아의 왕, 우주의 왕인 산헤립이 왕궁의 의자에 앉았고, 라기스의 전리품이 그 앞을 지나갔다."

---

298) *ARAB II*, §§ 309-312.
299) *ARAB II*, § 347.
300) Paterson, *The Palace of Sennacherib*, Plates 74-76.

아시리아의 여러 기록들은 산헤립이 유다를 공격하여 조공을 징수하였음을 말해주고 있다.

산헤립의 예루살렘 침공의 회수에 관한 논쟁

산헤립의 팔레스틴 지역 및 예루살렘 침공에 관한 기록은 구약성서의 기록과 아시리아의 기록에 남아 있다. 열왕기하 18:13-19:35을 크게 세 부분으로 나눌 수 있다.

성서 구절	사건 내용	비 고
왕하 18:13-16 대하 32:1-8 사 36:1-22	산헤립의 예루살렘 침략과 히스기야의 조공	주전 701년 산헤립의 침략
왕하 18:17-19:9 대하 32:9-21	아시리아 왕의 다르단, 랍사리스, 랍사게를 보내 외교적 담판을 벌임	
왕하 19:9b-19:34	이사야의 예언	
왕하 19:35-37	산헤립의 죽음	

성서 밖의 네 종류의 아카드어 기록 역시 산헤립의 유다 침공에 대하여 기록하고 있다. 그런데 여기서 생기는 문제는 첫째, 구약성서의 기록과 아카드어의 기록이 서로 일치하지 않는다는 점이다. 따라서 성서의 기록과 아카드어 기록을 어떻게 연결시킬 것인가가 문제이다. 둘째, 성서의 두 부분, 열왕기하 18:13-16과 18:17-19:37이 같은 사건에 대한 서로 다른 기록인지 아니면 각기 서로 다른 사건에 대한 기록인지 의문스럽다. 만약 서로 다른 기록이라면 두 기록은 어느 사건에 대한 기록인지 문제로 남는다.

기후	내용
산헤립의 연대기 [301] 산헤립의 연대기에는 그의 세 번째 전쟁 때에 시리아, 팔레스틴, 특히 예루살렘을 포위한 기록이 있다.	
Bull inscription [302]	이 산헤립의 연대기에 기록된 내용은 제6차 전쟁을 끝내고 기록한 Bull inscription에도 기록되어 있다. 특히 "히스기야 왕이 애굽의 왕에게 도움을 요청하였고"(ARAB II § 311).
Nebi Yunus slab inscription [303] 제8차 전쟁을 끝내고 기록	"나는 시돈의 왕 룰리를 그의 왕국에서 제거하였다. 나는 투발루를 왕위에 앉히고 그에게 조공을 부과하였다. 유다 봉신국가를 전복하였다. 여기의 왕 히스기야에게 나의 멍에를 지웠다."
라기스에서 발견된 아카드어 기록 [304]	"아시리아의 왕, 우주의 왕인 산헤립이 왕궁의 의자에 앉았고, 라기스의 전리품이 그 앞을 지나갔다."

이에 대하여 많은 학자들은 열왕기하 18:13-16은 주전 701년 산헤립의 제3차 전쟁 때 예루살렘을 포위한 사건을 기록하고 있으며, 18:17-19:37은 주전 688년부터 681년 사이에 다시 팔레스틴을 침공한 사실을 언급한 것이라고 한다. 왜 688년 이후인가 하는 것은 아시리아가 주전 689년까지 바벨론과 세력 다툼을 벌였고, 그 사이 히스기야가 아시리아에 반란을 일으켰기 때문이다.[305]

---

301) D. D. Luckenbill, The Annals of Sennacherib, col. II. l. 37-III, l. 49.
302) ARAB II, §§ 309-312.
303) ARAB II, § 347.
304) Paterson, The Palace of Sennacherib, Plates 74-76.
305) A. K. Grayson, "Assyria: Sennacherib and Esarhaddon (704-669 BC)," CAH III/1, pp. 103-141, esp. 109-111.

므낫세

므낫세Manasseh, 주전 698-642는 12세에 즉위하여 55년간 왕으로 즉위하였다 왕하 21:1. 므낫세 시대의 특징은 히스기야 시대에 제거하였던 많은 우상들이 다시 숭배의 대상이 된 것이다. 열왕기하 21장의 기록은 당시의 종교 상황을 기록하고 있다.

므낫세 때 바알을 위해 단을 쌓거나 아세라 목상을 만드는 것은 이전부터 있었던 이방 숭배였다. 그런데 새로운 것은 하늘의 일월성신을 숭배한 것이다. 이처럼 일월성신을 숭배하는 현상은 예레미야 7:18의 하늘 황후 숭배가 예루살렘과 유다에서 행해졌음을 기록하고 있는 데서도 잘 알 수 있다. 천체 숭배 사상은 메소포타미아의 영향이라기보다는 주전 2000년대 시리아-팔레스틴 지역에서 흔히 볼 수 있었던 현상이었다.

아몬

므낫세가 죽은 후 아몬Amon, 주전 641-640이 왕이 되어 예루살렘에서 2년간 통치하였다 왕하 21:19-26; 대하 33:21-25. 그의 업적이나 그에 관한 기록은 없고 종교적으로 므낫세를 뒤따랐다는 평가와 그가 암 하-아레츠에 의하여 살해된 후 요시야가 왕이 되었다고만 기록하고 있다.

아몬을 살해한 '암 하-아레츠'가 누구인가 하는 질문에 대하여 다음과 같은 몇 가지 의견들이 있다. 첫째, 유다 백성 전체, 자신들의 권리를 주장하는 시민 전체 R. de Vaux, W. McKane 둘째, 정치, 경제, 군사적으로 중요한 역할을 담당하는 재산을 소유한 귀족들 E. Würthwein 셋째, 경제적인 측면에서 땅을 소유한 지주로 구성된 상류 계층M. Weber, S. Daiches, R. Gordis 넷째, 프롤레타리아 계층 K. Galling 다섯째, 왕에 대항하는 민주적인 대표 기관M. Sulzberger 여섯째, 절망한 사람들의 모임E. W. Nicholson 등 다양한 설명이 가능하다.[306] 그러나 유다 왕조가 멸망할 때의 암 하-아레츠는 어떤 압력단체나 정치단체가 아니라 단순한 예루살렘 주민 혹은 땅을 소유하고 있는 모든 시민으로 이해할 수 있다 왕하 25:19, 렘 52:25.[307]

---

[306] 암 하-아레츠(עם הארץ)를 어떻게 이해할 것인가에 대한 많은 학자들의 설명이 있다. M. Sulzberger, *The Am Ha-aretz: The Ancient Hebrew Parliament*, Philadelphia, 1909; idem, "The Polity of the Ancient Hebrew," JQR 3 (1912-13), pp. 1-81; E. Auerbach, "ʽAm Haʼares," *Proceedings of the First World Congress of Jewish Studies*, 1947, Jerusalem, 1952, pp. 362-366; M. Weber, *Das antike Judentum*, Tübingen, 1921, pp. 30-31; S. Daiches, "The Meaning of עם הארץ in the O. T.," JTS 30 (1929), pp. 245-249; R. Gordis, "Sectional Rivalry in the Kingdom of Judah," JQR 25(1934/35), pp. 237-259; K. Galling, "Die israelitische Staatsverfassung in ihrer vorderorientalischen Umwelt," AO 28 (1929), p. 23; E. W. Nicholson, "The Meaning of the Expression עם הארץ in the Old Testament," JSS 10(1965), pp. 59-66, esp. 66; R. de Vaux, *Ancient Israel: Its Life and Institution*, New York, 1961, pp.70-72; S. Talmon, "The Judean ʽAm Haʼares," *King Cult and Calendar in Ancient Israel*, Ed. S. Talmon, Jerusalem, 1986, pp. 68-78; W. McKane, *Jeremiah I: I-XXV*, ICC, Edinburgh, 1986, p.23; E. Würthwein, *Der ʽamm hāʼarez im Alten Testament*, Stuttgart, 1936.

[307] M. Cogan and H. Tadmor, *II Kings*, pp. 129-130; L. S. Fried, "The ʽam hāʼres in Ezra 4:4 and Persian Adminstration," *Judah and the Judeans in the Persian Period*, eds., O. Lipschits and M. Oeming, Winona Lake, 2006, pp. 123-145, esp. 128.

유다왕국의 멸망

주전 7세기 말 아시리아 제국의 내적인 혼란과 신흥 바벨론 제국의 등장으로 고대 근동의 국제 정세는 매우 불안정했다. 아시리아의 앗수르바니팔 2세가 주전 663년 이집트의 테베를 점령한 다음, 이집트의 일부를 포함한 광범위한 제국을 형성하였으나, 그가 죽은 후 아시리아 제국은 대단한 혼란기에 접어들었다. 앗수르-에틸-일라니 Aššur-etil-ilani, 주전 627-623와 신-샤-이쉬쿤 Sin-sar-ishkun, 주전 622-612 시대의 혼란을 겪은 후, 주전 609년 아시리아는 메데 Medes와 바벨론의 연합군에 의하여 망하였다. 이러한 혼란의 시기를 틈타 바벨론은 새로운 왕조를 세웠고 이를 신 바벨론 제국 혹은 칼데아 왕조 Chaldean Kingdom라고 부른다. 그러나 바벨론 제국의 역사는 그리 길지 못했다. 100년을 채 넘기지 못하고 단명했다 주전 626-539.

바벨론의 나보폴라사르는 바벨론 제국을 새롭게 세운 왕이다. 그는 왕위에 오른 후 아시리아 제국은 지속적으로 바벨론을 공격하였으나 나보폴라사르는 이를 물리쳤고, 아시리아의 세력이 약화됨에 따라 남쪽 바벨 지역

국가들이 아시리아에 대항하여 반란을 일으켰다. 주전 623년경에는 데르 Der가 반란을 일으켰고, 나보폴라사르는 니푸르 Nippur를 점령했던 아시리아 사람들을 물리쳤다.

주전 616년경부터 아시리아 세력이 점점 더 쇠퇴함에 따라 많은 작은 왕국이나 도시국가들이 나보폴라사르에게 충성을 맹세하였다. 수후 Suhu, 힌다누 Hindanu가 주전 616년에 바벨론에게 충성을 맹세하였고, 주전 615년에는 바벨론 군대가 아시리아 도시를 포위하였다. 614년에는 메데가 니느웨를 공격하였다. 메데 사람들은 돌아오는 길에 아시리아를 공격하고 약탈하였다. 주전 614년 나보폴라사르는 메데의 카야사레스 Kyaxares와 동맹을 맺었고, 이것은 609년 아시리아 제국의 멸망을 부르는 계기가 되었다.

주전 612년 나보폴라사르는 우만만다 Umman-manda와 함께 니느웨를 공격하였고, 이때 니느웨가 멸망하였다. 이 니느웨 멸망에 대해서는 나훔서에 예언되어 있다. 아시리아의 왕이었던 신-샤-이쉬쿤이 죽고 그의 뒤를 이은 앗수르-우발리트는 하란으로 도피하여 그곳에서 아시리아의 왕이 되었다. 그러나 주전 610년 나보폴라사르는 유프라테스 상류지역에 전쟁을 감행하여, 우만만다와 함께 하란을 공격하였다. 앗수르-우발리트는 하란을 버리고 시리아로 도망하였다. 앗수르-우발리트가 이집트와 동맹하여 다시 하란을 회복하려 하였으나 실패하고, 아시리아는 영원히 역사의 장에서 사라졌다.

그 후 나보폴라사르는 그의 아들 느부갓네살 2세와 함께 지속적으로 전쟁을 하여 영토를 확장시켰다. 607년에 함께 전쟁을 떠난 나보폴라사르는 도중에 바벨론으로 귀환하고 그의 아들인 느부갓네살이 지속적으로 전쟁을 하였다. 605년 나보폴라사르가 죽고 그의 아들 느부갓네살이 왕위를 계승하였다.

왕이 된 느부갓네살은 바벨론 제국을 고대 근동의 막강한 제국으로 발전시켰다. 그는 40년이 넘는 기간 동안 메소포타미아의 절대 제왕으로 군림했고, 그의 이름 뒤에는 '왕' 대신 '대왕' 大王이라는 호칭이 따랐다. 그는 아시리아가 정복했던 대부분의 지역을 정복하였고 그 외의 영토까지 정복하였다. 세력을 확장하는 과정은 아시리아 제국이 채택했던 정책을 그대로 답습하였다. 그러나 바벨론 제국의 기록에 전쟁에 관한 기록을 남기지 않았다. 왕실 기록의 대부분은 왕의 전쟁 업적보다는 건축 사업, 즉 신전이나 왕궁 건설과 같은 내용을 주로 기록하고 있다.[308] 현재 바벨론 왕의 정치·군사적 업적은 「아시리아 바벨론 연대기」 Assyrian Babylonian Chronicles에 기록되어 있다.

바벨론 제국의 정복에 관한 것 가운데 가장 널리 알려진 것은 주전 597년과 586년에 예루살렘을 정복한 것이다. 느부갓네살 2세는 예루살렘과 유다왕국을 점령하고 왕족과 지배층 그리고 기술자 등을 바벨론으로 강제 이주시켰다. 이것을 소위 '바벨론 포로기' Captiritas Babylonica, Babylonian Exile라고 부른다. 이처럼 느부갓네살의 예루살렘 정복이 널리 알려진 것은 그의 관심이 예루살렘에 있었기 때문은 아니다. 느부갓네살은 이집트를 공격하기 위하여 왕위에 오른 후 지속적으로 시리아-팔레스틴 지역에 전쟁을 감행하는 과정에서 유다의 예루살렘이 멸망당하였고, 이것이 구약성서에 기록되었기 때문이다.

이러한 메소포타미아의 세력 교체기를 맞이하여 이집트는 주전 2000년대 자신들이 누렸던 영광을 되찾기 위하여 세력을 확장하려고 시도하였다. 아시리아 제국은 이를 저지하기 위해 노력하였으며, 양대 문명의 중간에 위치한 유다의 정치적 입장은 곤란하였다. 유다왕국은 이러한 국제적 혼란

---

308) 김영진, 「고대근동의 역사문헌」, p. 21, note 10.

에 휩쓸려 결국 멸망으로까지 이어졌다.

요시야

아몬 왕의 뒤를 이어 그의 아들 요시야Josiah, 주전 639-609가 왕이 되었다. 요시야 왕은 18세에 왕이 되어 31년간 통치하였다. 일반적으로 그의 통치기간을 주전 640/39년에서 609년까지로 추정하고 있다. 요시야 왕은 종교개혁으로 유명하다. 그의 통치 18년인 622/1년에 성전을 수리하다가 율법책을 발견하고 이를 근간으로 우상숭배가 만연했던 유다 사회에 종교개혁을 단행하였다.

요시야 왕의 종교개혁에 관해서는 열왕기하 22-23장과 역대하 34장에 자세히 기록되어 있다. 열왕기의 기록에 따르면 요시야 종교개혁의 영향이 예루살렘, 벧엘 그리고 사마리아의 도시들로 한정되어 있지만, 역대기의 기록에는 납달리와 므낫세를 포함하여 북쪽지역 끝까지 영향을 미쳤다고 기록하고 있다. 또한 우상숭배의 내용에 대해서도 열왕기서는 매우 자세히 기록하고 있는 반면 역대기서에서는 매우 간결하게 기록하고 있다. 이것은 역대기가 기록된 페르시아 시대에는 이러한 우상숭배가 유다 백성들에게 영향을 미치지 못했기 때문이라고 이해할 수 있다.

요시야의 종교개혁의 역사적 의미에 대하여 크로스F. M. Cross나 프리드만D. N. Freedman과 같은 학자들은 아시리아 제국의 정치적 상황과 밀접하게 관련이 있다고 생각하였다.[309] 그러나 이러한 주장이 가능한 것은 앗수르바

---

309) F. M. Cross and D. N. Freedman, "Josiah's Revolt Against Assyria," JNES 12 (1953), pp. 56-58.

니팔 이후의 아시리아 왕들의 연대기를 인위적으로 재구성했기 때문이다. 즉 요시야 제8년은 앗수르바니팔의 통치와 관련이 있고, 그의 통치 제12년에 해당하는 주전 628년은 앗수르-에틸-일라니의 통치와 관련 있고, 제18년인 주전 622/1년은 신-샤-이쉬쿤의 통치와 관계 있다는 것이다. 그러나 새로 발견된 자료들을 중심으로 아시리아의 연대기를 재구성하면 위의 연대표는 모두 달라져 요시야 종교개혁과 아시리아의 국내 정세의 변화와 연관지어 생각하던 견해는 그 기초를 잃었다.

유다왕국			아시리아 제국	
			재구성한 연대기	새로운 연대기
요시야	제8년	632	앗수르바니팔	669-633	669-627
	제12년	628	앗수르-에틸-일라니	633-629	
			신슘리쉬르	629	
	제18년	622	신-샤-이쉬쿤	629-612	623-612

요시야 왕의 개혁과 아시리아 제국과의 관련성은 다음 네 가지로 생각해 볼 수 있다. 첫째, 연대기에 대해서 이미 언급한 바와 같이 절대적인 자료의 부족으로 정확한 연대 계산을 할 수 없다. 그러므로 이러한 연대를 가지고 확실한 주장을 할 수 없다. 둘째, 아시리아가 내부적인 문제로 팔레스틴에 대한 지배를 약화하자 요시야 왕이 아시리아 제국이 통치하던 사마리아 속주의 일부, 혹은 전부를 자신의 영토로 편입하였다는 것이다. 앗수르바니팔은 651, 645년에 남쪽 시리아와 팔레스틴 그리고 사막의 아랍인들을 상대로 정벌을 실시하였다. 그러나 이후 644-609년까지는 그의 업적에 대한 기록이 공백으로 남아 있다. 주전 645년의 정벌이 이미 일어난 반란에 대한 징벌이었다면, 반란은 이보다 먼저 시작되었을 것이다. 이것은 아시리아가 바벨론과의 분쟁으로 정신없었을 때를 이용한 반란이었다. 이러한

흐름은 주전 609년 시리아-팔레스틴 지역이 완전히 이집트의 지배 아래로 넘어갈 때까지 지속되었다. 셋째, 요시야 왕의 종교개혁이 반 아시리아적인 행동이라고 말할 수 있으려면, 아시리아가 속국들에게 자신의 종교를 강요하였다고 가정해야만 한다. 아시리아의 종교정책은 속주에게는 자신의 종교를 강요할지라도, 봉신국가에게는 그 나라의 종교가 아무런 방해를 받지 않도록 했다.[310] 마지막으로 요시야의 우상숭배 금지가 아시리아 종교와 관계가 있는지 자세히 살펴보면, 그가 제한 우상들은 남쪽 시리아 지방에서 고래로 믿어오던 지방 신들이라는 것이 분명해진다.

이러한 사실을 종합해볼 때, 요시야의 종교개혁은 유다왕국 내에서 지방의 민간신앙을 금지하고, 중앙집권적인 야웨 종교를 확립하려는 시도였다고 이해할 수 있다. 그의 행동은 아시리아 제국과는 아무런 직접적인 관계를 가지지 않았으며, 그러므로 그의 개혁이 반 아시리아적인 행동이라고 말할 수 없다.

요시야가 종교 전통을 철저하게 준수한 것은 최근 발표된 모사이에프 Moussaieff의 오스트라콘에서도 잘 알 수 있다. 이 오스트라콘은 요시야가 딸을 낳고 그 딸을 위하여 서원하여 성전에 납부한 3세겔을 기록한 것이다.[311] 이것은 서원의 값을 지불함에 있어서 왕도 예외가 아니라는 점을 보여준다. 특히 요시야가 종교개혁을 주도하는 입장에서 종교적인 전통을 철저히 준수하였음을 알 수 있다.

| 모사이에프 오스트라콘 |

아시리아 제국의 서쪽지방에서 대한 통치는 앗수르바니팔의 사망 때 627년

---

310) M. Cogan, *Imperialism and Religion*, 1974.

까지 계속 유지되었다고 본다. 이러한 주장은 바벨론의 연대기에 아시리아 제국의 바벨론에 대한 통치가 647-627년 사이에도 계속되고 있었기 때문이다. 앗수르바니팔이 사망하고 바벨론에서 반란이 일어난 이후에야 아시리아의 영향력이 서쪽지방에서 물러가게 되었다고 본다. 그러나 기록상으로 주전 645년 사마리아의 총독의 이름은 나부-샤르-아헤슈로 기록되어 있으나 그 이후 사마리아 속주에 대한 언급이 없기 때문에 이러한 주장에는 문제점이 있다. 이처럼 아시리아의 영향력이 감소되었을 때 요시야는 이집트의 속국이었다. 이러한 사실은 메짜드 하샤비야후 Meṣad Hashabiyahu가 이집트의 요새였을 가능성이 있으며,[312] 아라드나 가데스 바르네아와 같은 유다왕국 남쪽 국경 요새에서 발견된 유물들이 모두 이집트의 영향권 아래 있었음을 통해 알 수 있다. 마지막으로 헤로도토스의 「역사」Historiae에 따르면 이집트의 프삼메티쿠스 1세 Psammetichus I, 주전 663-609 29년인 주전 636년경 아스글론을 공격했다는 기록이 남아 있기 때문이다.[313]

요시야 왕의 영토에 대해서는 에스라 2장과 느헤미야 7장의 귀환자 명단을 통하여 생각해볼 수 있다. 이 명단은 두 가지 방식, 즉 '자손'이라는 말과 '어느 지방 사람'이라는 용어를 사용하여 기록하였다. 여기에 등장하는 지명 가운데 이스라엘 혹은 속주 사마리아에 속하는 도시들이 있다는 것은

---

311) P. Bordreuil, F. Israel and D. Pardee, "Deux ostraca palé-héreux de la Collection Sh. Moussaïeff," Semitica 46(1996), pp. 49-76; idem, "King's Command and Widow's Plea. Two New Hebrew Ostraca of the Biblical Period," Near Eastern Archaeology 61(1998), pp. 2-13; I. Ephʻal and J. Naveh, "Remarks on the Recently Published Moussaïeff Ostraca," IEJ 48(1998), pp. 269-273. 오스트라콘의 크기는 10.9×8.6cm이며, 5행에 43개의 고대 히브리어와 아라비아 숫자 3을 나타내는 기호가 기록되어 있다. 비문의 내용은 다음과 같다. "왕 아시야후가 다시스의 은 3세겔을 스가랴 편으로 성전(하나님의 집)에 주라고 명령한 것처럼." 이 오스트라콘은 그 발견된 출처를 알 수 없고 골동품상에 의하여 발견되었을 뿐만 아니라 오늘날 기술의 발전으로 완벽에 가까운 위조품을 만들 수 있기 때문에 이 오스트라콘의 진품 여부가 학자들의 주된 관심사이다.

312) N. Naʻaman, "The Kingdom of Judah," Tel Aviv 18(1991), pp. 3-71, esp. 44-46.

313) Herodotus II, 157.

이들이 유다왕국의 일부분으로 여겨졌다는 것을 보여준다. 이것은 아시리아 제국의 영향력이 약해진 틈을 타서 사마리아 속주에 속한 도시들이 유다왕국으로 편입되었음을 나타낸다.

요시야의 죽음에 대하여 열왕기서는 바로 느고를 맞아 므깃도에 나갔다가 전사하였다고 말한다. 이 시기에는 아시리아의 영향력이 팔레스틴에 전혀 없었으며, 오히려 이집트가 아시리아 제국이 정복했던 서쪽지역을 거의 그대로 물려받은 상태였다. 이러한 상황에서 새 군주가 그의 속주를 지나갈 때 속주의 통치자가 나와 배웅하는 것이 예의였다. 어떤 학자들은 요시야 왕이 이때 므깃도에 나아가 바로를 별로 마땅치 않은 태도로 영접을 했고, 그의 충성심을 의심한 바로가 요시야를 죽였다고 주장한다. 혹은 이러한 둘 사이의 만남에 어떤 반역 세력의 흉계가 있었다고 주장하는 학자도 있다. 그러나 자세한 이유는 알 수 없으며, 므깃도에서 요시야와 느고의 만남은 역사적으로 믿을 만한 사실이라고 볼 수 있다.

요시야가 바로 느고 2세와 므깃도에서 싸운 사건은 주전 609년에 발생한 사건이다. 이집트의 느고 2세는 이집트 왕이 된 후 주전 609년에 아시리아 왕을 도와 싸우기 위해 북진하였다.[314] 바벨론 연대기에는 요시야가 전사한 주전 609년의 역사적 배경을 다음과 같이 기록하고 있다.

"제17년 609년: 타무즈 Tammuz 달에 아시리아의 왕 앗수르-우발리트 2세가 많은 이집트의 [...] 유프라테스 강을 건너 하란을 점령하기 위하여 하란으로 향하여 전진하였다. 그들 이집트 군대이 이곳을 점령하였다. 그들은 이집트 군대 아카드 왕이 거주하였던 요새를 파괴하였다. 그들이 이집트 군대 이곳을 점령하였을 때 그

---

314) *ABC*. p. 95. 따라서 느고가 아시리아 왕을 치고자 하여 유프라테스 강으로 올라갔다(왕하 23:29)는 성서 번역은 잘못된 것이다. 정확한 번역은 아시리아 왕에게 나감으로 이 사건이 갈그미스에서 있었다(대하 35:20).

들이 이집트 군대 하란을 향해 진쳤다. 엘룰 Elul 달까지 이 도시를 향해 전쟁을 하였으나 아무것도 이루지 못하였다. 그러나 그들은 철수하지 않았다. 아카드 왕은 그의 군대를 돕기 위하여 갔고… […] 그는 이잘라 Izalla로 올라갔고 산에 있는 많은 도시들이… 그는 여기에 불을 놓았다. […] 이때에 […]의 군대가 우라르투 지역까지 행군하였다. […] 땅에서 이집트 군대는 그들의 […]을 약탈하였다. 왕이 거주하였던 요새는 없어졌다. 이집트 군대는 […]에 올라갔다. 아카드의 왕은 고향으로 돌아왔다 ABC 3 66-75.

그런데 알 수 없는 이유로 요시야가 느고 2세와 므깃도에서 전쟁하다 전사하였다. 요시야의 므깃도 전사에 관하여 풀기 어려운 문제는 '왜 요시야가 므깃도에 갔는가' 이다. 이에 대하여 느고 2세가 주전 609년 여름에 정권을 잡은 새로운 왕조이기 때문에 이들의 군사력을 시험하기 위해 갔다고 생각할 수 있다.

이 사건과 관련된 열왕기하 23:29의 아시리아 "왕을 치고자 하여"라는 번역은 히브리어 알 멜렉 על מלך을 잘못 번역한 것이다. 히브리어에서 전치사 알 על은 "…에게 반역하여" against라는 의미보다는 "…에게" to의 의미로 사용된다. 따라서 "앗수르 왕에게 나감으로"로 번역하는 것이 바른 번역이다. 역대기하 35:20에서는 이 사건이 갈그미스에서 있었음을 기록하고 있다.

유다왕국 말기의 국제 정세

요시야 왕이 전사한 이후 유다는 다시 이집트의 통치하에 놓였다. 이집트는 요시야의 뒤를 이어 왕이 된 여호아하스 주전 609를 폐위시키고 죽인 후 요시야의 또 다른 아들 엘리야김을 왕으로 세우고 그 이름을 여호야김으로 바꿨다. 이집트가 이렇게 다시 팔레스틴에 세력을 확장할 수 있었던 가장 큰 이유는 전통적으로 이집트의 적대 세력이었던 아시리아 제국이 바벨론과 세력 다툼을 벌이느라 세력이 많이 약화되어 시리아-팔레스틴 지역에 관심을 쏟을 수 없었기 때문이었다.[315] 주전 612년에 아시리아의 니느웨가 바벨론에 의하여 함락되었고, 609년에는 하란까지 함락됨으로써 아시리아는 역사의 장에서 사라졌다. 이러한 혼란의 틈을 이용하여 이집트는 그 세력을 팔레스틴뿐만 아니라 유프라테스 강 지역까지 진출하여 아시리아의 멸망을 가속화시켰다.

다음은 요시야의 가계도이다.

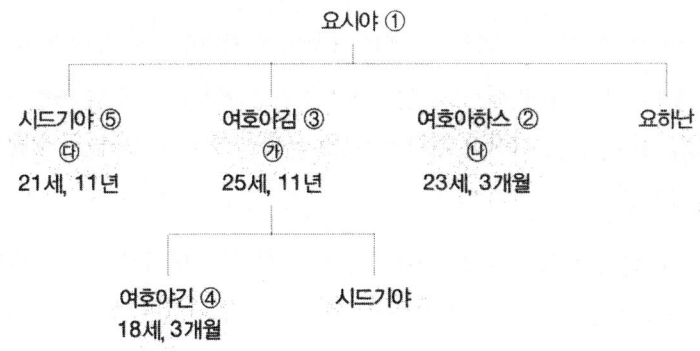

*위의 표에서 번호-원문자는 왕위에 오른 순서이며, 한글자모-원문자는 형제들의 출생 순위를 나타낸다. 이름 이외에 아무런 기록도 남아 있지 않은 사람들은 역대상 3:15 이하에 의거한 것이다

유다왕국 말기의 국제 정세는 매우 혼탁한 시기였다. 특히 바벨론과 이집트 사이에 있던 이스라엘은 두 세력의 움직임에 직접적인 영향을 받을

---

315) O. Lipschits, *The Fall and Rise of Jerusalem*, Winona Lake, Eisenbrauns, 2005, p. 27.

수밖에 없었다. 주전 610년 전후에 아직 바벨론 제국의 군대가 이스라엘 지방까지 영향을 미치지 않았지만, 이집트와 바벨론의 경쟁으로 이스라엘은 간접적인 영향을 받을 수밖에 없었다. 이러한 사실은 「바벨론 연대기」에 기록되어 있다. 주전 610-606년까지 이집트와 바벨론 제국 사이에 물고 물리는 치열한 전투가 계속되었다. 주전 610-609년에는 바벨론의 느부갓네살이 세자世子로서 군대를 이끌고 하란으로 진격하여 이집트 군대와 전쟁을 벌였다. 주전 606년에는 이집트 군대가 바벨론 군대를 공격하였다.[316] 그러나 이러한 혼전의 상황은 주전 605년 느부갓네살이 바벨론의 왕이 되면서 정리되었다. 그는 이집트 군대를 갈그미스에서 격퇴하고, 이후 바벨론 제국은 고대 근동 세계를 주도하였다. 예레미야 46:2 이하에서는 주전 605년 이집트가 갈그미스에서 바벨론 제국에게 패배한 것을 반영하고 있으며, 예레미야 25:1-15에서도 같은 상황을 반영하고 있다. 또한 예레미야 47:2 이하의 "바로가 가자를 치기 전"이란 표현은 주전 605/4년의 상황을 나타내고 있다.

느부갓네살은 주전 604/3년 아스글론을 정벌하고, 여기서 조공을 받았다.[317] 이러한 사실은 「바벨론 연대기」 뿐만 아니라 사카라 Saqara에서 발견된 아돈 Adon의 서신에서도 알 수 있다. 이 서신에서 팔레스틴에 있던 아펙의 왕인 아돈이 바벨론 군에게 대항하기 위하여 이집트의 바로에게 군사적

---

316) O. Lipschits, *The Fall and Rise of Jerusalem*, p. 32.
317) 「바벨론 연대기」에 의하면 느부갓네살 통치 1년에 하투건(Hattu) 지역에 대한 전쟁을 실시하였다. 그러나 「바벨론 연대기」에는 아스글론이라는 지명이 등장하지 않는다. 단지 uruX-X-(X)-il-lu-nu를 아스글론으로 재구성한 것이다. 와이즈만(D.J. Wiseman)은 이때 느부갓네살이 아스글론까지 진출하였을 것으로 추정하여 본문을 재구성하였다. 최근 아스글론 지역에 대한 고고학 발굴 결과, 주전 603년경 바벨론 제국의 세력이 아스글론 지역까지 미쳤음을 말해주고 있다. D. J. Wiseman, *Chronicles of Chaldaean Kings*, London, 1956, pp. 68-69; *ABC* # 5: Obv. 18.

도움을 요청하였다.[318] 또한 고고학 발굴에서 이 시기에 팔레스틴에 큰 파괴의 흔적이 발견되었는데 이 파괴가 주전 604/3년 느부갓네살의 침략과 관련 있다고 해석한다. 예레미야 36:9 이하에서 여호야김은 제5년 아홉 번째 달 주전 604년 11-12월에 금식을 선포하였는데 이것은 아마도 국가적 위기에 금식을 선포한 것으로 보인다.

주전 601년 바벨론 제국은 이집트를 공격하였지만 별로 성공적이지 못하였다. 예레미야 46:13 이하의 예언은 느부갓네살이 이집트를 공격하여 파괴하는 것에 관한 것인데 이 예언은 예레미야의 예언 가운데 이루어지지 않은 예언에 속한다. 왜냐하면 느부갓네살은 이 원정을 성공하지 못했기 때문이다. 「바벨론 연대기」에는 느부갓네살 통치 제7년인 주전 589년에 바벨론 제국은 아랍 민족을 정벌하였고, 유다를 공격하여 원하는 사람으로 왕을 교체하였다고 기록하고 있다 ABC #5 rev.11-13.

이처럼 바벨론 세력의 등장으로 이집트 세력은 쇠퇴하기 시작하였다. 짧은 기간 동안 팔레스틴 지역에서 패권을 장악하고 있던 이집트 세력은 바벨론 제국과의 세력 경쟁에서 패하고 이집트로 철수하였다. 이러한 국제 정치 변화에 대하여 열왕기서는 다음과 같이 기록하고 있다.

"바벨론 왕이 이집트의 강에서부터 유프라테스 강까지, 이집트 왕에게 속한 땅을 모두 점령하였으므로 이집트 왕은 다시는 더 국경 밖으로 나오지 못하였다" 왕하 24:7.

이집트와 바벨론 제국의 다툼을 기록하고 있는 「바벨론 연대기」는 이 사건을 다음과 같이 기록하고 있다.

---

318) 파피루스의 뒷면을 읽은 학자들은 에글론(עגלון)이 편지가 쓰인 장소라고 주장하는 사람도 있다. B. Porten, "The Identity of King Adon," *BA* 44 (1981), pp. 36-52.

"제4년 주전 601년: 아카드의 왕이 그의 군대를 동원하여 하투로 진격하였다…. 그들이 바벨론과 이집트 서로 전장에서 싸우고 양측이 심각한 손실을 입었다. 아카드의 왕과 그의 군대가 바벨론으로 돌아왔다 ABC # 5 rev. 5-7." [319)]

"제5년 주전 600년: 아카드의 왕이 그의 땅에 머물며 그의 수많은 말과 병거를 정비하였다 ABC # 5 rev. 8."

느부갓네살에 관한 기록에 따르면 ABC # 5 rev. 5-8 바벨론 제국과 이집트 군대 사이에 전쟁이 치열하였으며, 전쟁에서 승리한 바벨론 군대도 많은 피해를 입었다. 이러한 사실은 이집트와의 전쟁 1년 뒤인 느부갓네살 제5년에 전쟁을 수행하지 못했다는 기록을 통해서 잘 알 수 있다. 느부갓네살 제4년 이후 「바벨론 연대기」에 이집트가 더 이상 등장하지 않는 것은 이집트와 바벨론의 세력 다툼에서 바벨론이 승리했으며 이집트가 더 이상 팔레스틴 지역에 영향력을 행사하지 못했다는 것을 보여준다.

바벨론 제국이 유프라테스 강을 넘어 팔레스틴에 처음 영향력을 행사하기 시작한 것은 주전 604년으로 추정된다. 주전 604년 바벨론 군대는 아스글론을 공격하였다. 구약성서의 기록 중, 바벨론 제국의 영향력이 처음 등장하는 사건은 열왕기하 24:1-2의 사건이다. 느부갓네살 왕이 여호야김의 배반을 능멸하기 위하여 군대를 동원하여 공격하였다. 본문에 의하면 여호야김이 느부갓네살을 3년간 섬기다가 배반한 것으로 기록하고 있다. 따라서 열왕기하 24:1-2의 내용과 이어서 등장하는 열왕기하 24:12 이하의 사건을 같은 사건으로 본다면 열왕기하 24:1-2의 기록을 근거로 주전 604년 바벨론 군대가 아스글론 지역으로 진출하였다.

뿐만 아니라 여호야긴 왕 때에 다시 느부갓네살이 예루살렘을 쳐들어와

---

319) ABC#5 Rev. 8. ūmu VI^{kám} Šar Akkad1^{ki} ina mātišu narkabātiv sisêšu mādutu iktaṣar

서 여호야긴과 그의 어머니와 신복과 지도자들을 잡아갔다 왕하 24:12. 이 사건의 전말은 「바벨론 연대기」에 기록되어 있다 ABC #5 rev. 11-13.

"그 느부갓네살는 유다의 도시 예루살렘를 향해 진쳤고, 아달 Adar: XII 달 제2일에 그 도시를 점령하고 그 왕을 사로잡았다."

그런데 「바벨론 연대기」와 열왕기하 사이에는 이 사건이 발생한 연도에 차이가 나타난다. 「바벨론 연대기」에는 느부갓네살 제7년에 발생한 사건이라고 기록하고 있지만 열왕기하 24:12에는 바벨론 왕 제8년에 일어난 사건이라고 기록하고 있다.

바벨론 제국의 등장으로 유다는 아시리아 제국 때와 마찬가지로 바벨론 제국의 봉신국가가 되었다. 바벨론 제국시대의 유다가 바벨론 제국의 봉신국가였다는 사실은 열왕기하 24:1을 통해서 잘 알 수 있다. "여호야김 시대에 바벨론의 느부갓네살이 올라오매 여호야김이 3년간 섬기다가 돌아서 그를 배반하였더니"라고 기록되어 있다. 즉 '여호야김이 3년 동안 그 느부갓네살의 봉신이었다'라는 뜻이다. 히브리어 에베드 עבד는 단순한 종을 의미하는 것이 아니라 정치적인 문맥에서는 봉신을 의미하기 때문이다.[320] 그러나 아시리아 제국하에서와 마찬가지로 유다의 왕들은 기회를 얻으면 바벨론 제국으로부터 벗어나려는 정치적 독립을 꾀하였다. 이러한 유다왕국의 시도를 신명기 사가는 "그를 배반하였다" וימרד־בו 라고 기록하고 있다. 본문에는 정확히 기록되어 있지 않지만 조공을 받치지 않거나 혹은 바벨론 제국의 굴레에서 벗어나기 위하여 다른 나라의 도움을 청하였을 것이다. 이 당시 유다를 도와 바벨론의 굴레에서 해방시켜줄 수 있는 정치 세력은 오직 이집트뿐이었다.

---

320) 김영진, "앗수르 제국의 외교 정책과 이스라엘," pp. 44-57을 참고하시오.

유다가 바벨론 제국에 완전히 종속된 봉신국가였다는 사실은 여호야긴의 폐위와 맛다니야의 즉위에서도 잘 알 수 있다 왕하 24:17. 느부갓네살은 반란을 일으킨 여호야긴을 바벨론으로 사로 잡아가고 왕하 24:15 대신 여호야긴의 삼촌인 맛다니야를 즉위시키고 그 이름을 시드기야로 고쳤다. 이처럼 느부갓네살 왕은 자신에게 반대하는 왕을 제거하고 바벨론 제국에 호의적인 시드기야를 왕으로 삼았다.[321]

엘리야김과 여호야김

여호야김 Jehoiakim, 주전 608-598의 본명은 엘리야김이었는데 이집트의 바로 느고 2세에 의하여 이름을 여호야김으로 개명하였다. 여호야김은 이집트의 봉신 왕으로서 백성들로부터 세금을 거두어 느고 2세에게 조공을 바쳤다.

그러나 여호야김은 바벨론이 유다를 공격하자 3년간 바벨론의 봉신이 되어 조공을 바쳤다. 그러나 3년 후 여호야김은 바벨론에 조공을 바치는 것을 거부하고 반란을 일으켰다.

이러한 역사적 격동의 시기에 메소포타미아가 세력 교체로 혼란스럽자, 이 틈을 타서 팔레스틴은 다시 이집트의 영향권 아래 놓이게 된다. 그러나 바벨론이 메소포타미아 지역을 장악하고 다시 서쪽으로 세력을 확장함에 따라 팔레스틴은 다시 바벨론의 영향권 아래 놓였다.

여호야긴의 즉위

여호야김이 죽은 후 여호야긴 Jehoiachin, 주전 597이 왕이 되었으나 3개월밖에 통치하지 못하였다. 여호야긴 시대에 바벨론의 느부갓네살 왕이 예루살렘

---

321) 이처럼 제국에서 봉신국가의 왕을 임명하는 경우는 아시리아 제국이 호세아를 세운 경우에서도 볼 수 있다.

을 포위하고 왕과 용사 및 기술자 1만여 명을 포로로 잡아갔다. 또한 성전과 왕궁의 보물을 빼앗아갔다. 그리고 여호야긴의 삼촌인 맛다니야를 왕으로 삼고 이름을 시드기야로 바꾸었다.

성서의 기록	성서 밖의 기록
열왕기하 24:10-17	제7년 (599/8)
그때에 바벨론 왕 느부갓네살의 신복들이 예루살렘에 올라와서 그 성을 에워싸니라 그 신복들이 에워쌀 때에 바벨론 왕 느부갓네살도 그 성에 이르니 유다 왕 여호야긴이 그 모친과 신복과 방백들과 내시들과 함께 바벨론 왕에게 나아가매 왕이 잡으니 때는 바벨론 왕 8년이라 저가 여호와의 전의 모든 보물과 왕궁 보물을 집어내고 또 이스라엘 왕 솔로몬이 만든 것 곧 여호와의 전의 금 기명을 다 훼파하였으니 여호와의 말씀과 같이 되었더라 저가 또 예루살렘의 모든 백성과 모든 방백과 모든 용사 합 1만 명과 모든 공장과 대장장이를 사로 잡아가매 빈천한 자 외에는 그 땅에 남은 자가 없었더라 저가 여호야긴을 바벨론으로 사로잡아 가고 왕의 모친과 왕의 아내들과 내시와 나라에 권세 있는 자도 예루살렘에서 바벨론으로 사로 잡아가고 또 용사 7,000과 공장과 대장장이 1,000 곧 다 강장하여 싸움에 능한 자들을 바벨론으로 사로 잡아가고 바벨론 왕이 또 여호야긴의 아자비 맛다니야로 대신하여 왕을 삼고 그 이름을 고쳐 시드기야라 하였더라.	키슬레브(Kishlev) 달에 아카드의 왕이 그의 군대를 모으고 헷 땅신(Hattu)으로 진격하였다. 그는 유다의 도시(예루살렘)를 향해 진쳤고, 아달 달 제 2일에 그 도시를 점령하고 그 왕을 사로잡았다. (바벨론) 왕이 스스로 택한 사람을 그 도시의 왕으로 임명하고 많은 조공을 바벨론으로 가져왔다(ABC # 5 rev. 11-13).

「바벨론 연대기」에 의하면 느부갓네살이 키슬레브 달 주전598년 11-12월에 진군하여 아달 달 주전597년 2-3월 2일에 예루살렘을 정복하였다. 이 사건은 바벨론의 연대기에도 간략하게 기록되어 있으나 앞에서 언급했듯이 연대기적인 문제가 있다. 성서에는 이 사건이 "느부갓네살 8년"이라고 기록되어 있는데 왕하 24:12, 「바벨론 연대기」에는 느부갓네살 7년에 이 사건이 발생하였다고 기록되어 있다.

시드기야와 유다의 최후

왕이 된 시드기야 Zedekiah, 주전 596-586는 바벨론을 배반하였다. 따라서 시드기야 9년에 느부갓네살이 쳐들어와 3년간 예루살렘을 포위하다가 시드기야 11년 넷째 달 9일에 예루살렘이 함락되었다. 주전 586.

유다의 마지막, 특히 유다 백성의 바벨론 포로에 대한 몇 가지 중요한 자료가 있다. 포로로 잡혀간 사람들의 숫자에 관해서는 여러 가지 기록이 있다. 1만 명이 여호야긴과 함께 잡혀갔다고 기록되어 있지만, 이 숫자가 가장 ※長들만의 숫자인지 포로로 잡혀간 사람들의 전체 숫자인지 정확하지 않다. 이런 많은 숫자와는 대조적으로 예루살렘으로부터 적은 포로 숫자가 여러 차례 언급되어 있다. 즉 성전 붕괴시에 832명과 그달랴의 죽음 이후의 745명이다. 전쟁시나 예루살렘 몰락 이후 많은 숫자가 유다를 떠나 사마리아, 에돔, 모압, 암몬 혹은 이집트 등 각 방면으로 도망했음에 틀림없다.

시기	유다 백성의 바벨론 포로 숫자
느부갓네살 7년	유다인 3,023명 포로로 잡아감(렘 52:28)
	1만 8,000여 명을 잡아감(왕하 24:14-16)
느부갓네살 8년	왕과 방백을 잡아감(왕하 24:8-10; 대하 36:9-10)
시드기야 9년	느부갓네살이 예루살렘 포위(왕하 25:1 렘 39:1; 52:4)
시드기야 11년	예루살렘 함락(왕하 25:2 렘 39:2, 52:5)
느부갓네살 18년	예루살렘에서 832명 포로로 잡아감(렘 52:29)
느부갓네살 19년	느부사라단이 예루살렘 도착(왕하 25:8 렘 52:12)
느부갓네살 23년	유다인 745명 잡아감(렘 52:30)

성서 기록을 그대로 인용할 경우 유다왕국 마지막에 유다 사람들이 여러 차례에 걸쳐 바벨론으로 잡혀갔다. 여호야긴과 시드기야 시대에 유대의 고위관리들이 잡혀갔지만 많은 사람들은 이 땅에 남아서 그달랴를 따랐다.

바벨론 왕 느부갓네살이 임명한 시드기야는 바벨론 왕을 배반하였다 왕하 24:20. 시드기야 왕은 느부갓네살에게 받쳐야 하는 조공을 정기적으로 받치지 않았다. 그 결과 느부갓네살은 군대를 이끌고 예루살렘을 공격하였다. 왕하 25장의 기록에 따르면 바벨론 왕 느부갓네살은 시드기야 왕 제9년에서 11년까지 예루살렘을 포위하였다.[322] 느부갓네살에 의한 유다왕국 멸망의 내용은 예루살렘과 성전의 파괴 왕하 25:8-17와 유다 백성들의 바벨론 강제 이주 왕하 25:18-21로 요약할 수 있다. 시드기야 왕 때 유다 백성들이 바벨론으로 이주한 사건에 대하여 열왕기하 25:11에 다음과 같이 기록하고 있다. "성 중에 남아 있는 백성과 바벨론 왕에게 항복한 자들과 무리 중 남은 자는 시위대장 느부사라단이 모두 사로잡아 가고." 구체적인 숫자에 대하여 느부갓네살 18년, 주전 587년에 예루살렘에서 832명을 잡아갔다고 렘 52:29 기록하고 있다.[323]

두 번째로 열왕기하 25:9-10에 기록한 바와 같이 여호와의 성전과 왕궁을 불사르고 예루살렘의 모든 집을 귀인의 집까지 불살랐으며 시위대장에게 속한 바벨론의 모든 군대가 예루살렘 주위의 성벽을 헐었다. 이때 유다 왕국이 어느 정도 파괴되었는가 하는 것은 학자들의 주된 관심사 가운데 하나이다. 이에 대한 학자들의 견해는 다양하다. 고고학적인 측면에서 바벨론 제국의 느부갓네살의 공격으로 파괴된 유다의 도시는 다음과 같다. 라기스, 아제카 Tell Zakariay, Azekah, 에글론, 텔 베이트-미르심, 텔 엘-풀, 벧

---

322) 느부갓네살 왕이 예루살렘을 포위한 기간은 최저 12개월 최고 37개월이다. 즉 시드기야 왕 제9년 아달 월 마지막 날부터 포위하기 시작하여 시드기야 왕 제11년 니산 월 1일까지 포위하였다면 느부갓네살이 포위한 기간은 12개월 2일이 된다. 반면에 시드기야 왕 9년 니산 월 1일부터 시드기야 11년 아달 월 30일까지 이면 포위기간은 총 36개월이 되며, 여기에 시드기야 왕 11년에 아달 월 윤달이 있으면 총 포위기간은 37개월이 된다.

323) M. Cogan and H. Tadmor, *II Kings*, pp. 320-321; B. O. Long, *2 Kings*, The Forms of the Old Testament Literature X, Grand Rapids, Michigan, 1991, p. 286; W. L. Holladay, *Jeremiah 26-52*, Hermeneia, Minneapolis, 1989, p. 439.

술, 라마트 라헬, 벧세메스, 벧엘, 아라드, 엔게디 등이다.[324] 그러나 바벨론 제국의 침략으로 대다수의 유다 도시들이 파괴된 것은 아니다. 이때 파괴된 도시들은 주로 군사적인 요새였던 몇몇 성읍들이었으며, 예루살렘 북쪽의 베냐민 지파의 지역은 많이 파괴되지 않았다.[325] 이러한 주장은 바르스테드 H. M. Barstad도 지지하며 그는 느부갓네살이 유다를 완전히 파괴하지 않았다고 말한다.[326] 고고학적 발굴 결과, 벧엘, 텔 엔-나스베, 기브온, 라기스, 아라드 등은 주요 요새임에도 불구하고 유다왕국 말기 혹은 페르시아 제국 초기에 해당하는 유물들이 발굴되었다. 이 사실은[327] 유다왕국이 바벨론 제국에 의하여 완전히 파괴되지 않았음을 말해준다.[328]

멸망 이후의 유다왕국

유다왕국이 바벨론에 의하여 멸망당한 후 유다왕국의 정치적인 지위가 무엇인가에 대한 여러 가지 학설이 제기되었다. 그것은 유다왕국이 멸망된 후 유다를 통치하였던 그달랴의 정확한 직책명이 제시되지 않았기 때문이다. 알트와 같은 학자는 유대가 사마리아 속주의 일부분으로 편입되었다고 주장한다. 그러나 이 주장에는 많은 문제가 있다. 왜냐하면 알트는 사마리

---

324) J. M. Miller & J. H. Hayes, *A History of Ancient Israel and Judah*, pp. 416-417; B. Oded, "Judah and the Exile," *Israelite and Judean History*, Eds J. H. Hayes and J. M. Miller, London, 1977, p. 475.

325) T. C. Mitchell, "The Babylonian Exile and the Restoration of the Jews in Palestine," *CAH III/2*, p. 410. 이에 대하여 케년(K. M. Kenyon)은 유다의 도시들이 바벨론에 의하여 파괴되었으나 바로 이어진 바벨론 제국하에서 다시 건축되었다고 주장한다. K. M. Kenyon, *Archaeology in the Holy Land*, London, 1979, pp. 299-300.

326) H. M. Barstad, *The Myth of the Empty Land: A Study in the History and Archaeology of Judah During the Exilic Period*, Oslo, 1996, p. 38.

327) E. Stern, *Material Culture of the Land of the Bible in the Persian Period 538-332 B. C.*, Warminster, 1982.

328) 유다왕국 말기의 여러 지역에 대한 학자들의 해석이 각기 다르다. 그것은 케년과 슈테른의 지층 분석 결과가 다르기 때문이다.

아나 이두메아 Idumea 지방에 유다 백성들이 살고 있었다고 주장하지만 지금까지 발견된 인장을 보면 이 지방에는 유다 백성들이 거의 거주하지 않았다는 것을 알 수 있다. 밀라나 헤이스의 주장에 의하면 그달랴가 왕으로 임명되었다고 한다. 이러한 주장은 이집트로 내려가는 유다 백성들이 왕의 딸들 렘 41:10과 함께 갔다는 기록에 기초한 것이다. 그러나 바벨론 제국의 지방정부에 대해서 우리는 충분한 자료를 가지고 있지 않다.

유다 왕국의 상류 계층들이 바벨론으로 이주된 후 유다 영토는 바벨론 왕이 임명한 그달랴에 의하여 통치되었다. 여기서 생기는 문제는 그달랴의 신분에 관한 것이다. 열왕기하 25:23에 의하면 "바벨론 왕이 그달랴를 방백으로 삼았다"라고 기록되어 있다. 예레미야 40:7에서도 바벨론 왕이 그달랴를 종속국의 왕으로 세웠다고 기록하고 있다. 그런데 열왕기서나 예레미야서 모두 그달랴의 정확한 직책명이 기록되지 않고 단지 하프키드 הפקיד 라는 단어가 사용되었다. הפקיד 라는 동사는 '임명하다' 는 뜻이기 때문에 직책을 알 수 없다.[329] 그런데 그달랴가 바벨론의 왕에 의하여 세워졌기 때문에 일반적으로는 '총독' 이라고 해석한다.[330]

그달랴는 누구인가? 성서 열왕기하 25장과 예레미야 40장에서 그달랴는 아히감의 아들이며 사반의 손자로 기록되어 있다. 그런데 라기스에서 그달랴라는 이름이 쓰인 인장 각인을 발견하였다: לגדליה/אשר על הבית "궁내대신 그달랴에게 속한 것". 이 각인은 고문자 연구를 통해서 주전 6세기의 것으로 추정한다. 뿐만 아니라 לגדליהו/עבד המלך "왕의 신하 그달랴의 것"이라고 찍혀진 각

---

[329] L. Koehler and W. Baumgartner, *The Hebrew & Aramaic Lexicon of the Old Testament Volume 3*, Leiden, 1996, pp. 957-958.

[330] O. Lipschits, *The Fall and Rise of Jerusalem*, p. 88; P. Machinist, "The Fall of Assyria in Comparative Ancient Perspective," *Assyria 1995*, S. Parpola and R.M. Whiting eds., Helsinki, 1997, pp. 179-195.

인도 발견되었다.[331] 학자들은 3명의 그달랴를 동일인이라고 생각하며, 인장 각인에 나타나는 두 종류의 관직명은 그달랴가 총독으로 임명되기 이전의 직책이라고 주장한다. 따라서 성서에 나타난 그달랴는 유다왕국 말기의 고위관직에 있었던 사람으로 추정하고 있다.

그달랴는 총독이 된 후 수도를 예루살렘에서 미스바로 옮겼다.[332] 왕족 엘리사마의 손자 느다니야의 아들 이스마엘이 그달랴와 유다 백성들 그리고 갈대아 사람을 쳐 죽이고 이집트로 도망하였다 왕하 25:24-26. 예레미야 41장에 의하면 이스마엘이 암몬으로 피하였다고 기록하고 있다. 이 사건이 정확히 언제 발생하였는지는 알 수 없지만 주전 586년 예루살렘 멸망과 582년 암몬, 모압의 멸망 사이에 발생하였음을 추정할 수 있다.[333]

따라서 예루살렘이 멸망된 후 유다왕국은 바벨론 제국의 속주로서의 지위를 가졌으며, 그달랴가 총독으로 임명되었다.

---

331) S Ahituv, *Handbook of Ancient Hebrew Inscriptions: From the Period of the First Commonwealth and the Beginning of the Second Commonwealth*, pp. 125, 127 (Hebrew); N. Avigad, Jerusalem, 1997, pp. 173, 466, 491.

332) 미스바의 위치에 대하여 두 가지 견해가 있다. 예루살렘 북쪽 12km에 위치한 텔 엔-나쯔베(Tell en-Nasbeh)와 예루살렘 북쪽 8km 지점에 있는 나비 삼윌(Nabi Samwil)이 그것이다. 텔 엔-나쯔베에서는 לגדליהו עבד המלך ("왕의 신하 여사냐에 속한 것")이 기록된 인장이 발견되었을 뿐만 아니라 המצפה라고 기록된 30개의 항아리 손잡이 등이 발견되어 미스바가 바벨론 시대 유다의 행정의 중심지였을 것으로 추정한다. 그런데 인장에 새겨진 여사냐와 예레미야 40:8에 새겨진 여사냐를 동일 인물로 본다. 뿐만 아니라 페르시아 시대에는 24개의 יהוד가 새겨진 항아리 손잡이가 발견되었다. Z. R. Zorn, "Nasbeh, Tell En-," *OEANE* 4, pp. 101-103; idem, "Mizpah: Newly Discovered Stratum Reveals Judah's Other Capital," *BAR* 23 (1997), 28-38; M. Broshi, "Nasbeh, Tel En-," *NEAEHL* 3, pp. 912-918.

333) 많은 학자들은 그달랴의 살해와 느부갓네살이 주전 582년 암몬과 모압 그리고 이집트까지 공격한 것을 이 사건과 연결시켜 생각한다. *Antiquities* 10.9.7을 참고하시오.

유다 최후의 영토

유다왕국 말기 왕국의 규모, 즉 인구 및 영토에 대한 고고학 발굴 결과 유다왕국의 외형적인 규모를 어느 정도 추정할 수 있었다. 유다왕국 말기의 인구에 관한 연구는 전적으로 고고학적인 연구 결과에 의존할 수밖에 없다. 가장 간단한 인구 측정법으로 단위 면적당 인구밀도×거주면적의 공식을 사용한다. 이 측정법에서 일반적으로 사용되는 인구 밀도는 1,000m^2당 40-50명[334] 혹은 같은 면적당 25명[335]이다. 브로쉬 M. Broshi와 핑켈슈타인 I. Finkelstein은 1두남당 25명씩 계산하여 제2철기시대의 유다의 인구를 약 11만 명으로 추정하였다.[336] 반면에 아하로니 Y. Aharoni는 주전 6세기 초 유다왕국의 전체 인구가 약 22-25만 명이나 된다고 추산하였다.[337]

이러한 유다왕국의 인구 추정은 유다 백성들이 얼마의 규모로 바벨론으로 이주하였는가를 알 수 있게 한다. 구약성서의 기록에 따르면 시드기야 제9년부터 모두 일곱 차례에 걸쳐 약 3만 2,000여 명의 유다 백성들이 바벨론으로 이주되었다. 구약성서의 기록을 기준으로 약 30% 정도의 백성들이 바벨론으로 이주되었으며, 약 70%, 즉 7만여 명의 유다 백성들이 남아

---

334) M. Broshi, "Estimating the population of ancient Jerusalem," *BAR* 4(1978), pp. 10-15; idem, "The population of western Palestine in the Roman-Byzantine period," *BASOR* 236(1979), pp. 1-10.

335) M. Broshi and R. Gophna, "The settlements and population on Palestine during the early bronze age II-III," *BASOR* 253(1984), pp. 41-53; idem, "Middle bronze age II Palestine: Its settlements and population," *BASOR* 261(1986), pp. 73-90; M. Broshi and I. Finkelstein, "The population of Palestine in Iron age II," *BASOR* 287(1992), pp. 47-60; I. Finkelstein, *The archaeology of the Israelite settlement*, Jerusalem, 1988, pp. 330-335.

336) M. Broshi and I. Finkelstein, "The population of Palestine in iron age II," pp. 47-60; I. Finkelstein, "Environmental Archaeology and Social History: Demographic and Economic Aspects of the Monarchic Period," *Biblical Archaeology Today*, 1990, Jerusalem, 1993, pp. 56-66, esp. 58-59.

337) Y. Aharoni, "The Province-List of Judah," *VT* 9 (1959), pp. 225-246.

있었음을 추정할 수 있다. 그런데 주전 538년 이후 유다 백성들의 귀환을 기록하고 있는 에스라 2:2-67느 7:7-69에 의하면 귀환한 유다 백성의 수는 2만 9,000-3만 1,000여 명에 달한다.[338]

주전 6세기 초 유다의 영토를 이해하기 위하여 주전 701년 산헤립 침공 이후 유다 왕국의 영토 변화에 대하여 이해해야 한다. 일반적으로 학자들은 유다 영토의 축소가 주전 701년 산헤립의 침공 때부터 시작되었다고 주장한다. 이러한 사실은 고고학적인 조사 결과 산헤립 침공 직전의 쉐펠라 지역의 주거지역은 모두 276군데이며 추산되는 인구는 약 18만 2,000명 정도였다. 그러나 산헤립이 많은 도시를 파괴하고 또 많은 사람들이 사로잡혀간 후인 7세기에는 정착지 수가 86%나 감소하였고 인구도 약 2만 2,500명으로 추정되었다.[339] 많은 도시의 파괴로 말미암아 쉐펠라 거주민들이 유다 산악지대로 이주하여 주전 701년 이후 유다 산악지대의 인구가 약 50% 이상 증가하였다.[340] 기틴S. Gitin은 산헤립 침공 이후 서쪽의 쉐펠라 지역을 잃은 유다 왕국이 동쪽으로 많은 주거지역을 형성하였고, 유다 광야 북쪽지역에 새로운 농사지역을 형성하였다고 주장한다.[341]

그런데 이렇게 축소된 영토의 범위는 주전 6세기 초 유다왕국 말기에 사용되었던 로제트 rosette 무늬가 새겨진 항아리 손잡이 분포지역과 흡사하

---

338) 에스라 2장과 느헤미야 7장에서는 4만 2,360명이 귀환하였다고 기록하고 있으나(스 2:64=느 7:66) 기록된 인구수를 실제로 다 더하면 에스라 2장에서는 2만 9,818명이 되고 느헤미야에서는 3만 1,089명이 된다.

339) Y. Dagan, *The Shephelah During the Period of the Monarchy in Light of Archaeological Excavations and Surveys*, Unpublished MA Thesis, Tel-Aviv University, 1992, pp. 252-263(Hebrew).

340) M. Kochavi, "The Land of Judah," in *Judaea, Samaria and the Golan, Archaeological Survey 1967-1968*, Jerusalem, 1972, p. 20(Hebrew).

341) S. Gitin, "The Neo-Assyrian Empire and its Western Periphery: The Levant, with a Forcus on Philistine Ekron," S. Parpola and R. M. Whiting eds., *Assyria 1995: Proceedings of the 10th Anniversary Symposium of the Neo-Assyrian Text Corpus Project Helsinki*, September 7-11, 1995, Helsinki, 1997, pp. 77-103, esp. 83.

다.³⁴²⁾ 유다에서 로제트 문양이 발견된 지역의 북쪽 경계는 엔-나스베, 동쪽 경계는 엔게디, 남쪽 경계는 이라'Ira와 말카다Malkadah이고, 서쪽 경계는 유다와 블레셋의 경계이다. 바타쉬, 에라니, 미크네에그론, 게젤을 제외하고 발견된 모든 지역은 유다 영역 내에 위치해 있다. 그러므로 이 로제트 문양의 분포도 23개 지역가 주전 6세기 초 유다의 영토를 나타내는 것이다.

이렇게 축소된 영토의 모습은 에스라 2장과 느헤미야 7장에도 반영되어 있다. 이 두 성서 기록은 바벨론으로 이주되었던 유다 백성들이 자신들이 이주되기 전의 유다 땅으로 귀환한 것을 묘사하고 있다. 따라서 에스라 2장과 느헤미야 7장은 주전 6세기 초의 유다의 영토를 반영한다고 말할 수 있다.

---

342) J. M. Cahill, "Rosette Stamp Seal Impressions from Ancient Judah," *IEJ* 45(1995), pp. 232, 245. 로제트 문양이란 유다왕국 말기에 왕실의 상징으로 로제트 문양을 항아리 손잡이에 각인했다는 주장으로, 주전 701년 라-멜렉(רדמלך) 인장 각인이 찍힌 것과 같은 기능을 했다는 것이다.

제7부
강제이주 및 귀환시대

◆ 바벨론 강제이주시대
◆ 귀환시대와 페르시아 제국

이스라엘
역사

아시리아–바벨론 제국들의 강제이주정책은 제국의 영토나 영향력을 확장하는 정책의 일환으로 실시되었으며, 복합적인 목적을 가진 고도의 정치 수완이었다.

바벨론 강제이주시대

아시리아-바벨론의 강제이주정책

메소포타미아 제국은 점령지역에서 강제이주정책deportation을 실시하였다. 이러한 강제이주정책의 목적을 살펴보는 것은 이스라엘-유다 강제이주민들의 신분을 이해하는 데 큰 도움을 준다. 아시리아-바벨론 제국들의 강제이주정책은 제국의 영토나 영향력을 확장하는 정책의 일환으로 실시되었으며, 복합적인 목적을 가진 고도의 정치 수완이었다.[343]

아시리아 제국의 앗수르-단 2세부터 앗수르바니팔 시대까지 약 308년 동안 157차례에 걸쳐 121만 928명의 사람들을 강제이주시켰다. 따라서 매 이주 때마다 평균 7,713명을 이주시켰음을 추정할 수 있다. 특히 디글랏빌

---

343) 오데드(B. Oded)는 아시리아-바벨론 제국의 강제이주정책에 대한 연구를 통하여 이 정책의 목적과 성격을 밝혔다. 본 글은 오데드의 글을 기초로 하였다. B. Oded, *Mass Deportations and Deportees in the Neo-Assyrian Empire*, Wiesbaden, 1979.

레셀 3세부터 산헤립 때까지 59년 동안 95차례에 걸쳐 99만 4,382명을 이주시켰다 평균 1만 467명. 그런데 이들은 노예나 종의 신분이 아니었다. 몇몇 상류층이나 저항 세력을 옥에 가두는 것을 제외하고는 모두 자신의 특기에 따라 일정한 역할을 감당하고 급료를 받는 사람들이었다. 아시리아 제국에서 이처럼 많은 사람을 이주시킨 것은 제국을 유지하기 위한 인력 공급이 절실했기 때문이며, 또한 이주정책을 통하여 점령 지역의 반란을 최소화하려는 의도에서 생겨났다. 제국은 항상 지방정부로부터 인력 자원 및 재정 자원을 공급받아야만 한다. 특히 메소포타미아 지역은 인력 자원을 비롯하여 여러 가지 천연 자원이 부족하기 때문에 지방정부로부터 자원을 효율적으로 공급받아야 했다. 그러기 위해서는 잘 정비된 통신체제를 통하여 중앙정부의 필요와 이에 대한 지방정부의 수행 여부를 신속하게 점검해야 했다. 이를 위하여 완비된 통신제도가 필요했다.

반란에 대한 처벌

아시리아 제국에서 강제이주정책을 시행하는 것은 정치적인 측면에서 강제이주가 실시된 지역이 반란을 일으킨 것에 대한 심판과 보복의 성격이 강하다. 예를 들어, 사마리아 사람들의 이주는 아시리아의 왕을 섬겼던 이스라엘 왕 호세아가 그를 배반한 이후에 이루어졌다 왕하 17장. 아시리아에 적대적인 백성들을 진압하기 위해서 산헤립이 취했던 방법들 중에 하나도 강제이주였다. 이로 인해 아시리아의 많은 사람들은 여러 나라로 흩어졌다. 에살하돈에게 보낸 편지 ABL 58에 왕에게 불충 不忠했을 때 처벌의 일환으로 백성들을 이주시켰다고 기록되어 있다.

이렇듯 아시리아 제국의 이주정책은 계약을 위반한 왕과 그의 백성들을 처벌하는 하나의 방법으로 사용되었다.[344] 이러한 정책은 바벨론 제국과 페르시아 제국에서도 시행되었다. 바벨론 역시 반역에 대한 처벌로 예루살렘과 유다 주민들을 강제이주시켰다. 에스라 7:26에서는 강제이주가 하나님의 계명을 지키지 않거나 또는 페르시아 왕의 법을 지키지 못한 자들에게 부과되었던 처벌 가운데 하나였음을 밝히고 있다.

제국이 제국의 목적을 달성하기 위하여 반대 세력의 제거는 필수적이었다. 아시리아 제국이 강제이주정책을 수행하면서 세력을 확장하려 했던 것은 '땅의 네 귀퉁이'를 모두 다스리려는 정치적 야망에서 생겨난 것이었다. 즉 아시리아의 경쟁 세력들을 뿌리째 뽑아 버림으로써 거대한 아시리아 제국 건설을 방해하고 위협할 수 있는 정치 세력을 약화시킬 필요가 있기 때문이었다. 따라서 아시리아 제국이 나이리 Nairi, 바벨론, 비트 아디니 Bit Adini, 움키, 하맛, 다마스쿠스, 사마리아, 유다, 그리고 블레셋의 도시들과 같이 광범위한 지역들로부터 대규모의 강제이주를 실시한 것은 아시리아 제국의 잠재적인 위험을 약화시키고, 또한 아시리아의 팽창의 길에 놓인 장애물들을 제거하기 위한 정치적 의도 때문이었다.[345]

---

344) 차별적인 형태로 추방을 사용하는 것은 아시리아의 관례였을 뿐만 아니라, 고대 근동에서 흔히 있는 일이었다. 함무라비 법전의 에필로그는 이 법을 무시하는 왕은 그의 백성의 추방과 여기저기 흩뜨려놓는 것으로 처벌받을 것이라는 경고를 담고 있다. 히타이트와 이집트 제국은 반역 국가들의 거주민들을 추방함으로써 반역 국가들을 벌하였다. 히타이트의 거주자들이 법을 어겼을 때 부과되던 처벌 중에서 추방, 즉 그들의 고향을 강제로 떠나게 하는 처벌이 있었다. 왕에게 불충을 저지른 우가릿 시민들은 추방되었다. 여왕의 두 아들 중 하나가 키프로스로 추방된 예도 있다. 신명기서에는 만일 이스라엘 자손이 "이 책에 쓰인 이 율법의 모든 말씀"(신 28:58)을 지키지 않을 때, 그들에게 내려지는 저주의 목록이 있었다. 그리고 여기에 역시 다음과 같은 구절이 있다: "너희가 들어가 차지할 땅에서 뽑힐 것이요, 여호와께서 나를 땅 이 끝에서 저 끝까지 만민 중에 흩으시리니 네가 그 곳에서 너와 네 조상들이 알지 못하던 목석 우상을 섬길 것이라"(신 28:63-64). 이스라엘의 예언자들은 끊임없이 이스라엘 백성과 열방들을 추방의 처벌을 가지고 위협하였다. 예를 들면, 암 1:5, 5:27, 7:17; 호 9:17; 렘 20:4 등이 있다.
345) 사람들을 그들의 고향에서 몰아내는 것은 어느 정도 그들의 국가 정신과 고향 땅과의 유대를 약화시켜주었다. 이것은 또한 국가적 회생의 가능성을 감소시켰다. 주민들의 교체와 인종적이고 국가적인 그룹들을 여러 지역으로 분산시키는 것은 민족주의적인 국가들을 해체하는 하나의 방법이었다.

인력 자원의 공급

정치적인 목적 외에 아시리아 제국의 왕이 여러 지역에서 많은 사람들을 강제이주시킨 것은 제국의 목표를 달성하는데 필요한 인력 자원의 공급이라는 경제적 목적 때문이었다. 제국이 강제이주를 시킨 이유는 인력 공급을 통하여 아시리아의 국경지역을 보호하거나 아시리아 제국의 경계를 지키기 위해서였다. 뿐만 아니라 제국이 정복한 속주와 봉신국가 안에서 제국의 영향력을 강화하기 위하거나 아시리아 제국의 수도와 제국의 모든 지역들을 연결해주는 교통로의 안전을 확보하기 위해서였다. 아시리아 제국은 이러한 일련의 목표를 달성하기 위해서 요새화된 도시나 요새들을 세우고, 국경과 대로에 위치한 정착지에 충성하는 주민들로 채울 필요가 있었다.

특히, 아시리아 군대를 강화하기 위해서 정복한 지역이나 봉신국가들로부터 조공의 방식으로 병력을 강제 징집하거나 혹은 강제이주민들을 통해서 병력을 충당하였다. 군사적 측면 이외에 제국의 대규모 건축 사업, 즉 도시나 성전 혹은 왕궁을 짓는데 필요한 인력을 강제이주정책을 통하여 공급하였다.[346)]

요약하면, 아시리아 제국의 강제이주는 노예를 얻거나 노예를 팔고자 하는 수단으로 사용되지 않았다. 아시리아 왕들은 노예로 강제이주민들을 팔지 않았으며, 또한 그들은 이주민들을 노예의 신분으로 전락시키는 경우도 매우 드물었다. 메소포타미아 제국들의 강제이주는 제국을 통치하는 정치경제적 수단으로 실시되었다.

---

346) 아시리아 제국은 제국을 운영하고 유지하기 위해서 필요한 모든 인력을 충족시키기에는 너무 작은 수였다. 따라서 제국을 운영하기 위해 필요한 모든 인력 자원을 다각적인 방법으로 충당하였다. 그 방법은 크게 세 가지로 나누어 생각할 수 있다. ①아시리아와 아시리아의 속주의 주민들에게 부역을 할당하거나, ②종속국가에서 노동력을 공급받거나 ③이주민들을 통하여 기술을 가진 노동자들과 기술이 없는 노동자들을 공급받았다.

국제 정세

586년 예루살렘이 파괴되고 시드기야는 죽고 많은 유다 백성들이 포로로 잡혀간 이후, 유다는 느부갓네살에 의하여 임명된 총독 아히캄의 아들 그달랴에 의하여 통치되었다 왕하 25:22-26; 렘 40:5-41:18. 따라서 유다는 바벨론의 봉신국가가 되었다. 그러나 이스마엘이 그달랴를 죽인다. 이 사건 이후 바벨론의 보복을 두려워한 많은 유대 백성들은 이집트로 도망하였다. 따라서 요세푸스의 「유대 상고사」Antiquities에 따르면 느부갓네살의 군대가 주전 582년 다시 팔레스틴을 공격하여 유다 및 요단 동편의 여러 나라를 쳤다고 기록하고 있다:

"…이것은 느부갓네살 23년에 예루살렘을 공격한 지 5년 후에 발생한 것으로 느부갓네살이 시리아 지역을 공격하여 점령한 뒤 모압, 암몬과 전쟁하였다. 그래서 이들 나라들이 느부갓네살에게 굴복하였고 느부갓네살은 이집트를 점령하기 위하여 이집트로 갔다…" Antiquities, X ix:7.

주전 562년 느부갓네살이 죽은 후 그의 아들 아멜-마르둑 Amel-Marduk=Evil-Merodach, 주전 561-560이 왕위를 이었으나 2년 후 그의 배다른 형제이며, 느부갓네살의 딸과 결혼한 네르갈-샤르-우쭈르 Nergal-Shar-Usur=Neriglissar; 주전 559-556가 주전 599년에 왕위를 계승하였다. 그러나 그의 통치도 오래가지 못했고, 그의 아들 라바쉬-마르둑 Labashi-Marduk, 주전 556은 3개월 만에 폐위되고 관리 가운데 한 사람인 나보니두스 Nabonidus, 주전 555-539에게 왕권이 넘어갔다.

나보니두스는 하란의 총독이었던 나부-바라트슈-이크비 Nabu-balatsu-iqbi 와 하란의 신 Sin의 여제사장이었던 아다드-구피 Adad-guppi 사이에서 태어난 아들이었다. 나보니두스는 다른 메소포타미아 왕과는 달리 매우 종교적인 사람이었다. 따라서 그는 그의 딸인 엔-니갈디-난나 En-nigaldi-Nanna를 우르의 신 Sin을 위한 여제사장으로 임명하였다. 나보니두스는 꿈에 신이 나타나 하란의 신 Sin을 위한 신전을 재건하라는 명령을 받고 신전을 재건하였다. 이처럼 나보니두스가 하란의 신 Sin에 특별한 애정을 갖자 전통적인 마르둑을 숭배하던 바벨론, 보르시파르 Borsippar, 니푸르, 우룩 Uruk, 라르사 Larsa 그리고 우르 등이 나보니두스의 통치를 반대하였다. 이처럼 자신에 대한 반대가 거세지자 나보니두스는 10여 년 동안 아라비아 사막에 있는 테이마 Taima로 간다. 그러나 나보니두스가 테이마에 거주한 것에 대하여 학자들의 논쟁은 뜨겁다.

나보니두스는 메데의 아스티아게스에 대한 전쟁에서 고레스 2세 Cyrus Ⅱ, 주전 538-530 편을 들고, 그 대가로 하란의 통치권을 얻었다. 나보니두스는 그의 아들 벨-샤르-우쭈르 Bel-shar-uṣur; 성서의 벨사살 Belshazzar를 바벨론의 섭정 왕으로 임명한다. 나보니두스가 바벨론에서 행해지는 신년 제의 축제를 거르는 일이 빈번해지자 바벨론 주변의 도시들은 나보니두스에 대한 반감이 거세졌다. 그 와중에서 539년 구티 Guti의 총독이 나보니두스를 배반하고 페르시아 편에 섰다. 나보니두스는 자신의 입지 강화를 위해 바벨론 주변의 모든 도시 신들을 가져오려고 했으나 보르시파르, 쿠타, 십파르 등이 이를 거절하고 십파르와의 전쟁 중에 페르시아 군대가 바벨론으로 진입함으로써 바벨론 제국은 역사에서 사라졌다.

바벨론 강제이주에 관한 역사 기록

구약성서의 기록

바벨론 강제이주민들에 관하여 예레미야서, 에스겔서 그리고 이사야

40-55장이 기록하고 있다. 예레미야는 예루살렘에서 주전 597년과 586년 포로로 잡혀가는 유대 백성들에 대하여 기록하고 있다. 예레미야는 그달랴의 통치기간 동안 유다에서 살았으나 그달랴 살해 이후 이집트로 갔으며 예레미야 43-44장은 이집트에서의 생활을 다루고 있다.

에스겔은 바벨론 강제이주되어 생활하였으며 주전 593년 겔 1:2에서 571년 겔 29:17까지 바벨론의 그발 강가에서 활동하였다. 따라서 에스겔 예언자의 활동에 관한 기록과 그의 메시지는 강제이주민의 생활상을 제공한다.

뿐만 아니라 제2의 이사야라고 불리는 이사야서 40-55장은 바벨론 강제이주민들의 바벨론에서의 마지막 때에 관하여 기록하고 있다. 특히 제2의 이사야는 바벨론 포로기 마지막 때에 고레스에 의한 페르시아의 부흥을 기록하고 있다. 따라서 이사야 40-55장은 바벨론 포로에서 페르시아로 전환하는 유대 백성들의 삶에 관하여 기록하고 있다.

바벨론의 역사 기록

바벨론에 있는 유대 백성들에 관한 기록은 여호야긴의 이름을 담고 있는 토판이다.

"…여호야긴 Ia-´-á-kin 왕에게… / 의 qiputu-집에…/…샬라미아무을 위해, …/ …리디아사람 자비리아 Zabiria를 위하여…" Babylon 28122.

"10실라 Sila의 기름을 여호야긴, 유[…]의 왕에게 / 2.5실라를 유다 Ia-a-hu-du 왕의 아들들에게 / 4실라를 유다 lu Ia-a-hu-da-a-a에서 온 8명의 사람들에게…" Babylon 28178.

"1.5실라를 아르바드 Arvad에서 온 3명의 목수들에게, 각 사람에게 0.5실바를 / 11.5실바를 비블로스에서 온 목수 8명에게, 각 사람에게 1실바를… / 3.5실바를 그리스에서 온 7명의 목수들에게, 각 0.5실바씩 / 0.5실바를 나부-에티르 Nabu-etir 목수에게 / 10실바를 유다 왕의 아들 여호야긴 Ia-ku-ki-nu 에게" Babylon 28186.

위 토판들은 느부갓네살 시대의 것으로 이때까지 유대 왕의 이름인 여호야긴이 계속 사용되었음을 보여줄 뿐만 아니라 여호야긴에게 왕이라는 호칭과 유다 왕의 아들이라는 호칭이 사용되었다. 따라서 여호야긴이 바벨론에 포로로 잡혀간 다음에도 왕으로서의 지위와 호칭을 유지하고 있었음을 알 수 있다.

바벨론 강제이주민의 지위

자유민

유다 백성들이 유다왕국 말기 바벨론으로 강제이주되었다. 이들의 사회적 신분이 무엇이었는가를 이해하기 위해서는 구약성서나 구약성서 밖의 기록에 대한 세밀한 분석과 아시리아나 바벨론 제국의 이주정책에 대하여 이해해야 한다.

포로기 예언 문학, 이사야 42:7, 22, 45:2에서는 바벨론 이주민들을 죄수와 같이 묘사하여 갇힌 자를 옥에서 끌어낸다고 표현하고 있지만 이것은 바벨론의 삶의 상황을 은유적으로 나타내고 있는 것이지 이들의 삶이 실제로 포로와 같았다는 것을 말해주는 것은 아니다.

구약성서는 바벨론으로 강제이주된 유다 백성들의 삶에 대하여 기록하고 있다.

"너희는 집을 짓고 거기 거하며 전원을 만들고 그 열매를 먹으라. 아내를 취하여 자녀를 생산하며 너희 아들로 아내를 취하며 너희 딸로 남편을 맞아 그들로 자녀를 생산케 하여 너희로 거기서 번성하고 쇠잔하지 않게 하라. 너희는 내가 사로 잡혀가게 한 그 성읍의 평안하기를 힘쓰고 위하여 여호와께 기도하라 이는 그 성이 평안함으로 너희도 평안할 것임이니라" 렘 29:6-7.

본문에 기록된 내용에서 유다 백성들의 포로민과 같은 구속된 삶의 모습을 찾아볼 수 없다. 본문에서 "아내를 취하여 자녀를 생산하며"라는 표현은 누구와 결혼하라는 것인지 불분명하다. 그러나 아시리아 제국의 서신을 분석하면 이것이 바벨론 사람과의 결혼까지도 포함하고 있음을 알 수 있다.

"나의 주이신 왕에게: 폐하의 종 앗수르-마트카-테라로부터. 나의 주 왕의 만수무강을 빕니다. '그들에게 아내를 맞이하게 하라'고 폐하께서 말씀하신 아람 사람에 관하여, 그 여인들이 말하기를 아람 사람들이 돈을 지불하려고 하지 않는데 우리는 무엇을 해야 합니까? 따라서 아람 사람들이 지금까지 우리에게 돈을 지불하지 않았습니다. 그들에게 돈을 주게 하여 결혼하게 하소서" NL 26.

이 서신은 아람 사람들과 아시리아 여인 사이에 결혼 풍습의 차이로 생기는 문제를 해결해달라는 호소의 서신이다. 강제로 이주해온 사람과 현지 사람 간의 결혼이 행해졌음을 보여준다. 마찬가지로 예레미야 29장의 결혼도 동족간의 결혼일수도 있지만 NL 26처럼 유다 백성과 바벨론 원주민 간의 결혼을 의미할 수도 있다. 예레미야 29장에서 스마야가 예레미야의 서신에 대하여 거세게 항의하는 것도 이러한 상황을 예측하게 한다. 비록 선전을 목적으로 한 말이기는 하지만 열왕기하 18:32에서도 강제이주민들의 삶의 모습이 구속적이지 않다.

"내가 장차 와서 너희를 한 지방으로 옮기리니 그곳은 너희 본토와 같은 지방 곧 곡식과 포도주가 있는 지방이요 떡과 포도원이 있는 지방이요 기름 나는 감람과 꿀이 있는 지방이라 너희가 살고 죽지 아니하리라 히스기야가 너희를 면려하여 이르기를 여호와께서 우리를 건지시리라 하여도 듣지 말라" 왕하 18:32.

위에서 살펴본 바와 같이 왕하 18장과 예레미야 29장의 기록은 유다에서 강제이주한 백성들의 삶이 구속된 삶이 아니라 자유로운 삶이었음을 구사하고 있다. 뿐만 아니라 느부갓네살이 바벨론으로 데려간 사람들이 바벨론과 페르시아 왕궁에서 중요한 역할을 했음을 볼 수 있다. 예를 들면, 모르드개는 포로의 모습이 아니라 자유민으로서의 모습을 보여주고 있다 에 2:6. 바벨론 이주민들의 자유로운 생활은 예레미야 29장과 같이 바벨론 거주민과 유다에 거주하는 사람들 사이에 자유로운 서신 왕래가 있었으며, 바벨론 거주민을 위한 유다 백성의 제사장들이 활동하고 있었다는 것은 이들의 생활이 자유로웠음을 보여준다.

"선지자 예레미야가 예루살렘에서 이 같은 편지를 느부갓네살이 예루살렘에서 바벨론으로 옮겨간 포로 중 남아 있는 장로들과 제사장들과 선지자들과 모든 백성에게 보내었는데…" 렘 29:1.

뿐만 아니라 강제이주민들의 직업 분포를 살펴보면 대체로 전문직이 이주되었음을 알 수 있다. 유다 백성 가운데 바벨론으로 이주된 사람들의 구성을 살펴보면 왕 왕하 25:6, 347) 왕의 모친과 아내 왕하 24:15, 군사지휘관 왕하 24:15, 용사 왕하 24:16, 공장과 대장장이 왕하 26:16, 성중에 남아 있는 백성, 바벨론 왕에게 항복한 자, 무리의 남은 자 왕하 25:11, 대제사장 및 성전에서 일하는 관리들

---

347) 우리말 성경에는 내시로 번역되어 있으나 히브리어 싸리스(סריס)는 '군사지도자' 혹은 '고위관리'로 번역해야 한다. 김영진, "성서에 등장하는 관직명의 번역," 왕대일 엮음, 『말씀의 뜻을 밝혀 주시오: 주석과 성서 번역』, 서울, 2000, pp. 318-326, esp. 324.

왕하 25:18, 궁중 관리 왕하 25:19, 그리고 예술가 렘 39:10 등이다.[348] 이러한 예는 이집트에서 강제이주된 사람들의 직업을 살펴보아도 마찬가지 현상을 발견할 수 있다. 의사, 수의사, 점쟁이, 꿈 해몽가, 뱀을 부리는 사람, 가수, 금세공인, 동세공인, 대장장이, 수레 만드는 목수, 배 만드는 목수, 양탄자 제조인, 맥주 양조인, 빵 만드는 자, 어부, 서기관 등이다. 따라서 이들은 죄수라기보다는 일반 시민이었다.[349]

비트-무라슈 Bit Murašû에서 토지 매매에 참여한 유다 백성들의 모습 속에서 바벨론 이주민들의 지위를 다음과 같이 결론지을 수 있다. 초기 바벨론 강제이주민들은 주거의 제한이 있기는 했지만 자신의 특기에 따라 각 분야에서 일하는 사람들이었다. 그러나 바벨론의 기록에는 이집트인, 페니키아인, 아랍인, 아람 사람들이 낮은 지위의 일을 담당하였다. 따라서 유다 백성들도 이들과 같이 낮은 지위의 직종에 종사하였을 것이다.[350]

후에 이들이 경제 상업 문서에 등장하고, 땅을 소유한 것으로 기록되어 있기 때문에 이들의 사회적 지위가 평민 free man 이상이었던 것으로 볼 수 있다. 짜독 R. Zadok은 비트-무라슈에서 발견된 기록에 등장하는 유다 백성들이 다른 민족들과 마찬가지로 지주로 혹은 소작농으로 농업에 종사하였을 것으로 추정한다. 요세푸스가 귀환한 유다 백성들이 많은 재산을 가지고 온 것으로 기록한 것은 Antiquities XI 3 비트-무라슈에서 발견된 기록을 통하여 어느 정도 추정할 수 있다. 비트-무라슈 지역의 주된 경제활동은 농업을

---

348) B. Oded, *Mass Deportations and Deportees in the Neo-Assyrian Empire*, pp. 41-74. 아시리아-바벨론 제국의 이주정책의 가장 큰 목적은 제국을 유지하기 위해 필요한 인력 자원의 공급이기도 했지만 정복지역 내의 중심 세력을 이주시킴으로써 반란을 막기 위한 군사적 목적도 있었다.

349) *Ibid.*, p. 78.

350) 마이스너는 바벨론에 거주하는 유다 백성들이 사회적으로 높은 지위에 있었다고 주장하지만 이것을 증명할 기록이 없다. B. Meissner, *Die Achämenidenkönige und das Judentum*, Berlin, 1938.

관장하는 것이었으며, 이와 함께 농토를 매매한 기록을 볼 수 있다.[351]

그러나 이러한 일반적인 상황과 달리 정복된 지역의 왕이나 왕족들의 경우는 상황이 약간 달랐다. 여호야긴의 경우 수년 동안 옥에 갇혀 있었다 왕하 25. 이것은 정치적으로 이들이 제국에 대하여 반란 세력을 규합하는 것을 막기 위한 수단이었다. 따라서 아시리아-바벨론 제국시대에 실시된 강제이주민은 대체로 자신이 이주되어진 지역에서 자유민의 신분을 유지하면서 자유로운 경제활동을 보장받았다.

종족 단위의 사회체제

바벨론으로 강제이주된 유다 백성들은 자유민으로서의 신분을 갖고 있었다면 어디서 어떤 사회체제를 형성하였는가? 이 질문에 대하여 에스겔 3:15은 유다 백성들이 그발 강가의 텔-아빕 Tell-Abib에 거주하였다고 기록하고 있다. 그발 강이란 나푸르 근처에 있는 카바루 수로 ^{nār}Kabāru-canal를 뜻한다. 따라서 유대 백성들은 나푸르 근처에 모여 살았음에 틀림없다. 그런데 니푸르 근처에 모여 산 것은 유다 백성들만이 아니다. 그곳에는 '두로의 집' Bīt ^{iu}Ṣur-ra-a-a이라는 두로에서 이주해온 사람들이 거주하는 지역이 있었고,[352] 아스글론에서 이주해온 사람들을 위한 '아스글론 도시' ^{uru}Iš-qal-lu-nu라는 지명도 있다.[353] 또한 하맛에서 이주해온 사람들을 위해 '하맛의 집' Bīt ^{iu}Ḫa-ma-ta-a-a이란 지명이 생겼고,[354] 아랍 사람들을 위하여 '아랍인의 도시' URU ša-^{lu} Ar-ba-a-a라는 지명도 생겨났다.[355] 이러한 사실은 바벨론 제

---

351) R. Zadok, *The Jews in Babylonia During the Chaldean and Achaemenian Periods*, pp. 86-88.
352) *BE* IX 79:5.
353) *BE* IX 86a:8.
354) *BE* X 16:4, 17:9.
355) *BE* VIII/1 26:13.

국에 의하여 옮겨진 사람 가운데 니푸르 근처에 거주한 사람들은 자국인들끼리 모여 살았음을 알 수 있다. 그런데 니푸르 근처의 비트-무라슈에서는 유다 백성들의 이름이 84개나 발견되었다. 앞에서 언급한 대로 비트-무라슈 지역은 바벨론으로 이주한 유다 백성들이 거주했던 지역으로 추정할 수 있다. 그런데 이들이 거주한 지역의 규모는 도시의 규모가 아니며 작은 정착촌 Landsmannschaften 의 형태였다.[356]

바벨론 강제이주민들의 사회 구조에 대한 가장 설득력 있는 학설은 에프알의 설명이다.[357] 그는 에스겔 8:1, 14:1, 20:1, 3에서 '유다의 장로' יהודה זקני 나 '이스라엘의 장로' ישראל זקני 라는 표현이 등장하며, 예레미야가 바벨론으로 강제이주당한 사람들에게 서신을 보낼 때에도 수신자로서 장로 הזקנים 를 언급하고 있다고 지적했다. 바벨론 이주민들이 귀환할 당시에도 이들은 종족 단위 베이트 아보트, בית אבה 로 귀환하였다 스 2:59. 뿐만 아니라 바벨론 이주민들이 귀환한 후에도 장로와 같은 의미를 가진 아람어 שב 나 히브리어 ראש 라는 단어가 귀환 공동체의 지도자로 등장하였다. 귀환 공동체에는 왕국시대 때에는 전혀 등장하지 않던 '베이트 아보트' 라는 사회 단위가 등장한다 스 10:16; 느 10:34-37. 이러한 기록을 통하여, 에프알은 귀환 공동체의 이러한 현상은 바벨론 체류 시절부터 베이트 아보트를 사회 기초 단위로 여겼기 때문이라고 주장한다. 그는 바벨론 공동체의 장로들이 베이트 아보트 단위로 유다 왕국에서 가졌던 지위에 근거하여 활동하였을 것으로 추정한다. 바벨론 이주민들이 장로들에 의해 유지되는 사회체제를 가졌다고 주장하였다.

---

356) I. Eph`al, "The Western Minorities in Babylonia in the 6th-5th Centuries BC: Maintenance and Cohesion," Orientalia 47 (1978), pp. 74-90, esp. 83.
357) I. Eph`al, "The Western Minorities in Babylonia in the 6th-5th Centuries BC: Maintenance and Cohesion," pp. 74-90.

이러한 사실은 페르시아 제국시대에 있었던 유다 백성 이외의 강제이주된 소수 민족들도 장로에 의하여 이주민들의 사회가 형성되었음을 보여준다. 페르시아 제국의 캄비세스 왕 원년 키슬레브 달 22일, 즉 주전 529년 12월 25일에 있었던 토지 매매를 기록한 문서에 의하면 토지 매매가 "이집트인 장로들의 회의 앞에서 이루어졌다" ina puḫur ⁱᵘ šibūtu šá ⁱᵘ Mi-ṣir-a-a, 'in the presence of the assembly of the elders of the Egyptians"라고 기록하고 있다. 그런데 이들 이집트 사람들은 에살하돈이나 혹은 앗수르바니팔 시대에 이집트에서 아시리아 제국으로 강제이주되었다.[358] '이집트인 장로들의 회의'라는 조직은 구약성서에 기록된 '유다의 장로' יהודה זקני 나 '이스라엘의 장로' ישראל זקני 를 연상케 한다.

베이트 아보트 혹은 베이트 아브의 규모와 그 역할에 대한 학자들의 다양한 견해가 제시되었다.[359] 부족으로 해석하는 학자가 있는가 하면,[360] 어떤 이들은 가족이나 혹은 가족 연합 정도로 이해한다.[361] 사회주의 학자인 바인버그 J. P. Weinberg는 느헤미야 11:13, 12:22을 근거로 하여 베이트 아브는 시민 성전 공동체에 속해 있는 하나의 사회 조직이며, 그 회원을 '아흐' אח, 형제라고 부른다고 주장하였다.[362] 마지막으로 모빙켈 S. Mowinckel은 베

---

358) I. Eph'al, "The Western Minorities in Babylonia in the 6th-5th Centuries BC: Maintenance and Cohesion," p. 78.
359) '베이트 아보트 (בית אבות)에 관한 자세한 논의는 김지은, 『포로와 토지소유』, 서울, 2005, pp. 123-127, 181-184를 참고하시오.
360) 아무신(J. D. Amusin), 뷜(F. Bühl), 키텔(Kittel), 리버(J. Liver) 등은 '베이트 아보트'를 '부족'(clan)으로 해석한다. J. D. Amusin, "People of the Land," VDI 2 (1955), p. 29; F. Bühl, Die sozialen Verhältnisse der Israeliten, Berlin, 1899, p. 37; J. Liver, The Time of Ezra and Nehemiah, Jerusalem, 1953, pp. 10-11; E. Meyer, Die Entstehung des Judentums, Halle, 1896, pp. 134-135.
361) 드보(R. de Vaux), 갈링(K. Galling), 노트(M. Noth), 페터슨(D. L. Peterson) 등이 이러한 해석을 제시한다. R. de Vaux, Ancient Israel, p. 22; M. Noth, Die Welt des Alten Testament, Berline, 1957, p. 55; K. Galling, Studien zur Geschichte israels im persischen Zeitalter, Tübingen, 1964, p. 96.
362) J. P. Weinberg, "The Bêt Abôt of the Sixth to Fourth Centuries BCE," p. 53.
363) S. Mowinckel, Studien zu dem Buche Ezra-Nehemia, Oslo, 1964, pp. 71-91.

이트 아보트를 지역사회 공동체라고 주장하였다.[363]

이처럼 학자들의 다양한 주장 가운데서 베이트 아브가 어떤 성격의 사회 구성 단위인가를 알기 위해서는 규모에 대한 연구가 선행되어야 한다. 이에 대하여 학자들은 150여 명으로 구성됐다고 주장하는 학자가 있거나 혹은 다른 이들은 네 세대 혹은 다른 이들은 또 다른 규모의 숫자를 제시한다.[364]

최근 베이트 아브 בית אב 에 대하여 연구한 벤돌 S. Bendor은 베이트 아브가 셋 혹은 네 세대로 구성되었다고 주장하였다.[365] 그는 베이트 아브가 수적으로 확장 발전하는 단계를 세 단계로 나누어 설명했다. 제1단계는 아버지 어머니 세대와 그 자녀들로 구성된 작은 사회이고, 제2단계는 아들과 딸들이 성장하여 결혼하여 그 규모가 확장되는 단계, 제3단계는 아버지가 더 이상 활동할 수 없어 아들이 기업을 유산으로 이어받는 단계이다.[366] 비록 벤돌이 베이트 아브의 숫자적인 규모는 제시하지 않았지만 각 단계마다 규모에 있어서 큰 차이가 있었음을 알 수 있다.

그러나 이렇게 베이트 아브의 규모를 추정하는 데 문제점이 없는 것은 아니다. 먼저 하나의 베이트 아브에 몇 명의 장로가 담당자로 있었는가 기준을 정하기 어렵기 때문이다. 그렇지만 성서와 성서 밖의 기록을 통하여

---

364) 갓월드(N. Gottwald)는 베이트 아브가 약 150명 정도의 규모로 형성되었다고 주장하는가 하면, 샤르베트(J. Scharbert)는 베이트 아브에 네 세대가 함께 사는 규모로 이해하였다. 또한 스테거(L. Stager)는 성서 본문과 고고학적 발굴을 통하여 베이트 아보트는 샤르베트가 주장하는 것보다 더 많은 백성들로 구성되었다고 주장한다. J. Scharbert, "Beyt 'Ab als soziologische Grosse im Alten Testament," *Von Kanaan bis Kerala, Delseman, Nelis, Peters, Romer and van der Woude Eds*, Neukirchen, 1982; N. Gottwald, *Tribes of Yahweh*, pp. 25ff; L. Stager, "The Archaeology of the Family in Ancient Israel," BASOR 260 (1985), 22-23; F. M. Fales and J. N. Postgate, *Imperial Administrative Records, Part II: Provincial and Military Administration*, Helsinki, 1995, pp. 122-145.

365) S. Bendor, *The Social Structure of Ancient Israel*, Jerusalem, 1996, p. 61.

366) S. Bendor, *ibid.*, pp. 168-172.

바벨론에 거주하는 유다 백성들은 장로들이 지배하는 사회 구조를 가지고 있었으며, 이러한 사회 모습은 아마도 베이트 아브와 같은 부족 단위의 사회조직을 가지고 있었던 것으로 보인다.

바벨론 강제이주민들의 야웨 신앙

바벨론 강제이주민들의 야웨 신앙을 알아보기 위하여 구약성서 가운데 바벨론 강제이주민들의 이름 목록을 분석하여, 그들의 이름에 야웨 יהוה 요소가 얼마나 포함되어 있는가를 살펴보았다. 특히 에스라 8:2-14의 에스라와 함께 바벨론을 떠난 자의 명단이나 에스라 8:16-19의 에스라가 바벨론을 떠나기 전에 불러 모은 유다 백성들의 족장들 이름 명단은 바벨론 강제이주민들의 야웨 신앙을 단적으로 보여준다. 일반적으로 에스라의 귀환 시기를 아르닥사스다 1세 Artaxerxes I, 주전 465-424/3 통치 20년인, 주전 458년 바벨론으로 이주한 지 130여 년 후으로 받아들인다. 만약 그렇다면, 에스라와 함께 귀국한 사람들은 모두 바벨론에서 탄생한 사람들이며 이민 4-5세대, 이들 부모 역시 바벨론 지역에서 탄생한 사람이었을 것이다. 그렇다면 이들의 이름 분석은 바벨론 이주자들의 야웨 신앙을 나타내는 데 중요한 자료가 된다.

에스라 8:2-14의 이름을 분석하면 15명의 이름 가운데 야웨 יהוה 이름은 모두 9명이며 60%, 엘 אל과 결합된 이름은 4명 22% 그리고 신적인 이름이지만 신적인 요소가 탈락한 이름을 가진 자가 5명 28%이다. 특히 야웨 이름과 결합된 요소는 ישׁו, זבו, זכר, שׁמע, חנן, שׁכן 등의 요소와 결합되어 있다. 야웨 요소나 이것이 탈락된 축약형 이름 hypocoristic name은 모두 14명으로 전체 이름의 93%에 달한다. 이처럼 높은 야웨 신앙을 나타내는 것은 에스라

8:2-14에 기록된 사람들이 제사장을 중심으로 이스라엘의 족장들이었기 때문에 이들의 신앙은 다른 사람들보다 특별했을 것이다.

또한 에스라가 바벨론을 떠나기 전 불러 모은 15명의 유다 백성들의 족장들 이름이 등장하는 에스라 8:16-19의 이름을 분석하면 이 가운데 4명의 이름이 야웨יהוה와 결합된 이름이고 33%, 5명의 이름이 엘אל과 결합된 이름이다 41%. 야웨יהוה 요소나 혹은 이 요소가 탈락된 축약형 이름은 모두 5개 42% 등장한다. יהוה와 결합된 단어들은 에스라 8:2-14과 같이 זכר, ישע, חשב, שרב, שמע, נתן 등이다. 이들의 이름 가운데 야웨 요소가 적은 것은 8:16-19에 레위인들이 많이 포함되지 않은 일반 백성들의 명단이기 때문이다 스 8:15 참조. 따라서 이러한 사실은 바벨론 강제이주민들의 야웨 신앙이 강제이주 공동체 가운데 최소한 42%의 사람들에 의하여 지지되었음을 보여준다.

에스라 8:2-14과 8:16-19의 이름을 비교하면, 두 곳의 이름 명단에서 야웨 요소가 최소한 42% 정도 이상된다. 뿐만 아니라, 야웨 요소와 결합된 이름도 서로 비슷하다. 이런 사실은 주전 445-403년 사이에 기록된 무라슈 Murašû 경제 문서에 기록된 유대인의 이름 84개 가운데 42.8%에 해당하는 36개의 이름이 야웨 신명을 사용하고 있다는 사실과도 무관하지 않다.[367] 또한 에스라 8장에 기록된 바벨론에 거주한 유다 백성들의 이름에서와 마찬가지로 יובר, זבוד, זבדיה, זבדיאל, זבד 무라슈 문서에 나타난 유다 백성들의 이름에도 זבד Zab-di-ia; זבדי/ Za-bad-ia-a-ma; זבדיה와 נתן Na-ta-nu-ia-a-ma; נתניה / Ia-hu-ú-na-ta-nu; יהונתן 요소가 주를 이루고 있다.[368]

---

367) R. Zadok, *The Jews in Babylonia during the Chaldean and Achaemenian Periods According to the Babylonian Sources*, pp. 7-8, 11, 55
368) M. D. Coogan, *West Semitic Personal Names in the Murašû Documents*.

바벨론 강제이주민들이 어떻게 야웨 신앙을 고수할 수 있었는가? 이에 대하여 많은 학자들은 바벨론의 니푸르로 이주된 다른 민족들의 삶을 통하여 바벨론 강제이주민들이 문화적 정체성을 어떻게 유지할 수 있었는지를 추측한다. 앞에서 언급했듯이 바벨론으로 옮겨진 사람 가운데 니푸르 근처에 거주한 사람들은 자국민들끼리 모여 살고 있었다. 즉 페니키아에서 이주해온 사람들이 거주하는 곳을 '두로의 집'이라고 불렀고, 아스글론에서 이주해온 사람들이 거주하는 곳을 '아스글론 도시'라고 불렀다. 이처럼 이집트, 아스글론, 시돈 지역, 시리아 북부지역의 멜리드Melid와 네이랍Neirab, 하맛 등지에서 강제 이주당한 백성들은 니푸르 근처에 거주하면서 자신들의 고향 이름을 딴 지명을 사용하였다.[369]

비트-무라슈에서 발견된 주전 5세기 중엽의 기록에 의하면 이 지역은 하트르 Had/!ru라는 행정 구역으로 나뉘어졌는데 각 하트르에는 각기 다른 지역에서 이주된 백성들이 거주하였다.[370] 그런데 이 하트르의 명칭 역시 강제 이주된 백성들의 본래 고향의 이름을 그대로 사용한 것이다. 이처럼 바벨론 지역으로 강제이주되었던 사람들이 거주지 명칭을 고향의 이름을 따라 지었다는 사실은 강제이주민들이 자신들의 문화 종교적 정체성을 유지하였음을 보여주는 중요한 자료이다. 이곳에 거주했던 유다 백성들은 함께 이주되어왔던 다른 백성들과 마찬가지로 자신들의 문화적인 정체성을 유지하며 살았다. 그런데 이들 이집트 사람들은 에살하돈이나 혹은 앗수르바니팔 시대에 이집트에서 아시리아 제국으로 강제이주된 사람들이다.[371]

---

369) I. Eph'al, "The Western Minorities in Babylonia in the 6th-5th Centuries BC: Maintenance and Cohesion," pp. 84-87.
370) Murašû 문서에 대해서는 G. Cardascia, *Les archives des Murašû*, Paris, 1951; M. D. Coogan, *West Semitic Personal Names in the Murašû Documents*를 참고하시오.
371) I. Eph'al, "The Western Minorities in Babylonia in the 6th-5th Centuries BC: Maintenance and Cohesion," p. 78.

'이집트인 장로들의 회의' 라는 조직은 구약성서에 기록된 "유다의 장로" יהודה זקני 나 "이스라엘의 장로" ישראל זקני 를 연상케 한다.

유다 백성들이 종교 문화적 정체성을 유지할 수 있었던 것은 유다 백성들만의 독특한 현상이 아니라 이주되어온 소수 민족에게서 일반적으로 볼 수 있는 현상이었다.[372] 그러나 어떤 정치적 이유로 이주된 백성들이 자신들의 종교 문화적 정체성을 지켰는지에 대해서는 밝혀진 것이 없다. 이러한 상황 속에서 바벨론으로 이주된 유다 백성들의 민족적 문화적 종교적 정체성의 핵심인 야웨 신앙을 지킬 수 있었다. 뿐만 아니라, 이들의 바벨론에서의 종교적 문화적 삶의 모습을 그대로 귀환시대에 실현하였다.[373]

---

372) 오데드(B. Oded)는 글에서 바벨론 강제이주민들이 자신들의 조상들의 풍습에 따라 사는 것이 허락되었고, 부동산과 노예들까지 사는 것이 허락되었다(스 2:65)고 주장한다. 어떤 학자들은 에스라 1:6, 2:68-69을 통하여 바벨론 강제이주민들이 예루살렘으로 비싼 선물들을 보냈다고 주장한다. B. Oded, "Judah and the Exile," pp. 435-488.

373) 귀환 공동체는 바벨론에서의 사회 정치 종교적 모습을 그대로 유대 땅에서도 실현하였다. 따라서 바벨론 강제이주 공동체가 장로들에 의하여 유지되는 사회체제를 가졌던 것처럼 귀환 공동체 역시 베이트 아보트라는 사회 단위로 구성되었다(스 10:16; 느 10:34 -37). 따라서 에프알은 귀환 공동체의 이러한 현상은 베이트 아보트가 바벨론 체류 시절부터 베이트 아보트를 사회 기초 단위로 여겼기 때문이라고 주장한다. 그에 의하면 바벨론 공동체의 장로들은 베이트 아보트 단위로 자신들이 포로로 잡혀오기 전 유다에서 가졌던 지위에 근거하여 활동하였던 것으로 추정한다. 베이트 아보트에 대하여 T. Frymer-Kensky, "Patriarchal Family Relationships and Near Eastern Law," BA 44 (1981), 209-214; S. N. Eisenstadt, "Paralleleinblicke in das judishce und rösche Familien und Erbrecht," Klio 40 (1962); idem, The Political Systems of Empires, New Brunswick, 1963를 참고하시오. 특히 타드모르(Tadmor)는 당시 니푸르 근처에서 경제활동을 하던 무라슈(Murashû) 집안에서 나온 문서들의 여러 이름들을 조사하면, 5세기 중엽 유대인들은 정신적으로 상당한 변화를 경험했던 것으로 보인다고 주장한다. 그의 주장에 의하면 강제이주민 가운데 제 3세대들은, 그들의 이름에서 지닌 יה 라는 신적 요소가 사용되었으며, 또한 יהו 과 같은 요소가 포함된 이름을 사용하였다. 이러한 사실은 주전 5세기 전반기에 니푸르 지역에서의 포로 공동체가 과거 자신들의 유대 전통에 새롭게 관심을 보이게 되었다는 결론을 내릴 수 있다고 주장한다. H. Tadmor, "Judah," Cambridge Ancient History VI, pp. 261-296, esp. 273-274.

귀환 시대와 페르시아 제국

페르시아의 등장

페르시아의 왕 고레스가 주전 539년 티그리스 강가의 오피스 Opis에서 바벨론의 마지막 왕이었던 나보니두스를 무찌르고 아흐메나이드 Achaemenid 왕조를 새롭게 열었다. 이를 흔히 페르시아 제국이라고 부른다

페르시아 사람이 처음 기록에 등장한 것은 주전 640년 아시리아 기록에서였다. 이 기록에 따르면 파르수와쉬 Parsuwash의 왕이 앗수르바니팔의 봉신이었다. 헤로도토스의 기록에는 페르시아 사람들이 메데 사람들을 주전 7세기 후반에 복종시켰다. 정치적인 삶을 나타내는 왕에 대한 용어나 파르사 Pārsa는 메데 사람들의 특징을 잘 나타낸다.

페르시아 사람들의 정치적 독립은 고레스에 의하여 성취되었다. 고레스는 메데의 왕이었던 아스트야게스 Astyages에 반란을 일으켰다. 아스트야게스는 고레스에 대하여 진군하였으나 메데 군대가 반란을 일으켜 주전 550년 자신들의 왕인 아스트야게스를 고레스에게 넘겨준다. 오늘날 하마단

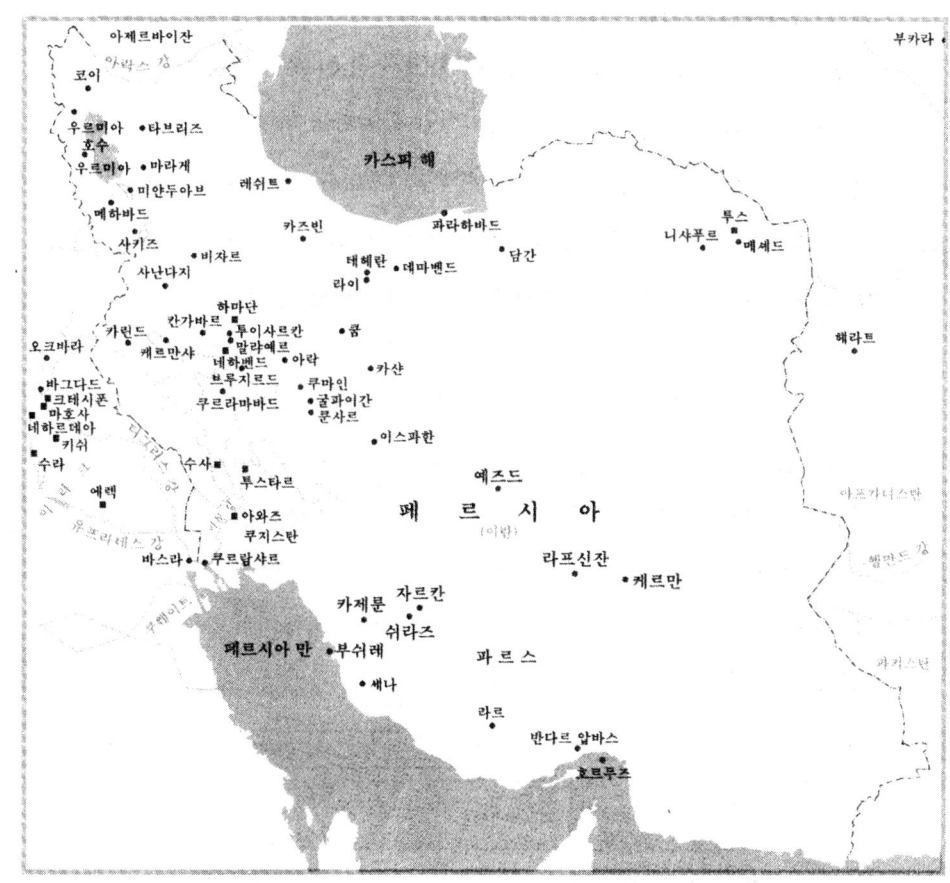

| 페르시아 |

Hamadan이라고 불리는 엑바타나 Ecbatana를 약탈하여 고레스는 메데를 통치하였다. 페르시아의 전통에 의하면 고레스는 아스트야게스의 손자이며 메데 귀족들의 지지를 받았다. 바벨론과 연합하여 주전 612년 아시리아 왕국을 멸망시킨 메데는 큰 세력이었으나 페르시아 사람들은 고레스 이전에는 알려지지 않았다. 다니엘 8:3의 두 뿔 가진 양은 메데와 페르시아를 상징한다. 고레스는 주전 547년 크로에수스 Croesus의 리디아 Lydi 왕국을 정복하였고 주전 539년 나보니두스의 바벨론 왕국을 정복하였다. 고레스 2세의 아들 캄비세스 2세는 주전 525년 이집트를 페르시아의 영향력 아래 놓았으며 나일 강으로부터 시-다르야 Syr-Darya, Jaxartes와 인더스까지 진출하였다. 주전 522년 캄비세스의 죽음은 내전을 불러일으켰고 이 내전을 평정한 다리우스 1세 Darius I, 주전 522-486 는 캄비세스와 먼 인척관계였다. 다리우스 1세의 직접적인 후손들은 6대 동안 페르시아 제국을 통치하였다. 다리우스 3세 Darius III, 주전 336-330는 알렉산더 대왕에게 제국을 잃었다. 페르시아 왕의 연대표는 다음과 같다.

페르시아 왕	연대표
고레스 (Cyrus)	주전 559-530년
캄비세스 (Cambyses)	주전 530-522년
다리우스 1세 (Darius I)	주전 522-486년
크세르크세스 1세 (Xerxes I)	주전 486-465년
아르닥사스다 1세 (Artaxerxes I)	주전 465-424년
크세르크세스 2세 (Xerxes II)	주전 424-423년
다리우스 2세 (Darius II)	주전 423-404년
아르닥사스다 2세 (Artaxerxes II)	주전 404-359년
아르닥사스다 3세 (Artaxerxes III)	주전 359-338년
아르세스 (Arses)	주전 338-336년
다리우스 3세 (Darius III)	주전 336-330년

아흐메나이드 왕국 역사의 최정점은 주전 490년 다리우스 1세의 그리스 정복 실패와 주전 480-479년 크세르크세스 1세 Xerxes I, 주전 486-465의 그리스 정복이다. 아테네 사람들과 그의 동맹군은 소아시아의 에게 해 해안을 억지로 손에 넣었으며, 에게 해 섬들은 주전 479-469년 페르시아로부터 독립하였고, 주전 459-454년 이집트의 반란을 지원하였다. 아테네와 스파르타 사이의 펠로폰네소스 전쟁 Peloponnesian War, 주전 432-404은 페르시아로 하여금 잃었던 영토를 다시 찾을 수 있는 기회를 주었다. 그러나 경제적으로나 문화적으로 그리스 사람들은 남아 있었다. 그리스의 은은 페르시아 제국에서 돈으로 사용되었으며, 그리스 상인들은 페르시아의 외국 무역을 주도하였다. 그리스 상인들은 페르시아 군대의 핵심이 되었다. 이집트가 주전 404년에 페르시아의 굴레에서 벗어나 주전 342년까지 독립해 있었기 때문이었다. 60년이 넘는 이 기간 동안 팔레스틴에서의 정치적인 힘은 여러 번 이동했고, 페르시아가 이집트를 다시 통제하려는 노력이 실패로 끝나고 있을 때, 이집트는 팔레스틴에 거점을 마련하면서 주로 해안을 따라 팔레스틴의 여러 곳을 점령했다. 주전 361년에 이집트의 왕 타호스 Tachos, 주전 380-362가 페니키아를 점령하려는 시도가 실패로 끝났고 총독령의 반란 Satraps' Revolt이 일어났다. 이 사건에 대해서는 어떤 금석학적 자료에도 흔적이 남아 있지 않았다. 예를 들면, 주전 361-360년 이두메의 오스트라카는 페르시아 왕의 즉위년 regnal years을 반영하는 연대를 가지고 있다.

페르시아 시대의 역사 자료

고대 이스라엘 역사를 살펴볼 때 주전 1000년대의 역사 기록은 유다 왕국의 멸망으로 끝나고, 귀환 시대 주전 538-515, 445-432에 관한 일부 기록이 존재하며 그 후 알렉산더 대왕의 등장까지 역사 기록이 발견되지 않는다. 따라서 페르시아 시대의 역사에 있어서 기록의 단절 시기가 존재한다. 이러한 시기에 대한 학자들의 연구 경향은 두 가지로 나눌 수 있다. 첫째 그룹은 아카드어, 아람어, 히브리어와 부수적인 문화들을 통해서 페르시아 시대에 대하여 연구한다. 그러나 다른 그룹은 헬라어를 사용하던 헬라 세계에 관심을 갖는다. 이러한 두 그룹 사이의 교류가 불충분하기 때문에 결과적으로 역사적인 문헌 내에서 단절의 기간에 대한 이해가 생각보다 적다.

역사 서술의 연속성에 있어서 단절의 첫 번째 그리고 주된 이유는 오늘날 연구가 수행될 때 그 기반을 제공하는 기록 문헌 자료가 부족하기 때문이다. 그럼에도 불구하고 이 시기에 속하는 많은 에피그라피 자료 epigraphic sources를 가지고 있다.

에피그라피 자료

페르시아 시대의 기록 문헌 가운데 중요한 것은 고레스 칙령이다. 1879년 라삼Rassam에 의하여 발견된 아카드어로 기록된 고레스 원통 기록은 고레스 칙령을 담고 있다. 이 고레스 칙령은 에스라와 느헤미야에 기록된 유대인의 귀향에 관한 역사적 사실을 입증해주는 중요한 자료이다. 그러나 아직도 논란이 되는 것은 성서에 기록된 고레스 칙령과 고레스 원통 기록의 내용에 차이점이 있다는 것이다.

바벨론에 거주하는 유다 백성들의 삶을 나타내는 니푸르 근처의 비트-무라슈 농장에서 토지를 빌려주고 경제활동을 하는 유대 백성들의 이름을 기록한 토판 문서가 발견되었다. 비트-무라슈 문서는 아르닥사스다 1세, 다리우스 2세 Darius Ⅱ, 주전 423-405 그리고 아르닥사스다 2세 Artaxerxes Ⅱ, 주전 405-

359)의 시대에 속하는 879개의 경제 문서로서 주전 5세기 말 4세기 초의 유대 백성들의 삶의 정황을 보여준다. 이 문서의 주된 내용은 매매계약 문서이다.[374)] 개인의 이름이 약 2,500여 개 되는데 그 가운데 유대 백성의 이름이 약 82개 전체의 2.5% 발견되었다.[375)]

박타란 Bactaran 동쪽 32km에 위치한 베히스툰 Behistun, '신들의 장소' 라는 뜻의 고대 페르시아 지명의 절벽 3m 높이, 5.5m 폭에 새겨진 세 언어, 아람어, 바벨론어 그리고 페르시아어로 기록된 비문이 발견되었다. 이 비문의 내용은 다리우스의 원년과 1년의 행적을 기록하고 있다. 베히스툰 비문은 주전 525년 캄비세스의 이집트 원정과 그의 죽음에 관한 자료를 제시하며, 더 나가서 전체 제국의 행정 구역이 헤로도토스와 달리 페르시아를 포함한 23개로 나뉘어져 있다고 기록하고 있다. 베히스툰 비문에 의하면 다리우스는 페르시아를 제외한 전 지역을 모두 22행정 구역으로 나누어, 페르시아를 포함한 전체 23개의 행정 구역으로 구성하였다.[376)]

팔레스틴에서 발견된 페르시아에 대한 에피그라피 자료는 매우 다양하다. 여리고에서 북서쪽으로 12km 떨어진 와디 달리예 Wadi Daliyeh의 동굴에

---

374) H. V. Hilprecht and A. T. Clay, *Business Documents of Murashû Sons of Nippur: Dated in the Region of Artaxerxes I(464-424 B.C.)*, BE 9, Philadelphia, 1898; A. T. Clay, *Business Documents of Murashû Sons of Nippur: Dated in the Region of Darius II(424-404 B.C.)*, BE 10, Philadelphia, 1904.

375) 무라슈 문서에 나타나는 유대인들의 이름 앞이나 뒤에 그들이 유대인임을 나타내는 어떠한 기록도 없다. 그렇지만 유대 백성의 이름으로 분류한 근거는 여호와의 약자인 ּיְ에 해당하는 아카드어 ia-a로 시작하거나 끝나는 이름을 유다 백성의 이름으로 분류하였다. R. Zadok, *The Jews in Babylonia During the Chaldean and Achaemenian Periods*, Haifa, 1978; M. D. Coogan, *West Semitic Personal Names in the Murašû Document*, Missoula, 1976; G. Wallis, Die Soziale Situation der Juden in Babylonien zur Achäenideinseit auf Grund von füzig ausgewä"lten babylonischen Urkunden, Berlin, 1953. 발리스(G. Wallis)의 논문은 이름의 분석에 있어서 아카드어의 Bel의 이름을 모두 유다 백성의 이름으로 분석하는 오류를 범하였다.

376) J. C. Greenfield and B. Porten, *The Bisitun Inscription of Darius the Great: Aramaic Version. Corpus Inscriptionumlranicarum*, Part I, London, 1981; R. G. Kent, Old Persian: Grammar, Texts, Lexicon, 2nd, New Heaven, 1953.

서 발견된 9개의 파피루스 주전 354-335 조각이 대표적이다.[377] 이 기록은 알렉산더 군대들에게 쫓겨 사마리아를 도망칠 때 부자들이 재산과 관계된 문서들을 보관해두었던 것이다. 이 기록들은 노예매매에 관한 내용도 담고 있다. 결혼계약뿐 아니라 차용증서와 토지매매를 포함하는 다른 문서들의 조각들도 같은 동굴에서 발견되었다. 또한 사마리아의 총독인 산발랏의 이름과 당시 유다 백성들의 경제생활을 엿볼 수 있다.

대략 700개의 판독이 쉬운 아람어 오스트라카도 팔레스틴 남부의 여러 곳에서 발견되었다. 이것들은 최근 남부 유다 언덕의 한 장소에서 발견된 대략 400개의 오스트라카를 포함하는데, 그것들 중 몇몇은 명백하게 주전 363-311년의 연대가 적혀 있다. 남부 팔레스틴에서 발견되는, 대략 40여 개를 제외한 모든 오스트라카는 아라드에서 발견되었다. 이 오스트라카는 유다 남부지역의 농업사회에서 일어나는 매일의 삶을 기록하고 있다.[378]

유다 지역에서 발견된 항아리 손잡이에 새겨진 הפחוא 라는 아람어 글자에 대하여 아비가드 N. Avigad는 총독을 뜻한다고 주장하였고,[379] 이러한 그의 주장은 슈테른 E. Stern에 의하여 지지를 받았다.[380] 따라서 아비가드는 다음 세 사람을 주전 6세기 말 5세기 초 유다 총독의 명단에 삽입하였다: 엘 나탄 אלנתן Elnathan, 여호에제르 יהועזר Yehoezer, 아흐자이 אחזי Ahzai. 이러한 아비가드의 견해를 많은 학자들이 받아들였지만, 지금은 크로스와 이스라엘 언어, 역사학자들 Kutscher, I. Eph'al, M. Cogan이 언어 고고학적인 이유로 아비가드의

---

377) D. M. Gropp, *The Samaria Papyri from Wadi ed-Daliyeh*, Ph.D Dissertation of Harvard University, Cambridge, 1986.
378) I. Eph'al and J. Naveh, *Aramaic Ostraca of the Fourth Century BC from Idumaea*, Jerusalem, 1996.
379) N. Avigad, *Bullae and Seals From A Post-Exilic Judean Archive*, Qedem 4, pp. 21-22.
380) E. Stern, *Material Culture of The Land of The Bible in The Persian Period 538-332 B.C.*, pp. 202-214.

견해를 반대한다.

오늘날 아스완 맞은편에 위치하고 있는 엘레판틴 섬 Elephantine에서 아람어로 기록된 28개의 서신을 포함하여 모두 43개의 파피루스가 발견되었다.[381] 28개의 서신 이외에도 7개의 서신이 더 있는데 이들은 룩소 Luxor, 시에네 Syene, 엘 히베 El-Hibeh, 사카라 등 다른 지역에서 보내온 편지이다. 이들 서신 가운데 페르시아 시대의 유대인의 역사와 관련하여 중요한 것은 소위 Cowley # 30이다. 이 서신은 주전 407년 엘레판틴의 종교 지도자들이 예루살렘과 사마리아 총독에게 보낸 편지이다. 이 서신은 당시 예루살렘의 총독이 바고이יהוה라는 것과 사마리아의 총독이 산발랏이고 그 아들이 들라야라는 사실을 말해준다. 따라서 이 기록은 유다 총독의 이름을 추가하는 중요한 기록이다. 뿐만 아니라 당시 엘레판틴에 야웨를 섬기는 신전이 있었는데 이것이 파괴되었고, 엘레판틴 공동체가 이 신전을 다시 세우려 한다는 사실이 기록되어 있다. 이들이 야웨 신앙을 유지하고 있었음을 알 수 있다. 이러한 사실은 이들의 이름에서 50% 이상이 יהוה 요소로 구성되어 있음에서도 알 수 있다. 또한 Cowley # 21에 페르시아 왕 다리우스 3세가 이집트 총독 아르삼 Arsham에게 유대인들이 유월절과 무교절을 지키도록 감독하라는 지시 내용이 기록되어 있다. 따라서 이집트에 거주하는 유대인들이 종교적인 절기를 지키고 있었음을 알 수 있고, 페르시아가 각 민족의 종교적 특성을 인정하였음을 알 수 있다.

---

381) A. Cowley, *Aramaic Papyri of the Fifth Century B.C.*, Oxford, 1953; B. Porten, *Archives from Elephantine: The Life of an Ancient Jewish Military Colony*, Berkeley, 1966; idem, *The Elephantine Papyri in English: Three Millennia of Cross-cultural Continuity and Change*, Leiden, 1996.

382) 이들은 크게 두 가지 양식을 가지고 있는데 하나는 아테네(Attic coin)에서 주조된 것으로 주로 예루살렘 근처에서 발견되었고, 두 번째는 타소스(Thasos coin)에서 주조된 것으로 주로 세겜 근처에서 발견되었다. E. Stern, *Material Culture of the Land of the Bible in the Persian Period 538-332 BC*, pp. 25-29.

팔레스틴에서 동전이 등장하기 시작한 것은 주전 6세기이며,[382] 주전 5세기 후반기까지 페니키아[383]와 블레셋의 여러 도시국가 그리고 사마리아와 유대에서도 동전을 주조하였다.

사마리아 지역과 나블로스에서 발견된 보물 주머니에서 페르시아 시대의 동전, 특히 주전 4세기 주전 375-332에 해당하는 은으로 된 359개의 동전이 발견되었다 1991년 발표.[384] 이들 가운데 일부는 페니키아 동전이며, 108개가 사마리아에서 주조된 동전이다. 이 동전들은 동전에 새겨진 주제들이 유다의 '예후드' יהד 동전과 같은 아테네 양식의 동전과는 다른 시돈이나 시실리아 동전의 양식을 따르고 있다. 전형적인 시돈, 시실리아 양식 동전에 새겨진 주제들은 대체로 달리는 말, 2개의 사람 얼굴이 붙어 있는 모습 Janiform Head, 아테네 여신의 두상 등이다. 사마리아 동전이 유다의 동전과 달리 두로와 시실리아의 양식을 사용한 것을 통하여 사마리아 지역이 페르시아 지역과 활발히 교역을 하였음을 알 수 있고, 반면 유다 지역은 그리스 지역과 무역을 하였음을 알 수 있다. 사마리아 동전들은 오볼 obol 무게 즉, 평균 0.65g이다 전체의 70.2%.

사마리아 동전에 11개의 사람 이름이 새겨져 있는데 그 가운데 사마리아 총독의 이름이 발견됐다. 하나니야 חנניה, 산발랏 סנבלט 의 축약형인 סן, 들라야 דליהו 의 축약형인 דל, 그리고 마자에우스 Mazaeus: 주전 344-333년 사이의 길리기아 총독의 축약형 מז 라는 이름이 기록되어 있다.

페르시아 통치하의 유다 지역에서 지금까지 37개의 동전이 발견되었는

---

[383] J. W. Betlyon, *The Coinage and Mints of Phoenicia: The Pre-Alexandrine Period*. California, 1982; J. Elayi, "Studies In Phoenician Geography During The Persian Period," *JNES* 41(1982), pp. 83-110.

[384] Y. Meshorer and S. Qedar, *The Coinage of Samariain the Fourth Century BCE*, Jerusalem, 1991.

데 벧술에서 발견된 것을 제외하고는 정확한 발견 장소를 알 수 없다. 발견된 37개의 동전 가운데 24개의 동전에 יהוה 의 아람어 형태인 יהד 가 새겨져 있다. יהד 가 새겨진 24개의 동전과 יהוקפ הפחה 이 새겨진 7개의 동전이 발견된 지역은 예루살렘, 예루살렘 남쪽 경계 라마트 라헬, 여리고 북쪽으로 15km 떨어진 벧술 그리고 텔 엠메$^{Tell\ Jemmeh}$이다. 그 분포가 유다의 지리적 범위를 벗어나지 않는다. 여기서 정확히 언제부터인지는 모르지만 유다도 하나의 독립적인 정치 공동체로서 페르시아의 속주임을 알 수 있다.

또한 '대제사장 요하난' 이 새겨진 한 개의 동전은 총독뿐만 아니라 대제사장도 자신의 이름으로 동전을 주조했음을 말해준다. 다시 말하면, 이것은 페르시아 후기에 유다 공동체에서 대제사장의 권한이 자신의 이름으로 동전을 주조할 수 있을 만큼 상당히 높았다는 것을 보여준다.[385] 동전의 크기와 무게는 '히스기야 총독' 의 동전의 것과 똑같다. 그런데 개인의 이름으로 히스기야는 새겨져 있는데 그 직위가 빠져 있는 유대 동전도 발견되었다. 이외에도 팔레스틴의 가자, 아스돗, 아스글론 등지에서도 동전을 주조하였다.[386]

페르시아 시대에 관한 문학 작품

페르시아 시대를 언급하고 있는 성서의 기록들은 이스라엘 백성에 대한 특별한 종교적 관점에 의하여 기록된 문서이다.[387] 본문 비평적인 관점에서 잠언서 등에 페르시아가 시대적 배경으로 기록되어 있지만, 역사를 기

---

385) U. appaport, "Numismatice," *The Cambridge History of Judaism*, Cambridge, 1984, pp. 25-29.
386) Y. Meshorer, "The Mints of Ashdod and Ascalon during the Late Persian Period," *EI* 20 (1989), 287-291, 205 (Hebrew).
387) S. Japhet, *art. cit.*, p. 201.

록하는데 도움을 주지 못하기 때문에 여기서는 다루지 않기로 한다. 페르시아 시대의 유다에 관한 성서 기록 가운데 중요한 것은 역대기 사가의 에스라와 느헤미야서이다.[388] 그러나 역대기 사가는 객관적인 이스라엘의 역사를 서술하려는 의도를 가지고 있지 않기 때문에, 역대기 사가의 작품인 에스라와 느헤미야서를 통한 페르시아 제국하의 유다 역사를 재구성하는 것은 자료 분석을 통해서만 가능하다. 또 다른 성서 기록으로는 주전 6세기 말기에 활동한 2명의 예언자 학개와 스가랴 1-8장가 있으며, 에스라와 느헤미야 같은 성향을 지닌 말라기를 들 수 있다. 그리고 페르시아의 아하수에로 크세르크세스 2세 왕과 관련된 에스더서를 통하여서는 포로민들의 생활상을 알 수 있다. 뿐만 아니라 다니엘서의 일부 단6, 9-11장 등는 페르시아 왕의 이름이 등장하기 때문에 페르시아 시대의 유다의 생활상을 찾아볼 수 있다.

페르시아 왕	구약성서의 기록	구약성서 밖의 기록
테이스페스 Teispes(대략 주전 650-620년)		
고레스 1세 Cyrus(대략 주전 620-590년)		
캄비세스 1세 Cambyses(대략 주전 590-559년)		
고레스 2세 Cyrus(주전 559-530년)	에스라 1, 6장	고레스 실린더 / 헤로도토스
캄비세스 2세 Cambyses(주전 530-522년)		베이스툰 비문
바르디야 Bardiya(주전 522년)		
다리우스 1세 Darius(주전 522-486년)	학개 1-2장/스가랴 1-8장 에스라 5:6-6:22	
크세르크세스 Xerxes(주전 486-465년)		
아르닥사스다 1세 Artaxerxes(주전 465-424/3년)	에스라 4:7, 7-8장 느헤미야 1장, 5:14 이하	
다리우스 2세 Darius(주전 423-405년)		엘레판틴 파피루스 / 무라슈 토판
아르닥사스다 2세 Artaxerxes(주전 405-359년)		와디 달리예 파피루스, יהד 동전 / 사마리아 동전 / 페니키아 동전 / 아스글론, 가자, 아스돗에서 발견된 동전
아르닥사스다 3세 Artaxerxes(주전 359-338년)		
아르닥사스다 4세 Artaxerxes(주전 338-336년)		
다리우스 3세 Darius(주전 336-330년)		

그 외에도 헤로도토스, 요세푸스, 아리안 Arrian, 디오도루스 시큘러스 Diodorus Siculus, 그리고 쿠르티우스 루푸스 Curtius Rufus와 같은 유명한 역사가들의 작품들, 그리고 「유딧서」 the Book of Judith와 같은 유대 외경 작품들을 들 수 있다.

이 가운데서 헤로도토스의 「역사」는 주전 5세기 그리스어로 기록된 페르시아 역사서이다. 그의 주된 목적은 주전 490-478년 사이에 그리스가 페르시아를 물리친 것을 축하하기 위한 것이었다. 따라서 페르시아 제국 초기시대에 관한 많은 자료를 가지고 있기는 하지만 자료의 성격상 역사성 및 연대기적인 문제를 가지고 있다. 헤로도토스의 「역사」는 페르시아 제국 전반에 관한 중요한 역사뿐만 아니라 유다와 관련하여 중요한 자료를 제시한다. 「역사」를 통하여 알 수 있는 것은 캄비세스의 주전 525년 이집트 원정에 대한 것이다. 캄비세스의 원정 준비로부터 귀환 길에 캄비세스가 죽은 것까지 기록하고 있다. 특히 중요한 사실은 팔레스틴의 악집이 병참 기지로 사용되었다는 사실이다. 그리고 수단 지역으로의 확장을 위하여 유다 백성들을 엘레판틴에 이주시켜, 성채를 지키게 하였다. 따라서 이집트로 이주해간 유다 백성들의 행적을 밝혀주는 중요한 자료이다. 이들은 후에 엘레판틴 파피루스라는 중요한 기록을 남겼다.

또한 다리우스 1세의 20행정 구역 구분에 관한 자료를 제공하였다.[389] 다리우스는 광범위한 페르시아 제국을 효과적으로 다스리기 위하여 제국

---

388) H. G. M. Williamson, *Ezra-Nehemiah*, pp. XXV XXXI, pp. 33-35; idem, "Post-Exilic Historiography," The Hebrew Scriptures, R.E. Friedman and H. G. M. Williamson ed., Atlanta:, 1987, pp. 189-207; R.A. Bowman, "Introduction and Exegesis to the Book of Ezra and the book of Nehemiah," IB 3, Nashville:, 1954. p. 555; J. M. Myers, *Ezra-Nehemiah*, The Anchor Bible, Vol.14., New York:, 1965, p. 119; F. M. Cross, "A Reconstruction of the Judean Restoration," JBL 94 (1975), pp. 4-18; D. N. Freedman, "The chronicler's Purpose," CBQ 23(1961), pp. 436-442.
389) Herodotus III §§ 89-95.

을 20개 행정구역 사트랍으로 나누었다. 시리아-팔레스틴을 포함한 에베르 나할 지역 유프라테스 서쪽지역을 제5행정구역으로 구분하였다.

주후 1세기 유대인 역사가 요세푸스는 그의 「유대 상고사」에서 귀향민들의 경제적 지위를 언급하면서 귀향민들이 많은 재산을 가지고 왔다고 기록하고 있다.[390]

고레스 칙령

왕에 오른 고레스는 칙령을 발표하여 강제이주되었던 모든 사람들을 제 고향으로 돌려보낼 것을 명하였다. 이 명령에 의하여 바벨론으로 강제이주되었던 유다 백성들이 고향으로 돌아왔다. 고레스 칙령의 내용은 고레스의 비문에 자세히 기록되어 있다.

고레스 칙령과 귀환

주전 538년 고레스 칙령은 이스라엘 백성이 귀환할 수 있었던 정치적 근거를 제시해준다. 그러나 고레스 칙령의 내용을 비교하면 성서에 기록된 것과 많은 차이점을 나타내고 있다.

"…위 바다로부터 아래 바다까지 모든 세계의 왕들, 보좌에 앉은 모든 왕들, 다른 건물에 사는 사람들과 천막에 거주하는 서방의 모든 왕들이 과다한 조공을 가져왔고 바벨론에서 나의 발에 입 맞추었다. 아시리아와 수사 Susa, 아가데 Agade, 에쉬나 Eshnunna로부터 잠반 Zamban, 메투르누 Me-Turnu, 델

---

390) *Antiquities* XI iii.

Del의 도시들과 쿠티 Gutians 지방에 이르기까지 티그리스 강 이편의 모든 거룩한 도시들과 오랫동안 파괴되었던 성소들과 영원한 성소와 그곳에서 살았던 상들을 내가 돌려보냈다. 나는 전의 모든 거주민들을 모으고 모두 그들의 고향으로 돌려보냈다. 더욱이 위대한 신 마르둑과 나보나이드가 바벨론으로 옮겨와 다른 신들의 노여움을 산 수메르와 아카드의 모든 신을 상함없이 그들의 원래 장소, 그들을 기쁘게 하는 장소에 다시 놓았다. 내가 거룩한 도시에 새로 놓은 모든 신들이 날마다 벨과 느보에게 나의 영원한 삶을 기원하였고, 그들은 나에게 그를 추천하였다: 마르둑에게 그들이 이것을 말하였다: '네게 경배하는 왕 고레스, 그의 아들 캄비세스… 모든 것을 내가 평화의 장소에 놓았고… 오리와 비둘기들… 내가 거주지를 축성하는 데 전력을 다하였다.'"

이 기록에 의하면 고레스 칙령은 유대 백성들만을 위한 특별한 조치가 아니라 당시 바벨론으로 잡혀왔던 모든 사람들을 대상으로 한 석방이었다.

유대 백성들이 귀환한 고향 목록은 에스라 2:1-70과 느헤미야 7:6-72에 자세히 기록되어 있다. 고레스 칙령이 바벨론에 있는 유대 백성들에게 전해지고, 이는 그들에게 예루살렘 성전의 재건을 허락하는 것이었다. 따라서 고레스 칙령은 페르시아의 복구정책이었다. 아람어로 쓰여 있었을 원문은 현재 현존하지 않는다. 그러나 짧은 히브리어 역은 에스라 1:2-3에서 찾을 수 있다.

"바사 왕 고레스는 말하노니 하늘의 신 여호와께서 세상 만국으로 내게 주셨고 나를 명하사 유다 예루살렘에 전을 건축하라 하셨나니 이스라엘의 하나님은 참 신이시라. 너희 중에 무릇 그 백성 된 자는 다 유다 예루살렘으로 올라가서 거기 있는 여호와의 전을 건축하라. 너희 하나님이 함께 하시기를 원하노라" 스 1:2-3.

고레스 칙령은 구조나 문체, 용어에서 이 시기의 다른 문서들과 유사하다. 머리말에 따르면 이는 고레스 통치 첫 해에 반포되었는데, 이는 주전 538년에 바벨론의 왕으로서 고레스가 그의 통치를 시작한 해로 보인다. 같은 때의 아람어 역을 보면 스6 관청의 공적인 용도를 위해 칙령문이 준비되어 있다. 이 문서는 성전의 크기를 서술하며 성전 건축비는 궁중의 금고에서 지출되어야 한다고 말한다 스6:3-5. 정복된 국가들을 포함한 온 제국에서 성전 재건은 바사의 후대 왕들이 보인 종교적 관대 정책 중 하나로써 매우 중요한 요소이다. 그러나 이 정책이 고레스의 바벨론 정복이라는 정치적 관심을 위해서만 만들어졌을 가능성도 배제할 수 없다.

귀환과 복구

예루살렘 성전의 재건에 드는 비용을 바사 궁중의 국고에서 보조해준다는 약속은 유다 백성들이 귀환하는 큰 활력소가 되었다. 538년 칙령이 발표된 해에 약 4만 2,360명 스2:64의 첫 번째 귀환자 집단이 구성되었다. 이 중에는 7,337명의 성인 남자와 여자 노예 그리고 200여 명의 남녀 악사들도 끼어 있었다. 그런데 이 숫자는 몇 번에 걸친 귀환자들을 모두 합친 숫자로 보이며 심지어 에스라, 느헤미야 때 돌아온 이들도 포함되었으리라고 보는 이도 있다. 이 귀환은 주전 525년 캄비세스가 이집트를 공격할 때 중단되었다. 귀환자들도 있었지만 상당수의 유다 백성들은 바벨론에서 삶의 터전을 잡고 경제적으로도 부를 누리던 이들이었다. 대부분 바벨론에서 태어난 새로운 세대의 유대 백성들은 그들이 보지 못했던 먼 고향에 대한 모습에 별로 호응을 하지 않았다. 유다의 왕자 스1:8인 세스바살이 첫 번째 귀환자들을 이끌고 왔다. 그는 여호야긴 여고냐의 아들 세낫살과 동일인일 것이다 대상 3:18. 바사 국고에서 성전 식기를 돌려받은 것이 바로 이 세스바살이다. '유다의 왕자'라는 칭호는 고레스가 왕정 복고를 하려 했다는 것을 암시하지는 않는다. 그의 주목적은 예루살렘 성전을 재건하는 것이었다. 바사 제국의 구조는 봉건 제후의 여지를 남겨두지 않았다. 따라서 세스바살도 실제로는 유다의 총독이었을 것이다 스 5:14. 그의 위치는 여고냐의 손자인 스알디엘의 아들인 스룹바벨에게 넘어갔다.

고레스의 칙령은 오직 예루살렘의 성전만을 언급하며, 다른 유다 지방에 대하여는 전혀 언급하지 않는다. 이는 아마도 예루살렘 성전이 바사 제국으로부터의 세금 납부에서 처음에는 면제되었던 것이 아닌가 하는 생각이 든다. 유다의 모든 사람들은 납세와 징병의 의무가 있었다 스 4:12-16. 고레스와 그의 상속자들은 그들 제국의 다른 몇몇 지역의 성전에 대해서도 납세와 징병의 의무를 감해주었다. 따라서 사제 계급들은 바사 제국의 통치와 결탁되었고 그에 충성함으로써 경제적 특권을 보장받았다.

누구의 지도 아래 어떤 순서로 제2의 성전이 건축되었느냐에 대해서는 아직도 논란의 여지가 많다. 에스라 3장에 따르면, 사제인 스룹바벨이 제단을 쌓는데 첫발을 디뎠으며 희생 제사를 다시 제도화하였다. 그리고 나서 그들이 돌아온 이듬해에 스 3:8 성전의 기초를 놓고 축제를 벌였다 스 3:11. 에스라 4장에 의하면 성전 재건 과정은 중지되고 주전 520년, 다리우스 1세의 둘째 해 스 4:24에 다시 시작되었다. 이때는 스룹바벨과 예수아가 백성들을 지도했다. 예언자 학개와 스가랴는 사람들을 격려하며 고무했고 특별히 스룹바벨에게 작업을 서두르도록 권고했다. 학개 2:15, 2:18 등에서 성전은 다리우스 왕 시대에 완료된 듯하다. 더욱이 에스라 5:16을 보면, "이에 이 세스바살이 이르러 예루살렘 하나님의 전 지대를 놓았고 그때로부터 지금까지 건축하여 오나 오히려 필역하지 못하였다"고 되어 있는데 이는 고레스의 통치하였다. 이 문제를 해결하기 위해 다음의 의견이 제시되었다. 스룹바벨과 여호수아는 오직 다리우스 시대에 활동했고 이 둘이 그 시대보다 먼저 나오는 것은 후대의 편집적 첨가의 소산이라는 것이다. 혹은 이 둘은 두 국면에 모두 해당될 수도 있다. 주전 538년 세스바살이 총독이고 성전 재건의 책임을 지고 있을 때, 스룹바벨과 여호수아는 매우 인기 있는 지도자였으며 나중에 주전 520 스룹바벨이 유다의 바사 총독이 되었다.

다리우스가 주전 522/1년에 서방지역에 총독을 세웠을 것 같지 않으며 그때 그는 반란 진압에 주력했다. 따라서 스룹바벨은 이보다 이른 시기인 고레스 왕 말기나 캄비세스의 통치 때 총독이 되었을 확률이 높다. 캄비세스 왕 때도 일단의 무리가 귀환했다고 알려진다. 여하튼 꽤 오랫동안 성전 복구사업이 진행되지 않았다. 학개는 이를 목격하면서 학 1:2 유다 사람들을 책망하였다. 또한 에스라 4:1-5에는 성전 복구가 늦어지는 이유가 유다와 베냐민의 역경 때문이며, 고용된 고문들이 유다 백성들에게 적대적이며 건축 목적을 훼방하고 있다고 적혀 있다.

초창기부터 귀환자들과 "땅의 사람들" 스 4:4, 즉 유다 땅에 남아 있던 이들 사이에 큰 알력이 있었다. 이 무리들은 그들도 성전 건축에 참여하기를 요청했다. 그러나 스룹바벨과 다른 지도자들은 한결같이 "우리 하나님의 전을 건축하는데 너희는 우리와 상관없느니라. 바사 왕 고레스가 우리에게 명하신 대로 우리가 이스라엘 하나님 여호와를 위하여 홀로 건축하리라" 스 4:3고 답했다. 이들은 에스라 4:2에서 보듯이 아시리아 왕에 의해 사마리아에 유배된 외국인 정착자들의 후손이었다. 나중에 이들은 '사마리아인'으로 알려진다. 이 배척받은 집단이 원 이스라엘 민족의 후예이거나 혹은 포로로 끌려가지 않은 유다인의 후예라는 견해도 있다.

고레스는 버림받은 종교적 성지의 복구를 위해 특권을 내리는 정책에 더 이상 흥미가 없었다. 그의 관심은 이제 제국을 공고히 하고 동쪽으로 영토를 늘리는 것이었다. 주전 530년에 그가 죽고 그의 아들 캄비세스가 서쪽으로 영토 확장을 위해 이집트 원정을 성공리에 치렀다. 그는 이집트의 제 26왕조를 멸하고 이집트의 왕이 되었다. 그의 짧은 통치에 대해서는 에스라서에 기록이 없다. 에스라서는 그 후의 다리우스 왕 2년부터 서술을 계속한다.

캄비세스 뒤를 이어 다리우스 1세가 주전 522년 등극하자 바사 전역에서 반란이 일어났다. 그의 통치 3년째 주전 519 그는 전 왕국의 주도권을 장악했다. 특별히 이집트에서 반란이 일어났다는 증거는 없다. 다리우스 통치 2년째 주전 520 6번째 달에 학개는 유다인들과 지도자들을 부추겨서 성전 재건을 다시금 시작했다 학 1:14. 성전 재건과 더불어, 다윗 왕조하에서의 새로운 왕조 시작의 희망이 생겨났다. 그리고 이 희망은 자연스럽게 스룹바벨의 성격과 연결된다.

스가랴는 스룹바벨과 여호수아와 의견을 달리한 듯이 보이며, 비록 스룹바벨 하에서의 다윗 왕조 재건에 대한 희망은 공유했으나 유다의 통치권 안에는 왕자와 사제 모두를 위한 자리가 있다고 믿었다. 그는 말하길 "고하여 이르기를 만군의 여호와께서 말씀하시되 보라 순이라 이름하는 사람이 자기 곳에서 돋아나서 여호와의 전을 건축하리라 그가 여호와의 전을 건축하고 영광도 얻고 그 위에 앉아서 다스릴 것이요 또 제사장이 자기 위에 있으리니 이 두 사이에 평화의 의논이 있으리라" 슥 6:12-13.

성전 재건사업은 더디게 진행되었다. 이 재건 소식이 유프라테스 건너편 지역의 총독인 타트나이 Tatnai에게 전해지자, 그는 귀환자들이 성전을 지을 권리에 이의를 제기하고 다리우스에게 이를 알렸다 스 5:3-17. 고레스 칙령은 구두로 반포되어 바사의 왕궁 문서 보관소에 그 문서가 남아 있기 때문에 예루살렘의 유다인들은 자신들의 재건사업이 왕이 허락한 것이라는 사실을 입증할 수 없었다. 다리우스는 엑바타나 Ecbatana, Achmetha의 문서 보관소에서 그 문서를 찾게 하여 칙령을 확인하였다. 그리고 성전이 완성되면 자신과 자신의 후손을 위해 제사 지낼 의무를 첨가한 후, 이를 허락하였다. 이 관습은 이후로 계속 답습되어 주전 68년 로마에 대항하는 대반란 때까지 계속되었다. 성전 재건사업은 다리우스 통치 6년인 주전 516년 혹은 515년에 완료되며 유월절의 축제 때 봉헌되었다 스 6:15-20.

스룹바벨

성전이 붕괴하고 정확히 71년 후에 완성되었다는 것이 무척 중요하다. 예레미야의 70년 동안의 고난에 관한 예언이 렘 25:11 포로기 동안과 후에 다시 해석되었다는 증거가 있다. 스가랴 7:5에 보면, "온 땅의 백성과 제사장들에게 이르라 너희가 70년 동안 5월과 7월에 금식하고 애통하였거니와 그 금식이 나를 위하여, 나를 위하여 한 것이냐?" 귀환자들은 이 예레미야의 예언을 상기하고 70년 동안에 이 재건사업을 끝내려 했으며 또 이를 끝냄으로써 여호와의 진노는 끝나고 새로운 시대, 즉 여호와의 자비가 내리는 시대가 시작된다고 믿었을 가능성이 있다.

여기서 성서 기록은 끝나며, 성전 재건 완료로부터 서기관 에스라가 도착할 때 주전 458까지의-50년이 조금 넘는 기간-기간에 대한 자료는 거의 없다. 스룹바벨은 더 이상 언급되지 않으며 바사로 소환된 듯 보인다. 왜냐하면 그의 자손 중 한 명이 Hattush 에스라와 함께 돌아왔다 스 8:2; 대상 3:22. 스룹바벨이 사라지고 대제사장은 힘을 갖는 결과를 가져왔다고 보는 것이 타당하다. 대제사장의 중요성은 바사 제국 전역에 걸쳐 있던 성소들에서의 바사인의 관습과 맥을 같이 한다. 이 당시 또 다른 특색은 예루살렘의 귀족과 관리들인 대제사장의 일가와 사마리아의 지도급 일가들 사이에 발전된 긴밀한 유대관계이다. 사마리아의 지도급 일가들은 자신들이 이스라엘 민족에 속한다고 보며, 비록 성전 재건사업 때 참여를 거절당했을지라도 지금은 예루살렘에서 꽤 영향력 있는 계층이 되어 있었다. 종교적 문화적 차이들은 더 이상 중요하지 않았다. 사마리아의 귀족들은 예루살렘과 성전을 그들의 종교적 중심지로 간주했고 예루살렘의 대제사장의 권위를 숭배나 종교적 지도력을 좌우하는 모든 문제에서 인정했다. 예루살렘의 종교적 지도력이 세계주의자들과 반 극단주의자들의 견해를-이는 스가랴와 제2이사야에 언급된다-영속화시켰을 것이다 슥 2:11, 8:23; 사 56:3-7. 그러나 에스라와 느헤미야가 유다로 돌아온 때인 5세기 중엽쯤 바벨론에 퍼져 살던 이스라엘 민족의 종교적 각성은 이런 사태의 추이를 방관하지 않았다.

이집트에서의 반란이 진압될 때인 458년경, 즉 아르닥사스다 통치 7년째, 왕은 서기관 에스라에게 또 다른 무리의 귀환자들을 이끌고 유다로 돌아가도록 허락하였다. 바사는 그 먼 유다와의 유대관계가 충성스러운 새 이주자들의 출현으로 공고히 되리라고 믿었다.

유대 백성들의 바벨론 자료는 극히 빈약하다. 니푸르의 바벨론 일가 공문서 보관소에서 나온 무라슈라는 설형문자 자료들에 보면 상당 숫자의 유대 백성들이 여러 가지 경제활동에 종사했음을 알 수 있다. 그 중 더러는 바벨론 혹은 바사의 이름을 가졌다. 그들은 농업, 어업, 하급 공무원 등의 일에 종사했다. 그들은 종교적 배타주의를 강조했음에도 엘레판틴의 유대인 공동체와는 달리 여호와를 위한 성전을 짓지 않았다. 여호와 경배는 분산되었다. 분명히 각 공동체는 공동 모임 형태로 만났으며 그들이 모인 장소가 제사장소가 되었다. 이것은 유대교 회당의 기원이고, 후대의 유대인 공동체의 중심점이 되었다.

조교법에 대한 관심이 증대되었다. 에스라 등의 지도자들은 모세율법의 주요 부분의 법전화와 보전에 개인적으로 관련되었다. 그들의 바벨론 사회에 대한 배타적 감정은 그들의 '순결법'의 주장 등에서 강조되었다. 이 순결법은 에스라가 속해 있던 제사장들의 특징이었다. 배타성은 예루살렘의 제사 계급 사이에 팽배하던 견해와 상충되었고 명백히 유다의 많은 이들에 의해 공유되었다.

에스라와 느헤미야 활동의 연대별 배열에 관해서는 이론이 분분하다. 어떤 학자들은 성서의 순서가 뒤바뀌어야 한다고 주장한다. 에스라는 느헤미야보다 이른 아르닥사스다 1세 시대에 있어서는 안 되며 느헤미야보다 50년가량 뒤인 아르닥사스다 2세의 통치기간에 들어가야 한다는 것이다. 실제로 에스라가 느헤미야보다 먼저라는 주장보다 나중에 왔다는 견해에서 많은 방법적인 문제가 야기된다. 에스라 도착 이전의 유다의 어려운 상황은—에스라서에 기록되었듯이—뒤따르는 느헤미야의 성공적인 임무 수행기간과 맞지 않는다. 편집자에 의해 전해진 성서의 순서를 뒤바꾸는 것을 증명할 만한 자료가 없기에 에스라-느헤미야 순서는 더 맞아 보인다.

서기관 에스라

에스라는 458년 다섯째 달에 예루살렘에 도착했으며, 사사들을 뽑고 '하늘의 하나님의 법'에 따라 재판할 공식적 권위를 가지고 왔다. 누구든 이

법에 따르지 않으면 심한 형벌을 내릴 수 있는 권한이었다.스 7:26. 에스라의 권위가 유다에 있는 모든 사람과 유프라테스 강 건너편 지역의 사람들에게까지 확대됐는지, 아니면 바벨론에서 돌아온 사람들에게만 국한됐는지 확실치 않다. 왕은 에스라가 국고로부터 할당금을 받아 예루살렘 성전을 재건하고 왕과 그 일가를 위해 제물을 바치도록 배려하였다. 그는 성전을 금, 은으로 장식하고 이를 바벨론식에 따랐다. 더욱이 에스라와 동행했던 약 1,500명의 제사장, 레위 족, 가수, 문지기도 포함한 모두의 통행세와, 징병, 그리고 부과금을 면제해주었다. 아마도 에스라는 바벨론의 유대인 공동체에서 가장 높은 관리였을지 모른다. 에스라서는 심지어 그를 아론 지파까지 소급되는 제사장 족보에 끼워 넣었다.스 7: 1-5.

에스라의 주된 목적은 유다 안에서 바벨론 포로기를 거치고 돌아온 자와 그렇지 않은 자들의 집단을 분리시키는 것이었다. 에스라는 종종 '포로 되었던 사람들'이라는 용어를 썼다. 그는 '땅의 사람들'을 이방인으로 여기며 여러 가지 환난의 근거로 보았다. 그러나 이 '땅의 사람들'은 포로기를 거치지 않은 이들과 특히 예루살렘에서 조교 관습에 새로 밀착된 자들을 포함했다. 이는 분명히 이방 여인들과의 혼인을 반대하려는 에스라의 노력인데, 이 혼인 관습은 귀족과 사제들 사이에 널리 퍼져 있었다.

에스라 10:18-44에는 이방 여인을 취한 제사장들과 레위 족들의 명단이 들어 있다. 이 시점에서 에스라는 국제 정세 변화와 상당한 지위를 가졌던 예루살렘의 귀족 일가들로부터 불평등의 이유로 이 결혼 관습을 다시 허용하게 되었을 가능성이 있다.

14년 후에 에스라가 다시 느헤미야와느 12:36 언급될 때까지 그에 대해서는 알 길이 없다. 이 기간 동안 주전 458-445 시리아, 팔레스틴, 이집트는 많은 변화를 겪었다. 이집트 등지에서 반란으로 야기된 혼란으로 아마도 예루살렘 공동체는 도성의 벽을 복구할 때가 왔다고 결정하였을 것이다. 여기에 관한 성서의 기록은 남아 있지 않다. 에스라 4:8-16의 기술은 정확하다고 볼 수 있는데, 사마리아의 귀족들과 관리들은 예루살렘으로 올 필요한 권위를 부여받아 성전 재건을 중지시켰다 스 4:23. 에스라의 임무는 실패로 끝난 듯이 보인다. 사마리아인들의 주장, 즉 예루살렘이 재건되면 세금이 줄고 이는 예루살렘이 옛날부터 반란을 일으키는 도시였기 때문이라는 주장이 바사의 궁중에 먹혀 들어간 것이다.

느헤미야의 개혁

주전 445년에 유다의 총독으로 예루살렘에 온 느헤미야는 에스라보다 13년 후에 귀국하였다. 느헤미야서에는 그의 배경에 대해 아무런 설명도 기록하고 있지 않다. 느헤미야서는 구약성서 가운데서 1인칭으로 된 최초의 회고록이다. 이 책은 느헤미야가 아르닥사스다 왕 20년 예루살렘에서 온 대표단으로부터 예루살렘 성벽을 재건하지 못했다는 소식을 접하는 것으로부터 시작된다. "그들이 내게 이르되 사로잡힘을 면하고 남아 있는 자들이 그 지방 거기에서 큰 환난을 당하고 능욕을 받으며 예루살렘 성은 허물어지고 성문들은 불탔다 하는지라" 느 1:3. 느헤미야는 그의 슬픔과 분노를 서술하고 당시 그가 행했던 긴 기도를 서술한다 느 1:4-11.

바사 법정의 가장 높은 유다 관리로서 그는 왕과 중재하는 것이 그의 임무라고 느꼈다. 느헤미야는 왕에게 간청하여 그를 "유다의 땅, 나의 열조의 묘실이 있는 성읍에 보내어 그 성을 중건하게 하옵소서" 느 2:5라고 요청했다. 의심 많은 왕은 이를 허락하고 유프라테스 강 건너편 지역 총독과 왕의 숲 아마도 레바논에 위치할 것이다 관리인에게 편지를 띄웠다. 그런데 이 숲의 관리자는 성전의 요새 문과 도성의 벽, 예루살렘의 새 총독의 집을 재건하는 데 드는 재목을 공급하는 이였다.

느헤미야의 주된 관심은 도성의 벽을 재건하는 것이었다. 3장과 4장에서 보듯이 이 사업은 주민들 사이에서 큰 호응을 불러일으켜서 자원봉사대가 몇 집단이 생겨났고 이들은 각 구역을 분담하였다. 전체 건축사업이 오직 52일밖에 걸리지 않았다.

느헤미야가 예루살렘에 오기 전 2-3대가량의 기간 동안 유다에서의 사회적 이분화는 매우 심각했다. 귀족들과 고위관리들 그리고 사제 집안들은 비교적 넉넉하게 살았으나, 가뭄과 흉년, 세금납부가 농부들과 소지주들을 강타하여 속박과 노예화가 일상적인 현상이 되어 있었다. 그들의 상태는 느헤미야를 향한 부르짖음에서 알 수 있다. "우리의 밭과 포도원과 집이라도 전당잡히고 이 흉년을 위하여 곡식을 얻자 하고 혹은 말하기를 우리는 밭과 포도원으로 돈을 빚내어 세금을 바쳤도다… 이제 우리 자녀를 종으로 파는도다. 우리 딸 중에 벌써 종 된 자가 있으나 우리의 밭과 포도원이 이미 남의 것이 되었으니 속량할 힘이 없도다" 느 5:3-5.

느헤미야는 급진적 해결책을 제시했다. 빚을 면해주고 땅을 가난한 소유주에게 돌려주는 것이다. 이 정책은 바사로부터 파견된 유다 지역 총독의 권한으로 행해졌으나 중요한 때에 이 극적인 정책이 쓰이도록 허락됐음이 분명하다. 그는 이 경우 단순히 개혁을 단행하는 등의 쉬운 처리 방법을 피했다. 그는 예루살렘에 많은 인파를 모이게 하였는데 느 5:7 그 중 부유층은 소수였다. 그리고는 그들을 말로써 설득하고 사람들의 의지와 그의 권위에 의지하여, 급진적 개혁을 외쳤다. 귀족들은 군중들 앞에서 공적으로 개혁이 곧 이행될 것이라는 서약을 해야 했다. 이런 급진적 개혁의 예를 우리는 고대 근동이나 이스라엘 역사에서 더러 찾을 수 있다. 또한 느헤미야는 인구의 10%를 예루살렘에 머물게 하여 그곳의 인구를 확대시키는 정책도 썼다. 이는 지방의 인구를 도시의 요지로 강제적으로 이동시켰던 후기 그리스와 헬레니즘 시대의 정책과 비슷한 것이었다.

또 다른 느헤미야의 개혁은 성전과 관련된 것이었다. 비록 그가 평신도였지만 그는 성전과 제사 계급을 지원하는데 있어 성전과 도시에 대한 공고한 경제적 기반을 확립함으로써 예루살렘의 지위를 보강할 수 있다고 느꼈다. 그는 5-6세기에 메소포타미아의 성전도시들에서 통상적으로 행해졌던 십일조의 정기적 납부를 제창했다.

느헤미야의 안식일을 지키라는 주장은 특별한 중요성을 가진다. 흩어졌던 유다 공동체의 독특한 성격의 하나로 안식일을 지키는 일이 대두된 것은 놀랄 만한 일이 아니다. 엄격한 안식일 법의 직무가 레위 지파에게 부과되었다. "안식일 전 예루살렘 성문이 어두워갈 때에 내가 명하여 성문을 닫고 안식일이 지나기 전에는 열지 말라 하고 내 종자 두어 사람을 성문마다 세워서 안식일에 아무 짐도 들어오지 못하게 하매" 느 13:19. 이런 논의의 여지가 있는 정책은 강한 반발을 사기 마련이었다. 가장 강력한 반대자는 산발랏 Sanballat 이었다. 그는 예루살렘 성전의 열성가였으며 여호와를 따르는 자였다. 실제로 느헤미야는 그를 이교도로 정치한 적이 없다. 두 번째 반대자는 암몬 사람 도비야 Tobiah 였는데 그는 암몬에서 가장 영향력 있는 토지 소유 집안의 대표였다. 이 집안은 느헤미야 이후 약 2세기에 걸쳐 예루살렘에서 가장 강력한 집안이었다. 그밖에도 예루살렘의 대제사장인 엘리아쉽 Eliashib 의 반대 등이 있었다.

느헤미야는 도비야를 쫓아내고 그의 특권을 취소하고 그의 두 번째 임기 때 주전 432년 이후 엘리아의 손자를 예루살렘에서 추방하였다. 이 결단은 유다 공동체의 정화와 관련된 것이었다. 느헤미야는 바벨론 포로들의 특징이라고 할 수 있는 에스라의 격리주의적 이상에 밀착했다. 이방인들과의 혼인이 다시금 중요한 것이 되었다. 에스라는 그의 회고록에서 느헤미야를 언급하고 있지 않으나 둘 다 이방 여인들을 추방하는 데 관련되어 있었다. 느헤미야 8-10장에서의 계약의 중요점은 유다인들이 '땅의 사람들'과 분리된다는 것이었다.느 10:29-31.

느헤미야의 개인적 지위는 그의 개혁들이 성공을 거둠에 따라 확립되었다. 유다의 대부분 사람들이 그를 따랐다. 그러나 대제사장 가족은 반대하였다. 느헤미야가 그의 두 번째 임기를 마치고 바사로 떠난 것이 그의 회고록의 마지막이며 이 시대에 관해 우리가 가진 마지막 자료이다. 이 시점부터 바사 제국의 멸망 때까지 우리는 유다 역사를 기록한 직접적인 문서 기록을 가지고 있지 않다. 고고학적 금석학적 증거들이 도움을 주어야 할 것이다.

귀환 공동체의 야웨 신앙

주전 5세기 유다 백성의 야웨 신앙을 알 수 있는 기록이나 고고학적 발굴은 매우 드물다. 그러나 에스라서와 느헤미야서에 기록된 당시 유대에 살았던 이들의 4개의 인명 人名 목록을 분석함으로써 성전을 재건한 귀환 공동체의 야웨 신앙을 엿볼 수 있다.[391]

---

[391] 느헤미야와 에스라의 귀환 연대에 대한 학자들의 주장은 다양하다. 그러나 본 글에서는 에스라는 아르닥사스다 1세 때인 주전 458년에 귀환하였고, 느헤미야는 주전 445년 아르닥사스다 1세 즉위 20년에 귀환하였다는 일반적인 견해를 따른다. 그러나 비덴그린(G. Widengren)은 에스라는 느헤미야보다 늦은 주전 398년 아르닥사스다 2세 때 귀환하였다고 주장한다. G. Widengren, "The Persian Period," *Israelite and Judean History*, pp. 489-538, esp. 503-509.

느헤미야 8:4-7에 에스라가 백성들에게 율법 책을 낭독하고 백성들을 깨우칠 때 에스라 옆에 있던 사람들 26명의 이름이 등장한다. 이들 이름을 분석하면, 15명의 이름에 야웨 יהוה 요소가 들어 있으며 57%, 신적인 이름의 축약형은 3명의 이름에서 나타난다. 따라서 전체 26명의 이름 가운데 18명의 이름 69%이 יהוה 신명을 포함하고 있다. 본문의 사건은 에스라가 귀환한 후 백성들을 깨우칠 때의 사건이다. 따라서 주전 458년 에스라의 귀환 이후에 일어난 사건이다. 즉, 귀환 후 80여 년이 지난 후이다. 에스라가 바벨론에서 귀환할 당시 유다 백성들 가운데 יהוה 이름을 가진 자의 비율이 전보다 증가하였음을 알 수 있다. 앞에서 살펴보았듯이 바벨론에 거주했던 유대 일반 백성들의 이름에서 최소한 42% 정도가 יהוה 신명을 포함하고 있었으나, 귀환 공동체에게서는 이 비율이 69%로 늘어났다. 이러한 사실은 비록 성서의 기록은 없지만 귀환 후 유다 백성들 사이에서 자신들의 전통을 회복하려는 어떤 움직임이 있었으며, 성전 재건은 이러한 움직임을 가속화시켰음을 추론하게 한다.

에스라 10:18-44에서 에스라는 이방 여인과 결혼한 이스라엘 백성들을 조사하였다. 이 기록에는 이방 여인과 결혼한 112명의 유대 백성의 이름이 등장한다. 112명의 이름 가운데 47명, 즉 42%의 사람들이 요소가 이름에 포함되어 있었다. 이 기록은 바벨론에서 귀환한 후손 모두가 야웨 신앙을 지킨 것이 아니라 에스라 10:18-44에 기록된 이름을 지어준 부모들이 야웨 신앙에서 떠나 이방 문화에 영향받았음을 보여준다. 더 나가서 이들이 이방 결혼을 함으로써 귀환 공동체가 야웨 신앙에서 멀어지는 과정을 보여준다. 이들의 이름에 야웨 신명이 포함된 것이 42%에 지나지 않는다는 것은 이방 문화 속에 살았던 바벨론 포로민들의 상황과 비슷하다. 따라서 에스라는 바벨론 포로민들보다 좋은 환경에 살고 있는 귀환 공동체의 신앙적 타락 과정을 비판하고 있다.

느헤미야 11:4-24은 느헤미야가 개혁할 당시 예루살렘에 거주한 유다 백성의 지도자 26명의 이름이 기록되어 있다. 이들의 이름 가운데 이름에 יהוה 요소가 첨가된 이름은 12개[46%]이며, אל 요소가 첨가된 이름은 1개, יהוה 축약형 이름이 2개 그리고 이방 이름이 3개[שבתי. צצא, פתחיה] 그리고 정확히 분석할 수 없는 이름이 2개 있다. 따라서 יהוה 신명 이름은 전체 이름 가운데 약 54%나 된다.

느헤미야 3:2-31에는 예루살렘 성벽 건축에 참가한 사람들 중 이름이 정확하게 기록된 사람은 32명이다. 이 이름에 יהוה 요소가 첨가된 이름은 모두 20개에 이른다[62%]. 특별히 형태적 특징은 동사의 수동형이 많다는 점이다[32개 중 15개, 47%]. 이방 이름은 מרמות x 2뿐이다.

앞에서 살펴본 바와 같이, 귀환한 지 80-90년 이상 된 귀환 공동체의 이름을 분석한 결과 이들의 이름에 평균 63%의 יהוה 신명이 포함되어 있었다. 이러한 비율은 바벨론 포로 공동체나 무라슈 문서에 기록된 유대 백성의 이름에 나타나는 יהוה 비율보다 높은 것으로 성전 건축을 통해 야웨 신앙이 강화된 모습을 엿볼 수 있다.

예후드, 사마리아 그리고 엘레판틴

자치 구역이며 독립된 행정 단위로서 유다의 위치는 동전 등에 새겨진 예후드[아람어로 '유다'라는 뜻]라는 말로 입증된다. 바사 제국 내의 각 지방은 중앙 정부에 무거운 세금을 금이나 은으로 납부하게 되어 있었다. 그리고 각 지방은 또한 지역의 총독과 그의 법정을 보조할 의무가 있었다[느 5:14]. 또 이 지방들은 그곳의 주민들로부터 행정과 군대를 지원하기 위해 세금을 부과했다. 이 시기의 동전, 인장 등에서 약 4세기가량 각 지방의 일정한 재정적 자치권이 있었음을 알 수 있다. 오직 중앙정부만이 고가의 은화를 주조할 수 있었으나 유다의 지방행정부도 저가의 작은 동전을 주조하였다.

요르단 계곡의 와디 달리예에서 발굴된 아람어 파피루스는 사마리아와 그 공동체의 역사를 알려준다. 하나는 주전 354년경 사마리아의 총독이었다. 그리고 그의 아들은 알렉산더 대왕이 동아시아를 정복할 당시 사마리아의 총독이었다. 요세푸스의 책에 기록된 이가 바로 이 인물이다. 요세푸스에 따르면 예루살렘의 장로들이 므낫세를 몰아내자 그는 사마리아로 가서 세겜 근처의 그리심 산에 성전을 세웠다. 그의 딸인 니가소 Nicaso는 예루살렘의 대제사장 일가 중의 한 명인 므낫세와 결혼했다. 그리고 그는 스스로 이 새 성전의 대제사장이 되었다. 이런 사건의 와중에서 알렉산더 대왕은 사마리아를 멸망시켰다. 이는 그의 총독을 죽인데 대한 보복이었고 거기에 마케도냐 식민지를 세웠다. 이 위기는 그리심 산의 성전 건축과 동시에 일어났으며 이 일로 말미암아 사마리아인들과 예루살렘이 분리되었다.

이집트 남부의 시엔 근처의 엘레판틴에 살던 유다 군인들에 대해서는 많은 것이 알려져 있다. 이곳에서 발굴된 아람어 파피루스와 양피지 문서들에 의하면 '유대 군대'로 알려진 유다인의 정착 집단은 주로 군인으로 되어 있었다. 그들의 가족은 군대식으로 구성되었고 그들의 종교적 중심지는 야후를 위한 성전이었다. 이는 바로 이스라엘의 신을 가리킨다. 분명히 그 성전은 예루살렘 성전을 본떴다. 이 군인 식민지가 언제부터 시작되었는지 확실치 않으나 아마도 6세기경, 이집트의 제26왕조 때가 아닌가 생각된다. 그들의 공용어는 아람어였으며 아람인들로 구성된 군인들로 거기에 있었다. 이 유다 식민지의 운명은 바사 제국의 마지막 때에 이집트에서 제29왕조가 복구된 주전 399년 이후에 결정되었다. 엘레판틴의 유다인들은 예루살렘 성전과 밀접한 유대를 가짐으로써 그곳과 결부되었다고 여겼다. 그들의 예루살렘과 성전에 대한 의지는 종교적인 면에서만이 아니라 축제일의 준수 그리고 성전을 유지, 방어하는 일에까지 해당되었다. 디아스포라와 예루살렘 간의 긴밀한 유대관계는 바사 제국이 존립하는 동안 계속되었다. 이는 헬레니즘 시대와 로마 시대에도 계속 강화되었다.

주전 334/3년에 알렉산더 대왕은 바사를 멸망시켰다. 그리고 주전 332년에 이집트를 멸망시켰다. 요세푸스는 유다인들의 대표가 알렉산더를 환영하기 위해 갔으며 그는 유다인들이 그들의 법대로 살도록 허락했다고 적고 있다. 알렉산더는 정복민들의 종교적 문제에는 간섭하지 않는다는 바사의 정책을 그대로 답습했다. 예루살렘의 대제사장은 마케도냐의 통치자에게 유다인들의 대표로 간주되었으며 성전도시로서 예루살렘의 정치적 지위로 계승되었다.

참고문헌

Ahlström, G. W., *The History of Ancient Palestine from the Palaeolithic Period to Alexander's Conquest* JSOTSS 146; Sheffield: JSOT Press, (1993).

Davies, P. R., *In Search of Ancient Israel* JSOTSS 148; Sheffield: JSOT Press, (1992).

Dever, G. W., "Archaeology, Ideology, and the Quest for an 'Ancient' or 'Biblical' Israel," *Near Eastern Archaeology 61* (1998), 39-52.

_____, "Ceramics, Ethnicity, and the Question of Israel's Origins," *BA* 58 (1995), 200-213.

_____, "The Tell: Microcosm of the Cultural Process," in *Retrieving the Past: Essays on Archaeological Research and Methodology in Honor of Gus W. Van Beek*(ed. J. D. Seger; Starkville, Miss.: Cobb Institute of Archaeology, 1996), 37-45.

_____, " 'Will the Real Israel Please Stand Up?' Archaeology and Israelite Historiography: Part I," *BASOR* 297 (1995): 61-80.

_____, "Archaeology, Texts, and History: Toward an Epistemology," in *Uncovering Ancient Stones: Essays in Memory of H. Neil Richardson*(ed. L. M. Hopf; Winona Lake, Ind.: Eisenbrauns, 1994), 105-17.

Garbini, B., *History and Ideology in Ancient Israel*(trans. J. Bowden; London: SCM, 1988)

Gottwald, N. K., "Recent Studies of the Social World of Premonarchic Israel," *Currents in Research: Biblical Studies* 4 (1996), 9-34.

Holladay, J. S., "The Kingdoms of Israel and Judah: Political and Economic Centralization in the Iron II A-B," in *The Archaeology of Society in the Holy Land*(ed. T. E. Levy: London: Leicester University Press, 1995), 384-385.

Knoppers, G. N., "The Historical Study of the Monarchy: Developments and Detours," in *The Face of Old Testament Studies: A Survey of Contemporary Approaches*(ed. D. W. Baker and B. T. Arnold; Baker, 1999), 207-235.

Lemche, N. P., *Early Israel: Anthropological and Historical Studies on the Israelite Society before the Monarchy*(Leiden: Brill, 1985).

_____, *Ancient Israel: A New History of Israelite Society*(Sheffield: JSOT Press, 1988).

Rogerson, J., and Davies, P. R., "Was the Siloam Tunnel Built by Hezekiah?", *BA* 59.3 (1996), 138-149.

Shiloh, Y., "Judah and Jerusalem in the Eighth-Sixth Centuries B.C.E.," in *Recent*

Excavations in Israel: Studies in Iron Age Archaeology (ed. S. Gitin and W. G. Dever; AASOR 49; Winona Lake, Ind.: Eisenbrauns, 1989), 97-103.

Thompson, T. L., The Origin Tradition of Ancient Israel 1: The Literary Formation of Genesis and Exodus 1-23 (JSOTSS 55: Sheffield: JSOT Press, 1987)

_____, Early History of the Israelite People from the Written and Archaeological Sources (Leiden: Brill, 1992).

Younger, K. L., "Early Israel in Recent Biblical Scholarship," in The Face of Old Testament Studies, 176-206.

GENERAL WORKS

Albright, william Foxwell. *From Stone Age to Christianity*. 2nd ed. Garden City: Doubleday Anchor, 1957.

_____. *Archaeology and the Religion of Israel*. 5th ed. Garden City: Doubleday Anchor, 1969.

_____. *Yahweh and the Gods of Canaan*. New York: Doubleday and Co., 1968.

Ahlström, Gösta F. *The History of Ancient Palestine*. Minneapolis: Fortress, 1993.

Avi-Yonah, Michael, ed. *Encyclopedia of Archaeological Excavations in the Holy Land*. 5 vols. Englewood Cliffs, N.J.: Prentice Hall, 1976.

Bright, John. *A History of Israel*. 3rd ed. Philadelphia: Westminster, 1981.

_____. *Early Israel in Recent History Writing*. London, SCM, 1956.

Coote, Robert. *Early History: A New Horizon*. Minneapolis: Fortress Press, 1990.

Davies, Philip R. In Search of Ancient Israel. Sheffield: JSOT Press, 1992.

Gottwald, Norman. *The Tribes of Yahweh: A Sociology of the Religion of Liberated Israel*. Maryknoll, N.Y.: Orbis, 1979.

Hayes, John H. and J. Maxwell Miller, eds. *Israelite and Judean History*. Philadelphia: Westminster Press, 1977.

Herrmann, Siegfried. *A History of Israel in the Old Testament Times*. Translated by John Bowden Revised and enlarged edition. Philadelphia: Fortress, 1981.

Kaufmann, Y. *The Religion of Israel, from Its Beginnings to the Babylonian Exile*. Chicago: University of Chicago Press, 1960.

Long, V. Phillips. *The Art of Biblical History*. Grand Rapids: Zondervan, 1994.

Mazar, Amihai. *Archaeology of the Land of the Bible: 10,000-586 B.C.E*. New York: Doubleday, 1992.

Millard, Alan R., James K. Hoffmeier, and David W. Baker, eds. *Faith, Tradition and History: Old Testament Historiography in Its Near Eastern Context*. Winona Lake,

Ind.: Eisenbrauns, 1994.

Miller, J. H., and John H. Hayes. *A History of Ancient Israel and Judah*. Philadelphia: Westminster, 1986.

Miller, J.M. *The Old Testament and the Historian*. Philadelphia: Fortress, 1976.

Merrill, Eugene M. *Kingdom of Priests: A History of Old Testament Israel*. Grand Rapids: Baker, 1987.

Noth, Martin. *The History of Israel. 2nd English translation*. New York: Harper & Brothers, 1960.

Pfeiffer, Charles F. *Old Testament History*. Grand Rapids: Baker, 1973.

Pritchard, James B. *Ancient Near Eastern Texts Relating to the Old Testament*. Princeton: Princeton University Press, 1950.

_____. *The Ancient Near East in Pictures*. Princeton: Princeton University Press, 1954.

_____. *The Ancient Near East: Supplementary Texts and Pictures Relating to the Old Testament*. Princeton: Princeton University Press, 1969.

Soggin, J.A. *A History of Israel: From the Beginnings to the Bar Kochba Revolt*, tr. John Bowden. London: SCM Press, 1984.

Thomas, D. Winton. *Documents from Old Testament Times*. Nashville: Thomas Nelson & Sons, 1958.

_____. *Archaeology and Old Testament Study*. Oxford: Clarendon Press, 1967.

Thompson, Thomas L. *Early History of the Israelite People*. Leiden: Brill, 1992.

Wood, Leon J. *A Survey of Israel's History*. Grand Rapids: Zondervan, 1973.

Vaux, Roland de. *Ancient Israel*, English translation. New York: McGraw-Hill, 1961.

_____. *The Early History of Israel*, English translation. Philadelphia: Westminster, 1978.

VanSeters, John. *Abraham, History and Tradition*. New Haven: Yale University Press, 1975.

Younger, Lawson, Jr. *Ancient Conquest Accounts: A Study in Ancient Near Eastern and Biblical History Writing*. JSOT Sup 98: Sheffield: JSOT Press, 1990.

GEOGRAPHY OF THE BIBLE LANDS

Aharoni, Y. *The Land of the Bible: A Historical Geography*. Translated by Anson F. Rainey, revised edition. Philadelphia: Westminster Press, 1979.

Aharoni, Y., and M. Avi-Yonah. *The Macmillan Bible Atlas*. New York: The Macmillan Co., 1968.

Baly, Dennis. *The Geography of the Bible*. New York: Harper & Brothers, 1957.

Beitzel, Barry. *The Moody Atlas of the Bible*. Chicago: Moody Press, 1985.

Grollenberg, L.H. *Atlas of the Bible*. Eng tr. Nashville: Thomas Nelson & Sons, 1956.

May, H.G., ed. *Oxford Bible Atlas*. New York: Oxford University Press, 1963.

ANCIENT NEAR EASTERN LANDS, PEOPLES, AND CIVILIZATIONS

Dothan, Trude, and Moshe Dothan. *People of the Sea: The Search for the Philistines*. New York: Macmillan, 1992.

Flanders, Henry J. Jr., Robert W. Crapps, and David A. Smith. *People of the Covenant: An Introduction to the Hebrew Bible*. New York: Oxford, 1996.

Frankfor, Henri. *Ancient Egyptian Religion*. New York: Columbia University Press, 1948.

Gardiner, Alan. *Egypt of the Pharaohs*. new York: Oxford university Press, 1961.

Ghirshman, R. *Iran*, English translation. Hammondsworth: Penguin Books, 1954.

Gray, John. *The Canaanites*. London: Thames and Hudson, 1964.

Gurney, O.R. *The Hittites*. Hammondsworth: Penguin Books, 1952.

Hoerth, Alfred J., William Mattingly, and Edwin M. Yamauchi, eds. *People of the Old Testament World*. Grand Rapids: Baker, 1994.

Kitchen, Kenneth A. *The Ancient Orient and the Old Testament*. Chicago: Inter Varsity Press, 1966.

Kramer, Samuel Noah. *The Sumerians*. Chicago: University of Chicago Press, 1963.

Mallowan, M.E.L. *Early Mesopotamia and Iran*. London: Thames and Hudson, 1965.

Mellaart,J. *Earliest Civilizations of the Near East*. New York: McGraw-Hill Book Company, 1965.

Moscati, S. *The World of the Phoenicians*, English translation. London: George Weidenfeld & Nicolson, 1968.

Olmstesd, A. T. *The History of the Persian Empire*. Chicago: University of Chicago

Press, 1948.

Oppenheim, A.L. *Ancient Mesopotamia: Portrait of a Dead Civilization.* Chicago: University of Chicago Press, 1964.

Redford, Donald B. *A Study of the Biblical Story of Joseph.* Leiden: Brill, 1970.

Saggs, H.W.F. *The Greatness That Was Babylon: A Sketch of the Ancient Civilization of the Tigris-Euphrates Valley.* New york: Hawthorne Books, 1962.

Unger, Merrill F. *Israel and the Arameans of Damascus.* Grand Rapids: Baker, 1980.

Wilson, John. *The Burden of Egypt.* Chicago: University of Chicago Press, 1951.

Wiseman, Donald J., ed. *Peoples of Old Testament Times.* Oxford: Clarendon Press, 1973.

Yadin, Y. *The Art of Warfare in Biblical Lands.* 2 vols. New York: McGraw-Hill Book Co., 1963.

Wooley, Leonard. *Abraham: Recent Discoveries and Hebrew Origins.* London, 1936.

SPECIALIZED STUDIES

Bimson, John. *Redating the Exodus and Conquest.* Sheffield: JSOT Press, 1978.

Finkelstein, Israel. *The Archaeology of the Israelites Settlement.* Jerusalem: Israel Exploration Society, 1988.

Garstang, John. *Joshua, Judges: Foundations of Bible History.* london: 1931.

Grabbe, Lester L. *Judaism From Cyrus to Hadrian.* Vol 1 of The Persian and Greek Periods. Minneapolis: Fortress, 1992.

Greenberg, Moshe. *The Hab/piru.* New Haven: American Oriental Society, 1955.

Kaufmann, Y. *The Biblical Account of the Conquest of Palestine.* Jerusalem: Magnes Press, 1953.

Kenyon, Kathleen. *Digging Up Jericho.* London: Ernst Benn, 1957.

Thiele, Edwin R. *The Mysterious Numbers of the Hebrew Kings.* Chicago: University of Chicago Press, 1953.

성구 색인

창세기

2:12	89
4:16-26	119
4:17	119
4:18	119
4:22	86
5장	119
5:18	119
5:19	119
8:11	80
11:30	69
11:31	71, 121
12-50장	115, 116, 117, 120
12:1-25:18	115
12:4	71, 117
12:8	54
12:10	71
14장	71, 122, 126, 128
14:6	148
15장	124
15:2	127
15:13	134
15:9-12	127
15:16	130
16장	124
16:2	127
18-19장	128
18:8	86
21:5	117
22장	72
22:20-24	168
23장	122
23:16	122
24:2	127
25장	124
25:13-16	168
25:19-36장	115
25:30-34	127
25:26	117
27:28	75
27:33	127
28:19	54
29:31-30:24	175
30:12-13	114
31장	127
31:43	127
31:50	127
34:10	122
34:21	122
36:10-14	168
37장	72
37-50장	115
37:5	69
37:14	72
37:28	122
42:34	122
46:8-17	151
47:9	117
47:11	132, 134
49장	175
50:22	134
50:26	134

출애굽기

1:8	134

1:9	134	22:1	54
1:11	135, 143, 146	26장	175
3:1	148	26:1-51	148
4:27	148	26:30-33	298
9:32	82	29:1	28
12:37	146, 148, 149	32장	172
12:40	117, 129	32:39-42	170
13:17	71, 147	33:5-8	146
13:17-14:4	146	33:42	87
15:10	89		
20:25	88		

신명기

23:19	86
25:12	89
26-36장	87	1:4	54
30:11-16	148	2:24	67
31:3-5	86	2:37	67
38:24-31	148	8:3	77
39:3	89	11:10-11	77

		14:21	86
		17:14	188

레위기

17:14-20	188
2장	83	22:11	90
13:37	90	28:40	83
23:40	79	33:2	148
		33:28	75
		34:3	80

민수기

여호수아

1장	149		
1:1-47	148	1-12장	158
3:37	148	2:1	54
5:11-15	82	4장	168
5-15장	210	5장	168
6:30-33	298	6장	170
13:21	56	6-7장	170
15:1-10	84	8:12	75
20:17 이하	71	9:3	55
21:22	71		

9:10	54	19:1-9	173, 174
10장	142	19:8	55
10-11장	109, 142	19:15	55
10:10	54	19:27	55
10:40	158	19:28	55
11:17	55	19:29	55
11:21	57	19:32	171
12:1-6	170	19:42	56
12:17	56	19:44	55
13장	172	19:45	55
13-22장	175	21:18	54
13:29-31	170		
15장	173		
15-16장	202	**사사기**	
15:1-12	173	1장	160
15:8	55	1:16	80
15:13-19	173	1:27	109, 142
15:20-63	173	1:27-28	170
15:28	56	2:13	54
15:32	57	3:3	55
15:36	56	3:7-11	177
15:41	54, 56	3:12-30	177
15:45-47	109, 142	3:13	80
15:53	57	3:15-30	170
15:57	55	3:31	177
17:1	170	4-5장	170, 177
17:1-6	170	4:1-24	65
17:2-3	298	4:5	170
17:7-13	170	4:19	86
17:11	109, 142	5:25	86
17:14-18	171, 298	6-8장	177
18:11-20	170	6:33-7:23	65
18:24	55	7:24-8:3	171
18:25	55	8:29-35	40
19장	173	10:1-2	39, 177

10:3	170	9:26-10:1	194
10:3-5	40, 177	10:2	194
10:6-12:17	177	10:3-4	194
11:26	145	10:5-6	194
12:1-6	171	10:10-11	194
12:4	171	10:17-27	195
12:8-10	177	11:15	195
12:11-12	177	12장	195
12:13-15	177	12:2-3	189
13-16장	64, 177	13-14장	195
13:2	64	13:13-15	192
14:1	64	13:19-22	78
16:1	64	15장	195
16:4	64	17:18	196
20:1	55	17:25	189
21:12	168	17:52	56
		19:11-21:15	204
룻기		19:20	186'
		22:1-23:14	204
4:18-22	204	22:16-18	196
		23:15-26:25	204
사무엘상		23:29	56
		27-삼하1장	204
1:19	55	28-30장	195
1:20	194	28:4	196
3:3	84	30:12	80
6:9	54	31:1-7	65
7:15-17	170		
8장	194, 195, 197	**사무엘하**	
8:5	187		
8:11-17	187, 188	2:1-3	212
8:18	189	2:8-9	197
9-10장	187	5장	207
9:1-10:16	194	5:3	305
9:7-8	194	5:6-9	212
9:15-16	194		

5:7	306	1:1-11:49	217
7:13	217	1:29-53	218
8:6	211	2장	201
8:14	211	2:1-11	218
8:16-18	208, 210, 222	2:10-11	23, 42
15:37	2-9	2:11-12	201
16장	201	2:13-25	218
16:16	209	2:26-27	218
17장	201	2:28-35	218
17:25	201	2:36-3:3	218
18장	201	3:4	218
18:23	72	3:4b-15	218
19장	201	3:16-28	218
20장	201	4:1-6	218, 222
20:6	215	4-5장	189
20:23-25	201	4:7	78
20:23-26	208, 210, 222	4:7-9	223
21장	201	4:7-20	218
21:1-5	196	4:9	55
21:8	201	4:28	82
21:18-22	201	5:1-8	218
21:19	56	5:1-9:9	220
22장	201	5:5	221
23:1-7	201	5:6	218
23:8	201	5:9-15	218
23:20	75	5:10	24
23:27	54	5:15-18	221
24장	201	5:16-32	218
24:1-9	211	6장	24, 34, 221
24:2	49	6:1	42, 43, 117, 129, 144
		6:1-15	218
열왕기상		6:7	88
1장	20	6:16-38	218
1:1-28	218	6:20	89

6:31	80	12장	238
6:32	79	12:1-16	266
7:1-14	218	12:4	205
7:13-51	221	12:17-24	266
7:15-51	218	12:18	189
7:46	86	12:25	266
8:1-11	218, 221	12:26-27	266
8:12-9:2	218	12:28-29	266
8:62-66	221	12:31a	266
9:1-9	221	12:31b	266
9:3-11	218	12:32	266
9:12-28	218	13:1-10	266
9:14	88	13:11-34	266
9:15	229	14:1-20	266
9:26-28	227	14:3	194
9:28	89	14:20	26
10:1-13	218	14:21	22, 23, 26, 42
10:11	89, 227	14:25	23, 35, 36, 246, 247
10:13	227	14:25-28	260
10:17	89	14:30	234, 254
10:18	89	15장	263
10:26-29	218	15:1	23, 32, 42
10:27	63	15:1-2	26
10:28-29	227	15:1-5	26315:1-6 264
11:1-13	218	15:1-12	263
11:14-22	246	15:2	24
11:14-28	218	15:6	263
11:17-18	148	15:6-7	254
11:23-25	248	15:7-12	263
11:26	248	15:8	25
11:27-40	252	15:9	22, 23, 32, 42
11:29-43	218	15:9-10	26
11:33	252	15:9-12	264
11:41-43	40	15:9-16	264
11:42	23, 41, 42		

15:16	234, 254	22:1-28	280
15:22	273	22:26	295
15:23	11	22:29-40	274, 280, 283
15:25	22, 26, 267	22:41	284
15:25-32	265	22:41-42	22, 23, 42
15:26	267	22:41-50	40, 272
15:32	254, 267	22:42	26
15:33	22, 26, 32, 267	22:44	272
15:33-34	267	22:47-48	280
15:33-16:7	265	22:48	275
16장	25, 34	22:48-49	284
16:1-7	267	22:51	26
16:8	26, 32, 33, 267	24:2	274
16:8-14	265	25장	238
16:15	26, 55, 256, 278		
16:15-20	37, 265		
16:21-23	256, 266, 278	**열왕기하**	
16:22	269	1:1	284
16:23	25, 26, 34, 278, 284	2:9	124
16:24	279	3장	285
16:28-29	25, 34, 266	3:1	26, 284
16:29	26, 280, 284	3:2	254
16:29-34	254, 266, 279, 280	4:42	194
16:30-31	254	5:15 이하	194
16:32	254	6:24-7:20	285
17:19	280	8:5	284
18:19-40	255	8:8-9	194
20장	67, 272	8:12-15	288, 289
20:1-21	280, 281	8:15	284, 300
20:22-34	281	8:16	22
20:34	278	8:16-17	22, 23, 26, 42, 276
20:35-43	280	8:16-24	275
21장	78, 280	8:17	285
22장	281	8:17-24	275
22:1 이하	67	8:18	277

8:18-19	276	12:20-21	303
8:20-22	276	13:1-9	293
8:23-24	276	13:3-5	296
8:24	26	13:10	295, 303
8:25	25, 33, 284, 285	13:10-13	293
8:25-26	26, 277	13:25	296
8:26	26, 276, 300	14:1	303, 306
8:27	277	14:1-2	42
8:28-29	277	14:7	55
8:29	234, 285	14:8-14	293
9:1-13	256	14:16-15:1	23, 42
9:1-10:17	292	14:17	24
9:3	83	14:23	303
9:6	23	14:25	296
9:21-29	277	14:28	296
9:27	234	15:2	324
9:29	25, 33, 42	15:7	42
9:30-33	234	15:8-12	299
10:1 이하	71	15:13	42
10:19	255	15:13-15	299
10:21	254	15:19	23, 50, 244
10:27	254	15:29	244, 315
10:32-33	234, 292	15:30	315, 316
10:32-36	286	15:32-38	324
10:33	71	15:35	325
11:1-3	304	16:1-2	23, 42
11:17	304	16:1-20	325
11:18	254	16:5	315, 325
11:21	22	16:6	71
11:21-12:1	23, 42	16:7-9	23, 315
12:1	306	16:10	50
12:4-5	302	16:10-18	326
12:6	22, 35, 36	17장	372
12:11-16	302	17:1	33
12:17-18	235	17:3	50

17:3-6	235, 244	22:3-6	22, 35
17:24-41	326	23:13	54
18:1	33, 332	23:29	51, 246, 352
18:1-2	23, 42	23:31	23, 42
18:4	332	23:36	23, 42
18:4-6	332	24:1	50
18:7	333	24:1-2	356
18:9	27, 36, 50	24:7	355
18:10	27	24:8	23, 42
18:13	24, 27, 33, 35, 50	24:8-10	360
18:13-16	334, 340, 341	24:10-17	359
18:13-19:35	340, 341	24:12	35, 36, 42, 357, 359
18:14	36, 335	24:12-14	246
18:14-19:37	244	24:15	358, 380
18:17-19:9	340	24:15-16	360
18:21	333	24:16	380
18:32	379, 380	24:17	358
19:1 이하	335	24:18	23, 42
19:9b-19:34	340	24:20	361
19:20	335	25:1	50
19:35-37	340	25:2	360
19:37	50	25:6	380
20:7	81	25:8	246, 360
20:20	94, 335, 336	25:8-17	361
21:1	23, 24, 42, 303, 341	25:9-10	361
21:2	24	25:11	380
21:3	254	25:18	381
21:3-16	24	25:19	381
21:17	24	25:18-21	361
21:18	24	25:22-26	375
21:19	23, 42	25:23	363
21:19-26	342	25:24-26	364
22-23장	347	25:27	30, 36, 37, 38
22:1-2	23, 42	26:16	380
22:3	36		

역대상

1-9장	202
1:10	201
2장	210
2:1-2	175
2:3-10	151
2:17	201
3:15	353
3:18	405
3:22	408
4장	173, 174
4:23	91
4:28-33	173
4:31	56
5:6	315
5:26	315
7:14-19	298
8:15-18	201
10:18	189
12:7	56
12:24-27	209
20:4-8	201
21장	201
21:1-6	211
21:2	49
22장	201
23장	201
24장	201
25장	201
26장	201
27장	201, 209
27:16-22	209, 223
27:26-28	78
27:28	63
28장	201
28:1-대하 9:28	218
28:1-10	218
28:11-21	218
29장	201
29:1-9	218
29:10-21	218
29:14	201
29:22-25	218
29:29-30	201, 218

역대하

1:3-6	218
1:7-13	218
1:14-16	218
1:18-2:17	218
2:1-7:22	220
2:15-16	218
2:16	63
3:1	220
3:1-4	218
3:5-14	218
3:6	89
4:1-5:1	218
5:2-13	218
6:1-7:12	218
7:13-8:1	218
8:2-18	218
9:1-13	218
9:14-17	218
9:14-28	218
9:26	218
10-36장	238
11:5-12:1	260

11:5-10	263	21:2-3	276
12:1-12	246, 247	21:2-7	276
12:2-14	260	21:8-10	276
12:13	260	21:11-17	275
12:15-16	260	21:16	276
13:1-2	263, 264	21:16-17	276
13:1-14:2	263	21:20	276
13:3-20	263	22:1-2	277
13:21-14:2	263	22:3-4	277
14:7-14	264	22:5-9	277
14:7-15:18	264	24:1-14	302
14:8	274	25:19	343
14:9-15	265	26:10	78
15:1-7	264	27:1-9	324, 325
15:8-18	264	28:1-7	325
15:16-19	264	28:15	80
16:1	23	28:16-27	325
16:1-3	268	28:16	325
16:1-6	267	29장	332
16:7-10	267	29:1-31:21	332
17:1-6	273	32장	93
17:5	273	32:1-8	334, 340
17:10-19	273	32:2	50
17:12	273	32:2-4	336
18:1	233, 272,	32:9-21	340
18:2-27	280	32:30	336
18:25	295	33:21-25	342
18:28-34	280	34장	347
19:4-11	273	35:20	246, 352
19:10-11	274	36:9-10	360
20:22-23	274		
20:35	272	**에스라**	
20:36	233	1장	400
20:36-37	284	1:1	35, 36, 38
21:1-10	275		

1:2	221	7:1-5	411
1:2-3	403	7:26	410
1:4	221	7:6-72	403
1:8	404	7:26	373
2:1-70	403	8:2	408
2:2-67	366	8:2-14	386, 387
2:6	380	8:15	387
2:59	383	8:16-19	386, 387
2:64	404	9:1	210
2:70	210	10:16	383
3:1-6	221	10:18-44	411, 416
3:7	221		
3:8	405	**느헤미야**	
4:1-5	406		
4:2	50, 406	1장	400
4:3	406	1:3	412
4:4	406	1:4-11	412
4:6-23	221	2:5	412
4:7	400	3:2-31	417
4:8-16	411	5:3-5	413
4:10	50	5:7	413
4:12-16	405	5:14 이하	400, 417
4:23	412	7:6	50
4:24	405	7:6-72	403
5:3-17	407	7:7-69	366
5:6	400	8:4-7	415
5:14	405	8:15	79
5:16	405	10:29-31	415
6장	400, 404	10:34-37	383
6:3-5	404	11장	173
6:14-15	221	11:13	384
6:15-20	408	11:25-30	174
6:16-17	221	11:27	56
6:22	400	11:32	55
7-8장	400	12:22	384

12:36	411	32:20	78
13:19	414	36:1	50
		36:1-22	334

시편

		37:38	50
8편	84	38:21	81
18편	201	42:7	378
39:13	201, 218	42:22	378
57-59편	84	45:2	378
81편	84	48:10	86
84편	84	56:3-7	409
89:3-4	213		
110편	214		

예레미야

132:8-10	218		
132:10-14	213	6:1	56
		7:18	341
		25:1-15	354

잠언

		25:11	408
27:21	86	29장	379, 380
27:27	86	29:1	380
		29:6-7	379
		32:14	90

아가

		36:9 이하	355
8:2	81	39:1	360
		39:2	360
		39:10	381

이사야

		40:7	363
9:1	69, 71	40:5-41:18	375
9:8-9	83	46장	246
11:3	56	46:1 이하	354
17:1	315	46:13	355
19:9	90	47:2 이하	354
20:1	50, 240	52:4	360
28:4	80	52:5	360
28:23-29	78	52:12	360
28:25	82	52:25	343

52:28	360
52:29	360, 361
52:30	360
52:31	30, 36, 246

예레미야애가

2:13	80

에스겔

1:1	34
1:2	377
4:9	82
8:1	383
14:1	383
20:1	383
20:3	383
27:17	78
29:17	377
47:19	57

다니엘

6장	400
8:3	392
9-11장	400

호세아

8:5-6	250
9:10	55
10:5-6	250
10:14	71

아모스

1:1	35
7:10-13	251

요나

1:3	63

미가

1:8-16	53, 63, 334
1:11	56

학개

1-2장	400
1:14	407
2:15	405
2:18	405

스가랴

1:7	28
1:8	400
2:11	409
6:12-13	407
7:5	408
8:23	409

누가복음

10:34	83

주제 색인

ㄱ

가나안	50, 61, 100
가드	63
가몬	40
가자	62, 64, 107
갈렙	66
갈릴리	64, 171
갈멜	62
갈대아	69, 287
갈대아 왕조	344
강수량	49
강제이주정책	371, 376, 377, 378
게데르	56
게바	55
게젤	28, 53
달력	78, 79
계승	24
계약	42
고대 근동	27, 31, 192
고레스 칙령	402
고원지대	55
곱	56
공시연대	32
구약성서	21
귀환	404
귀환 공동체	405
그데라	56
그데로다임	56
그돌	56
그레고리안 역	29
그림신	64
그발	34
금석병용기시대	86
급수시설	93
기루	43, 45
게메트리아	150
기브아	55, 198
기브온	53, 55, 64
기스래	28
길가메쉬	108
길르앗	39
깁브돈	55
깃딤	84

ㄴ

남방경로설	148
네겝	62, 65
네 칸 집(four room)	95, 164
니산	29, 46
니산니산	27
나아마	55
농민반란설	159
누비아 사암	67
누지문서	120, 124, 125
늦은 비	75

ㄷ

다말	57
다듬은 돌(Ashlar)	95
다시스	63
다아낙	53
단	49, 172, 250
단 비문(석비)	203
단비	75
달력	28
대로	53

색인 ● 439

도단	64	만잘레 호수	147
돌(Dor)	63	메데(Mede)	344
돕	56	메디네트 하부	47, 112, 155
두남(Dunam)	164, 365	메르네프타	110, 111
드고아	64	메사 석비	278
드빌	64	메소포타미아	30, 31, 36, 50, 105
둡헬라	80	모레셋	64
디글랏빌레셋 3세 비문	314	모사이에프 오스트라카	349
디르사	64	모압	110
디본	110	미그달	56
딤나	54	므깃도	50, 53, 77, 108
땅의 사람들(암하아레쯔)	407	므깃도 전투	351
		미스바	55, 64
ㄹ		미케네	177
라기스	53, 63	미케네 토기	178
라기스 침공	336, 337	미타니 왕국	107, 109, 153
라마	55	민닛(Minnith)	78
라 멜렉 인장	336		
라스 샤므라 문서	121	ㅂ	
라쉬 샤루티	37, 45, 46	바벨론	34
라암셋	135	바벨론 연대기	346, 351, 357, 359
레말코	36	바벨론 월력	150
레테누(Retenu)	103	바벨론 포로	34, 35, 360
로이스토양	68	바벨론 포로기	346
르홉	56	바알	55
리무	43, 44, 325	바알 갓	55
립몬	57	바알 브올	55
		바알 하솔	64
ㅁ		바알 헤르몬	55
마네토 역사	133	발삼향료	67
마레사	64	밥 에드 드라	126
마롯	64	백운석	64
마스	189	백은시대(Silver Age)	296
마케도냐	49	법궤	65

베니하산(Beni Hasan)	103	비슈나트 말코	36
벽화	104	비슈나트 -	
베이트 아보트	383	아하트 레코레쉬	38
베히스툰 비문	395	비쿠라	80
벧	55	비터 호수	147
벧 다곤	54	비트 무라쉬	381
벧 답부아	57	비트 힐라니 양식	221
벧 레헴	55		
벧 벨렛	55	ㅅ	
벧 산	65	사가	31
벧 술	64	사료	31, 238, 239
벧 에글라임	56	사마리아	64, 307
벧 에멕	55	사마리아 동전	398
벧 에셀	64	사마리아 문화	322
벧 하난	55	사마리아 오스트라카	296
벧 학게렘	56	사빌	55, 63
벧호론	54	사사	39, 40, 48
벧세메스	54	사사 시대	39, 167, 175
벧엘	54, 64, 250	사상	51
봉신	319	사아라임	56
봉신 국가	320	산에하트(Sanehat)	77
봉신 조약	320	산헤립 연대기	339
북방경로설	147	살렘	55
분열왕국	5, 26, 40, 48, 223	살만에셀 3세 비문	281
브네브락	55	상대연대	32, 34
브엘세바	49, 53, 56, 65	샤론평원	53, 62, 63
블레셋	63, 87, 113	샤루헨	143, 155
블레셋 등장	155	석회암	64, 67
블레셋사람의 땅의 길	147	섭정	30
블레셋 토기	177	성벽	92
비교 연대	22, 26	성전	23
비문	27	세겜	64, 168
비슈나트	36,	셀라	55
비슈나트 말쿠토	36, 37	소라(Zorah)	64

소렉 골짜기	64		아라비아	50
속주	319, 321		아람	67
쇼페트	175		아람 다메섹	67
수투(Sutu)	140		아르만트 비석	107
숙곳	146		아르콘	67
슈라트 샤르티야	45, 46		아마르나 서신	108, 136, 163
쉐펠라	63, 64		아마르나 시대	136
스밧	28		아말렉	65
스오라	82		아모리	122, 128
시누헤 이야기	103		아모리 가설	129
시르보니스 호수	147		아람	258, 288
시리아	50		아바리스	132, 143
시온성	217		아스글론	63
신년	29		아스다롯	54
신년 축제	30, 45		아스돗	63
신명(神明)	54		아얄론	56
신명기	31		아이	64
신명기 사가	31, 32, 37, 38, 41, 42		아카드어	37, 141
			아흐메나 왕조	390
신바벨론	344		악고	62
신전	54		안티 레바논	65
신화	4, 48		알다스헷	84
신학	43, 48, 253		알렉산더	4
신학화	216, 265		아시리아	5, 32, 36, 43, 50, 71, 154, 271
			아시리아 연대기	32
ㅇ			야르콘	62
아나냐	55		야웨신앙	386, 415
아나돗	54		야함(Yaham)	107
아나스타시 파피루스	114		얍복	67
아납	57		업적	24
아다드 니라리 비문	294		에글론	63, 84
아다르	28		에누마 엘리쉬	193
아둘람	63		에돔	66, 68, 110
아라드	53			

에발산	64	욕느암	53, 107
에베드	357	욥바	63
에브라임	64, 170	와디 달리예	395
에블라	128	와디 아부 쿠샤이바	86
에시온게벨	185	왕국시대	5, 248
에포님	43, 44, 295, 308, 325	왕실비문	244
		왕의 대로	69, 71, 213
에피그라피	243, 394	외경	401
엑바타나	392, 408	우라르투	310
엔게디	56, 82	우르	69
엘레판틴	397, 418	원년	36
엘로힘 문서	254	월력	27, 28
엘 아마르나	138	웬-아몬	114, 157
여리고	54, 65, 145, 161	유년칭원법	30, 36, 37, 38, 43, 46
여부스	55		
여호와	54	유대산악지대	64
여호와 문서	254	육십진법	150
역대기	22	윤달	29
역대기 사가	22, 32	웨니 묘비	77
연대	5, 21, 30, 48	음력	28
연대기술방식	31	이방을 위한 왕의 사신	140
연대기	21, 24, 27	이상	43
예레못	161	이스라엘	5, 41
예루살렘	27, 35, 53, 55, 63	이스라엘 고대사	47
예언서	35	이스라엘 역사학	29
예후드	417	이스르엘	53, 64, 171
예후 왕조	291	이스마벳	55
오론테스(Orontes)	107	이르	55
오므리 왕조	278	이집트	47, 50, 102, 109
오빌	89	인보동맹	167
오스트라카	89, 91, 242		
올리브	83	ㅈ	
요단	62	저주문서	105
요세푸스	400	전략	53

색인 ● 443

전제(libation)	84	초막절	28
점진적 정착설	159	총독	140
정복설	158	출애굽 경로	146
정착	48, 52, 152, 158, 160	출애굽 경로 규모	148
		출애굽 경로 역사	131
제벨룸	67	출애굽 경로 연대	134, 143
제벨 무사	147	충성서약	320
제벨 산-비쉬르	147	충적토	61, 68
제벨 아수르	64		
제벨 엘할랄	147	ㅋ	
제사장	35	카데스	107
제2엘룰	29	카르낙 신전	107, 109
제프티(Djefti)	107	카르카르 전투	283
족장	48	카리스마	176
족장 시대	115	카스(Kassite) 왕국	154
종교개혁	29, 249, 332	케이스메이트(Casemate)	92
종려나무	80	쿠르카르	63
중앙경로설	148	쿠르흐	46
중앙산악지대	61, 62, 64, 161	쿠세메트	81
중앙성소	168	쿤틸레트 아주르드	90
즉위	26		
즉위 해	30	ㅌ	
지명	52	태양력	29
지방도로	72	태음력	29
지중해	50, 62	테라로사	64
지중해 기후	73	테베	47
지중해 식물	76	텔	52
지진	35	텔 마소스	95
지파동맹	167	텔 베이트 미르심	83
		텔 아부 슈세	53
ㅊ		텔 아부 주레이크	53
철기시대	80	텔 카실레	89, 95
청동기	48, 86, 88, 100, 126	토양	56
		통일왕국	40, 48, 183

트랜스 요르단	62
트에나	80
티슈리	29
티슈리티슈리	27
팀나 아므람	84

ㅍ

파가	80
파이난	86
팔레스틴	4
팔루	43, 45
페르시아	4, 50, 51, 62
페르시아 시대	390
페트라	86
펠라	66
펠로폰네소스 전쟁	393
평야	61
포로기	28, 34
푸논	86
프로토 애올릭(Proto Aeolic)	95
프로토 히스토리	5, 99
피토이 토기	91

ㅎ

하란	69
하리스 파피루스	113
하봇야일	40
하비루	77, 109, 121, 122, 138, 140, 160
하살	56
하살 수심	56
하솔	53
행정체계	207, 223
헤로도투스	400

헤르모폴리스	132
헤벨	56
헤브론	41, 64
헤스본	145
헬몬	49
헬본	84
현무암	67
해변길	69
해안평야	62, 63
해양족	141
호상(豪商)	121
홍해	147
화강암	67
황금시대	118
히브리어	37, 55
히스기야 터널	325
히타	81
히타이트	62, 154
힉소스	50, 106, 129, 132, 133, 143
한놈의 아들의 골짜기	55

인명색인

ㄱ

가디야	297
가인	119
갈렙	173
갓	169, 175, 239
겐	173
고라	173
고레스	36, 38, 390, 392, 400, 402, 403, 404, 405
고레스 2세	400
골리앗	189, 192, 205
그니스	173
그달랴	363, 364, 375, 377
그무엘	210, 223
기낫	266, 269
기드온	39, 40, 65, 170, 171, 177
긴디부아	282
길르앗	171
김영진	29, 30, 31, 41, 43, 52, 62, 119, 120, 132, 133, 197, 202, 235, 239, 240, 241, 246, 250, 251, 252, 254, 268, 278, 280, 297, 346, 357, 380
김지은	384
김진준	77

ㄴ

나단	193, 217, 239
나답	22, 26, 223, 259, 265, 267
나밧	225
나보니두스	221, 375, 376, 390, 392
나보폴라사르	221, 246, 344, 345
나봇	78, 280
나부-다아이나니	44
나부-두루-우쭈루	245
나부-바라투슈-이크비	375
나부-벨루-우쭈루	44
나부-샤르-아헤슈	45, 350
나부-에테라니	44
나부-케누-우쭈루	44
나아만	194
나홀	130
나훔	241
납달리	169, 175
네르갈-샤르-우쭈르	375
네르갈-에리쉬	295
네르갈-우발리트	44
노바	171
노아	170
느고 2세	51, 65, 351, 352
느다니야	364
느밧	32
느부갓네살	35, 50, 246, 345, 346, 354, 355, 356, 357, 358, 359, 360, 361, 362, 364, 375, 378, 380
느부사라단	361
느헤미야	400, 404, 409, 410, 411, 412, 413, 414,

	415, 416	드보라	39, 40, 65, 170,
니가소	418		171, 177
니누르타-일라야	44	들라야	397, 398
		디글랏빌레셀	44, 63
ㄷ		디글랏빌레셀 1세	155
다르단	334, 340	디글랏빌레셀 3세	45, 50, 243, 244,
다리우스 1세	392, 393, 395, 400,		307, 308, 310, 311,
	401, 405, 406, 407,		312, 313, 314, 315,
	408		316, 317, 325, 330,
다리우스 2세	392, 394, 400		334, 372
다리우스 3세	392, 397, 400	디르사	170
다윗	23, 39, 40, 41, 42,	디르하가	334
	65, 78, 123, 126,	디브니	266, 269, 278
	184, 185, 187, 192,	디오도루스 시쿨러스	400
	196, 197, 200, 201,		
	202, 203, 204, 205,	ㄹ	
	206, 207, 208, 209,	라멕	119
	210, 211, 212, 213,	라바쉬-마르둑	375
	214, 215, 216, 217,	라바유	137
	218, 219, 221, 222,	라반	127, 130
	223, 224, 227, 228,	라파	297
	239, 249, 251, 252,	라헬	125, 175
	253, 258, 259, 304,	라히아누	310
	305, 306, 323, 407	람세스	112, 113
단	169, 175	람세스 2세	51, 110, 114, 135,
데니엔	113		146, 153
데라	120, 130	람세스 3세	112, 113, 145, 153,
데르	345		155, 156, 177
도도	39	람세스 4세	177
도비야	414	랍사게	334, 340
도엑	192, 197	랍사리스	334, 340
도이	213	레부	110
돌라	39, 40, 177	레아	168, 175
두르-앗수르	44	레위	130, 169

루킵티	337	무쭈르	318
루후비	282	무후야엘	119
룰리	337, 339, 340	므나헴	256, 297, 299, 313
르말랴	316	므낫세	23, 24, 30, 42,
르손	224, 248		171, 175, 244, 312,
르신	312, 313, 315,		341, 342, 418
	316, 325	므넵타	153
르우벤	169, 175	므드사엘	119
르호보암	23, 26, 35, 42,	므드셀라	119
	144, 225, 233, 247,	므슬람	22, 35
	248, 249, 257, 259,	미가	241
	260, 262, 263, 265,	미가야	264, 280
	305, 335, 336	미가엘	210, 223
		미갈	204
리푸르-일루	44	미다스	318
		미틴티	337, 338
ㅁ		민병하	37, 38
마가	265	밀가	170
마길	171	밀키루 수아르다투	139
마네토	133, 143		
마르둑-레만니	245	ㅂ	
마리	294, 295		
마아가	25, 210, 223, 263	바고이	397
마자에우스	398	바루아	223
마타누-바알	282	바르디야	400
말라기	241, 400	바르-하다드	268
말릭-람무	337	바아나	223
맛다니야	358, 359	바아사	23, 26, 32, 256,
맛단	301		265, 267, 268
메르넵타	110, 111, 146	바알	320
메사	288	바알라	297
멜기세덱	214	박종수	116
멜루하	338	발락	65
모세	239, 304, 410	발틸	309
무발리테트-쉐루아	154	밧세바	200, 216

베가	311, 312, 314, 315, 316, 323, 325	사래	127
		사루기	130
베냐민	130, 169, 171, 175	사르곤	45, 207, 245, 246
벤-게벨	223	사르곤 2세	50, 244, 279, 317, 318, 319, 330, 331
벤-데겔	223		
벤아비	223	사무엘	157, 170, 186, 187, 188, 189, 190, 191, 194, 195, 196, 198, 239
벤-야민	130		
벤하다드	265, 268, 280, 281, 289		
벤하다드 2세	278, 280	사반	363
벤하다드 3세	293	사울	39, 65, 157, 170, 184, 186, 187, 189, 191, 192, 193, 194, 195, 196, 197, 198, 199, 200, 201, 202, 204, 205, 206, 207, 212
벤-헤셋	223		
벤-훌	223		
벨-단	44		
벨-루-다리	44		
벨-샤르-우쭈르	376		
벨-에무라니	44		
벨-하란-벨루-우수르	44	산발랏	396, 397, 398, 414
부두-일루	337	산에하트	77
부르나부리아쉬	154	산헤립	23, 24, 27, 33, 35, 45, 50, 53, 244, 331, 332, 333, 334, 336, 339, 340, 341, 366, 372
부아	39		
불	308		
뷜	384		
브가히야	313, 314		
브네이 아므란	136	살룸	297
브니야	216	살만에셀 1세	154
브다야	210, 223	살만에셀 3세	46, 71, 72, 203, 207, 243, 244, 258, 271, 272, 274, 281, 283, 287, 288, 289, 290, 291, 292
비그리	215		
빌하	175		
ㅅ			
사독	209, 210, 214, 223, 228, 249, 251	살만에셀 5세	50, 244, 317, 319
		삼갈	157, 177
사라	124	삼손	40, 64, 157, 177

샴시	311, 319, 330	스불론	130, 169, 175
샴사-아다드 5세	287	스알디엘	405
샤루-루-다리	337	슬로브함	170
세겜	170	시그리	210, 223
세낫살	404	시누헤	103
세라	264, 265	시드기야	23, 42, 353, 358, 359, 360, 361, 375
세바	201, 215		
세스바살	404, 405, 406	시드카	337
세티 1세	110, 153	시므리	26, 37, 256, 259, 265, 268, 269
센-우저르트	103		
센-우저르트 2세	104	시므앗	303
소	317	시므온	169, 173, 175
소멜	303	시므이	218, 223, 228
솔로몬	23, 24, 39, 40, 41, 42, 63, 71, 78, 88, 129, 144, 185, 190, 200, 201, 208, 216, 217, 218, 219, 220, 221, 222, 223, 224, 225, 227, 228, 229, 239, 248, 249, 253, 258, 259, 260, 305	시바	201
		시바다	301
		시비아	41
		시비타-비일리	313
		시베	318, 319
		시삭	23, 35, 47, 144, 224, 246, 247, 260, 262, 264, 267, 317
		시스라	65
수바르다타	139	신-샤-이쉬쿤	344, 345, 348
술루말	313	신슘리쉬르	348
쉔니마	127	신-아헤-리바	245
슈필룰리우마 1세	154	신-타크라크	44
스가랴	210, 223, 241, 297, 400, 405, 407	실라-벨	338
		실바	175
스룩	130		
스룹바벨	221, 405, 406, 407, 408	**ㅇ**	
		아기스	205
스미다	170	아낫	157
스바냐	241	아다드-구피	375
스바댜	210, 223	아다드-니라니 1세	154

아다드-니라니 2세	258, 271	아멜-마르둑	375
아다드-니라니 3세	235, 244, 291, 293, 294, 295, 309	아모스	35, 240, 241, 251
		아몬	23, 24, 42, 342, 347
아다드-니라니 5세	309		
아다드-벨루-카아인	44	아밋대	296
아달랴	23, 41, 42, 234, 270, 272, 276, 277, 287, 299, 300, 301, 304, 305	아부라하나	130
		아브넬	196, 206, 210, 212, 223
		아브디-리이티	337
아담	119, 126	아브라하나	130
아도니람	208, 249	아브라함	69, 71, 72, 115, 117, 120, 121, 122, 123, 124, 126, 127, 128, 129
아도니아	216		
아도니야	200, 201, 218, 228		
아도람	208, 225		
아두부-바알	282	아브람	127
이드리-샤마쉬	268	아비멜렉	39
아르닥사스다 1세	386, 392, 394, 400, 409, 410, 412, 415	아비새	215
		아비샤르	133
아르닥사스다 2세	392, 394, 400, 410, 415	아비아달	192, 214, 216, 218, 228, 249, 251
아르닥사스다 3세	392, 400	아비야후	264
아르삼	397	아비얌	23, 25, 26, 32, 42, 263, 264
아르세스	392		
아리안	400	아비에셀	170
아리후	245	아사	22, 23, 25, 26, 33, 34, 37, 42, 233, 263, 264, 265, 266, 273, 274, 278, 284, 297, 335
아마사	215, 251		
아마샤	23, 24, 42, 293, 295, 306, 335		
아만하트파	108		
아메네모페트	114	아사랴	23, 30, 42, 264, 313, 314, 323
아메노피스	136		
아멘호텝 2세	108, 153	아사렐	210, 223
아멘호텝 3세	136, 153	아사시야	210, 223
아멘호텝 4세	136	아삽	239

색인 • 451

아셀	169, 175	알렉산더	49, 307, 392, 394, 396, 418, 419
아스리엘	170, 210, 223	암논	202
아스트야게스	390, 392	암미-엔시	103
아자	297	압돈	40, 177
아지루	330	압살롬	25, 200, 201, 202, 214, 215, 216, 225, 263
아크나톤	136		
아하수에로	400		
아하스	23, 30, 33, 42, 315, 316, 325, 326, 332, 333	앗수르나찌르팔	258, 271
		앗수르-다니안니	44
아하시야	23, 25, 26, 33, 42, 234, 270, 272, 275, 277, 284, 285, 291, 292, 299, 300, 301, 302, 304	앗수르-단 2세	258, 271, 371
		앗수르-라비 2세	203
		앗수르-마트카-테라	379
		앗수르바니팔	50, 244, 320, 331, 344, 348, 349, 371, 384, 388, 390
아합	22, 25, 26, 34, 40, 233, 234, 254, 257, 266, 270, 272, 274, 276, 277, 278, 279, 280, 281, 282, 283, 284, 286, 292, 295, 299, 300, 301	앗수르-샬리만니	44
		앗수르-에틸-일라니	344, 348
		앗수르-우발리트	345, 351
		야곱	72, 115, 117, 124, 125, 127, 132, 151, 251
아흐메나이드	390	야렛	119
아호모세	133, 143	야마니	331
아호모세 1세	50, 106	야살	239
아히감	363, 375	야아시엘	210, 223
아히나답	223	야일	39, 40, 171, 177
아히도벨	201, 208	에녹	119
아히마아스	223	에브라임	175
아히멜렉	192, 297	에살핫돈	46, 50, 221, 244, 320, 331, 372, 384, 388
아히메투	331		
아히야	218, 266		
아힐롯	223	에서	124, 127
안메스	297	에스겔	241, 377

에스라	386, 387, 400, 404, 408, 409, 410, 411, 412, 415, 416	여호사바드 여호사밧	299, 300, 301 303 22, 23, 26, 30, 40, 42, 223, 233, 234, 257, 259, 270, 272, 273, 274, 275, 280, 281, 283, 284, 285, 300, 301
에윌므로닥	36, 38		
에훗	39, 40, 170, 177		
엔-니갈다-난나	375		
엘라	26, 27, 33, 37, 223, 265, 268, 316		
엘론	40, 177	여호세바	300, 304
엘리	186	여호수아	158, 405, 406, 407
엘리사	124, 194, 288	여호아하스	23, 24, 42, 276, 289, 290, 293, 295, 296, 297, 306, 352, 353
엘리사마	364		
엘리아	414		
엘리아다	224, 248		
엘리야	124, 280	여호야김	23, 42, 353, 355, 356, 357, 358
엘리야김	358		
엘리에셀	124, 127, 210, 223	여호야긴	23, 34, 35, 42, 353, 356, 357, 358, 359, 360, 377, 378, 382, 404
엘리후	209, 210, 223		
엣바알	234, 278, 279, 280, 292		
여고냐	404, 405	여호야다	216, 301, 302, 303, 304
여라무엘	173		
여레못	210, 223	예레미야	240, 241, 355, 377, 380, 383, 408
여로보암	22, 26, 32, 35, 194, 218, 222, 225, 233, 248, 249, 250, 251, 252, 253, 256, 257, 266, 267, 305		
		예후	233, 234, 239, 256, 285, 286, 287, 289, 291, 292, 293, 299, 300, 306
여로보암 2세	30, 236, 292, 295, 296, 297, 299	오므리	25, 26, 33, 34, 37, 210, 223, 233, 256, 259, 266, 269, 270, 278, 279, 281, 284, 285, 287, 289, 292, 296, 300, 314
여로함	210, 223		
여호람	22, 23, 26, 30, 40, 42, 270, 272, 275, 276, 284, 285, 287,		

색인 ● 453

오바댜	126, 210, 223, 241	우리엘	264
오소르콘 1세	265	우리키	313
오소르콘 4세	317, 330	우만다랴	345
웃니엘	39, 40, 177	웃사	24
왕대일	380	웃시야	78, 297, 316, 323
요나	63, 126, 296	웨니	77, 102, 103
요나단	198	웬-아몬	114
요담	23, 30, 42, 316, 323, 333	웬마문	157
		유다	169, 174, 175
요람	22, 25, 26, 33, 228, 234, 270, 277, 284, 292, 304	이드후레니	282
		이다-비일	311
		이랏	119
요사갈	303	이브	126
요세푸스	133, 143, 375, 381, 400, 418, 419	이사야	239, 240, 241, 334, 340
요셉	69, 115, 132, 133, 134, 169, 175	이삭	72, 115, 117, 127
		이새	196, 204
요시야	22, 23, 29, 35, 42, 51, 65, 342, 347, 348, 349, 350, 351, 352, 353	이세벨	234, 254, 278, 280, 286, 287, 292, 301
		이스마야	223
		이스마엘	124, 126, 364, 375
요아스	22, 23, 24, 35, 40, 41, 42, 291, 293, 295, 296, 297, 300, 301, 302, 303, 304, 305, 306	이스보셋	196, 197, 206, 207
		이사-아다드-아네누	45
		이타말	319
		인일	313
		입다	40, 145, 171, 177
요압	201, 206, 208, 215, 216, 218, 228	입사	103
		입산	40, 177
요엘	210, 223, 241	잇도	210, 223, 239
요하난	353, 399	잇사갈	169, 175
우르-밀카	337		
우리	223		
우리아	201, 202	ㅈ	
우리야	326	자르단	287

자비베	311		테이스페스	400	
자빌란	130		테크나프테 1세	317	
정중호	304		투라히	130	
제2이사야	377		투발루	337, 338, 340	
			투쉬라타	154	
ㅊ			투쿨티-니누르타 1세	154, 155, 207	
체커	63, 156, 157		투쿨티-니누르타 2세	271	
			투트모세	77, 107, 108	
ㅋ			투트모세 1세	143	
카라-하다쉬	154		투트모세 3세	50, 106, 107, 108, 143, 153	
카쉬틸리아슈 4세	154				
카야사레스	345		투트모세 4세	153	
캄무수-나드비	337		투트호텝	105	
캄비세스	50, 51, 384, 392, 395, 400, 401, 403, 406, 407		툽키틸라	127	
			ㅍ		
캄비세스 2세	400		파나무	313	
케림-니누	127		파디	338	
코쪼	197		파르수와쉬	390	
쿠르파자	127		페피	77	
쿠리갈주 2세	154		프삼메티쿠스 1세	350	
쿠르티우스 루푸스	400		프톨레마이우스 2세	133	
크눔호텝 3세	103		피시리스	313	
크모쉬	285				
크모쉬야트	278		**ㅎ**		
크세르크세스 1세	392, 393		하갈	124	
크세르크세스 2세	392, 400		하나니	267	
			하나니야	398	
ㅌ			하누누	310	
타르훌랄라	313		하다드에젤	274, 282, 283, 284	
타브림몬	268		하닷	248	
타트나이	407		하닷에셀	203, 213	
타호스	393		하박국	241	
탈바숨	106		하비루	77	

하사뱌	210	**A**	
하사엘	194, 234, 277,	A. Alt	159, 160, 363
	285, 288, 289,	A. Bentzen	150
	290, 291, 292,	A. Biran	202
	293, 296, 303,	A. Cowley	397
	314, 315	A. F. Rainey	69, 108, 109, 134,
하와	126		136, 202, 297
학개	241, 400, 405, 407	A. Gardiner Sir	51, 110
한나	186	A. J. Avery-Peck	84
한노	318, 319	A. Jepsen	290
한정건	37	A. K. Grayson	240, 243, 244,
함무라비	193		258, 312, 341
헤로도토스	400, 401	A. Kuhrt	321
헤벨	170	A. Lucas	151
헤시온	268	A. Malamat	32
헬렉	170	A. Mandansky	151
헵시바	24	A. Mazar	83, 86, 87, 88, 90,
호글라	170		91, 92, 94, 95,
호리	114		128, 138, 139
호새	239	A. Millard	44, 243
호세아	27, 33, 210, 223,	A. M. Kleber	290
	240, 241, 311, 312,	A. T. Clay	395
	315, 316, 317, 332,		
	372	**B**	
후새	201, 208	B. A. Levin	150, 246, 260
후-세벡	104	B. Mazar	104, 108, 246,
히람	219, 224, 227, 253,		258, 260, 290, 297
	311, 313, 315	B. Meissner	381
히스기야	22, 23, 27, 33, 35,	B. Oded	207, 371, 381, 388
	42, 93, 94, 239,	Bornstein	297
	332, 333, 334,	B. Porten	355, 395, 397
	335, 336, 338,		
	339, 340, 341, 399	**C**	
		C. H. Gordon	121

C. H. J. de Geus 169
Ch. Warren 94, 95
C. J. Humphreys 151
C. L. Seow 241
C. L. Woolley 121
C. Rollston 302
C. S. Fisher 297
C. Westmann 66
C. Wilson 94, 95

D

D. A. knight 320
D. B. Redfod 258
D. Cole 95
D. D. Luckenbill 243, 341
D. G. Lyon 297
D. J. Wiseman 354
D. L. Petersan 384
D. M. Gropp 396
D. N. Freedman 126, 128, 347, 401
D. Pardee 350
D. Ussishkin 95

E

E. A. Knauf 202
E. A. Speiser 139
E. Auerbach 342
E. J. Bickerman 34
E. Klein 66
E. Meyer 384
E. R. Thiele 21, 31, 32, 37, 290, 291, 304
Esarh 46
E. Stern 362, 396, 397

E. W. Nicholson 342

F

F. Israel 350
F. M. Cross 149, 302, 347, 401
F. M. Fales 385
F. Petrie 136
F. Rochberg-Halton 253
F. W. Dobbs-Allsopp 241
F. X. Kugler 290

G

G. A. Reisner 297
G. A. Rendsburg 202
G. Barkay 302
G. B. Lanfranchi 321
G. Cardascia 388
G. E. Mendenhall 150, 160
G. Fohrer 150, 305
G. M. Turker 320
G. W. Ahlstrom 103, 105, 111, 112, 114, 207, 258, 271
G. Wallis 395
G. Widengren 415

H

Harb S. A. 73
H. Arakawa 73
Hazor 95
H. Cohen 302
H. Donner 237
H. Eshel 336
H. Ewald 167

H. G. M Williamson	211, 401	J. F. Ross	86
H. Holzinger	150	J. Garstang	145
H. Klengel	258	J. H. Breasted	110
H. M Barstad	362	J. H. Hayes	32, 118, 237, 258, 362, 363
H. Mommsen	336		
H. Tadmor	32, 37, 237, 290, 291, 293, 302, 303, 304, 317, 320, 343, 361, 389	J. H. Walton	238
		J. J. Bimson	145
		J. J. Roberts	241
		J. Lewy	290, 291
H. V. Hilprecht	395	J. Liver	384
H. W. F. Saggs	150, 320	J. M. Cahill	367
H. Winckler	136	J. McKay	326
		J. Melek	102
I		J. M. Miller	118, 122, 159, 237, 258, 362, 363
I. Eph'al	32, 207, 290, 303, 350, 383, 384, 388, 389, 396		
		J. M. Myers	401
		J. Morgenstern	253
I. Finkelstein	164, 365	J. M. Sasson	125
I. Perlman	336	J. Naveh	202, 290, 302, 303, 350, 396
		J. Neusner	84
J		J. N. Postgate	385
J. A. Callaway	159	J. P. Weinberg	384
J. A. Knudtzon	109, 136	J. R. Bartlett	66
J. Baine	102	J. Renz	241
J. B. Pritchard	79, 94, 95, 104, 133, 243	J. Scharbert	385
		J. Settgast	102
J. Bright	120, 123, 128, 129, 207	J. V. Beckerate	102
		J. W. Beltyon	398
J. C. Greenfield	395	J. W. Wenham	150
J. C. L. Gibson	237	J. Yellin	336
J. D. Amushi	384	J. Zandee	106
J. Diamond	77		
J. Elayi	398		
J. F. Brug	141		

K

K. A. Kitchen	258
K. Galling	342, 384
Kittel	384
K. L. Younger Jr	243
K. M. Kenyon	362
K. Takahashi	73
Kutscher	396
K. Watanabe	320

L

L. Abel	136
Lemaire	297
L. E. Stager	110, 163, 164
L. Koehler	363
L. Stager	385

M

M. A. Morrison	120, 124
M. Astour	72
M. Avi-Yonah	134
Max Weber	176
M. Barnouin	150
M. Broshi	364, 365
M. B. Rowton	145
M. Cogan	31, 37, 237, 302, 303, 304, 306, 326, 343, 349, 361, 396
M. D. Coogan	163, 387, 388
M. De Odorico	283, 395
M. Elat	190
Mettinger	209
M. Greenberg	35, 109, 122, 136, 140
M. Haran	149
M. Kochavi	366
M. Lichtheim	111
M. Noth	159, 167, 168, 169, 384
M. Omening	343
M. P. Maidman	125
M. Selman	125
M. Sulzberger	343
M. Weber	342
M. Weinfeld	35, 320
M. Weippert	159

N

Nagib M. K.	73
N. Andreasen	265
N. Avigad	364, 396
N. Glueck	128
N. Gottwald	385
N. K. Gottwald	160
N. K. Sandars	110
N. Martola	84
N. M. Sarna	131
N. Na´aman	109, 136, 139, 336, 350
N. Neeman	302

O

O. Lipschits	343, 353, 354, 363

P

Paterson	339, 341
P. Bordreuil	350

P. K. Hooker	32	S. R. Driver	149
P. R. Davies	202	S. Safrai	302
		S. Talmon	253, 260, 342
R		S. Yevin	290, 291
R. A. Bowman	401		
R. Borger	221	**T**	
R. Cohen	95	Taha M. F.	73
R. D. Biggs	126	Tantawy A. H.	73
R. Deutsch	302	T. C. Mitchell	258, 312, 362
R. de Vaux	123, 139, 260, 342, 384	T. Frymer-Kensky	389
		T. L. Thompson	116, 123, 124, 129
R. E. Friedman	401		
R. E. Whitaker	241	**U**	
R. Gophna	365	U. appaport	399
R. Gordis	342	U. Cassuto	150
R. Kraus	102, 253		
R. Lepsius	146	**V**	
R. M. Whiting	83, 366	Van Seter	129
R. S. Lamon	94, 95	V. Coucke	290
R. Zadok	381, 382, 387, 395	Vogelstein	290
S		**W**	
S. A. Ituv	237, 241, 246, 260, 364	W. B. Fisher	77
		W. C. Kaiser Jr	134, 135
S. Bendor	385	Wente-Van Siclen	145
S. Daiches	342	W. F. Albright	90, 105, 108, 117, 118, 121, 122, 128, 158, 159, 198, 268, 290
S. Gitin	83, 366		
S. Japhet	209, 399		
S. Langdon	221		
S. Mowinckel	290, 384	W. G. Dever	83, 122, 123
S. N. Eisenstadt	389	W. Helch	139
S. Page	294	W. H. Stiebing	145
S. Parpola	83, 320, 366	W. I. Toews	253
S. Qedar	398	W. L. Halladay	361

W. L. Moran	109, 136
W. M. F. Petrie	146, 150
W. McKane	342
W. Röllig	237
W. S. Green	84
W. T. Pitard	258, 290, 303
W. W. Hallo	139, 243

Y

Yadind	297
Y. Aharon	134
Y. Aharoni	50, 68, 104, 105, 106, 108, 133, 246, 258, 297, 365
Y. Dagan	366
Y. Garfinkel	336
Y. Meshorer	398, 399
Y. Shiloh	95
Y. Yadin	93, 94, 95

Z

Z. R. Zorn	364